国学与智慧人生系列

汤超义 汤落雁 著

生活的平衡之道

孔子思想与关系管理

上海财经大学出版社

图书在版编目(CIP)数据

生活的平衡之道:孔子思想与关系管理 / 汤超义,汤落雁著. —上海:上海财经大学出版社,2024.9
(国学与智慧人生系列)
ISBN 978-7-5642-4358-6/F·4358

Ⅰ.①生… Ⅱ.①汤…②汤… Ⅲ.①人际关系论(管理学) Ⅳ.①C93

中国国家版本馆 CIP 数据核字(2024)第 073584 号

□ 策　　划　　肖　蕾
□ 责任编辑　　肖　蕾
□ 书籍设计　　张克瑶
□ 封面题字　　汤超仁

生活的平衡之道
——孔子思想与关系管理
汤超义　汤落雁　著

上海财经大学出版社出版发行
(上海市中山北一路 369 号　邮编 200083)
网　　址:http://www.sufep.com
电子邮箱:webmaster@sufep.com
全国新华书店经销
苏州市越洋印刷有限公司印刷装订
2024 年 9 月第 1 版　2025 年 1 月第 6 次印刷

710mm×960mm　1/16　26.25 印张(插页:2)　352 千字
印数:10 001—13 500　定价:68.00 元

小汤自序

平衡之道在于取舍

2023年,我的二宝出生。可能是因为我的事业心强,所以我被问及最多的问题就是"如何平衡工作和生活?"

每次聊到平衡的话题,我发现大家对于"平衡"的定义不太一样。很多人认为"平衡"是既有又有、既要又要,而我认为,人生的平衡在于"取舍"。

十年前的我,喜欢说"舍得",强调先舍后得,有舍才有得。今天的我,更喜欢"取舍"二字,只有明白自己想"取"什么,才能知道怎么去"舍"。直接谈论"舍",往往难以做到,或者就是他人的"PUA"(精神控制),他们希望你先"舍",并忽悠你:放弃了这个,就能获得那个。

父亲老汤讲授"孔子思想与关系管理"这门课程已有十多年。这门课程的核心是"忠、恕、和"。说实话,我当时看完课程框架之后,就感觉不太舒服,因为这三个字都是在考虑别人。按照我们通常的理解,"忠"是中人之心,尽力为人;"恕"是如人之心,推己及人;"和"则是考虑集体的利益,比如我们常说"家和万事兴"。难道孔子的学说都是让我们考虑他人吗?那"我"呢?

后来,父亲给我讲了两个故事,由此改变了我对孔子的"偏见",也成了我学习"四书"的起点。

一个是《论语》中关于"借醋"的故事。话说,微生高的朋友想问他借醋,但微生高家里没醋,于是他去邻居家借醋给朋友。孔子认为微生高不"直"：有就是有，没有就是没有，这才叫作"直"。这不就是今天我们念念有词的拒绝成为"讨好型"的人吗？

另一个故事更加颠覆了我对孔子的印象。孔子说："富而可求也，虽执鞭之士，吾亦为之。如不可求，从吾所好。"用现在的话说就是：如果有钱赚，我愿意开网约车；如果努力也赚不到钱，那就做我喜欢的事情。最近有句流行语："脱不下孔乙己的长衫"，比如，有些年轻人有了学历后不愿从事看似不体面的工作。很多学弟学妹问我应该选什么职业，我想孔子已经做了回答：如果"富"可以通过努力求得，便不必顾虑这份工作看上去体不体面，但如果求不来，那就做自己喜欢的事情。

以上两个故事说明孔子的"忠"既是指"忠人之事"，还包含"忠于自己"的意思。于是，我向父亲建议弱化"忠"，强调"诚"。诚，即真实无妄、忠于内心。这就形成了本书的最终框架——"诚、恕、和"。

若你要处理、平衡好人际关系，需要先问自己的需求（诚），再想对方的需求（恕），最后找共同的需求（和）。把"诚"加入这个体系，是我对本书寥寥贡献中最引以为豪的一个。

"诚、恕、和"，字字讲取舍。

要做到"诚"，就要知道自己想要什么，什么对自己更重要，什么人值得自己花时间和精力。"诚"，本质上就是忠于内心，做出取舍。要做到"恕"，需要舍去以自我为中心，考虑对方的真实需求。"己所不欲，勿施于人"的关键不是"不欲"，而是"勿施"，我想要或不要的都不可强加于人。要做到"和"，就要找到我们需求之间的平衡点，这更加需要取舍。

父亲和我一直像朋友一样相处，这让很多长辈颇为羡慕，但这种关系背后充满着取舍。首先，父亲希望与我"做朋友"，获得我的信任。他希望我俩既能无话不谈，也可以一起创作，这让他获得了一些年轻人的视角，这是他的"取"。至于"舍"，他首先放下了作为父亲的控制欲甚至权威感，才能和我建立朋友一样的关系。一旦他试图控制或改变我时，就一定会约束自己，因为他知道这不是我想要的"朋友"关系。这对于一位父亲而言,确实是件很不容易的事。在过去的三十多年中,我做过一些很不明智的决定,但父亲几乎不介入对错评判,而是尊重我的意见。即便是我之前极其不成熟的爱情观,他也没有过多地干涉。现在回看,他当时听我描述恋爱状态时,便知道我遇到"渣男"了,且"咎由自取"。但他没有试图"拯救"我,而是对我说:"爱情本身是值得尊重的。你尽管去爱,如果受伤,记得父母永远是你的避风港。"现在,我能深深地理解他在"做父亲"和"做朋友"之间的挣扎、取舍。

即便在我懵懂的青春期,他依然敢于让我自己做选择,并让我为自己的选择承担后果,因为人生归根结底是我自己的。高中阶段,由于叛逆心理,我想挑战自己,在文理分科时选择了不太擅长的理科,导致高考结果不尽如人意。父母给过我建议,但我很坚持,他们便没有强势地阻止我,也没有在我垂头丧气时,对我说:"不听老人言,吃亏在眼前"。我记得很清楚,父亲当时安慰我,说:"人生是一场长跑。"我在上海财经大学读本科,学习我并不喜欢的商科,但回头看,这对我的人生有着深远的影响。上财务实的校风,让我这个浪漫主义的文艺青年慢慢学会了理性和接地气。其间,我还和父亲同校了两年。

我见证了父亲追梦的全过程:他在30岁不到时放弃公务员"铁饭碗",下海经商;在40岁不到时弃商从学,高龄考博考了四次,屡屡受挫,终于在46岁时成了汤博士。父亲身体力行地践行着他常说的那句话:"人生是一场长跑。偶尔得意,不要忘形;偶尔失意,更别忘形。"

后来,我学习了心理教练技术,明白了父亲说的"形",其实就是"自尊水平"——身处困境时,不会陷入极度的自我怀疑,失意忘形;获得成绩时,也不会是一副不可一世的样子,得意忘形。

五年前,我放弃了一份体面的投资工作,进入一家心理学领域的创业企业。在亲朋好友一片遗憾声和不解的议论中,父亲只是问我想要一个什么样的人生,当他听完我所说的后,觉得我确实考虑清楚了,并表示支持。直到现在,我都觉得这是我最不后悔的一个决定。忠于内心,何悔之有？

  这本书里记录了一些父亲（老汤）和我（小汤）的对话，很多观点都是我们父女二人茶余饭后闲聊时碰撞出来的。当然，这本书即便有我的参与，也难免会有些"爹味"，但我觉得这很好，因为它保留了父亲的"诚"。这份真实的爹味，又有何不可呢？

汤落雁（小汤）

老汤自序

平衡，中华优秀传统文化的大智慧

处理好人际关系，让生活幸福和谐，既是人生的重要课题，也是老汤和小汤多年来讨论的话题。我们从孔子思想、管理学中寻找平衡智慧，以指导生活实践。哪些关系重要？怎样处理？效果如何？

中华优秀传统文化

孔子从不下定义"仁是什么？"而是从各个角度阐述"什么是仁？"因此，我们不定义"中华优秀传统文化是什么？"只探讨"什么是中华优秀传统文化？"它应满足两个条件：对民族贡献大、对人生很重要。经过反复比较、认真梳理，我们发现：兵家、儒家、道家、佛家以及《易经》均满足。

一个字讲兵家：武＝止＋戈，止戈为武。中华民族爱好和平，只有在迫不得已的情况下才动武，目的是制止战争。人生就是一场战役，要懂兵家的智慧。

一个字讲儒家：儒＝人＋需，人之所需。儒家为中华民族提供了必需品，南怀瑾先生打过很贴切的比方：儒家是粮店。儒家在生活中的重要性不言而喻。

一个字讲道家：道＝走＋首，前路之首。道家站得高、看得远，引领中华民族前行。有人不听，结果走了弯路，头破血流。

一个字讲佛家：佛＝人＋弗，非人所及。佛家研究人类的终极问题：从生到死如一条线段，不断轮回像一根直线。佛家对心灵慰藉、社会安定贡献巨大。许多要求虽然难以做到,但很重要,如禁欲、放下等。

一个字讲《易经》:易＝日＋月,阴阳变化。它揭示了事物的三大特点:简易、变易、不易。日月当空,显而易见;日有长短月有圆缺,不断变化;日中则移月满则亏,规律不变。《易经》是中华文化之源,已刻入民族基因,但百姓"日用而不知"。

庄子告诫:"吾生也有涯,而知也无涯。以有涯随无涯,殆矣!"生命有限,知识无限,用有限的生命追逐无限的知识,危险!学海无涯,一叶孤舟,苦苦挣扎,易被吞噬。在信息多元化、知识碎片化的年代,人们更需要良师益友的指引。经典经过先哲和岁月的筛选,"吹尽狂沙始到金",因此,读经典名著回报率极高。若按兵、儒、道、佛、易的顺序学习中华优秀传统文化,则会提高学习效率。中国四大名著将这五大思想内化于人物形象,进行案例分析,值得精读。外行看热闹,内行看门道。初学者由此切入,能培养兴趣,可步步深入。

《红楼梦》中的宝钗八面玲珑,将各种关系都处理妥当,她老劝宝玉好好读书、考取功名。她的住处叫作"蘅芜苑",暗指她和宝玉"很无缘"。蘅芜是一种藤草,生命力强,遇到高枝努力攀爬,但也能在下面生长,这正是儒家的象征。黛玉清高脱俗,"质本洁来还洁去"。黛玉喜欢竹,竹是道家的象征。其居所种竹,叫作"潇湘馆",暗示她爱哭的性格。相传大舜南巡病逝,潇湘二妃往寻,泪洒青竹悲伤而亡,故斑竹也称"潇湘"。宝玉在红尘中虽然混得风生水起,住在"怡红院",但最后遭遇变故,他想明白了,"赤条条来去无牵挂",便皈依佛门。

《三国演义》中的诸葛亮集兵、儒、道、易于一体。他精通兵法,具有卓越的战略眼光,如"隆中对"中提出三分天下。刘备不来,他就运用道家思想,隐居山林。三顾茅庐,他就遵循儒家思想,鞠躬尽瘁。他还精通八卦,夜观天象。

《西游记》虽批评道家、调侃佛家,但讲的却是人情世故,其中蕴含了丰富的儒家思想。好你个孙猴子,大闹天宫又能怎样?最后,他还是回到体制内。君臣、师徒规矩不能破。

《水浒传》谈江湖规矩、市井生活,其中融入了兵家思想,如排兵布阵、出奇制胜。闹腾半天,结果仍离不开天下太平的儒家文化:接受招安。

平衡之道

其他文明古国在历史的长河中灰飞烟灭,而中华文明却成为硕果仅存的古文明。为何中华文明极富生命力?感谢中华优秀传统文化,它充满着平衡智慧。

兵家有助于竞合平衡。许多人都研究怎样打,而孙武探讨怎样最好不打。竞争与合作的平衡,在平衡中掌控主动是他研究的重点。《孙子兵法》的核心思想是"致人而不致于人",掌控战争主动权。他不主张消灭敌人,要求"胜敌而益强",胜敌后自己变得更强大,最好能化敌为友。他的另一个重要思想是"知彼知己"。了解对手、看清自己就能找到平衡,甚至不战而利。《孙子兵法》英译为 *The Art of War*,即战争的艺术。平衡国家之间的竞合关系,是一门高超的艺术。

儒家有助于社会平衡。中庸是孔子重要的思想之一,有助于平衡社会各种关系,子思特作《中庸》。程颐说:"不偏之谓中,不易之谓庸。""中"是平衡、合理的思想,"庸"是不变、有用的原则。为人处世要做到平衡,但很难。孔子说:"攻乎异端,斯害也已!"走极端有害。他感慨:"中庸之为德也,其至矣乎!民鲜久矣!"能具备中庸品德者极少,普通人很难持续!他夸张地对比:"天下国家可均也,爵禄可辞也,白刃可蹈也,中庸不可能也。"均分国家、辞去爵禄、跳入刀山容易,可能是一时冲动。做到中庸很难,这是一种思维模式、行为准则,需要长期坚守。为何人祸频发,而和平稀有?人很难做到平衡、中庸,平安久了就不会珍惜,吃饱了就容易折腾、走极端。

道家有助于身心平衡。老子重视心理平衡,从正反两方面阐述知足的重要性:"祸莫大于不知足",不知足是最大的祸患!"知足者富""知足常足",富裕不是由财富决定,而是与心理状态相关,知足才会富裕、才会满足,知足常乐。老汤的父亲常念一首诗:"大雪纷纷落,我在灰中坐,可怜无灰者,怎得日子过?"如果没有强大的知足心理,哪会有如此怜悯情怀?知足使人内心平静、心理平衡。老子主张生理平衡。人体也要做到道法自然,破坏内在平衡就会折腾至死。他说:"生之徒,十有三;死之徒,十有三;人之生,动之于死地,亦十有三。"30%的人正常生存,30%的人正常死亡,30%的人是作死的。老子留白:其余的10%原因不明。十道九医,很多中医思想和方法论源于道家。《黄帝内经》就是道医一体的经典之作。

佛家揭示长期总量平衡。轮回,穿越时空,长期重复博弈:善有善报,恶有恶报,不是不报,时候未到。行善未立结善果,作恶没即遭惩罚,这是时间差导致的,不是因果报应失效。好人别沮丧,坏人别侥幸。好人从容,坏人恐惧,这对心态平衡、社会和谐大有裨益。

《易经》探寻阴阳平衡。生命在于平衡,归根结底是阴阳平衡。《易经》把世界的本源抽象为阴阳,阴阳组合成万事万物,阴阳理论揭示了事物之间的关系。太极图清晰地表述:阴中有阳,阳中有阴。阴极为阳,阳极为阴。若阴阳平衡,事物就会处于良好的状态。然而,绝对平衡是短暂状态,"既济"后是"未济","泰极"就会"否来"。绝对不平衡也是短暂现象,事物会慢慢向平衡方向发展:否极泰来。

孔子对为人处世有理论指导,营销学对客户关系管理有定量研究。我们将孔子思想与管理学方法相结合,立足人际关系管理视角,研究孔子思想的当代价值。我们主要探讨以下内容:怎样使夫妻恩爱?怎样尽孝?怎样教育孩子?怎样与家人、朋友、同事、领导相处?怎样平衡诸多关系?生命在于平衡,生活重在平衡。只有平衡好各种关系,人们才会愉快,社会才能和谐。谨将此书取名为《生活的平衡之道——孔子思想与关系管理》。

汤超义(老汤)

目 录

开篇语 从孔子的"悦乐智慧"到"关系管理三要素" 001

第一篇 孔子思想与人际关系

第一章 历史,为何选择孔子 017
孔子思想合情合理,深入人心 019
孔子的人际关系理论 035
孔子反复强调"诚、忠、信" 048

第二章 中华文化中的人际关系 063
中国人际关系特征 065
孔子把民间信仰升级为国家信仰 077

第三章 四大名著中的为人处世 087
四大名著中的关系管理智慧 089
四大名著中的"诚、忠、信" 097

第二篇 诚

第四章 把宝贵资源献给重要的人 107
同心圆内人员决定"我"的生活状态 109
夫妻之诚 115
交友之诚 125
从孔子"里仁"悟传承之诚 134

第五章 诚之道与术 145
真诚之道 147
从人际关系管理视角看孔子偏爱颜回 160

第六章 为人处事之诚 173
为人，重在"用心" 175
处事，尽心尽力 182
孔子、老子的以诚待"怨" 191

第三篇 恕

第七章 关注真实需求 201
从孝道、爱情中悟"恕" 203
了解真实情况 211

第八章 换位思考 217
换个角度了解世界 219

　　　　家庭中的换位思考　228

　　　　社会上的换位思考　241

第九章　　让对方主动　253

　　　　恋爱、营销中让对方主动　255

　　　　教育中让对方主动　261

　　　　从孔子的"启发"悟让孩子主动　267

第十章　　让对方舒服　277

　　　　难得糊涂：聪明与糊涂的平衡艺术　279

　　　　难得糊涂的最高层次：包容　285

　　　　别人舒服，自己舒服　291

第四篇　和

第十一章　人际关系之"和"　299

　　　　人际关系效能模型　301

　　　　"和而不同"与"求同存异"　303

　　　　和：相互尊重　308

　　　　气节文化的兴衰　318

第十二章　家庭和睦　327

　　　　家庭与"利益共同体"　329

　　　　相互忠信的智慧　344

　　　　相互忠信的管理学思考　349

第十三章　社会和谐　355

　　　　　组织与"利益共同体"　357

　　　　　建立和谐社会　368

　　　　　人际关系管理的辩证思维　380

结束语

为人处世的"诚、恕、和"　389

附录　今夜，大雨滂沱，爸爸，我想您！　398

后记　402

参考书目　404

开篇语

从孔子的『悦乐智慧』到『关系管理三要素』

从《论语》谈起

我们常把《论语》第一章读错

《论语·学而》开篇,子曰:"学而时习之,不亦说乎?有朋自远方来,不亦乐乎?人不知而不愠,不亦君子乎?"读书时经常复习,不也令人愉悦吗?有朋友从远方来看我,不也令我快乐吗?别人不了解我,但我不生气,这样不就是君子吗?这样翻译粗看没毛病,但细究有问题。

读书时,经常复习就快乐吗?不一定。老汤获得了两个本科、两个硕士、一个博士学位,读书几十年,考过无数次试。开心的时候是复习迎考吗?不!考完了且通过了才开心。为考试而读书、复习,愉悦感常常不强。有朋友从远方来看我,我就很快乐吗?不一定。如果朋友来是添麻烦、借钱,我怎么会乐?别人不了解我,但我不生气,就可称作君子吗?卖菜的老太不知我品德高尚、能力很强,我不生气,这很容易做到呀!这就是君子?君子的标准也太低了吧?

问题何在?是孔子不严谨吗?不!这是因为两千多年后,几个关键字的意义发生了变化。"学习"一词来自"学而时习之",现在其概念狭义化了。人们常把读书和学习等同,把"习"理解成复习。"习,鸟数飞",是反复训练、实践的意思。学,重输入、吸收;习,重输出、运用。从各种途径获取知识,将其转化为得心应手的文化,最终升华成指导人生的智慧,这才是学和习的全过程。先哲的智慧,被我消化之前都是知识,学、习,是让我提炼出属于自己的智慧。时,现在多理解成"经常"。古汉语中,

"时"是指关键时刻、时机、时务,例如,时来运转、时也命也。什么是"学而时习"？平常读书、听课,掌握了某个知识点,但你并不在意,突然在关键时刻发挥作用了,突然就开窍了,是不是令人开心的事？古汉语中,"朋""友"的含义是不一样的。唐初孔颖达说:"同门曰朋,同志曰友。"朋,是指同班同学,有同一个导师,关系亲密,甚至是利益共同体。朋党,相当于今天的"铁哥们",其人数相对较少。友,仅指志趣相投的人,关系可能一般,相当于今天的普通朋友,人数可以很多。孔子说:有"朋"自远方来。不是"友",不是来添乱的普通朋友,而是志同道合的铁哥们从远方来看望我、帮助我,我当然会高兴得跳起来,就会"乐"啊！古汉语中,"人""民"的含义也不一样。人,是指有位之人；民,是指民众、普通人。孔子说:"人"不知而不愠。人,不是指路人、吃瓜群众,而是指领导！虽然我兢兢业业跟了他多年,但是他还不了解我,我仍然不生闷气,这才可称为君子啊！

古代汉语中词组很少。那时写字不易,文字大多刻在龟壳或竹简上,一个字要表达好几个意思。而今天,学习是指学,朋友是指友,人民是指民。古汉语中,学、习,朋、友,人、民,其含义更加丰富。

孔子的"悦乐智慧"

有人问:这里的"说""乐"不都是指高兴吗？它们是否有区别,能换位吗？两个字都是指高兴,但差别很大,不能换位。使用中,许多人被这两个字搞晕了,考试出错率也很高。从读音来看,"说"是一个通假字,这里不读"shuō",而读"yuè",通"悦",是喜悦的意思；"乐"是一个多音字,这里不读"yuè",而读"lè",是快乐的意思。悦,是内心喜悦,表面淡定；乐,是乐给人看,喜形于色。该悦的时候悦、该乐的时候乐,就是"悦乐智慧"。

什么时候要"悦"？当我的喜悦会让人不舒服,或者别人不懂,就要悦,偷着乐。比如,有钱开心,是人之常情,但是,炫富、炫耀常让人感到不愉快。什么时候要"乐"？当我的快乐也会让人开心,就要乐,展示出来。比如,女生收到男朋友送的礼物,如果喜欢,一定要"哇!"表现出惊喜,男朋友也会很开心。即使不太喜欢,女生也要"哇!"表示感谢。这样,下次她还会收到礼物。(划重点:我的喜悦不会让人喜悦就要"悦",我的快乐也会让人快乐就要"乐"。)

"学而时习之,不亦说乎?"所学知识在最佳时机发挥了作用,为什么要悦、要独自乐?有时自己很开心只能偷着乐。有时内心的喜悦无法与人分享。请大家回忆"突然开窍"的经历。当你学了某个知识点,当时没懂,但某一天突然明白了!突然开窍通常发生在独处静思时,即使有人在,他们也不知我在想什么;就算有人懂,他们也不能体会我的喜悦心情,进入不了我心灵的绿洲。因此,我只能一个人悦。悲伤常常是孤独的,别人很难悲伤着我的悲伤;喜悦也常是孤独的,别人很难喜悦着我的喜悦。

"有朋自远方来,不亦乐乎?"一位好兄弟从远方专程来看望我、帮助我,我就应该表现得非常兴奋,要冲上去拥抱他。如果我的表情冷淡,他就会感到心里凉凉的!该乐时一定要乐给别人看。成语"不亦乐乎"来源于此,用来表示淋漓尽致、非常开心的意思。乐,不一定要又蹦又跳,有时只需一个真诚的笑容、一句温暖的话语。佛家把帮人叫作"布施"。财布施:给人钱财,授人以"鱼",财物扶贫,简单。法布施:教人方法,授人以"渔",技术扶贫,不错。无畏布施:当某人失去信心,为他指明方向、鼓舞士气,传递大无畏精神,这样做更棒!人际交往中有两种乐很重要:颜布施、言布施。颜布施:和颜悦色,给人舒心微笑、开怀大笑。这不难吧?但有些人就是做不到。有些高层管理者总是端着,制造威严。殊不知,管理者的情绪是组织的人文环境:真诚的笑容会让员工提高工作效率,老是黑着脸则会使工作效率下降。正负相差,损失很大!言布施,语言表达很重要。和言一句春日暖,恶语一声朔风寒。有人一句话就把天聊死了;有人常常怼人,出口伤人。暖心的话,会让人如沐春风。暖男,既是行动暖,也是言语暖。

悦与愠对应,乐与怒对应。愠:心中不快,不露声色;怒:心中不快,写在脸上。自己开心,如果让别人不开心就要悦,让别人开心就要乐;若自己被亏待,也不愠,更不怒,这就是修养。《论语》开篇就讲人际关系管理的悦乐智慧。

"悦乐智慧"的管理启示

喜怒不形于色很难,就像以少胜多不易,因此人们津津乐道。淝水之战中,八万晋军大胜前秦八十万大军。捷报送到时,总指挥谢安正与人下棋,看完后他不动声色继续下,这令对方感到疑惑。谢安淡淡地说:孩子们胜了。待客人走后,他才兴奋得跳起来,鞋后跟都折断了。谢安是个特例,因此有故事。中国人常被误认为不够热情奔放、不善于表达,很含蓄、喜欢悦。其实,他们重乐、善乐。孔子的"悦乐智慧",既含蓄内敛又热情奔放,体现了中华文化本源、中华民族特征。

《孟子·梁惠王下》中,曰:"独乐乐,与人乐乐,孰乐?"曰:"不若与人。"曰:"与少乐乐,与众乐乐,孰乐?"曰:"不若与众。"孟子问齐宣王:独自欣赏音乐有乐趣,和他人一起赏乐有乐趣,哪一种更快乐?答:和他人一起。问:和少数人赏乐,与多数人赏乐,哪一种更快乐?答:和大伙一起。孟子是拿欣赏音乐打比方,音乐能给人带来快乐,因此,读"乐(yuè)乐(lè)"。

为何"独乐乐不若与人,与少乐乐不若与众?"物质财富具有排他性,我占有了,别人就不能占有,我拥有70%的股份,别人就只能占30%。文化艺术等精神财富则可复制、可共享。因此,共享比独享更快乐。就像音乐欣赏,与发烧友一起比自嗨更有乐趣,"高山流水遇知音,彩云追月得知己"是让人欣喜的事。

"怎样乐乐"不是孟子强调的重点,"与民同乐"才是。孟子告诉齐宣王:君王打猎、赏乐,无可厚非,关键是看百姓对此的态度。如果国家治理得好,看你玩得欢乐,百姓也会快乐,说明你做到了与民同乐。如果国家治理得糟,看你玩得欢乐,百姓会不快乐,说明你没做到与民同乐。于是,君王的乐成了施政效果的试金石。看到君王乐,百姓也乐,这很好!

君主管理有方，应再接再厉。看到君王乐，百姓不乐，须当心！君王要马上检讨：哪里错了？因此，孟子不反对君王乐，甚至不反对在公开场合乐，前提是你的快乐能给别人带来快乐。与民同乐的真正含义是官员如果以民众的快乐为快乐，民众就会以官员的快乐为快乐。

领导快乐既能带给下属快乐，也可收获人心。曹操的《短歌行》中，"周公吐哺，天下归心"讲述了一个故事。武王去世后，周公辅政。周公求贤若渴，只要人才来访，他便马上停止吃饭。因为经常有人求见，所以他都没法好好吃饭，导致"一饭三吐哺"，吃一顿饭时三次把饭吐出来。请注意关键动作：吐哺。很多人不解：太夸张了！先把饭咽下去再接待客人不行吗？这是周公快乐的自然反应，情不自禁。他把饭吐出来，手舞足蹈，连声大喊："快！迎进来！人才来了！"画面感是不是很强，让人印象深刻？访客是不是觉得很受尊重？如果只宣传"尊重知识、爱惜人才"，则显得空洞苍白，人们不清楚周公有多么重视人才。周公"吐哺"很形象、生动，他是真乐，真的礼贤下士、求才心切。于是，天下人心悦诚服。

"悦乐智慧"在家庭的应用

"悦乐智慧"在家庭生活中很重要。老汤分享了他的故事。

感谢孔子的"悦乐智慧"！教会老汤准确、及时地表达，否则，自己差点酿成终身遗憾。

老汤一直和父母住在一起，感谢老汤的太太，她真是了不起！二十多年来，她从没和老人家红过脸，还和老汤的母亲情同母女。后来，老汤闯上海，便把二老接来。他俩故土难离，又想念儿女，于是，在上海、老家各住半年。母亲喜欢吃手剥核桃，老汤就提前准备好，一边陪她看电视，一边为她剥核桃。母亲看后说："崽呀，这样太辛苦，买那种不要剥的。"但老汤执意要为她剥，不是因为手剥的更香，而是一片心意。此情此景成了老汤宝贵的精神财富。每当思念母亲时，这个场景就会浮现在他眼前。

后来,父亲过世了,母亲也老了。太太专程回老家,做母亲的思想工作,让她长住上海。她陪了七天,母亲才答应。一天早上,母亲在阳台锻炼,老汤在旁边看书,她突然叹气说:"我有四个儿子,养老送终的担子就落在你一人身上。崽呀!你好辛苦啊!"听到这话,老汤马上放下书,站起来说:"妈妈,您信菩萨吧?""当然!我每天早上出门都敬菩萨。""你每天都敬,烦不烦啊?""哎!不能乱讲啊!菩萨保佑我们的,不烦不烦,我喜欢,我开心。""老妈,你就是我心中的'菩萨',是全家的'神'啊!千万不要说什么麻烦、辛苦的话!我们是开心的。"母亲听后很高兴。一个年近九十岁的母亲,抱着一个年近五十岁的儿子说"好崽,乖崽",老汤太幸福了!三天后,一家人回老家。当时,小汤刚好被美国一所名校录取,老汤也正好有一个去老家出差的机会。母亲听说后,也要求一起去。老汤有点担心:"妈妈,您身体吃得消吗?"母亲充分展现了一位语文老师的口才:"只要我们在一起,就像在家里一样,火车也是一个移动的家。"这话太有说服力了!出发!太太特地买了一组软卧票,四个人在一起,门一关,就像在家里。车上,小汤逗奶奶开心,一路欢声笑语。快到嘉兴时,母亲突然说不舒服,于是大家赶紧下车。从嘉兴火车站到最近的武警医院,只有十分钟的路程。母亲在家人的哭喊声中,在救护车的呼啸声中,躺在老汤怀里,静静地离开了这个世界。老汤悲而不痛,哀而不伤。想起三天前,母子俩在阳台的对话,老汤感到非常庆幸。如果老汤当时没在乎母亲的叹息,没理会她的话语,她就会自认为是儿子的累赘。正因为老汤准确、及时的表达,母亲才离开得那么安详。

"树欲静而风不止,子欲养而亲不待"是人生一大遗憾。养,要有物质基础,有时还需要等待。乐,只需一句暖心的话语,一个舒心的笑容,随时随地都可以,不要待!乐,父母很需要,常常比养更重要。因此,要经常逗父母开心,告诉他们:"我爱你们!"要乐给他们看,因为儿女的快乐会带给父母更多的快乐!

关系管理三要素

研究的缘起和方法

孔子思想是一个巨大的宝库,本书梳理其为人处世的论述,分析人际关系管理之道。孔子思想散落在各种文献中,本书主要关注"四书"(《论语》《大学》《中庸》《孟子》)以及《易传》(孔子给学生解读《周易》的讲义),重点研究《论语》。

孔子说:"仁者,人也。""义者,宜也。"仁,重在爱人。义,正确做事。为人要讲"仁",存仁爱之心;处事要讲"义",有正义之行。无仁爱之心,就没有正义之行;有仁爱之心,未必有正义之行。人际关系有一大特点:若你不想和某人搞好关系,和他的关系就不好;若你想和某人搞好关系,和他的关系不一定能好。有些人很想与家人和谐相处,然而常常词不达意,一言不合就吵,甚至火冒三丈,出口伤人,事后又很后悔。

胸中怀有仁爱之心,怎样实施正义之行?想和某人搞好关系,怎样做?基于孔子的理论,我们得出了本研究的"关系管理三要素"模型(见图0.1),即围绕"仁",做到"诚、恕、和"。孔子思想的核心是"仁"。仁,从字形看上体现了人际关系:两人相处为仁。孔子对"诚、恕、和"有系统、精辟的阐述。如果理解了这三个字,就基本掌握了关系管理的精髓;如果做到了这三个字,复杂的人际关系难题就会迎刃而解。

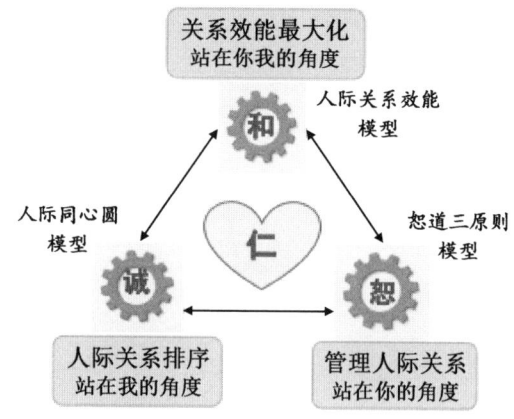

图 0.1 关系管理三要素

关系管理三要素：诚、恕、和

诚＝言＋成，言而有成。朱熹注解："真实无妄。"诚，发自内心、忠于内心。你大学毕业后应聘，有几家单位要你，该选哪个作为职业平台？谈婚论嫁时，有好几个人追求你，该选谁作为终身伴侣？茫茫人海，阅人无数，该选谁作为知心好友？人生的资源很有限，所以选择对于人生至关重要，选择的关键是诚。诚，就是决定把宝贵的时间、精力、情感、物质等资源投放至何处；在众多的人际关系中，哪些优先？怎么排序？如何平衡？而且，要心甘情愿。因此，该模型首先要解决的问题是"诚"，站在我的角度探索人际关系排序：我要和谁搞好关系？

恕＝如＋心，将心比心，对人宽容。孔子说："己所不欲，勿施于人。"家庭矛盾产生的原因常常是"我爱你"。小伙伴们可能惊呆了。"我，爱你"问题出在哪里？出发点在我，中心在我，你接不接受？我不知道。如果你不接受，我就会感到困扰：我对你这么好！你却不领情！矛盾因此产生，由爱生怨，甚至转恨。要把"我爱你"调整为"用你喜欢的方式爱你"，这样家庭就会和谐。职场类似，有人很困惑：我工作那么卖力，为何领导无视我？如果调整思维和行为模式，多站在领导的角度思考分析，常常会事半功倍。只因在人群中多看了你一眼,从此开始了我们的传奇。我要换位思考,用你喜欢的方式和你搞好关系。其次,该模型要解决的问题是"恕",站在你的角度探索人际关系管理:怎样和你搞好关系?

和的繁体字写法之一是"龢",就像一幅画,生动形象:音乐厅里,一个人在指挥,众人张嘴唱歌,一排乐器伴奏。这是合唱的特点:合+唱。每个人、每种乐器都保持各自的特征,相互配合,协调一致。孔子说:"君子和而不同。"如果你被人追求,他信誓旦旦地说:"没有你,我的世界就崩塌了!"你千万要冷静,喜欢就答应,不喜欢就拒绝。冷处理就好了,因为单相思无法持续。和是指关系的良性互动,和睦、和谐的关系不是单方面创造的。我要与你良性互动,一起维护关系。因此,该模型最后要解决的问题就是"和",站在你我的角度探索关系效能最大化:怎样共同搞好关系?

"诚、恕、和",即严于律己、宽以待人、和谐相处,都要以"仁"为原则,否则,诚可能变成愚忠,助纣为虐;恕可能变成奸臣,投其所好;和可能变成团伙,狼狈为奸。

孟子说:"反身而诚,乐莫大焉。强恕而行,求仁莫近焉。"反省自己,为人真诚,没有比这更令人快乐的了。勉励自己,遵循恕道,没有比这更接近仁的了。这样做,就会"和"。"行有不得者,皆反求诸己。"如果自己的"诚、恕"之行没有达到"和"的效果,要反思自己哪里做错了?如果是他有问题,那也是我的问题:为什么把真诚献错了人?

二十年来,作者用工匠精神打磨"诚、恕、和"三字,本书围绕这三个字展开。

"诚、恕、和"子模型

诚——"人际同心圆模型",研究这段关系对我产生的效能。"诚,把宝贵资源献给重要的人"是该模型的研究目的,孔子"同心圆思想"和邓巴"150定律"是该模型的理论基础。

人际同心圆分内环、中环、外环,共150个席位。其中,内环容纳约

20人,含5个核心人员,消耗约80%的资源。不同的人对人际关系的排序不同,同一个人在不同时期的排序也不同。本书只聚焦排序思路,不分析具体的排序方式。打一个形象的比方,人生就像一个以"我"为中心的圆形剧场,只容纳150个座位。这150张票送给谁?谁坐前排?

人际同心圆影响生活质量,内环人员的属性决定"我"某段时间的生活状态。父母在内环,说明尽孝做得很好;爱人、孩子在内环,说明家庭幸福;领导、同事、重要客户在内环,说明以事业为重;老师、同学在内环,说明学业进步;酒肉朋友在内环,要当心!年轻时做加法,环内人员更替频繁;年老时做减法,保持环内人员稳定。内环内人员构成相对稳定,内环外人员适当流动。追求良性流动,提高圈层人员素质;保持相对稳定,减少生活动荡。人员更替有助于提升人际关系效能总量;更替太频繁对资源消耗巨大,影响效能。

恕——"恕道三原则模型",研究这段关系对你产生的效能。孔子强调的"恕道"是该模型的理论源泉。

原则一:换位思考。孔子说:"己所不欲,勿施于人。"请注意两个关键字:"欲",喜欢;"施",强加。该句暗含两个前提:一是这事别人也"不欲"。如果他喜欢,我就不必"施"了。二是我"欲",也不一定能"施于人"。我喜欢,别人未必喜欢,只要强加,就有问题。"己所不欲,勿施于人"是知己,不易;"己所欲,未必可施于人"是知彼,更难。关注自我是人性,换位思考是美德。

原则二:分析真实需求。有些需求对方表达不清,或者鉴于某些原因,故意不直说。要挖掘真实需求,读懂对方的潜台词,并正确应对。

原则三:让对方主动并舒服。处于主导地位的一方要引导对方主动。孔子说:"忠告而善道之。"真诚劝告,循循善诱。人,在理性上接受忠言,在感性上讨厌逆耳。建议、引导他人时,要让对方舒服。

处在不同的层面,很难运用恕道。庄子说:"小知不及大知。"视野狭小者无法理解视野宽广者。反过来,"大知不及小知"也成立。运用恕道三原则时,须侧重各自的背景与视野,掌握彼此的认知边界。

和——"人际关系效能模型",研究怎样实现人际关系效能总和最大化。该模型研究的是用好有限资源,实现效能最大。做好平衡,定期评估。孔子的"君子和而不同""大同"思想是该模型的理论源泉。

"和"的结果也是对"诚""恕"的评估。若"和"的效果很好,即心情平和、家庭和睦、社会和谐,则说明"诚""恕"很有成效,可继续投入,形成良性循环。若"和"的效果不好,要先诚恳地分析自身原因,并及时改正;再遵循恕道,分析对方;最后及时沟通,共同致"和"。如果关系无法持续,就减少投入,或者调整方向,清零重启,开始新一轮"诚、恕、和"。

如果只对一种关系长期投入全部资源,会导致边际效用快速递减,就像人口渴时喝水,开始感觉很甜,喝到不渴就不想喝了,喝得越多,反而越难受。比如谈恋爱,和恋人是最重要的关系,但全部资源一直投给恋人,会使期望值大增,导致这种关系效能下降。在职场中和领导相处,在家庭中与配偶、孩子相处,其道理是一样的。平衡各种关系,合理分配资源,会让各种人际关系效用优化,从而使关系效能之和最大化。

第一篇

孔子思想与人际关系

为何孔子思想能成为两千多年来中国社会的主流意识形态？因为它合情合理、深入人心、操作性强，统治者和老百姓都喜欢。孔子绘制了中华"人际关系架构图"，很多为人处世的道理影响深远，比如"孝悌、五伦"（人际关系分类）、"修己、安人、安百姓"（同心圆思想）、"泛爱众"（爱商）、"恕道"、"大同"，以及他反复强调的"仁"和"诚、忠、信"等。从"父慈子孝"到"爱民忠君"，孔子将民间信仰升级为国家信仰。于是，国人"中庸"、平衡：既尊重个人也爱护集体，既重视家庭也关心社会。为何四大名著深受欢迎？它们集中体现了主流意识，细致刻画了各种关系。

第一章

历史，为何选择孔子

孔子思想合情合理，深入人心

孔子找到了统治者和民众的公约数

先秦时期，人际关系的显学是杨朱和墨翟的理论（以下简称杨墨理论）。但这两个影响巨大的主流学说，一个突然谢幕，仅留下只言片语；另一个逐渐退出，留下了传奇故事。在诸子百家中，儒家成为主流意识形态，这是历史的必然。

杨墨理论与孔子思想的区别

杨朱没有留下著作，其思想散落在其他文献中，所以人们无法系统了解。墨翟的思想集中体现在《墨经》。杨墨理论的主要特点是什么？孟子说："杨子取为我，拔一毛而利天下，不为也。墨子兼爱，摩顶放踵利天下，为之。"（《孟子·尽心上》）杨朱理论的核心是"为我"，拔自己的一根毛就对天下有利，这种事情他都不做；墨翟理论的核心是"兼爱"，只要对天下有利，（哪怕）从头到脚，全身磨破，再苦再累，也在所不辞。

墨翟对"仁义"的解释是："仁，爱也；义，利也。"（《墨经》）仁，就是兼爱，无差别地爱；义，就是利他，后考虑自己。这与孔子对"仁义"的解释大相径庭："仁者，人也，亲亲为大；义者，宜也，尊贤为大。"（《中庸》）爱人就是仁,首先是爱自己的父母;做合适的事就是义,首先要尊重贤达之人。

人,什么时候不可替代?小汤小时候就和老汤聊过这个话题。她说:老爸,我钦佩您对工作忘我投入的精神,但一定要当心身体,知道您对我有多么重要吗?您在单位干得再好都可被他人替换,但您在我心中的位置永远无人可以取代。老汤感动得热泪盈眶。是啊!如果一个人没了,那么他在社会上的位置马上有人取而代之。然而,作为父母的孩子、孩子的父母,这个位置是无法取代的。想一想,按墨翟的理论,要无差别地爱,像爱父母和孩子一样爱素不相识的人,你做得到吗?

如果像杨朱说的那样,只关注自己,不关心天下,连顺水人情都不做,那你就会成为不受欢迎的人。

孟子严厉批评了这两种极端的学说:"杨氏为我,是无君也;墨氏兼爱,是无父也。无父无君,是禽兽也。"(《孟子·滕文公下》)杨朱的"为我"思想是目无君王,墨翟的"兼爱"思想是心无父母。目无君王、心无父母的人与禽兽有什么差别?孟子比较刚强,一言不合就大发脾气,但他思维缜密,常常驳得人心服口服。不过,他对杨朱、墨翟的批评有点偏激,因为存在的东西总有其合理性。

战国时期,墨翟、杨朱的学说是主流,孔子思想反而不受重视。因此,孟子担忧:"杨朱、墨翟之言盈天下。天下之言不归杨,则归墨。"(《孟子·滕文公下》)人们谈论的话题,不是杨朱,就是墨翟,杨朱、墨翟的学说充斥天下。中华文化的主流学派曾经是"儒、墨、道"。后来,墨家淡出,佛家进场并融入中华文化,因此形成了"儒、释、道"三家鼎立的文化主流。

杨朱主张"为我",于己不利,坚决不干。墨翟主张"兼爱",个人利益,在所不惜。一个是毫不损己,另一个是毫不利己。两个理论看似如此极端,为什么在当时都影响巨大,很受欢迎?

春秋战国时期,诸侯纷争,"城头变幻大王旗"。张王的军队缺粮,便找到老汤,老汤把家里的余粮给了他。后来,李王打败了张王,便进行清算：喂！那个姓汤的家伙，为什么帮老张？拉出去砍了！老汤就躺枪了。即使还是张王的天下，统治者也是贪婪的。若今天你拔一根毛给他，明天他就要你的一片指甲、一根手指、一只手，甚至是你的脑袋。身处乱世，保护自己是第一要务，离权贵远点，别卷进去，以免伤及自己。因此，在动荡年代，杨朱的"为我、贵生"理论很适用，"自我保护"是一个重要策略。还有一种保护自己的有效方法是"抱团取暖"。于是，墨家的"集体主义、奉献精神"主张大行其道。在墨家主张的"集体"中，领袖是大家公认、推举的贤者，王权"民授"。领袖要平等兼爱，不能有私心，只有"摩顶放踵"为大众，才能得到广泛的支持和拥护。如果只对小圈子好，尤其是只对自己的家人好，会引起众怒，遭到唾弃，稍有懈怠，其地位随时可能被其他贤者取代。

杨墨之言的兴衰与孔子的平衡智慧

　　杨墨理论在动荡年代的确有其长处：杨朱理论体现出人性的真实，有益于自我保护；墨翟思想闪耀着人文的光辉，有益于共克时艰。在夺取政权的过程中，墨家思想能得到人民群众的支持；在一个阶级推翻另一个阶级的斗争中，墨家思想比儒家思想作用更大。毛泽东推崇墨子。1939年4月，在延安抗日军政大学的演讲中，毛泽东称道墨子是一个劳动者，不做官，"是一个比孔子高明的圣人"。蒋介石则很喜欢儒家思想。1936年3月，他在南京陆军大学专门讲解《中庸要旨》，详细分析子思《中庸》的"慎独存诚"、曾参《大学》的"格致诚正"。在选举社会，墨家思想的意义重大：即使你对亲人们再好，也只能得到为数不多的选票；如果你大公无私，全心全意为人民服务，则会得到广大选民的拥戴。

　　为什么杨朱理论被遗弃，墨家文化走向衰败？

　　我们身处和平年代，住在地球村里，主张合作多赢，无法运用杨朱理论。在信息化时代，每个人都是网上的一个节点，一脱网就寸步难行。2020年抗疫期间，民众能长时间足不出户的原因，首先是"手中有粮，心中不慌"，其次是中国人规矩意识强，此外还要感谢互联网！网络把人们连在一起。师生们虽不能相聚,但仍然可以在线上完成教学。

墨家的"兼爱、利他"在非常时期很重要,在和平年代却难以做到,因为其操作性不强。倡导"爱世人胜过爱家人""毫不为己、专门利他",在某种程度上就是和人性斗争。在人性面前,人们常常输得一败涂地。如果总是宣传墨家的利他思想,到处标榜自己的无私奉献,如果家人、亲近的人不配合,甚至自己都做不到,就会导致信用破产。

孟子说:"仲尼不为已甚者。"(《孟子·离娄下》)孔子不做过分的事。孔子谦虚地说:"吾有知乎哉?无知也。有鄙夫问于我,空空如也,我叩其两端而竭焉。"(《论语·子罕》)我有什么智慧吗?没什么智慧。有人诚心诚意提问,我不是马上回答,而是分析问题的两个极端现象,再一步步追问,向中间靠拢,答案就慢慢显现了。老汤多年的教学生涯也证明:孔老师这个解决问题的方法行之有效。杨、墨学说是两个极端,孔子思想则讲究平衡。"中庸之道"就是"叩其两端而竭","修己安人"比"毫不为己""只管自己"适用性强,也更人性化,它在和平年代、大一统时期管用。当然,我们需要百花齐放、百家争鸣,这才是中华文化丰富多彩的特色。

孔子思想,统治者和民众的公约数

以孔子为代表的儒家学说为什么会成为中国正统、主流的意识形态?有人说:因为儒家是统治者的代言人,统治者喜欢。不全对。想做统治者代言人的多得很,马屁精大多受统治者喜欢,但成不了主流意识形态。歌功颂德的文章几乎流传不下来,因为老百姓不喜欢。如果老百姓不接受,则统治者越宣传,越会被唾弃。因此,要成为主流意识形态,不仅是受统治者欢迎,还必须得到人民群众的认可。同样地,民众喜欢、统治者反感的也成不了主流意识形态,因为舆论工具掌握在当权者手中。

墨家,老百姓喜欢,统治者不喜欢。法家,统治者喜欢,老百姓不喜欢。于是,它们都没有成为长期的主流意识形态。墨家"王权民授"的思想,民众喜欢,但君王不接受:我的权利怎么是民众给的?那是上天赋予的!真命天子,"君权神授"。君王还必须让老百姓也认可这点,否则他的地位不稳。法家是当政者统治老百姓的工具,而且非常有效。然而,严刑峻法让百姓很不舒服,甚至失去自由。为了避免遭到民众的排斥,统治者在运用冰冷、严厉的法家时,会披上一层温暖、文明的外纱:儒家。这就是历朝历代君王的通用做法:外儒内法。

即使是道家,影响力那么大,其地位也排在儒家后面。道家思想在国家拨乱反正、休养生息时很管用,比如"无为而治"对统治有益。然而,统治阶级很难把握,不易做到。由于"控制欲"作祟,因此官员总想搞点政绩,总会瞎折腾。《道德经》是写给统治者的教科书,普通人如果不明白、不理解,误读其中的观点,还照搬到日常生活,会产生严重后果,比如:"无为、不争"等。

为什么统治者、老百姓都喜欢儒家?因为孔子找到了两者的公约数。尤其是社会稳定时期,其理论很人性化,由内而外、合情合理、操作性强。因此,它一直吸引着人们的目光,受到社会各界普遍欢迎,成为中华文化的正统。

孔子的理论操作性强

孔子为什么倡导"孝"

为什么中国人愿意为儿女做牛做马,为了儿女可以不顾一切?这是一种独特的文化现象,我们来一探究竟。

父母对儿女好称为"慈",儿女对父母好称为"孝"。中国重视家庭关系,父慈子孝,蔚然成风。《论语》中,孔子多次谈怎样"孝",但很少讲怎样"慈"。为什么孔子倡导"孝",不怎么倡导"慈"?曾子写了一本书《孝经》,说是孔老师给他布置的作业。奇怪!孔子怎么没要求他写《慈经》呢?为什么中国的先贤们总是教育大家要对父母好,而不怎么强调要对儿女好?

孔子说:"仁者,人也,亲亲为大。"(《中庸》)爱人就是仁,最重要的是"亲亲"。什么是"亲亲"?第一个"亲"是动词,是指爱。第二个"亲"是名词,是指亲人。两者都没有争议。然而,是什么样的亲人?亲人们要排序,谁排在最前面,谁该"为大"?这颇有争议。儒家的态度鲜明,立场坚定:父母。孟子多次提到"亲亲":"事,孰为大?事亲为大。"(《孟子·离娄上》)什么是大事?侍奉好父母是最大的事。亲亲、事亲都是指父母。中华传统文化中,"亲"常特指父母,"双亲"就是父亲、母亲。现在网络上对谁都称"亲",一上来就叫"亲",让人哭笑不得。

小汤曾有这样的疑惑:这里的"亲"为什么不是指儿女?很多人爱孩子多过爱父母呀!是的。因此,孔子倡导爱父母。父母爱儿女是动物属性。如果某种动物不爱后代,不保护孩子,孩子就难以生存,这类动物就易灭绝。因此,留存下来的动物,其基因中一定具备保护孩子的属性。那些虐待自己孩子的人,不仅没人性,连动物属性都没有,形容其禽兽不如,着实抬举他们了。

是否爱父母、保护父母,并不直接影响某种动物的生存、繁衍,所以这不成为该种动物必需的属性,反哺现象其实很少。研究发现,李时珍《本草纲目》中的"乌鸦反哺"不是常态。孝=老+子,老在上端坐,子在下供养。儿女对父母尽孝,是人类区别于动物的重要标志,闪耀着人文的光辉。看到父母为自己劳碌奔波,儿女会发自内心地孝敬父母。当社会弘扬孝文化,不孝者就会被唾弃、没朋友,甚至不被重用:这人对父母都不好,怎么会对朋友好,对领导好?当社会形成孝文化,人们就有清晰的预期:自己老了,儿女不会不闻不问。于是,人们容易达成共识:养儿防老比存钱养老更靠谱。

因为儿女孝,父母会更慈。孝,会激发父母的奉献精神,愿意为儿女全心全意投入,并形成持续奋斗的动力。很多中国家长为了孩子付出一切,奋斗不止,不仅要带好儿女,而且要带好孙辈,很少考虑自己。这种慈文化,正是由孝文化引发的:重视了孝,慈就会深入人心;倡导了孝,慈就自然而然,纲举目张。孝文化与慈文化之间形成良性循环,让人力资源和社会资源效用最大化。孝慈文化，让感恩与传承的人文精神发扬光大，所以中华民族生生不息。

孔子理性地指出：美德不易

什么行为需要倡导？首先，这种行为对人类有益；其次，它不容易做到，不是人的天然属性，因为缺乏，所以倡导。孔子非常理性，他感慨道："吾未见好德如好色者也。"（《论语·子罕》）我没见过谁像喜欢美色一样喜欢美德。为什么？因为人类倡导的美德常常不为人性本能的喜好，甚至被认为是反人性的。好德好不好？当然好！好德难不难？很难！因此，我们需要倡导。好色难不难？不难。好色是人性。好色好不好？有的人说好，而有的人说不好，不管好与不好，都不需要倡导。

告子说："食色，性也。"（《孟子·告子上》）喜欢美食和美色是人性。爱美之心人皆有之的"美"常指美色。拥有美德很难，守护美德更难，就像守护城堡，只要有一处薄弱环节，城堡就易被攻陷，尤其是富庶之城、战略要塞、兵家必争之地，遭受的进攻会更加猛烈。因此，越是考验人性的美德越难守住，比如，毫不利己、从一而终等，需要个人、家庭和社会的共同努力。

美德的养成应具备以下四个条件：

第一，对社会有益，对他人有利。否则，它就不会备受推崇。

第二，不易做到，难以坚持。为什么"爱护儿女"不算美德？容易。为什么"孝顺父母"是美德？不易，坚持更难："久病床前无孝子"。坚持非常不易，为什么"殉情易，守节难"？梁祝相爱却被活活拆散，结果两人殉情，双双化蝶。相爱之人，一个死了，另一个发誓："波澜誓不起"，我再也不爱其他人了。抵挡第一波诱惑容易，如果一波接一波呢？

第三，长期教化，自然而为。高尚的品德需要长期教化，潜移默化，光有后天学习不够。品德高尚者的所作所为别人看来不易，他们却自然而然，毫不刻意，因为一直受到熏陶，美德已内化在他们身上、融入他们心里。中华文化重德更甚于重才。德，像钢铁的材质，需要千锤百炼；

才,像将钢铁制成某种器具。品德教育是把人锻造成优质材料,专业培养是把人制造成某个产品。品德才是家庭教育首要的任务,是根基。知识短时间就能掌握,相对容易获取。若品德不过关,既挑不起大梁,也无法被雕琢,如孔子所说:"朽木不可雕也。"(《论语·公冶长》)

第四,非功利性。美德一旦功利化就会变质。汉朝的干部选拔机制叫做"举孝廉",很多朝代都沿用,直到隋唐发明科举制。当时,各地把"忠孝、清廉"的候选人推举给朝廷,于是,涌现出很多感人的孝道事迹。比如,晋人王祥对后妈尽孝,"卧冰求鲤"。后来,他不仅自己做官,家族还成了望族。"旧时王谢堂前燕"的"王"就是指他家。尽孝太有吸引力了!不但给人带来荣华富贵,而且福及子孙。于是,在利益的驱动下,人们争先恐后仿效,甚至出现许多造假事件。有些人尽孝不是发自内心,而是作秀,导致尽孝变味。甚至出现"举孝廉,父别居"的假孝,有些人因孝廉"美德"做官,居然不赡养父母。为了表现出尽孝,厚葬之风盛行,大量财富被埋,造成巨大的浪费,因此催生了一个行业:盗墓。父母过世守孝三年,本意是寄托哀思,结果却变成防盗墓。一种人间美德在追名逐利下面目全非。

当美德给某人带来荣誉地位、巨额财富,针对他的围猎就开始了。先讲个古代的段子。汉代有人为老爹守孝二十多年,在坟边搭个窝棚住着,号称:不穿好的,不吃好的,不搞娱乐,不近女色,土块枕头,冬不烧炕。这超出了守孝的要求:"寝苫(shān)枕块"(即睡着草垫,枕着土块),也超出了《孟子·滕文公》中的"三年之丧,齐疏之服,飦(zhān)粥之食。"(即守孝三年,只穿丧服,只喝稀饭)。这人的行为感天动地,受到官府表彰,因此上了热搜,粉丝量暴涨。于是,有人举报他造假:守孝期间生了五胎。官府查实后,将其荣誉收回,并严厉处罚。大家发现问题了吧?守孝多年、严于律己是美德,但当美德带来荣誉、地位时就要注意。再说个当代的故事。某艺人的太太搞了一个商业策划,叫作"打造好男人"。然而,美德不是炒作能打造出来的,如果这样干,还获得盈利,就直接将"美德"放在了聚光灯下,一不小心立即崩盘。

孔孟论"贤者""能者"之思

选拔管理者,一定要选业务能力最强的吗?孟子的观点是:"贤者在位。"(《孟子·公孙丑上》)把贤者提拔到领导岗位。贤者,品德高尚,更多地关注集体利益,不太计较个人得失。若组织的领导是贤者,就有号召力、凝聚力,即使其业务能力一般,问题也不大。虽然刘玄德武功一般,但有贤德,兄弟们都跟着他。

领导岗位有限,公而忘私的贤者不少,怎么办?那就贯彻孔子的教导:尊贤。"义者,宜也,尊贤为大。"(《中庸》)义,是做适宜的事,最适宜的事就是尊贤。这个"尊"字,用得准确、到位。要尊敬贤者,最好给予尊位,如果尊位有限,就要给予精神奖励,以达到两个效果:激发贤者的奉献精神;树立榜样,弘扬优良的社会风气。

能者,聪明能干、业务能力强,但更关注自身。该怎样安排能者?孟子的方案是:"能者在职。"把能者放在合适的、重要的工作岗位。这种机制的好处是:第一,重能,让社会佩服、重视能者。想展示才华?可以!大家机会均等。绩效考核,按功行赏,谁能谁上。第二,激发能者的积极性和创造力,挖掘其聪明才智。人尽其才、物尽其用,实现人力资源效用最大化。对能者的激励偏物质奖励,能者多劳,可以多得。若鞭打快牛,就不公平。

如果"能者多劳"又"多劳多得",则能者会越来越能、越来越劳、越得越多。如果单位的奖金不够发,怎么办?这就要在"得"字上做文章。得,通常是指收入、物质所得。到了一定阶段,得,就要向精神方面转化,这时,对能者的思想教育很重要。中华文化中"尊、重"有别:是"尊贤"为大,非"重能"为大。鼓励能者向贤者转型升级,获得各种荣誉、精神奖励、社会地位。不仅是能者,而且是贤者;既被重视,也被尊敬。

如果贤者的专业能力很强,既品德高尚,又很懂业务,那么这种人很适合做领导。组织会蒸蒸日上,国家会繁荣昌盛。可惜这类人才太少了!为什么人们一直怀念诸葛亮?因为稀缺,所以崇尚。

可有人不买账,甚至风言风语:"不发奖金只表扬,简直就是耍流氓。"怎么办?对斤斤计较的"快牛"、不给钱不干活的"能者",可以采取必要措施:不给他"职"。给自私自利者以警示:如果没平台,就无用武之地。

设计"贤者在位,能者在职"的机制,可以有效避免品德低下的能者伤害组织。让贤者当官,让能者干活(当然,也赚钱)。"升官、发财"应该是两条路径,不能成为因果关系。将公权转化为私财很容易,因果关系的"升官发财"是社会的毒瘤,会导致官员贪腐、民怨沸腾。权力和资本结合,还会危及政权,动摇国家根基。因此,历代君王很警惕商人对官员的渗透,不给商人太高的社会地位。《管子·小匡》说:"士农工商四民者,国之石民也。"民众分为四种:士、农、工、商,这是国家稳定的基石。商固然重要,但排在最后。当然,轻商文化也影响了中国商业社会的发展。

总之,要"尊贤、重能",对贤者重精神奖励,对能者偏物质奖励。

孔子思想与关系管理学说

孔子论仁之"诚、恕、和"

中华文化中人际关系丰富多彩,集中体现在一个字:仁。仁,是孔子思想的核心内容。《论语》中,孔子多次探讨仁,不同的人问仁,孔子的答案都不一样。同一个人在不同时期问同一问题:"什么是仁?"孔子的回答也不同。

《论语·子罕》开篇说:"子罕言利与命与仁。"不是孔子很少谈论仁,而是他没给仁下定义,因为仁的内涵太丰富了。别说仁这个抽象概念,即使是人这个具体物种,都很难下准确定义。苏格拉底曾定义:人,是没有羽毛的两脚直立动物。亚里士多德的定义更准确:人,是有理性的动物。但这两种定义都有漏洞,没有羽毛、有两只脚、有理性、动物只是人的特征而已,根据某些特征给事物下定义难免挂一漏万。马克思更严谨，他说："人的本质，是一切社会关系的总和。"他没有给人下定义，而是分析人的本质特征，因此，无懈可击。孔子不定义"仁是什么"，而是从多角度描述仁的特征。

孔子对仁的各种解释，都有助于处理好人际关系。从关系管理角度分析，建立良好人际关系行为的总和是仁。怎样建立？这是一道开放题，答案多样，不是闭环式定义。我们将从"诚、恕、和"三要素角度解读。诚，发自内心，真诚地对人好，这是基础。恕，换位思考，让对方觉得好，这是方法。和，一起努力，让大家都好，这是结果。

第一，诚。

《论语·颜渊》中，"樊迟问仁。"孔子答："爱人。"孔门弟子中，樊迟虽智商偏低，理解能力有限，但他是一个好学、好问的孩子。当他问什么是仁，孔老师给出了通俗易懂的解释：爱人。注意！孔子说"仁者人也"，不是在给仁下定义，因此不要将其翻译为：仁就是爱人。仁不仅仅是爱人，而应翻译为：爱人就是仁。爱人不是仁的唯一答案，而是仁的基本要求、表现形式。"颜渊问仁。"孔子答："克己复礼为仁。"约束自己，践行周礼。这个答案的技术含量更高：颜回首先要懂什么是周礼；其次要弄清楚当下社会的缺失，才知该"复"什么；最后要了解自己真实的需求，才知该怎么"复"。"克己复礼"比"爱人"的标准更高：爱人，可以是人性的自然行为，比如爱父母；甚至是动物的本能反应，比如爱儿女。克己，约束自己的欲望，则需要很高的修养；复礼，难度系数更大。

樊迟问仁。曰："仁者先难而后获，可谓仁矣。"(《论语·雍也》)樊迟要走上工作岗位了，又问什么是仁。孔子答：吃苦在前，享受在后，才称得上仁。樊迟问仁。子曰："居处恭，执事敬，与人忠。虽之夷狄，不可弃也。"(《论语·子路》)樊迟有工作经验了，被派到艰苦的地方去锻炼，又问同一问题。孔子回答得更具体：独处时要谨慎，对工作要担当，对领导要忠诚。秉承这些为人处世的方法，就算到了偏僻之处，也会平安无事，并得到重用。因此，做到了恭、敬、忠，就是仁。

以上孔子对"仁"的解释，是给学生的个人修为提出的要求。因此，为人处事之"仁",一个很重要的内容就是"诚"。

第二,恕。

冉雍出身贫寒,在孔门弟子中以德行著称,孔子对其有"雍也可使南面"之誉。(《论语·雍也》)冉雍可以做一国的君主。德行高的人容易清高,不爱搭理人。因此,有人对冉雍颇有微词:不知道是他口才差,还是不屑和我们这些俗人交谈。或曰:"雍也仁而不佞(nìng)。"子曰:"焉用佞?御人以口给,屡憎于人。不知其仁,焉用佞?"(《论语·公冶长》)有人说:"冉雍虽然称得上仁,但是不善言辞。"孔子说:"要善言辞干吗?能言善辩,只图口舌之快,不顾别人感受,只会屡屡让人生厌。冉雍是否仁不好说,但是,口才好怎么能作为仁的评判标准呢?"孔子没说什么是仁,而说什么不是仁。

《论语·颜渊》中,"仲弓问仁。"冉雍(字仲弓),问孔老师:什么是仁。孔子的回答流传千古:"己所不欲,勿施于人。"连你都难做到的事,就别高标准要求别人做到。孔子又对子贡解释:这就是"恕"。由此可推:做到"恕"就是仁。"司马牛问仁。"孔子的回答竟是"其言也讱(rèn)。"考虑清楚了再说话。《史记·仲尼弟子列传》记载:"牛多言而躁。"司马牛话多且脾气暴躁。通常,脾气暴躁的人话不多,一言不合就翻脸。脾气大、话又多的人,与人相处会出现什么情况?细思极恐。因此,孔子告诫他:少说!想好再说,一句话先在脑子里转三遍再说出来。说话不可只顾自己一吐为快,还要关注场合,关注对方的感受。暴脾气的人能做到这点,就算是仁。

以上孔子对"仁"的解释,是要求学生换位思考,关注他人的感受。因此,为人处事之"仁",另一个很重要的内容就是"恕"。

第三,和。

子贡能力很强,孔子告诫他:"夫仁者,己欲立而立人,己欲达而达人。"(《论语·雍也》)什么是仁?自己想成就还不够,还要想着让别人也成就;自己想通达还不够,还要想着让别人也通达。孔子提醒子贡,仁的标准别定得太高,太高就是"圣"了。做力所能及的好事,做普通人可以理解、能够接受的好事，也可以达到仁的境界。

以上孔子对"仁"的解释是告诉学生：你的善意、善行要被对方认可，并形成良性循环。因此，为人处事之"仁"，还有一个很重要的内容："和"。

从孔子对"仁"的回答可以看出，仁包含的内容非常广泛，既有"诚"的阐述，又有"恕"的要求，更有"和"的思想。这正是中华文化中人际关系丰富多彩的写照，孔子对此有着广泛而深入的思考。

孔子主张社会和谐稳定，老百姓和统治者大多喜欢，但也有人讨厌。孟子说："孔子成《春秋》而乱臣贼子惧。"（《孟子·滕文公下》）为何孔子著《春秋》，乱臣贼子会恐惧？孔子重仁，用"春秋笔法"记录历史，寥寥数笔，一字褒贬，就将事件定性。同是指杀人，正常的叫做杀，君杀臣叫做诛，臣杀君叫做弑。同是指战争，正常的叫做克，正义的叫做伐，非正义的叫做侵。后世"焚书坑儒"四字，就让秦始皇的暴君形象跃然纸上，令其历史功绩大打折扣。

从《论语》中的称呼看人际关系之礼

中国古代人际关系之"礼"表现在称呼上。直呼其名不礼貌，尤其不能叫长辈的名字。对君王、父母的称呼要求更严，要"避名讳"。当然，这也带来很多麻烦。因汉文帝名叫刘恒，《道德经》的"道可道，非恒道"居然被改为"道可道，非常道"。汉宣帝原名刘病已。天哪！避一个字已经很辛苦了，还要避两个，而且是两个那么常见的字，老百姓怎么办呀？好在汉宣帝是明君，将自己的名字改为刘询，这就好多了。林黛玉写"敏"字时，总是多加一笔或少写一笔，因为她母亲叫贾敏。这种文化一直影响到现代。老汤小时候，爸爸妈妈的名字是小伙伴的秘密，你要是知道某个同学父母的名字，就握有一个"大杀器"，万一对方令你不开心，你就可以威胁他：你再这样，我叫你爸爸妈妈名字了！这一招震慑力极强，屡试不爽。

古代对人的称呼比较复杂。正式场合，不太熟悉时要喊"姓"："X先生"。长辈叫晚辈、自己对自己谦称，才可以叫"名"。对长辈尊称、平辈相互尊称,要用"字"。这种"礼"在《论语》中有清晰体现。孔子常常喊学生名,谈论自己也是用名:丘。子贡叫同学都叫字,和别人谈论孔子也用字:仲尼。江湖上谈论某人常用"号",有点像今天的外号、昵称。比如,诸葛亮,复姓诸葛,名亮,字孔明,号卧龙。

古代讲究师道尊严,对老师要尊称"某子"。孔子,是指孔老师。同门间称呼通常连"某"字都去掉,只称"子"。子曰,是指我们老师说。比如,老汤的博士生导师是陈启杰教授,和同门聊天时,老汤就不会叫"陈老师",而叫"老师"或者"我们老师"。因此,《论语》中的"子曰",大概率是孔子亲弟子的上课笔记;"孔子曰",大概率是孔子再传弟子或者非弟子的笔记。

《论语》中,孔子的学生曾参和有若被称"子","曾子"出现了 17 次,"有子"出现了 3 次。这说明曾参和有若的学生参与了编纂、定稿工作。孔子还有两个学生在《论语》中被称"子",且引发争议。闵子骞被称"闵子"1 次,有人说可能是漏掉了"骞"字。冉求,字子有,也叫冉有,3 次被称"冉子",都在挨孔老师批。这应该不是笔误吧?

中国人际关系的讲究,从称呼开始,《论语》对此展示得淋漓尽致。

《论语》中的论为什么读 lún

论,大多数情况下读第四声(lùn),可作动词,表示分析、说明、评定、看待;可作名词,表示说理的言论、文章;也可作介词,表示按照。只有《论语》中读第二声(lún)。为什么读"lún 语"不读"lùn 语"?《论语》之"论",大有乾坤,有四层含义。

第一,论者,抡也。抡,选择性编辑。《论语》根据孔子讲学、言行记录整理而成,是一部选择性编辑的书。公元前 479 年,孔老师逝世,同学们悲痛万分,再也听不到老师的教诲了。伤心之余,大家讨论决定:老师不在了,其思想要长存。于是,学生们把老师上课的内容分门别类,整理成册,传承下去。孔子的部分弟子和再传弟子,把大家的笔记收集在一起,整理汇编。

孔门弟子后来分成好几个学派，有一派是以子贡为代表的"神圣派"，主张把老师神圣化。端木赐，字子贡，儒商鼻祖，曾任鲁国、卫国之相，是跨界高手。《论语·子张》记载，有人认为子贡比孔子还优秀，子贡听后连忙解释："譬之宫墙，赐之墙也及肩，窥见室家之好。夫子之墙数仞，不得其门而入，不见宗庙之美、百官之富。得其门者或寡矣。"拿院子的围墙打比方，我端木赐的只有肩膀那么高，家中美景，外人一目了然。孔夫子的有好几丈高，若不从大门进去，根本见不到里面华美的宗庙、众多的房子。能摸到门的人太少了！有人诋毁孔子，子贡坚决捍卫："无以为也！仲尼不可毁也。他人之贤者，丘陵也，犹可逾也。仲尼，日月也，无得而逾焉。人虽欲自绝，其何伤于日月乎？多见其不知量也。"这事不能干啊！仲尼不容诋毁。其他人优秀，犹如山丘而已，总能逾越。仲尼是日月，无法逾越。有人要自绝于日月的光辉，对日月会产生丝毫损伤吗？这只能说明他孤陋寡闻、自不量力。

还有一派是以曾参为代表的"纪实派"，主张把老师的思想真实记录下来，留传于世，《论语》的编纂就本着这个原则。但有一个问题，当时无法录音录像，孔老师讲解的内容，都是同学们的笔记或回忆，难免有差异。每人对老师的观点理解不同，有的人说是这样，也有的人说是那样，还有的人说你们都不对，老师亲口这样对我说。读《论语》时，如果你发现一些句子重复、格式差异，别奇怪，当初他们为此不知吵过多少回。《论语》把这些情况真实地记录了下来。

第二，论者，伦也。伦，伦理道德。《论语》是一部关于伦理道德的书，探讨怎样为人处世。孔子拒绝回答那些不讨论人生哲理的问题，"子不语怪力乱神。"(《论语·述而》)孔子不讨论怪诞、暴力、动乱、鬼神等话题。季路问事鬼神。子曰："未能事人，焉能事鬼？"曰："敢问死。"曰："未知生，焉知死？"(《论语·先进》)子路问怎样供奉鬼神？孔子说：人都没侍奉好，怎么能供奉鬼神呢？子路这孩子好奇心太强，还不死心：老师，我冒昧地问，死是什么？孔子答：你生都没搞清楚，要知道死干吗？

第三，论者，纶也。纶，经纶世务。《论语》是一部经纶世务的书。这本书非常有用,涉及社会、人生的方方面面,提出了很多行之有效的方案。现代应试方式大多是单选、多选、填空等题型,有标准答案,提高分数的途径往往就是刷题。有人说,应试教育、标准答案是中国教育的一大弊端,桎梏了中国人的思想。这是不了解中华文化,不了解中国教育本源。孔子善于解答各种问题,具体问题具体分析,他有一个重要的教学风格:因材施教。不同人问同一个问题,他的回答不同,比如,不同的人请教:"孝""仁"。甚至同一个人在不同时期、不同语境问同一个问题,他的解释都不一样,比如,樊迟三次"问仁"。结论是:刷题、标准答案不是中国传统教育的特点,因人而异、因时而异的咨询式教学方法才是。

第四,论者,论也。论=言+仑,条理清晰。《论语》是一部条理清晰的书。该书从《学而》开始,到《尧曰》结束,告诉我们:首先要学习、实践,最后努力去做圣贤。《论语》一共二十章,看似漫不经心、行云流水,相互之间好像没多大联系,其实环环相扣、条理清晰,充分体现了中华文化的散文风格:形散而神不散。

整理《论语》,工程浩大,持续多年,待完成之际,又出现问题:该取什么书名?第一种意见:这是一部经过整理、选择而编辑的书,应该叫《抡语》;第二种意见:这是一部探讨伦理道德、为人处世的书,应该叫《伦语》;第三种意见:这是一部非常实用、经纶世务的书,应该叫《纶语》;第四种意见:这是一部很有条理的书,应该叫《论(lùn)语》。这些说法都有道理,但都不完整。有位智者综合以上观点后建议:取名为《论语》,但论读第二声"lún"。这样,就保留了"伦、纶、抡"的读音,使用了"论"的字形。"论"在其他用法中都读"lùn","lún"这个读音为《论语》所独享。大家一致同意。这是运用平衡之道智慧的又一典型案例。一个字后面,居然有那么多故事,太神奇了!这就是文化底蕴、历史积淀。

伦(伦理道德)、纶(经纶世务),都是讨论人际关系管理。因此,《论语》为本研究提供了丰富的素材。为人处世既是孔子思想的重要元素,也是中华优秀传统文化重要的组成部分,孔子思想是人际关系学说的理论源泉。

孔子的人际关系理论

孔子把人际关系分为"孝悌""五伦"

孝悌之道是一切关系的本源

子曰:"弟子入则孝,出则弟。"(《论语·学而》)孔子教育弟子:在家讲孝道,出外讲悌道。他将人际关系分为两大类:与父母的关系、与父母之外的人的关系。孝道之外的所有关系都属于悌道。(划重点:所有!)孝悌之道是一切关系的本源,是明君管理天下的法宝。孟子把尧舜伟大的原因,归结为他们遵守了孝悌之道:"尧舜之道,孝弟而已矣。"(《孟子·告子下》)一个"而已",足见孟子对孝悌的重视。入讲孝道,爱父母,出讲悌道,对人尊重、有爱,这样就会受欢迎。

人际关系中,最重要的是孝道。孝道,受到中国传统社会的认可和尊重。《水浒传》中经常出现类似的场景,某人行走江湖,与人厮杀,最终失利,在对方手起刀落时,只要大叫:"好汉饶命,我家还有八十岁的老母!"对方通常会手下留情。孝道不仅适用于儿女对父母,尽孝对象也包括对自己尽了父母责任的长辈、平辈。"长兄为父、长嫂为母",大哥大嫂承担了父母的职责,弟弟妹妹不仅要悌,还要孝。老汤经常回忆:小时候,跟随父母下放农村。大哥在城里工作,担心农村教学质量差,让我转学到他那。他有四个孩子,日子过得紧巴,可我很调皮,给他添了不少麻烦。我上高中时,他分了三室一厅,为了让我安静读书,居然给我单间,让孩子们挤在一间。我每每想起,心中感到阵阵温暖,责任感油然而生:不好好读书,对不起大哥。

孔子可能觉得孝悌的划分有点宽泛,于是,又将人际关系细分为"五道"。曰:"君臣也,父子也,夫妇也,昆弟也,朋友之交也。五者,天下之达道也。"(《中庸》)孔子说,有五种重要的人际关系:领导和下属、父母和子女、夫妻之间、兄弟姐妹之间、朋友之间。这五种关系如果处理好了,走遍天下畅通无阻。孟子对此提出了具体要求,并把"父子"排在最前面:"父子有亲,君臣有义,夫妇有别,长幼有序,朋友有信。"(《孟子·滕文公上》)父慈子孝,父母与孩子之间要重视骨肉之亲。君礼臣忠,君王与大臣之间要遵循忠义之道。夫妇之间分工有别,恩爱和睦。兄弟姐妹大小有序,兄友弟恭,长惠幼顺。朋友之间要诚实守信,互相帮助。后世儒家认为这五类关系是最重要的人际关系,并将其上升为道德高度:人伦。"五伦"构建了中国人际关系的根本准则,这是人际交往的规矩、关系管理的原则。

这五种关系都是站在"我"的角度,我作为父母或儿女、领导或下属、丈夫或妻子、兄弟姐妹、朋友,该怎么做?我在这些关系中扮演不同角色,平衡各种关系。俗语"上得厅堂,下得厨房"就是夸一个人能扮演好各种角色、处理好各种关系:在家里是多面手,在职场是优秀员工。人际关系是一个复杂、庞大的体系,各种关系都能处理好,非常了不起!

孝道与悌道之别

孝道和悌道有何特征、差别和联系?孝是血缘关系,割舍不断,无法抛弃。常言道:"生亲了。"悌是友爱关系,好聚好散,合则聚,不合则分。用博弈论分析:孝道是无限重复博弈;悌道是长期重复博弈。用管理学分析:孝道是互为产权关系;悌道是相互合作关系。

孝悌二道在处理问题的方法上差别很大。该怎么劝父母?孔子的建议是:"事父母几谏,见志不从,又敬不违,劳而不怨。"(《论语·里仁》)侍奉父母,应该委婉缓和地规劝。劝的过程中还要态度恭敬,不违抗父母的意愿,即使非常辛苦,也不要有怨气、怨言。为什么要反复劝?因为双方是永久的互为产权关系!子女和父母利益捆绑,"父债子还"是中国传统中一个约定俗成的观念,虽然其合理性有待讨论。

该怎么劝朋友?子贡问友。子曰:"忠告而善道之,不可则止,毋自辱焉。"(《论语·颜渊》)子贡问交友之道。孔子答：若朋友错了，要真诚地告诉他，用恰当的表达方式开导他，如果他不听就算了，别自取其辱。怎样劝领导？孔子说："所谓大臣者，以道事君，不可则止。"(《论语·先进》)什么是优秀的臣子？用仁义之道侍奉君王，若他不听，就闭嘴，甚至走人。由此可见，孔子对大臣的要求，并不是我们想象的：不管君王对错，大臣都要忠心耿耿、至死不渝。子游也说："事君数，斯辱矣。朋友数，斯疏矣。"(《论语·里仁》)与上司相处要注意，如果你一而再、再而三指出他的错误，他不听你还说，不仅没效果，上司急了还会羞辱你。和朋友相处也一样，说多了，讲烦了，朋友就会疏远你。

因为忠诚与谄媚有时难以分辨，所以孔子告诫："事君尽礼，人以为谄也。"(《论语·八佾》)对君主太过尽心尽职，容易被认为是马屁精。这在组织中是一件很麻烦、很微妙的事。因此，与领导相处要把握好度，保持距离是占优策略。孝道则不然，对父母再怎么尽心尽孝，都不会有人说你谄媚。"你真会拍领导的马屁"是一种讽刺，甚是刺耳，让人很不舒服。"你很会拍父母的马屁"就是一种调侃，津津乐道，让人倍感温馨。

尽孝道时，要尽心尽力、不离不弃、不计得失，因为父母也是这样对我们的。守悌道时，要遵循礼尚往来的交往方式，并尽量做到付出"略大于"收获。悌道中，没有什么付出是应该的或永久的。

20世纪60年代初有一条金句："我把党来比母亲"，因为"母亲只生下我的身，党的光辉照我心。"那时有一位名人叫雷锋，他是个孤儿，党培养了他，他对党的感恩、忠诚发自肺腑。我们对祖国母亲的热爱和奉献，也属于孝道的范畴。因此，当有人以"父母官"自居时，老汤会嗤之以鼻：你做到了爱民如子吗？能像父母那样长期无私奉献吗？毛泽东在《一九四五年的任务》一文中就指出："我们一切工作干部，不论职务高低，都是人民的勤务员。"

孔子的"同心圆思想"

修己、安人、安百姓

子路问君子。子曰:"修己以敬。"曰:"如斯而已乎?"曰:"修己以安人。"曰:"如斯而已乎?"曰:"修己以安百姓。修己以安百姓,尧舜其犹病诸!"(《论语·宪问》)子路问什么是君子?孔子答:提高个人修养,保持敬畏之心。问:这就够了吗?答:提高个人修养,让身边的人安心。又问:这就够了吗?答:提高个人修养,安定天下百姓。不过,提高个人修养,安定天下百姓,连尧舜这种圣贤明君都难以做到啊!孔子实事求是,不唱高调。天下百姓,诉求众多,你做得再好,也无法让每人都满意。

这就是孔子的同心圆思想:"修己、安人、安百姓"。首先,做好自己;其次,帮助别人;最后,如果还有能力,实现人类大同,帮助全世界。其思想体系非常完整(见图 1.1)。

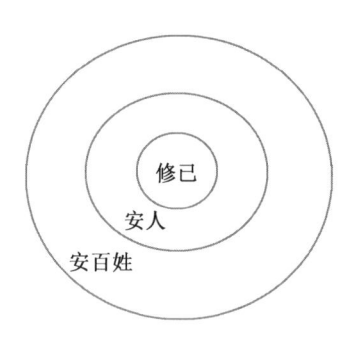

图 1.1 孔子同心圆思想

首先站在原点,从自己做起,提高个人修养。不仅做好身边的事,还要帮助更多的人。先胸怀祖国,再放眼世界。换言之,在夜空中,先把自己点亮,能照多远就照多远。如果是一支蜡烛,就点亮周围;如果是一盏明灯,就照亮远方;如果是一个太阳,那就照耀全世界。当然,照亮世界很难,有些角落连太阳也照不到。

明善、诚身是根本

子曰:"在下位不获乎上,民不可得而治矣。获乎上有道,不信乎朋友,不获乎上矣。信乎朋友有道,不顺乎亲,不信乎朋友矣。顺乎亲有道,反诸身不诚,不顺乎亲矣。诚身有道,不明乎善,不诚乎身矣。"(《中庸》)

在组织中,管理者如果得不到上级支持,队伍就难带,工作没法干。在前线作战的将军,如果失去皇帝信任、权臣帮助,就无法最终取胜。同样是自身能力很强,同样面对皇帝昏庸、奸臣当道的局面,南宋岳飞和明朝胡宗宪的结局却完全不同。岳飞被宋高宗猜忌,遭宰相秦桧陷害,在快要完胜之时,被急召班师回朝,还遭受杀身之祸。胡宗宪则获得嘉靖帝和首辅严嵩的信任,加上江浙官员不遗余力地帮助,剿灭倭寇,获得胜利。胡宗宪后因严嵩倒台而锒铛入狱,其历史评价也颇具争议。然而,在那个世道,想干点造福苍生的事,胡宗宪不出此下策,又能如何?若世道黑暗,则做官风险很大,要遵守孔子的教诲:"天下有道则见,无道则隐。"(《论语·泰伯》)天下有道就出来做官,天下无道则退隐江湖。

怎样得到领导的支持?做法很多。孔子举了一个反例:怎么做得不到领导的支持?一个人如果得不到朋友的信任,就得不到领导的支持。明智的领导,会把核心业务、重要岗位交给对朋友无信的人吗?

怎样取得朋友的信任?孔子同样举反例:怎样做没朋友?一个对父母不孝的人,得不到朋友的信任。如果准备和某人深交、合作,首先观察他对父母是否孝。谈恋爱时,不要只关注恋人"是否对我好",还要观察恋人"是否对父母好"。有人问:"对象对父母不孝,但对我父母好,怎么样?"不行!动机不纯!更不可信!一个人对父母好,不一定对他人好,但如果对父母都不好,怎么会真诚待人?

怎样才是对父母尽孝?如果不真诚,就不能尽孝。有人可能不理解:难道还有"假孝"?有的。当孝作为提拔干部的重要标准时,就容易假孝,历史上多次发生过这类现象。当孝顺可以让自己分得更多家产时,也容易假孝,这在多子女的大户人家屡见不鲜:之前一副孝顺的样子,目的没达到甚至已达到,马上和父母翻脸。

怎样才是真诚?如果不明善良之理,没有感恩之心,就无法真诚。孟子说:"失其身而能事其亲者,吾未之闻也。"(《孟子·离娄上》)一个没有节操的人能侍奉好父母,这事我还从来没听说过。一个人如果没节操、不善良,他就不真诚。如果一个人不真诚,他怎么会很好地尽孝?

这是孔子"同心圆思想"的另一种表述:善良是为人之本,是同心圆的圆心;善良才可能产生真诚;真诚才可能对父母尽孝;孝才可能得到朋友信任;值得信任才可能获得领导支持甚至提拔。从善(圆心),到诚、孝、信、获,层层外扩,如图1.2所示。

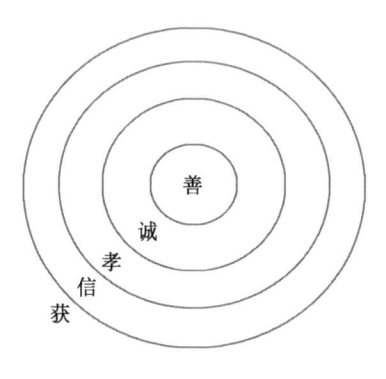

图 1.2 善心同心圆

修身是核心

"格物、致知、诚意、正心、修身、齐家、治国、平天下"(《大学》)是人们耳熟能详的金句。然而,人们通常有几个误解:把"家"理解成"家庭",把"国"理解成"国家",认为人人都可以"修、齐、治、平"。

曾子当时的社会阶层分六个等级:周天子、诸侯、卿大夫、士人、平民、奴隶。天子的辖区叫作"天下",诸侯的辖区叫作"国",卿大夫的辖区叫作"家",三者属于统治阶级。平民和奴隶属于被统治阶级。士,介于两个阶级之间,可为统治者所用,又深知民间疾苦。曾子站在士的角度提出要求,先把自己修炼好:修身。如果能成为卿大夫,就要把辖区服务好:齐家。如果还能成为诸侯,就要把辖区服务好:治国。如果是天子,就要服务好天下:平天下。

由此可见,第一,卿大夫管辖的"家"和今天的家不同,由于管的人不多,因此可运用大家庭管理方式。第二,曾子所处的春秋时期,老子主张"小国寡民",诸侯国众多,但都不大,"千乘之国",即有一千辆马车的国家就算大国了。那时的"国"和后来的大一统"国家"不可同日而语。当时国多,对人才的需求量很大,跳槽容易,人才得以充分展示,这是谋士、武士等各种"士"的黄金时代。第三,大多数人只能"修身",少数人可达"齐家",能"治国"者少之又少,能"平天下"者就更不用说了。孟子说:"穷则独善其身,达则兼善天下。"(《孟子·尽心上》)不得志时要独自修炼好自身,得志时要帮助天下人。大数据显示:穷是常态,达是特例,"修"是人生主旋律。就算偶尔进入"齐、治、平"阶层"兼善天下",最终还要回归"独善其身"。因此,修身是核心。

曾子的"修身、齐家、治国、平天下"与孔子的"修己、安人、安百姓"一脉相承,都体现了同心圆思想:首先,修身是核心;然后,才能齐家,才能治国,才能平天下。从里到外,层层扩展,如图1.3所示。

图1.3 "修身、齐家、治国、平天下"同心圆

曾子还做了进一步的阐述:怎样做到修身?先格物,再致知,再诚意,再正心,最后修身。格物,认真调查研究。致知,发现事物的本质和

规律。诚意,做真实的自己。正心,从真实的自己中发现并发扬正确的自己。最终,达到修身的效果。如图1.4所示。

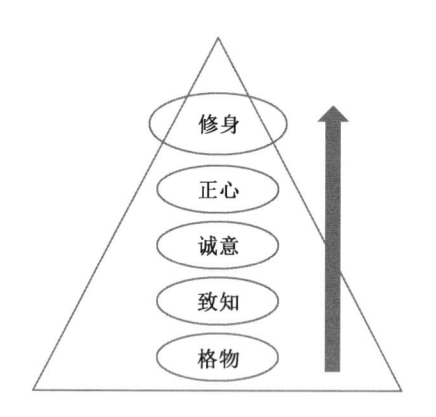

图1.4 从"格物、致知、诚意、正心"到"修身"

曾子告诫,关系管理首先是和身边的人搞好关系。"宜其家人,而后可以教国人。""宜兄宜弟,而后可以教国人。""其为父子兄弟足法,而后民法之也。"(《大学》)只有帮助好家人,才有资格去教化国人。只有帮助好兄弟姐妹,才有资格去教化国人。只有成为优秀的父亲、儿子、哥哥、弟弟,才能成为全国人民学习的榜样。倘若一个人在家庭中的角色都没扮演好,和家里人的关系都处理不好,在外面怎么会有良好的人际关系?怎么能成为好领导、好员工?因此,为人处世的核心就是:先把"我"做好,这是同心圆的圆心。

爱商、忠恕之道

爱商:"泛爱众""推恩"

如果把孔子的"同心圆思想"仅仅理解为把自己做好,这就显得狭隘了。孔子强调把自己做好,还要求把身边的事做好,并推而广之。《论语》对此有反复、清晰的论述。《论语·学而》中,孔子还提出了"泛爱众"思想。这个"泛"字用得非常精到,其目标是广泛地爱一切民众,施爱过程则如水之泛,有等差,从身边开始,一层一层地向外延展。正如《孟子·离娄下》所说:"盈科而后进。"就像泉水,先充满泉眼前面的坑,然后继续前进。

孟子对"泛爱众"思想做了具体阐述:"老吾老,以及人之老;幼吾幼,以及人之幼。"(《孟子·梁惠王上》)尊敬自家的老人,用敬重自家的老人之心推及别家的老人;爱护自己的孩子,用慈爱自己的孩子之心推及别人的孩子。有人理解为:要像孝顺自己的长辈一样孝顺别人的长辈;要像爱护自己的孩子一样爱护别人的孩子。这很难做到!孟子没提那么高的要求,而是在传播推己及人的品德。"老吾老、幼吾幼"是人性,容易做到;"以及人之老、幼"是美德,践行不易。注意,后面还有一句话很重要:"天下可运于掌",能做到推己及人者,可以做君王,天下都在你的掌控之中。孟子又阐述了"推恩"思想,不仅要对自家人好,而且要对别人好:"推恩足以保四海,不推恩无以保妻子。"推恩,四海之内的民众都会拥护你、投奔你,你就可以做他们的领袖,保护他们。不推恩,连自己的老婆孩子都保护不了,他们不可能一直在你眼皮底下,永远受你保护。孟子谈论推恩,与"天下""四海"联系在一起,可见,这是对君王提出的要求。一般人虽然难以做到,但是应该有这种愿望,有同理心、同情心。

孔孟思想,滋养了中华民族的家国情怀。中国人民刚刚站起来,就有"胸怀祖国,放眼世界"的豪情。为什么?这有历史渊源,有文化基础。

人际交往有三种能力:智商、情商、爱商(见图 1.5)。智商:个人做事的能力。如果你专业能力很强,只管干活,不参与内部斗争,无论谁做上司都会用你。注意,是使用你,未必重用你。具备智商,只能令你立于不败之地,但不败,离胜利还很远。情商:关系管理的能力。个人的力量微不足道,如果能和周围的人和谐相处,你就可以整合各方资源,实现目标,取得成功。大干大成,小干小成,不干也成,小日子会过得很滋润。具备情商,就拥有胜利的要素。爱商:带领团队的能力。你不仅爱自己,还能爱他人,做到"推恩",这是成为领袖的前提。具备爱商,是取得成就的要素。从智商到情商再到爱商,要求越来越高。

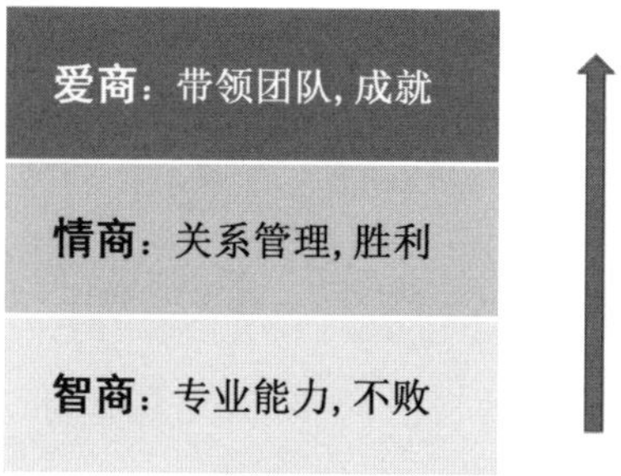

爱商：带领团队，成就

情商：关系管理，胜利

智商：专业能力，不败

图 1.5　从"智商"到"情商"再到"爱商"

忠恕之道

《论语·里仁》记录了一个精彩的故事。子曰："参乎！吾道一以贯之。"曾子曰："唯。"子出，门人问曰："何谓也？"曾子曰："夫子之道，忠恕而已矣。"那是一个春天下午的课堂上，同学们犯困了。估计孔老师在讲复杂、枯燥的人生道理，大家精力不集中了，有的低头看手机，有的在发呆，大多数人眼神是迷离的、目光是散落的，只有一个学生目不转睛地盯着老师，眼中闪着求知的渴望。他是谁？曾参。孔子很欣慰，走过去拍拍他："曾参同学，我讲了那么多人生道理，其实，可以用一句话贯穿始终。"曾子心领神会，连连点头："是的，老师。"下课了，同学们纷纷围上来："曾参，我们都听不懂，就你懂，还和老师用暗语。贯穿始终的一句话是什么呀？"曾子答："老师的道理概括起来就两个字：忠恕。"

和人相处，用"忠"来要求自己，用"恕"来宽容他人，严于律己，宽以待人。这样做还能不受欢迎吗？人际关系管理，只要做到了这两个字，就会通行无阻。因此，"忠恕之道"是孔子一以贯之的为人处世之道。

当然，夫子之道是什么道？可不可以用"忠恕"来概括？颇有争议，因为这是出自曾参之口，孔子并没有做过总结。孔子思想博大精深，小曾同学用两个字概括，还说"而已"，显然有点年少轻狂。然而，曾子总结出的孔子"忠恕之道"，对中华民族影响深远。本研究把孔子的人际关系管理思想归纳为"诚、恕、和"，我们希望能为孔子思想的传播，为人际关系管理理论做小小的贡献！夫子的人际交往之道，"诚、恕、和"而已。

"忠""恕"二字下面都有心，忠恕的共同点是：用心。

忠的特点：第一，对人尽心、坚贞不渝。比如，对领导，对爱人。第二，对事执着认真，锲而不舍。精益求精，不达目的，决不罢休。

严格要求自己是"忠"的核心，也是孔子的重要思想。孔子就是"不怨天，不尤人"（《论语·宪问》）的典范。他的思想在和平年代对人类社会很有帮助，但当时天下动荡，时代不需要、不认同。孔子没有抱怨老天：为什么天下大乱！而是明知不可为而为之，周游列国，锲而不舍地传播。孔子站在更高的维度，其思想深邃，许多人不明白，孔子没有因此责备大家，而是有教无类，循循善诱。孔孟都严于律己。孔子说："反求诸其身。"（《中庸》）孟子说："行有不得者皆反求诸己。"（《孟子·离娄上》）如果行动没有达到效果，都要反过来，先从自己身上找原因。

谈到忠，首先，寄语上司：上司，可以命令下属执行，但不能命令下属忠诚。对发出的一个指令立即执行者，不一定是忠，可能是智能机器人。忠，必须走心，发自内心，口服心服。其次，寄语下属：员工，要了解上司的需求。上司最喜欢的员工是既尽心尽力，又很有能力。既能干又忠诚，就容易进入领导核心圈层。

夫子之道是不是"忠恕"而已？有争议。对于人际交往原则，孔子总结了一个"恕"字，却是不争的事实。子贡问曰："有一言而可以终身行之者乎？"子曰："其恕乎！己所不欲，勿施于人。"（《论语·卫灵公》）子贡问：有什么名言警句要终身执行吗？孔子答：那就是"恕"啊！什么是恕？孔子解释：自己不喜欢的，别强加于人。有一次，仲弓问什么是仁，孔子明确回答："己所不欲，勿施于人。"这既是仁，也是"恕道"的关键，是与人打交道的原则，一辈子执行，会终身受益。《中庸》记录了类似表述，子曰："忠恕违道不远，施诸己而不愿，亦勿施于人。"孔子说：只要做到忠恕，就不会偏离人间正道。"施诸己而不愿，亦勿施于人"与"己所不欲，勿施于人"异曲同工。"忠恕违道不远"与"夫子之道，忠恕而已"说明，忠恕既是人间正道，也是孔子思想。

传承者紧紧跟随。《大学》说:"君子有诸己而后求诸人,无诸己而后非诸人。所藏乎身不恕,而能喻诸人者,未之有也。""君子有絜矩之道也。所恶于上,毋以使下;所恶于下,毋以事上;所恶于前,毋以先后;所恶于后,毋以从前;所恶于右,毋以交于左;所恶于左,毋以交于右。"君子严格要求自己做到,才能要求他人去做;严格要求自己不做,才能要求他人不做。如果自己不能推己及人,却用恕道教育别人,就没人会理睬。君子有严格的行为准则:讨厌上级某种行为,就不要以此对待下级;讨厌下级某种行为,就不要以此对待上级。曾子说了"上下",还不厌其烦地说"前后、左右"。中华文化讲究举一反三。曾子如此不厌其烦谆谆教诲,可见这事多么重要。《孟子》说:"反身而诚,乐莫大焉。强恕而行,求仁莫近焉。"反思自身的所作所为,发现自己能做到真诚,真是太开心了。坚持执行恕道,就离仁很近了。

纵观当今世界,仍是丛林社会。某超级大国,不仅将自己的意识形态强加于他国,而且"己所不欲,强施于人"。"己所不欲,勿施于人"是当今世界应该推行的理念,"恕道""修己"才是社会安定、世界和平的保障。

孔子的"大同世界"

孔子追求的理想社会

"大同世界"是孔子追求的理想社会,孔子对其作了详细描述:"大道之行也,天下为公,选贤与能,讲信修睦。故人不独亲其亲,不独子其子,使老有所终,壮有所用,幼有所长,鳏寡孤独废疾者,皆有所养。男有分,女有归。货恶其弃于地也,不必藏于己;力恶其不出于身也,不必为己。是故谋闭而不兴,盗窃乱贼而不作,故外户而不闭。是谓大同。"(《礼记》)人们在康庄大道上行进,天下为民众所共有,选拔的人才品德高尚、能干肯干,人们讲求诚信,社会追求和睦。因此,大家不只是孝敬自己的父母,不只是疼爱自己的孩子,老年人颐养天年,中年人贡献社会,小孩子健康成长,老而无妻、老而无夫、幼无父母、老无儿女、体残智障、病痛缠身者都能得到照料，男人有职业，女人有依靠。杜绝资源浪费现象，不将资源据为己有；杜绝不竭尽全力工作的现象，全心全意工作不是谋取私利。因此，奸邪、阴谋之事不会发生，盗窃、作乱之贼不会出现，人们外出都不用关门，这叫作大同世界。

孔子描绘的大同世界，和今天的许多概念都可以对接。社会制度：天下为公；管理体制：选贤与能；人际关系：讲信修睦；社会道德：相互关爱；社会保障：各得其所；劳动态度：人尽其力；资源效率：物尽其用；社会风气：安居乐业。

马克思主义关于共产主义社会的表述：消灭生产资料私有制，建立一个没有阶级制度、没有剥削、没有压迫、各尽所能、各取所需、实现人类自我解放的社会。比较孔子和马克思主义的叙述，你发现了什么？大同世界和共产主义社会高度相似。

共产主义与"大同世界"

马克思主义在中国的传播能取得成功，重要原因是毛泽东领导的共产党反对教条主义，把马克思主义中国化。

按照马克思的设想，人类社会首先要进入资本主义高级阶段，然后进入社会主义社会，社会主义从初级阶段发展到高级阶段，物质水平和文明程度都高度发达，最后实现共产主义。

20世纪初，在帝国主义列强中，俄国属于比较弱的，离资本主义高级阶段还差得很远。列宁说，不能等了。他丰富了马克思主义，认为社会主义可以在帝国主义的薄弱环节实现突破。1917年，俄国十月革命取得成功。

毛泽东说："十月革命一声炮响，给我们送来了马克思列宁主义。""中国无产阶级的先锋队，在十月革命以后学了马克思列宁主义，建立了中国共产党。"(《论人民民主专政》)那时，中国正处于半殖民地半封建社会，非常落后，离帝国主义薄弱环节都差得很远，就别说资本主义高级阶段了。中国共产党人说，不能等了。毛泽东丰富了马列主义，认为社主义在半殖民地半封建社会也可以建立。于是,毛泽东带领战友们"枪杆子里面出政权"。1949年,中华人民共和国成立。

中国共产党夺取政权后,形势发生了巨大变化。马克思主义的斗争哲学,比如"一个阶级推翻另一个阶级"等,在和平年代会遇到一些困扰,甚至面临挑战。怎样办？必须与时俱进。于是,邓小平提出了"建设有中国特色的社会主义",学习吸收一切先进的东西,结合中国国情,为中国所用。在他的指引下,中国阔步前进。

中国人民太优秀了！用很短时间进入第一梯队,即将迎来中华民族伟大复兴的新时代。与此同时,我们也将面临新问题:当许多方面没处可学,该怎么办？这就需要智慧的思想家、理论家、实干家去解决。

我们要对马克思主义进行再一次的中国化,把马克思主义思想与中华优秀传统文化结合。一个重要的依据、结合点就是:共产主义与孔子大同世界的目标基本一致。因此,我们要继续高举马克思主义伟大旗帜,从中华优秀文化中寻找智慧,从西方优秀文化中学习经验。只有汇聚了世界的优秀文化,运用好文明成果,才能引领世界,走进世界大同。因此,我们要研究孔子思想,实现其当代价值。

孔子反复强调"诚、忠、信"

"诚、忠、信"被孔子及其弟子和后世儒家反复提及,后来还互为词组:忠诚、诚信、忠信。

忠诚,一个神圣之词

忠诚,在中华文化中是很神圣的,我们反对滥用这个词,不赞同"客户忠诚"的提法,建议用其他词替换,比如"客户黏性"等。

中华文化的"忠诚"有三大特点。

专一性

忠诚的第一个特点是专一性。一人为"忠",二人为"患"。只能对一个人忠心耿耿,如果同时对两个人忠心耿耿,就是有"二心",会后患无穷,尤其是爱情这种排他性人际关系。

仲山甫是2 800多年前西周一位大臣,勤勉工作,忠心耿耿。《诗经》夸他:"既明且哲,以保其身。夙夜匪解,以事一人。"他既聪明又智慧,不断提高个人修养,白天黑夜都不敢懈怠,就是为了侍奉一个人:周宣王。

乾隆年间,国家繁荣,朝廷组织修史,大力表彰忠臣,不仅表彰清朝的忠臣,而且表彰明朝的忠臣,还包括抗清的忠臣,并为其立传。与此同时,乾隆皇帝还下令编纂了《贰臣传》,把明朝的降臣洪承畴、祖大寿等统统列入其中。这就是"贰臣"的悲哀:背叛前任,投靠现任,结果常常被现任鄙视、嫌弃。一个背叛前任的人,大概率也会背叛现任,其忠诚不可靠。统治者为什么要大力表彰忠臣,包括敌人的忠臣?目的就是强调忠诚的专一性。

《三国演义》中,吕布是第一猛将,被俘后居然被唯才是举的曹操所杀,因为吕布是"三姓家奴",杀了两个义父,多次背叛老板。马超,为刘备立下赫赫之功,辅刘七年,却时常感到寄人篱下,心怀畏惧,只因自己曾叛离张鲁。赵云,常胜将军,冒死救出刘禅,然而并未受到刘备重用,原因众说纷纭,其中之一就是他曾背弃刘备的好友公孙瓒。反观刘备最信任的关羽、张飞、诸葛亮,三人都是"一手车"。刘备"五易其主",究其原因,除了他看不上别人,主要是不被信任,最后只好自己创业做老板。东汉末年是个乱世,跳槽司空见惯,但是,专一仍然备受推崇。

长期性

忠诚的第二个特点是长期性。"朝秦暮楚"是忠诚的反面教材。

《汉乐府》用夸张的艺术手法,表达了忠诚的长期性:"山无陵,江水为竭,冬雷震震,夏雨雪,天地合,乃敢与君绝。"只有当山不再绵延起伏变成平地,奔腾不息的江水枯竭了,冬天雷声阵阵不断轰鸣,夏天下大雪,天和地合在一起,才可断绝对你的忠诚。

这是何等的山盟海誓啊!要我变心是吧?要我不和心上人相爱是吧?可以!必须同时具备五个条件,注意!是同时!是物理学中的串联电路,不是并联,任何一个节点断路,都会导致整条线路熄灯。这五种自然现象都不太可能存在,这五个节点几乎都是断开的,更别说同时联通。结果是联通概率为零,"与君绝"的红灯永远不会亮。如图1.6所示。

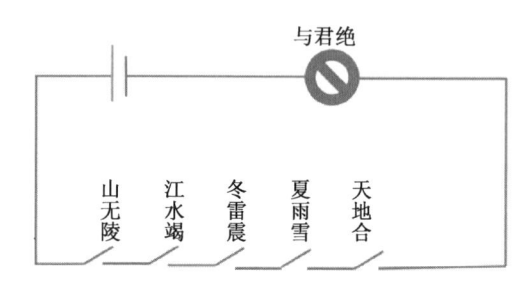

图1.6 "与君绝"同时具备的五大条件

结论是:我对你的忠诚是永恒的!不可能"与君绝",我永远不会变心!它描述了忠诚的长期性。

写情诗、写情书,用这种方式表达,是不是艺术性更强?是不是比"我永远爱你"的表白更显得有文化?

坚贞性

忠诚还有一个重要特征是坚贞性,即要经得起各种考验。

何达的诗《忠诚》对坚贞性作了形象、贴切的比喻:"我是不会变心的,/就是不会的。/大理石雕成像,/铜铸成钟,/而我这个人,/是用忠诚制造,/即使破了,碎了,/我片片都是忠诚!"

《汉乐府》描述的长期性还算容易实现,因为是山盟海誓、互诉衷肠,是两人共同努力、共同忠诚。《忠诚》传达的坚贞性更难做到,可能只是我单方面努力,可能是环境恶劣,甚至可能对方还伤害了我,我还能做到忠诚,这更了不起！大理石雕成像,即使破了、碎了,还是坚硬的大理石。铜铸成钟,即使破了、碎了,还是破碎的钟,"钟"与"忠"是谐音。不论我受到多大的伤害,就算是我的心破了、碎了,也是一颗破碎但仍然对你忠诚的心。女朋友生气了,不理你,你站在她家门口念这首诗,效果会怎么样？当然,这绝不仅仅是一首情诗。

二十世纪六七十年代,中国曾历经"十年浩劫",许多优秀知识分子遭受迫害。面对"我爱母亲,母亲爱我吗？"的困扰,他们坚信:母亲生病了,我们不能抛弃她,要一起救护她,帮助她康复。这就是忠诚！这就是坚贞！

老汤的父亲就是这样一位典型的知识分子,他被国民党抓壮丁,做了军官,率部起义,后任解放军文化教官。从解放初期到"文化大革命"结束,他经历了许多苦难,但是他从不给儿孙传递负能量。这就是优秀知识分子对祖国的忠诚！

听完这些故事,你还会随随便便使用"忠诚"这个词吗？

孔子及其弟子论"诚信"

诚

诚,真实无妄。真诚,是发自内心的一种真实;自诚,内心真诚,行为自然。儒家有一个共识:人心向善。因此,诚是内心真实的自然表现,是一种美德。诚,存在于每个人的天性之中,但表达出来可能会失真,而且容易受到外界影响。因此,要不断维护和完善这种美德。

孔子指出真诚和追求真诚的差别:"诚者,天之道也;诚之者,人之道也。诚者,不勉而中,不思而得,从容中道,圣人也。诚之者,择善而固执之者也。"(《中庸》)真诚,是一种天道,是天地原本的状态,也是人的本性。追求真诚,是一种人道,是做人的原则和选择。有些人自然而然就真诚,不用勉强就能实现,不用思索就能得到,从从容容就符合中庸之道,这是圣人。普通人要努力追求真诚,选择善为宗旨,锲而不舍地执行。孔子告诫:真诚不易。生而知之者是圣人,大部分人无法达到;学而知之者是贤人,通过努力可以做到。既有真诚之心也有真诚之行,圣人能轻松自然地合二为一,常人则需要不断努力,做到了便可成为贤人。因此,要以诚待己,坚持向善,不断受教化。

诚是《中庸》的核心思想之一,在书中出现了 25 次。子思对孔子之"诚"进行了系统阐述:"自诚明谓之性,自明诚谓之教。诚则明矣,明则诚矣。"由于真诚而明白道理,这叫作天性;因为明理而变得真诚,就是教化。真诚,就会明理;明理,就会真诚。子思郑重指出:教化在追求真诚的过程中,其作用重大。诚者,自成也;而道,自道也。诚者,物之终始,不诚无物。是故君子诚之为贵。诚者,非自成己而已也,所以成物也。真诚是自然而然形成的,就像道有其自然而然的运行规律。万物发展从始至终需要真诚,没有真诚就没有万物。因此,追求真诚是君子的宝贵品德。真诚,不应只是内在的美德,还要表现出来,成就万事万物。

《中庸》反复强调"至诚",即极致的真诚。这是最高境界,是圣人的状态。"唯天下至诚,为能尽其性。"天下人如果把诚做到极致,人和物的潜力就会得到极大限度地发挥。"至诚无息。""天地之道可一言而尽也:其为物不贰,则其生物不测。"至诚,永不停歇。天地运行的规律,可以用"至诚"概括:天地只有一个,然而,却生成了万事万物,种类繁复、数量众多。"唯天下至诚,为能经纶天下之大经,立天下之大本,知天地之化育。"唯有天下最真诚之人,才能运用好治理天下的法则,树立有益于天下的根本原则,掌握天地化育万物的规律。"至诚之道,可以前知。""故至诚如神。"拥有至诚之道,可以预知未来。达到至诚境界,会如神仙般灵妙。

梳理要点:(1)至诚,符合天道,是大自然的规律。(2)至诚,符合人道,是治理天下的法宝。(3)如果至诚,就能升维,看见常人看不见的东西,达到常人达不到的境界。

贤人通过努力,也能达到至诚境界:"其次致曲,曲能有诚,诚则形,形则著,著则明,明则动,动则变,变则化。唯天下至诚为能化。"贤人专注于某个领域就能实现真诚,真诚相待就会渐显效果,显现效果就会发扬光大,发扬光大就会感动他人,感动他人就会引起转变,引起转变就能化育万物。只有天下最真诚的人才能化育万物。从"诚"到"形、著、明、动、变、化"的整个路径可以看出:要想感化他人,必须依靠真诚。要将真诚的善念付诸真诚的善行,中间还有漫漫长路。这不正是中华优秀文化传播者的必经之路吗?

《大学》篇幅不长,其中,诚出现了8次,是"格致诚正修齐治平"八字方针之一。曾子要求:"诚于中,形于外。"它包含两层意思:有了忠诚之心,才有真诚之行;不仅心中有诚,还要表现出来。"所谓诚其意者,毋自欺也。如恶恶臭,如好好色,此之谓自谦。"真诚对待内心,就是不要欺骗自己。就像讨厌腐臭的气味,就像喜爱美丽的颜色,关键是让自己惬意、舒服。

自欺者必欺人,最后自食其果。南宋贾似道受朝廷委派,指挥鄂州之战。宋军顽强抵抗,蒙军久攻不下,处于胶着状态。蒙军突然撤了,老贾大喜过望,将功劳全归自己。可真实情况是蒙哥汗在四川钓鱼城阵亡,忽必烈赶回北方争夺汗位。然而,老贾隐瞒真相,得到皇帝恩宠,位极人臣,骄横跋扈。15年后,蒙军再度南犯,所向披靡。群臣起哄:老贾不是能征善战吗?让他去呀!于是,贾似道硬着头皮上,结果大败,独自逃跑。被贬途中,被人掐死在茅厕。生活中不也反复上演"自欺欺人、自食其果"的闹剧吗?明明是运气,偏说是努力,当类似情况出现时,将上次的"努力"复制粘贴,可运气不再,结果惨败!

对谁都要讲诚吗?不。诚,主要适用于非对手的人际关系,在战争中就不适合。《孙子兵法》说:"兵者,诡道也。故能而示之不能,用而示之不用。"用兵之道,不能直来直去,要迂回曲折,让人捉摸不定。我能打硬仗,要让敌人以为我不能;我准备用兵,要让敌人感觉我不会。和对手之外的人相处,就要真诚、自诚。即使直面对手,不得不戴上面具,也要真诚面对自己的内心,时刻保持清醒的头脑,清楚地知道:谁是戴面具的我,谁是真实的自我?如果面具戴久了,脱不下来了,那就可悲了。

信

信=人+言,关系到我的行为和他人的反馈。信有两个含义:一是信用,我的言行可靠;二是信任,他人对我认可。

孔子重"信","信"在《论语》中出现了38次,孔老师的"信"念深刻影响着他的学生。我们就孔子师生对"信"的阐述进行梳理。

首先,要做到言行可靠。

《论语·学而》中有一个"导国三经",领导国家要做好三件大事:道千乘之国,敬事而信,节用而爱人,使民以时。"要管理好一个拥有几千辆战车的大国,应做到以下三点:第一,谨慎做事,言而有信;第二,节省财用,关爱他人;第三,使用民力,不误农时。做到"敬事而信",就会严谨行事,不会朝令夕改。做到"节用爱人",就会让国家和民众财力充足。做到"使民以时",就能使社会的人力资源最大化。孔子还对学生们提出了与君王类似的严格要求:"谨而信。"行动谨慎,言而有信。曾子说:"吾日三省吾身:为人谋而不忠乎?与朋友交而不信乎?传不习乎?"我每天都反省自己的所作所为:为领导效力是否尽职忠心?与朋友交往是否诚实守信?传授知识是否理论联系实际?因此,孟子夸曾子"守约"。子夏说:"与朋友交,言而有信。"与朋友交往,必须说到做到。

当然,信要有度,有度才能可靠。有子说:"信近于义,言可复也。恭近于礼,远耻辱也。因不失其亲,亦可宗也。"(《论语·学而》)力所能及做出承诺,才能信守诺言。遵循礼仪表达恭敬,就会远离耻辱。急难时求助亲人,才靠谱。孔子说:"君子义以为质,礼以行之,孙以出之,信以成之。君子哉!"(《论语·卫灵公》)君子为人处事以适宜为原则,用礼节去执行,用谦逊去表达,用诚信去完成。能做好真的是君子啊!

其次,要得到他人认可、信任。

孔子很重视朋友对自己的信任。弟子们谈论各自的志向时,孔子说了自己的志向:"老者安之,朋友信之,少者怀之。"(《论语·公冶长》)对长辈,我能让他们安享晚年;对朋友,我能让他们信任有加;对孩子,我能让他们感怀慈爱。

子夏指出,没有信任,寸步难行:"君子信而后劳其民,未信,则以为厉己也。信而后谏,未信,则以为谤己也。"(《论语·子张》)管理者只有得到民众的信任,才能指挥他们,否则,他们会认为管理者苛刻;下属只有得到上司的信任,才能指出他的缺点和错误,否则,上司会认为这是毁谤。

一个全心全意为人民服务的领导,才会得到人民的敬爱和信赖。《中庸》说:"君子不动而敬,不言而信。""见而民莫不敬,言而民莫不信,行而民莫不说。"一位优秀的管理者,没有行动,百姓就肃然起敬;没有说话,百姓就深信不疑。他一出现,民众没有不敬重的;一说话,民众没有不信任的;一行动,民众没有不喜悦的。

最后,共同诚信。

子贡问政。子曰:"足食,足兵,民信之矣。"子贡曰:"必不得已而去,于斯三者何先?"曰:"去兵。"子贡曰:"必不得已而去,于斯二者何先?"曰:"去食。自古皆有死,民无信不立。"(《论语·颜渊》)子贡问怎样为政一方?孔子答:让辖区丰衣足食,百姓吃饱吃好;要有强大的国防,保护人民生命财产安全;百姓诚信,信任政府。子贡问:如果迫不得已,在三者中去掉一个,先去掉哪个?答:去掉强大的国防。子贡问:如果迫不得已,在两者中还要去掉一个,先去掉哪个?答:去掉丰衣足食。自古以来,人都会死,如果没有信,国家、族群将不复存在。孔子强调:信,非常重要!若人有信用,人们相互信任,就会极大地降低交易成本。只有统治者讲信用,才会取得老百姓的信任,政权才能得以巩固。

孔子说:"人而无信,不知其可也。"(《论语·为政》)做人如果失去诚信,就什么事都做不了。孔子用古代的大车、小车举例说明,如果只有法律、规矩,没有共同诚信,人际交往就寸步难行。孔子要求:"笃信好学,守死善道。"(《论语·泰伯》)坚定信念,热爱学习,善明大道,终生捍卫。

孔子说:"不逆诈,不亿不信,抑亦先觉者,是贤乎!"(《论语·宪问》)不预设别人会欺诈,不揣测他人会失信,一旦有人欺诈和失信,也能提前觉察,这就是贤者!既要以诚待人,又要防止受骗;既不胡乱猜忌,又能预判诈伪。要把诚信献给诚信之人,让欺诈和失信者消费我们的诚信,是对诚信的亵渎和伤害。

曾子把全社会人际关系的核心落实到"信":为人君止于仁,为人臣止于敬,为人子止于孝,为人父止于慈,与国人交止于信。(《大学》)作为君王,必须做到仁;作为大臣,必须做到敬;作为儿子,必须做到孝;作为父亲,必须做到慈;与人交往,必须做到信。《左传》说:信,国之宝也,民之所庇也。信,是国家的珍宝,是百姓能得以庇护的基础。曾子和左丘明谈到的"信",是指共同诚信。

2001年4月,时任国务院总理的朱镕基视察上海国家会计学院,并题写校训——"不做假账"。当时大家纷纷议论:总理的要求是不是低了点?几个月后,"美国500强"排名第七的安然公司因财务造假,宣布破产。"安然事件"爆发,全球哗然,人们突然明白:"不做假账",朴实无华,遵守很难。诚信教育是一个永恒的主题,不仅中国需要,而且世界需要。

诚与忠信

孔子重视忠信

忠信,即忠诚守信,是中华传统文化一个永恒的主题。

孔子很重视忠信。《论语》中17次谈及忠,3次提及"主忠信":行事当以忠信为主,忠信存于我心。《论语·述而》记载,子以四教:文,行,忠,信。孔子的教学内容主要有四个方面:历史文化、道德操行、为人忠诚、诚信交往。

怎样对人"忠"?重要的是规劝对方走正道,而不是言听计从、投其所好。孔子说:"爱之,能勿劳乎?忠焉,能勿诲乎?"(《论语·宪问》)你热爱一个人,会不为他操劳而乐此不疲吗?你忠于一个人,会不耐心劝导他吗？孟子认为："教人以善谓之忠。"(《孟子·滕文公上》)教导人行善就是一种忠。规劝领导从善更是了不起的忠，因为在权威之下，人容易服从。纵观古今中外，几乎所有的优秀文化都是"劝善文化"。忠诚的核心是善，否则，对上司越好，越是适得其反。

子张问行。子曰："言忠信，行笃敬，虽蛮貊(mò)之邦，行矣。言不忠信，行不笃敬，虽州里，行乎哉？立则见其参于前也，在舆则见其倚于衡也，夫然后行。"(《论语·卫灵公》)子张问，在社会上怎样做才能行得通？孔子答：说话做到忠诚、诚信，做事能够诚实、诚敬，即使在蛮荒之地，这样做也行得通。说话不忠诚、诚信，做事不诚实、诚敬，就算在本乡本土，能行得通吗？站着时，仿佛看到"忠信笃敬"矗立在面前；坐车时，仿佛看到"忠信笃敬"倚靠在把手边。进入这样的境界，到哪里都行得通。

孔子向统治者提出了切实可行的人才激励建议："忠信重禄，所以劝士也。"(《中庸》)既倡导忠信，也要高薪激励，这对提高人才素质行之有效。生活有了保障，品德容易高尚。

为臣忠固然关键，为君信也很重要，否则，一不小心就成昏君。《庄子·外物》说："人主莫不欲其臣之忠，而忠未必信，故伍员流于江，苌弘死于蜀，藏其血，三年而化为碧。"君王都希望臣子忠诚，然而忠诚未必得到信任。忠心耿耿的伍子胥被吴王猜忌，不仅被赐死，还被抛尸江中。苌弘被周王室猜忌，在四川被赐死，有人把他的血藏起来，三年后居然化成碧玉。苌弘是孔子的老师，成语"碧血丹心"就源于他。类似悲剧反复上演，虽有小人进谗言或反间计等原因，但归根结底是君王对忠臣不信任。

诚，体现在忠信

"诚"是"忠信"的基础。没有诚，就无法忠。忠诚，诚是关键。诚，未必会忠；不诚，一定不忠，甚至走向忠的反面：奸。没有诚，就无法做到信。诚信，诚是关键。诚，未必会信；不诚，一定不信，甚至走向信的反面:诈。连自己都不信,却想方设法让别人信,那就是使诈。

诚是一种能力,不仅要发自内心,还要能准确表达、体现。诚的表达很重要,诚在"忠信"上的体现就是忠诚、诚信。

《论语·述而》记载:"子食于有丧者之侧,未尝饱也。子于是日哭,则不歌。"孔子在守丧的人身边吃饭,从来没吃饱过。如果那天吊丧痛哭,他这一整天都不会唱歌。孔子有恻隐之心,悲伤着别人的悲伤,其真诚的表达方式就是在悲伤者面前连饭都不吃饱。孔子喜欢音乐,热爱唱歌。"子在齐闻《韶》,三月不知肉味。"(《论语·述而》)孔子在齐国听到舜作的《韶乐》,沉浸其中,竟然很长时间尝不出肉的味道。但是,他能及时切换场景,转换心情,他去吊丧就真诚地悲痛,其表达方式就是一整天都不唱欢快的歌曲。

请问:您会笑吗?很多人可能就笑了:哈哈!谁不会笑呀?还真不一定。首先,笑要真诚,是由内而外的愉悦,这叫作"笑之道"。其次,要知道何时莞尔一笑,何时开怀大笑,这叫作"笑之术"。既要内心真诚,又要准确表达。如果不是真诚的、发自内心的笑,即使经过严格的、职业化的微笑训练,也容易被人看出,皮笑肉不笑就更让人尴尬了。若不懂笑之术,人就没有修养。比如,在安静的场所只能会心一笑,参加葬礼时微笑都不可以。

美,是一种视觉效果:"羊大为美",古时物资匮乏,看到一只大羊,哇!美啊!善,是一种味觉效果:"羊口为善",把烧熟的羊放在盘中,尝一口,哇!好吃!好吃要品尝后才能感受。善是内在品质,接触后才能发现。善中有口,口很重要,善,意味着需要正确表达。我们反对"刀子口、豆腐心"!这不是与人为善的行为。刀子口已经伤人,豆腐心还有何用?伤口会难以弥合。善,不能传递,或错误传递,就不是真善。因此,中华文化有一种德叫作"积口德",可见语言表达的重要性。关系管理也是一样,既要"善",真诚无妄,发自内心,准确表达;又要"美",关注效果,被人认可。

中华文化中人际关系的特点：礼

中华文化主张以礼教化。孔子说："道之以政，齐之以刑，民免而无耻。道之以德，齐之以礼，有耻且格。"（《论语·为政》）以政策管理，用法律约束，人会钻空子，还不以为耻。以道德指引，用礼让教化，人会懂羞耻，并遵纪守法。

中华文化尚水。灵动、灵活是水的特点。既然中国人喜欢水，人性像水，那么最好运用"盆式管理"：法规设计，重边界管理，轻细枝末节。陈胜、吴广为什么发起大泽乡起义？被征发途中大雨滂沱，道路被冲毁，导致他们无法按时抵达。秦朝法律很多，而且严苛，迟到依法必死，起义可能是生，于是他们揭竿而起。刘邦率军进入关中，在位仅46天的子婴投降，秦朝灭亡。刘邦废除秦朝各种严刑酷法，并约法三章：杀人者处死，伤人者抵罪，盗窃者判罪。法律简单明了，受民众拥护。

礼在中国的国家治理中，发挥了重要作用。治国，要以严格的法律为底线，以高尚的道德为引领。在法律和美德之间，出现了一大片空白区域，怎么处理、填充？人际关系之"礼"就应运而生，如图1.7所示。

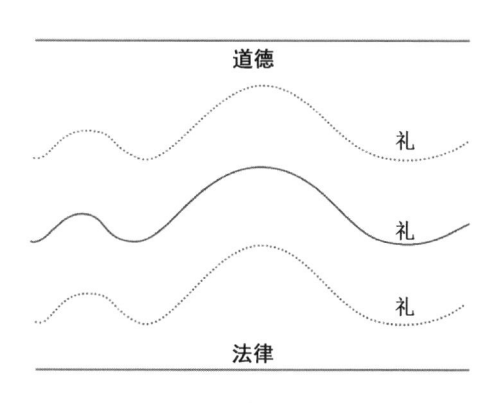

图1.7 "礼"之区间图

礼，合情合理，有的是约定俗成，有的是与时俱进。礼，让中国人培养出了一种规矩意识。辜鸿铭说：礼真正的内涵是良好的修养。这种适当、自然的自我约束，让人际交往井然有序、充满温情。

中国的人际关系重"礼",礼让是人际关系的一大特点。孔子说:"克己复礼为仁。"(《论语·颜渊》)用优良的"礼"来约束自己就是仁。自由是动物的本能,不需要学习;自律是个人的修养,闪耀着人文的光芒。中国的民主精神基于礼让,西方民主的精神基于法治。人情社会重关系,若只按法律、法规与人相处,则会很麻烦。相互礼让,啥都好办;公事公办,诸事难办。

安徽桐城"六尺巷"讲述了一个关于礼让的故事。张英,清代正国级官员,接到家书,老宅空地和邻居住宅空地相连,久而久之,被踩出一条路,还变成主干道。他家扩建,要把属于自己的地圈起来。可邻居不干,也要把自己的地围起来。于是,村民们不开心,因为没有路,出行很不方便。这事闹到衙门,县长是官场"老油子",对张英的家人说:"给张大人写封信,我们按他的指示精神办。"张英回复:"千里修书只为墙,让他三尺又何妨?长城万里今犹在,不见当年秦始皇。"家人大悟,将地基退后三尺,邻居感动,将围墙退后三尺。因此,有了既可走人还能驾车的"六尺巷"。

礼,建立在诚的基础上更可贵

子夏问曰:"'巧笑倩兮,美目盼兮,素以为绚兮。'何谓也?"子曰:"绘事后素。"曰:"礼后乎?"子曰:"起予者商也!始可与言《诗》已矣。"(《论语·八佾》)子夏和孔老师在说什么?我们先分析几个概念,再翻译。

有个女孩,她甜美的笑容已经很可爱了,如果还长得漂亮,是不是更可爱?她美丽的眼睛已经很迷人了,如果还眉目传情,是不是更迷人?她打扮朴素,却散发出不凡的气质,多么让人印象深刻啊!

中国画简洁而充满神韵。寥寥几笔就是一座座山、一棵棵树,淡淡的线条划分出天际,线上是天,线下是地。江也是用简洁的线条表达,线这边是水,线那边是岸,如图1.8所示。

天、地、山、水等都由底版的素色表达。古代没有白纸,画要画在白色的树皮、洁白的绢布等底版上,拥有大块洁白的底版或素绢已经很难得了,上面还被大画家绘上了绚美的图画,是不是更难得?中国画的素

图 1.8 富春山居图(局部)

色还有一种表现方式是后期处理,就像给绚丽多姿的美女披上一层薄纱,朦胧、神秘,让人回味无穷。这道工序难度很大,最能体现画家的基本功。比如,素色颜料的调制、厚薄处理,当心污渍等。因此,"绘事后素"有两种理解:一是将画绘在素色的底版上,二是绘画素色的后期处理。两者都强调:素色对绘画非常重要。

孔子及弟子把画比喻为礼,把素比喻为诚。礼,已经很可贵了,如果还建立在真诚的基础上,是不是更难人可贵?做了那么多铺垫,才引出孔子师生讨论的核心:真诚之礼尤为珍贵!

老汤试译:

子夏问:"'笑容那么甜蜜,还长得漂亮啊!眼睛那么美丽,还眉目传情啊!素雅,却透出绚美啊!'想表达什么?"孔子答:"素色是绘画的基础。"子夏明白了:"礼,建立在忠信基础上更好,对吧?"孔子很欣赏子夏的学习态度,感慨道:"子夏对我启发很大!我要开始和他用《诗经》交流了。"

《道德经》说:"失道而后德,失德而后仁,失仁而后义,失义而后礼。"这段话怎么理解,争议很大。许多人理解为"道德仁义"尽失之后才会讲"礼",因此得出结论:礼不好。我们更喜欢《韩非子·解老》的解释:"失道而后失德,失德而后失仁,失仁而后失义,失义而后失礼。"失去了道就会失去德,失去了德就会失去仁,失去了仁就会失去义,失去了义就会失去礼。因此,不是礼不好,而是礼必须建立在道德仁义的基础之上,否则,就是空中楼阁,就是虚伪的礼。

  道德仁义就像璞玉,礼就是将其雕琢成玉器。如果不是玉石,而是土坯,再怎么雕琢,也无济于事。因此,璞玉是基础,比雕琢更重要。然而,不能因此贬低雕琢的功效,材质很好,雕琢工艺也很好,岂不更好?

  结论是建立在忠信基础上的礼更好!

第二章

中华文化中的人际关系

中国人际关系特征

关系的界定

关系的定义及其无形性

客户关系管理(Customer Relationship Management,CRM)是20世纪90年代西方提出的一个重要概念。随着中国改革开放的深入,国际影响力的不断扩大,研究中国文化的学者越来越多,他们渐渐发现,中国的"关系"很复杂。关系,是中国社会特有的人际互动形式,是中华文化的核心元素之一,英语中没有准确的词汇描述中国的"关系"。于是,汉语拼音"guanxi"就顺理成章进入《维基百科》,变成了英语词汇,这是中华文化对世界文明的又一重大贡献。

《维基百科》对中国"关系"的定义:Guanxi是指中国社会中重要的人际交往方式,是中国社会的核心内容。其所包含的博大精深的文化现象,用connection、relationship等翻译,都词不达意。因此,西方媒体谈到中国的"关系"时,越来越多地用"guanxi"。

关系的重要特征就是无形性,其主要有以下两层含义:

第一,有形有限,无形无限。

无形,通俗地说,就是看不见、摸不着、听不到。人类视力范围有限:

可视光波长在390纳米到760纳米之间。低于390纳米的紫外线和高于760纳米的红外线，不借助仪器都看不见。人类听力范围有限：可闻声频率在20赫兹到2万赫兹之间。低于20赫兹的次声波和高于2万赫兹的超声波，不借助仪器都听不到。有形有限，无形无限。有形像一条线段，无形像两条射线；有形和无形共同组成万物，一条线段和两条射线共同组成直线。

老子很早就发现了这个现象，《道德经》说："大音希声，大象无形。"用科学的语言阐述：超声波听不见，红外线看不见。反之，"小音希声，小象无形"同样成立：次声波听不见，紫外线看不见。

科学技术能拓展人类各种能力。比如，用仪器延展视力和听力范围，让人看到、听见更多。反之，如果认为没有科学依据的东西不存在，那就是"科学迷信"。如果把世界比作一个巨大的黑屋子，科学发现就像点燃如豆的烛光，只能照亮有限的地方。有些先哲具备超强的预知能力，能感知常人不懂的世界，如哥白尼"日心说"、牛顿"三定理"、爱因斯坦"相对论"，当时都是超前的理论，多年之后，科学实践才予以证实。

老汤拜访南怀瑾老师时，常遇到中国科学院院士、南方科技大学前校长朱清时教授。他一有时间就去找南老师，坐在老师身旁，与老师聊天。这就是精神家园，不管你有多强，不管飞多远，都要回来栖息。各位有吗？如果没有，赶紧寻找，如果一辈子都没找到，就会流浪一辈子！朱清时说：当科学家们辛苦研究，自以为攀登上科学的高峰时，突然发现，禅宗老早在山顶上等着我们呢！这是一位物理学家发出的感慨。

第二，无形常常比有形更重要。

人们常常会关注不动产、物质财富等有形的东西，然而，许多无形的东西更宝贵、更有价值。比如，有一种无形的东西，比财产等有形的物质更重要，它就是氧气。一贫如洗没事，停五分钟氧气试试？一个优秀的组织，其硬件容易被模仿，文化很难被复制，而文化常常是其核心竞争力。对于一个家庭，物质财富固然重要，但家风、家教更重要。找对象不要太关注他家有没有钱财，而要关注他有没有上进心。文化、家风、上进心都是无形的。无形常常决定有形。老汤在讲台上手舞足蹈,这是能看到的、有形的,指挥老汤"表演"的是什么?思想。思想是无形的。

《易传·系辞传》说:"形而上者谓之道,形而下者谓之器。"道,是无形的,形而上;器,是有形的,形而下。孔子告诫:"君子不器。"(《论语·为政》)君子不要被有形的物质世界束缚。

人际关系的界定

本书的研究对象是人际关系,其有以下界定:

第一,关系发生在人与人之间。

一天,邻居遛狗时和小汤打招呼,对狗说:"叫姐姐!"奶奶听后不乐意了,对小汤说:"那人真不懂规矩!让狗叫你姐姐,我不就成狗奶奶了吗?骂人啊!"电影《忠犬八公》中,教授救了一条小狗并把它带回家,取名阿八。阿八每天准时去车站接教授下班。教授因脑溢血去世后,阿八仍然每天准时在车站等待,整整等了9年。一个风雪交加的傍晚,阿八趴在站台上,思念着教授,慢慢地闭上了眼睛。

俄国作家契诃夫的小说《苦恼》中,一个马车夫早年丧妻,唯一的儿子也死了。他和周围人诉说,但没人搭理他,他只能对马诉苦。老马静静地望着他,好像听懂了。俄罗斯民歌《三套车》也叙述了小伙子和马的情感故事:"你看这匹可怜的老马!她跟我走遍天涯,可恨财主要把她卖啦,今后苦难在等着她!"

不管狗、马与人的关系多么亲密,故事多么感人,都不是本书探讨的范畴。本书探讨人与人之间的关系。

第二,关系是互动的。

一位企业家是某女明星的"铁粉"。一次朋友聚会上,他说自己失恋了。朋友感到诧异:你不是那种花花公子呀!什么情况?他说,几天前,参加一个火炬接力活动,该明星正是他的下一棒接力者。那是他第一次与她近距离接触,素颜的她穿着运动鞋,身材矮小,紧身衣下,体形缺陷暴露无遗,全无荧屏上的光彩夺目。他失望地感叹道:这就是自己心中的女神、心心念念的梦中情人吗？他调侃说自己失恋了。

该企业家和女明星是恋爱关系吗？不是。他迷恋也好、失望也好，她却毫不知情。这种单相思的"关系"，也不是本书的研究范畴。本书研究的关系是互动的，既有行动，又有响应，缺一不可。

第三，关系是有情感的。

人与人之间发生接触和交往，一开始，这种接触和交往大多是中性的，叫作"联系"，没有好坏之分。当这种联系加入情感因素后，就成为"关系"。人际关系，有远近、好坏之分。

一位营销学教授的研究课题是大数据分析在客户关系管理上的运用。该研究根据某个组织的通信轨迹，进行大数据分析。不能也不必掌握交谈内容，仅需了解谁与谁打了多少次电话、每次通话多长时间，发了多少封电子邮件等，就能了解该组织的人际关系网以及客户关系网。这种关系分析也不是本书的研究范畴。本书研究的人际关系，含有情感因素，具有价值判断。

从传统习俗看中国人际关系特征

彩礼习俗背后的逻辑

关系的建立和维护需要耗费时间、情感、财富等资源，会产生"沉没成本"。要结束这个关系，会产生"脱离成本"。沉没成本越高，脱离成本越高，因此，双方会形成一种约束，婚姻、合伙、工作等关系都是一样。为什么有些人一辈子只待在一个单位？未必是因为单位不错，可能是离开成本太高。为什么有些夫妻没有爱情却凑合着过了一辈子？看似婚姻稳定，其实是离婚成本太高。结论是关系建立需谨慎，脱离有成本，尤其是婚姻。若明白这个道理，你就能理解中国传统为什么会注重"彩礼"，竭尽所能地将婚礼办得隆重、体面。

彩礼习俗起源于西周，历代沿袭，影响至今。古代婚礼仪式繁复而隆重，《仪礼》记载："昏有六礼，纳采、问名、纳吉、纳征、请期、亲迎。"婚姻六礼包括六个步骤：一是纳采，男方请媒人向女方提亲，女方答应后，男子拜访求亲，接受面试，女子在暗处观察其言谈举止。父母征求女儿意见，若不愿意会说：女儿尚小，还想陪陪父母。若同意，就说：终身大事，全凭父母做主。看似"父母之命，媒妁之言"，其实儿女常常参与其中，并非毫无自主权。二是问名，男方请媒人问女子姓名、生辰。有人说这是避免近亲结婚。不！纳采环节已经做过这类调查了。该环节的玄机是：女方给了，说明同意，不给则表示不同意，直接拒绝都没面子。问名，其实是男方弱弱地问：对我家小子还满意吗？三是纳吉，将男女双方的生辰八字放在祖庙进行占卜，卜得吉兆后，双方决定缔结婚姻。四是纳征，男方送聘礼，即"彩礼"。五是请期，男方选取黄道吉日，征得女方同意后，确定婚期。六是亲迎，新郎至女方家迎娶新娘，举行仪式，这是整个过程的重中之重。唐人孔颖达在《周易正义》中说："婚姻之义，男先求女。亲迎之礼，御轮三周。"缔结婚姻的合理做法是，男方主动向女方求婚。亲迎的重要礼仪是，新郎亲自为新娘驾车，车轮转了三圈后，才将车交给车夫驾驭。纵观婚姻六礼，每个环节都是男方积极主动，女方欣然接受，这样婚礼才能顺利进行。然而，这一传统习俗也反映了古代社会中男性占主导地位的现象，它是"谁更主动，谁先行动"这一人际关系原则在婚姻礼仪中的具体体现。

　　彩礼是传统婚姻礼仪六大环节之一，也是男方经济条件的体现。彩礼是为了增加婚姻的经济成本，彩礼越多，沉没成本越高，解除婚姻的脱离成本也会大大提高。在男权主导的时代，彩礼也是对女性的有效保护。这里还隐含了一个重要细节："亲迎"时，女方送亲会有"嫁妆"陪嫁，有的甚至数倍于彩礼，可提高女儿在婆家的地位。这也为女儿将来的生活提供了一定的物质保障。唐朝官二代韦丛嫁给穷小子元稹，一直倒贴。元稹穷困潦倒，喝酒没钱，缠着韦丛要酒喝，她居然拔下金钗给他买酒："泥他沽酒拔金钗。"（《三遣悲怀》）这可是珍贵的嫁妆啊！这便是成语"金钗换酒"的由来。元稹后来发达了，韦丛却去世了，留下感人肺腑的悼亡诗。

中国传统关注彩礼，是对婚姻重视程度的测试。打个比方，有两个小伙子，一个有一千万元，可他只愿为女方花一千元；另一个只有一千元，他却愿意为她花一千元。谁更爱女方？谁更重视这场婚姻？因此，嫁给金钱还是嫁给爱情？这是千百年来让人为难的一道选择题。

婚礼隆重的缘由

今天的婚礼只是古代婚姻礼仪中的一部分。《礼记》解释："昏礼者，将合二姓之好，上以事宗庙，而下以继后世也，故君子重之。是以昏礼纳采、问名、纳吉、纳征、请期，皆主人筵几于庙，而拜迎于门外，入，揖让而升，听命于庙，所以敬慎重正昏礼也。""敬慎重正而后父子有亲，父子有亲而后君臣有正，故曰昏礼者，礼之本也。"婚礼，是指两姓男女结亲，以祭祀宗庙、繁衍后代，因此君子很重视。纳采、问名、纳吉、纳征、请期，然后进入最隆重的环节：亲迎。双方大摆宴席，新郎在大门口跪拜，迎接新娘。两人还要去祠堂祭拜，祈求祖先保佑。整个过程表达了尊敬、谨慎，仪式隆重、正式。这种仪式感能加强父母与子女之间的亲情，父子关系好了，君臣关系就正了。因此，婚礼是所有礼仪的根本。

为什么要把婚礼办得复杂、隆重？祖先很重视仪式感。整个结婚过程环节多、场面大，目的是加大婚姻的社会成本，让大家都知道：这对男女名花有主，媒婆别去"踏门槛"，也为婚姻筑起"进入壁垒"。

这种习俗对当今有何启示？女生沉浸于男友的甜言蜜语时，还要观察：他有没有急着带你见家长？有没有急吼吼地把你介绍给亲朋好友，恨不得举世皆知？如果有，恭喜你！这说明他愿为你付出巨大的社会成本。

中国的人际关系与集体主义

中华文化重视集体主义

中华文化重视集体。个体特征常常通过其在集体中的位置体现，人们会用地域、职位、人际关系来描述一个人。古典小说中经常有这种场景,问:"来者何人?"答:"常山赵子龙!"或"蜀国大将赵子龙!"在学校,家长的称呼通常为"×××妈妈、×××爸爸",而不直呼其名。面对"你是谁?"的问题,人们的反应是:我是谁的儿女、父母、丈夫、妻子,我是哪个单位的员工,等等。在中华文化中,人们更关注群体,因此形成了一整套人际关系准则:"礼",其特点是自我约束和社会监督并重。某人犯错,可能导致其家人蒙羞。个人对群体的影响甚至涉及法律,比如"连坐制",该法始于周朝,某人犯罪,可能会给整个家族带来灾难性后果,最严重的会"诛十族"。

中美"拯救地球"主题的大片有一个明显差异:美国的解决方式是"超人"的出现,更多地宣传"个人英雄主义";中国的解决方式是"合作",更多地宣传"集体主义"。这是中美文化的差异,这种差异的形成有其历史原因。

人类先祖都有关于大洪水的恐怖记忆,对此,东西方文化的态度截然不同。《圣经》说,因为人类做了坏事,所以上帝发怒,降下洪水,以惩罚人类。诺亚得知消息后,提前建了一艘船,让自己的家人和鸡狗等都得救了。西方版的"一人得道,鸡犬升天"啊!为什么不透露消息,多救些人?中国也有类似的传说,其处理方法大相径庭。传说一个人懂鸟语,一天,他听到鸟儿议论:山神怒了,今晚要发洪水,把村庄冲毁。于是,他马上通知大家转移,鸟儿们纷纷警告:若透露天机,会变成石头。可他全然不顾,挨家挨户敲门。然而,没人相信:晴空万里,会发洪水?有人问他:你怎么知道的?有什么"科学"根据?他说:不能告诉消息来源,否则我会变成石头。大家笑了,说他撒谎。他只好讲了前因后果,一说完,他立刻变成石头。全村一片哭喊声,村民们在洪水来临前搬离。

中国地理环境复杂,水患频发。祖先们认为这是自然灾害,没有因此惊慌失措,而是客观冷静、积极面对。虽然鲧(gǔn)"堵"水失败,但是启发了他的儿子禹,于是"疏"水成功。中华民族有大局观,有无私奉献的精神。大禹就是典范,他没有只顾自己、只给家人造一艘船,而是历经千辛万苦,"三过家门而不入",最后治水成功。由此可见,中华文化崇尚集体主义,重视国家动员能力。治水必须有大禹这种有号召力的领头人,更需要一个有战斗力的集体团结合作。

孔子说:"禹,吾无间然矣。菲饮食而致孝乎鬼神,恶衣服而致美乎黻(fú)冕,卑宫室而尽力乎沟洫(xù)。禹,吾无间然矣。"(《论语·泰伯》)对于大禹,我挑不出毛病。他吃得很清淡,却把祭品准备得很丰盛;穿得很朴素,却把祭服缝制得很华美;住得很简陋,却全心全意致力于水利建设。对于大禹,我挑不出毛病。从孔子这段评论中,老汤读出了其潜台词:大禹敬天爱民,心中装着天下,唯独没有自己,但还是有人非议他、"间"他。于是,孔子力挺大禹。20世纪20年代,某疑古派学者说,大禹不存在,只是一条"虫"。鲁迅在《故事新篇·理水》中辛辣地讽刺他,批评他只有破坏、没有建设。当今有伪学者说大禹"三过家门而不入"是因为和老婆关系不好。自私小人,怎能理解君子的高尚境界、先贤的伟大情操?大禹之德,是中华文化的核心组成部分,大公无私精神不容置疑。

面对大自然的灾害,西方神话传说表现的是人类无助、天神强大,而中国神话传说突显的是人们坚持抗争、不畏艰难。虽有"愚公移山"偏执的坚持、"夸父追日"失败的追求、"精卫填海"渺茫的抵抗,但都展现出中国人顽强拼搏的精神。

美国的自然条件太好了!其东西两面临海,北面是富而不强的加拿大,南面是积贫积弱的墨西哥,均对它毫无威胁。美国是一个移民国家,历史不长,人们的起跑线差不多,在这广袤的大地,只要努力总能找到生存空间。因此,这里有产生个人英雄主义的沃土。

关注自己是人性,帮助他人则闪耀着人文的光辉。中华文化注重集体观念,人际关系讲求相互尊重、关心他人,因此创造了灿烂的文明。

集体主义与个人英雄主义的平衡

孔子重视个体与群体关系的平衡,追求社会和谐。"君君臣臣父父子子"号召君臣、父子以各自的标准严格要求自己,领导关心下属,下属效忠领导,父母爱护儿女,儿女孝顺父母。"修己安人"主张提高个人修养,积极帮助他人。"己所不欲,勿施于人"要求自己不喜欢的,别勉强别人接受。

孔子主张"克己复礼",他心心念念要复的礼,是"元圣"、儒学先驱周公制定的周礼,其核心是确立国家社会、集体组织要共同遵守的一系列规矩。历史证明:遵循了,国家就稳定繁荣;违背了,国家就动荡衰落。比如"嫡长子继承制"能保障王权平稳交接,如果谁强谁上,每次王位更换都会导致天下大乱,这是很多少数民族政权无法长久的原因之一。后来,统治阶级为了一己之私,违背孔子教导,将他倡导的礼演变成封建礼教,加入反人性条款,成了鲁迅说的"吃人的礼教",因此遭到人民反对。

孔子治学严谨,很人性化。孔子为什么说"克己",而不是"毫不利己"?克己,反对极端的个性张扬,要求管理自己,但不是"寡欲、无欲","克己"不易,但比"无我"好多了。孔子为什么说"复礼",而不是"遵礼、循礼"?"复"字用得非常精准!除了批评当时社会礼崩乐坏,需要恢复到周公指引的正道,还意味着周公之礼受个体喜爱、欢迎,回归人的本性。复礼符合社会规范,规范符合人性。有人说孔子思想压制了中国人的个性,这说明他没有读懂"复礼"。个性张扬是人性,集体主义、合作精神是人文修养,对人类有益。孔子在关注个人和关注集体之间找到了平衡。

集体主义的好处是国家有很强的动员能力,以应对外敌侵略,能集中力量办大事;个人英雄主义的好处是可以极大地发挥个人的创造力。集体主义过头,容易被独裁者利用,比如法西斯希特勒;个人英雄主义过头,容易变成乱世。当然,乱世出枭雄,枭雄爱乱世。过头对老百姓不利,平衡非常重要,过分宣传或批评集体主义和个人英雄主义都有失偏颇。如果社会死气沉沉,阶层固化,就要多宣传个人英雄主义;如果社会管理失控,动荡不安,就要多倡导集体主义。

集体主义和个人英雄主义可以同时存在，甚至同时出现在集权化组织中。比如军队，一切行动听指挥，但仍然需要有组织的个人英雄主义。《孙子兵法》有一个重要思想："选锋"，即选出优秀人员组成尖刀连、冲锋队、敢死队、特种部队。刀有刃、剑有锋，才能直插敌人心脏。"兵无选锋，曰北。"战争没有选锋，就会败北。

中华文化，既关注个体，也重视群体，既不一味推崇极端的个人主义，也不一味讲求极端的集体主义，中华文明在"平衡"中得以延续数千年。

从孔子等对"欲"的处理看中国人际关系特征

兵、儒、道、佛诸家对待"欲"的态度不一

从兵家、儒家、道家到佛家，对于欲望的排斥越来越强烈，要求越来越严格。

兵家主张"隐欲"。我方的战略意图是军事机密，不能让对手知道。《孙子兵法》说："善守者，藏于九地之下。"善于防守的高手，像深藏在九地之下，无形无声。"微乎微乎，至于无形；神乎神乎，至于无声，故能为敌之司命。"不让敌人发现我的行迹，不让敌人听到我的声音，这样我就可以主宰敌人的命运。这是用夸张的手法告诫人们：时机未到，按兵不动，不被敌发现。

儒家主张"驭欲"，即管理、驾驭欲望。欲具有两面性。一方面，欲就像火焰，可以提供生活的能量，管理不好则会欲火焚身。另一方面，欲是生命的原动力、社会进步的驱动力，但不能肆无忌惮地纵欲，嗜欲太深则害仁。孔子承认欲的客观存在，不作简单排斥，主张掌握好度："富与贵，是人之所欲也，不以其道得之，不处也。"（《论语·里仁》）富贵是人们共同的欲望，不是通过正道取得的富贵就不能要。《增广贤文》将孔子这段话表述为"君子爱财，取之有道。""君子爱财"是人欲，纵欲不需要学习；"取之有道"是人文，管好欲才会闪耀文明的光芒。孔子评价自己："七十

而从心所欲,不逾矩。"(《论语·为政》)到了七十岁,能随心所欲,但不越红线。孔子说:"君子欲而不贪。"(《论语·尧曰》)君子可以有欲望,但不会有贪念。孔子在纵欲和无欲之间,在极端张扬个性和严重压制个性之间找到了平衡。

道家主张"寡欲",《道德经》对此有一系列阐述。老子提倡"少思寡欲。"别胡思乱想,要减少欲望。"圣人欲不欲。"圣人努力做到没有贪欲。他要求统治者:"我无欲,而民自朴。"没有贪欲,民众自然就会朴实。"不见可欲,使民心不乱。"实在做不到寡欲,也别"吃相"难看,别使社会民心躁动。"常使民无知无欲。"最好让民众不玩技巧、没有贪欲。"不欲以静,天下将自正。"清静无为、清心寡欲,天下自然风清气正。老子警告:"祸莫大于不知足;咎莫大于欲得。"不知足会招来祸害,欲望会酿成大错。

佛家主张"去欲","戒、定、慧"揭示了去欲三部曲。欲望像生命力极强的野草,该怎么处理呢?戒,以石压草,可以暂时遏制野草生长,但野草会从石边、石缝长出。定,用刀割草,效果好多了,但还是解决不了根本问题,"野火烧不尽,春风吹又生"。慧,将草连根拔起,这是去除欲望的最高境界。从"戒"到"定"再到"慧",去欲层次越来越高,难度越来越大。

相较而言,孔子的"驭欲"可操作性更强。

"人欲"是本能,"公德"是修养

"人欲"是本能,关心自己是人欲。顾及自己是人的第一反应,就像开车时的紧急避险,自然而然,无可厚非。"先让自己安全"是安全提示,坐飞机时会被告知:遇到紧急情况,先给自己戴上氧气面罩,再给孩子戴上。其逻辑是自己危险,孩子怎能安全?人会更关注自己的事是一种自然反应,西方谚语说:"他人的死讯不及自己脚底一根刺。"因为脚底的刺会时刻提醒自己:很疼!2015年,老汤身边发生了三件事。一是巴黎遭遇恐怖袭击,造成132人死亡,震惊了世界,恻隐之心让老汤难过了好几天。二是一位校友在亡妻的头七被"双规",儿子也被抓,家破人亡。老汤曾陪院领导拜访他,他恳切地说:"我是教师出身,希望回归。我在大型央企和特大型城市做过领导,有很多感悟要分享。"每每想起,唏嘘不已。三是老汤的事业受挫,尤其令老汤备受折磨的是太太得了带状疱疹,错过了最佳治疗期。从严重性看,巴黎遭袭最甚,校友出事次之,妻子生病最轻。但对老汤的影响正好相反。

"人会更关注身边事"的自然反应,也给管理者以启示。曾几何时,反腐"只打苍蝇不打老虎"备受争议,后来,"老虎苍蝇一起打"。对老百姓来说,在某种程度上,打苍蝇甚至更重要:老虎离得很远,感受不是太深;苍蝇就在身边,影响日常生活。外出办事,如果门难进、脸难看,你是不是觉得很麻烦?孩子读书,如果家长都送礼,你送不送?送多少?这是不是令你很困惑?

"公德"是修养,关心他人是公德。人不能只关心自己的事、身边的事,还要关心天下大事。即使这事与我没关系,也要有同情心、同理心。如果对他人的灾难窃喜,报应会来得很快。如果幸灾乐祸,就会导致祸从天降。历史的、当代的大数据分析都证实了这个现象。比如,中国发生疫情时,西方有些国家隔岸观火,不久,自己没能幸免,导致严重后果。老汤的妈妈常说:"没到八十八,不知瘸或瞎。"不要嘲笑别人,笑人者会变成被笑者。

从人性角度分析,人更关心自己,这是"人欲"。从人文角度分析,人不能只关心自己,这是"公德"。要有美德,推己及人,像关心自己一样关心别人。如果做不到,退而求其次,要有同情心。不要幸灾乐祸,小心祸从天降。人,要有敬畏心。

孔子把民间信仰升级为国家信仰

中国传统文化极为重视家庭关系

中国的关系既复杂又清晰

客户关系管理,是西方提出的概念。然而,全世界关系最复杂的是中国,比如,父母的兄弟,在西方统称 uncle;在中国,其称呼多达十几种:伯父、叔叔、舅舅、姑父、姨父、表伯、表叔、表舅、表姑父、表姨父等,还有干爹。称谓中还有一个"密码":爸爸的哥哥叫伯伯,爸爸的弟弟叫叔叔,爸爸的姐妹统称姑妈,妈妈的兄弟统称舅舅。重男轻女?女子出嫁后称自己家为娘家,称丈夫家为婆家,为什么不叫"爹家""公家"?重女轻男?不要简单下结论。中国社会是一个以家庭为中心的人情社会,中华传统文化非常重视关系,这些既复杂又清晰的关系,把中华民族紧紧地凝聚在一起。

《红楼梦》中,黛玉吃宝钗的醋,宝玉安慰黛玉:你妈是我姑,她妈是我姨,姑比姨亲。为什么?武则天称帝后,曾盘算把天下交给侄子。武则天对外甥也很好,但从没想过把天下交给他们,因为不姓武。当然,武则天最后没把江山给武家。宰相狄仁杰劝她:儿子、侄子谁亲?天下祠堂都是供奉母亲、祖母牌位,谁会供姑妈?若你把江山还给李家,则可以入李家祖庙;若你把江山给了武家,以后就与你无关了。武则天瞬间被点醒,传位给儿子李显。汉唐盛世是中国人的骄傲,中华民族的主体叫作汉族,旅居国外的华人称为唐人。王莽篡汉,改国号为"新",他在位 15 年,汉朝被斩断为西汉、东汉。武则天称帝,改国号为"周",其在位 15 年,唐朝并未被分成两段,只是大唐的一个插曲。因为武则天临终前下令：省去帝号，回归皇后，与丈夫唐高宗合葬。她向世俗低头：我只是过了把皇帝瘾，一场游戏一场梦。我正式宣布：游戏结束！系统清零。中国历史上强势的母后很多，要夺小皇帝的江山很容易，然而，武则天之后，再无女皇。《诗经》反复吟唱："之子于归，宜其室家。"女子出嫁，要旺夫家。"入夫家祖庙，受子孙祭拜"的机制设计，也克制了母后做女皇的欲望，只是垂帘听政。

"产权型"与"寄养型"亲子关系的冲突

中国传统的亲子关系和西方的亲子关系有何差别？本书把中西方的两种亲子关系称作"产权型"亲子关系和"寄养型"亲子关系。

在西方文化中，父母与孩子的关系偏向"寄养型"——孩子是上帝寄养在父母这里的，父母只是代为保管，负责养育，最后交还给上帝，或者说交还给世界。这种亲子关系使得孩子长大后与父母的关系不那么亲密，也不会有很强的责任感。从西方视角看，孩子的成长中有两次"分离"：第一次是剪断脐带，第二次是离开父母。因此，"父母在，不远游"是"不成熟"的表现，因为在西方观念里，这分明是子女没有真正与父母"分离"，其本质就是还没有长大。

小汤的一位朋友，其父亲生病但讳疾忌医，这令他十分困扰，心力交瘁。于是，他求助一位国外的心理咨询师，咨询师让他尝试不要去管他的父亲。他试了一段时间之后，决定放弃，因为他发现自己做不到，这样做他会有很强的愧疚感。这种愧疚感其实就是植根于中华传统文化的"孝道"。

"孝道"是中华传统文化的"特产"。在"父慈子孝"的文化传统影响下，父母竭尽所能地对孩子好，而孩子也对父母尽孝，所以父母的付出产生了价值，得到了回报。因此，中华民族繁衍生息。

"孝道"又在皇权统治下得到了强化。统治者为了稳固国家，让每一个小家庭紧密团结起来，孩子既不会挑战父权，也不太会挑战皇权。

久而久之，中国传统的父母与孩子之间形成了一种类似"产权型"的关系。也就是说，孩子是"属于"父母的，父母对孩子负责。因为有尽孝文化的背景，所以父母愿意把全部资源甚至心力投在孩子身上，无私奉献，毫无保留。受"产权型"关系的影响，有些父母会把孩子当作私有财产，容易产生"控制欲"，甚至道德绑架。他们也明白"控制欲"太强，对自己、对孩子都不好，虽然道理都懂，但难以避免。

这两种亲子关系没有对错，都有其产生的历史背景和重要的社会意义。但是，权利和义务应该对等，不能哪边有利靠哪边。比如，孩子要啃老时说："你们不管我，谁管我？这是中国传统啊！"该尽孝时说："你们一点现代意识都没有，学学西方。"为人子女，认为父母就应该奉献，自己则可以不尽义务；或者，为人父母，没有真正爱护自己的子女，却反过来要求子女对自己尽孝。这种双标是极不可取的。

当中西方文化发生碰撞时，"产权型"亲子关系备受冲击。一位单亲妈妈辛苦把儿子养大，供他出国留学。后来，儿子在国外定居，母亲在国内拼命挣钱，帮他买房。母亲退休后，满心欢喜地准备到国外安享晚年，却收到儿子冷冰冰的回信：在我们这，每个人都是独立的个体。十八岁后，孩子和父母就不一起住了。感谢您的资助，我会分期还款。母亲愤怒地问：我十月怀胎、含辛茹苦，怎么算？儿子答：你把我带到人间，并未征得我同意。这怎能不让人寒心？

养育之恩与知恩图报

当"孝慈文化"受到"分离文化"冲击，"产权型"亲子关系受到"寄养型"亲子关系冲击，我们该怎么应对？

首先，要认识到，这种"产权型"关系不是生而有之。中华传统文化讲究报答"养育之恩"。"养"常被误解为"生"。养，是物资付出，给孩子提供生存所需营养；育，是精神付出，给孩子提供人文营养。让孩子活着、活好，才叫作"养育之恩"。生后丢弃，何恩之有？某夫妻收留了被遗弃在家门口的一个病婴，他俩治好了男孩，并悉心养育。后来，儿子考进名牌大学，消息轰动十里八乡。正当三口之家欢天喜地时，孩子的亲生父母找上门,要把儿子带走,认祖归宗。男孩拒绝了:他们不存在"产权型"关系。

其次,要回到中国传统家庭关系的本源:父慈子孝,父母对孩子有养育之恩,孩子对父母要知恩图报。根据"谁更主动,谁先行动"原则,先有父母慈爱,后有子女尽孝。

恩人与债主的差别何在?恩人付出时,或愉悦,或平静,不求回报,如有回报也很快乐。债主付出时,大多不安,担心收不回,常常催债。知恩图报,欠债还钱,"报"与"还",态度上差别很大。常言道:"滴水之恩,涌泉相报。"人在报恩时会很开心,一个"涌"字,生动地表达了这种快乐心情,尤其在成功之后、"泉水"很多时,不仅让恩人惊喜,还会让旁人羡慕。人在还债时会如释重负,尤其是被催过债的,这种感觉更加强烈。还债只会还清所欠,最多加点利息,不会"滴水之债,涌泉相还"。

父母也有"恩人、债主"之别。有些父母认为儿孙是自己生命的延续,他们虽然辛苦,但很开心,不索取回报,觉得孩子带给自己快乐就是回报,孩子报恩,他们会感动、感谢。这种父母就是孩子的"恩人"。有些父母总在孩子面前显出苦大仇深的样子,让孩子有负罪感,喋喋不休地抱怨:都是因为你,我才吃那么多苦。孩子听话、"还债"理所应当,不听不还就是不孝。这种父母就成了孩子的"债主"。做"恩人"还是"债主"?父母可以选择。

《道德经》论"道"的特点:"生而不有,为而不恃,长而不宰。"生长万物但不占为己有,帮助万物但不自恃有功,引领万物但不横加控制。这也是为人父母之道。

当然,对孩子的感恩教育非常重要。该怎样做?感恩的父母才能教出感恩的孩子。父母要以身作则,对自己的父母感恩、尽孝,言传身教,感化孩子。如果父母还真诚地去感谢孩子,更会激发他们的感恩之心。当孩子也做了父母,他们感悟了、理解更深了,中华文化就会得到传承。

老汤的母亲就常谢他:"老天送来你这个小崽,我这一辈子吃的苦都值了。"这让他产生了很强的"价值感"。老汤家是个组合家庭,老汤父母丧偶,都有孩子,他俩结合有了老汤。母亲经常感慨:没有小崑,这个家就散了。这让他产生了很强的"责任感"。

小汤从小就懂得感恩。她10岁生日,老汤带她出去庆生,她端起饮料敬他:"爸爸,感谢您10年来的养育之恩!"旁人都投来惊讶又羡慕的目光,老汤欣慰地笑了。老汤没有刻意教小汤感恩,只是经常真诚地表达感谢。一次,老汤认真地说:"女儿,我要感谢你!是你,让我的生命更有意义、更有价值。"小汤当时就感动得哭了。

一天,小汤问两岁的女儿源源:"妈妈今天陪你玩了那么久,你开心吗?""开心,谢谢!妈妈,我也陪你玩了那么久,你开心吗?"小汤被这"灵魂拷问"震惊了,马上答:"女儿,你让我很开心!非常感谢!"有人把带孩子看成责任、义务,甚至觉得痛苦。为什么不换一个角度,在陪伴孩子成长的过程中发现快乐?

从民间信仰到国家信仰

光宗耀祖,长宜子孙,优秀文化,代代相传

中华民族有一个重要习俗:拜祖宗。这种文化会培养人的感恩之心。首先,感谢祖宗把我们带到这个世界。人们的日常事务都由祖宗来管,祖宗会时刻保佑子孙。中国人很辛苦,一辈子为子孙奋斗,到了另一个世界,还要为后代操心。因此,中国人也很感谢父母、感念祖宗。

祖宗崇拜还会让人产生敬畏之心。中华传统文化有一个重要理念是"积荫德",又叫作"积阴德"。先辈德行,福及后代。两者又有差别。积荫德是积显性的德,前人栽树,后人遮荫,努力和善行会给子孙留下物质财富和精神财富,比如房产、优良的家规、家训等。积阴德是积隐性的德,做了善事,可能没人知道,但是,日后会给优秀的子孙带去好运、福报。因此,人们会敬畏:我今天取得成功,过得幸福,不全是个人的努力,多亏祖宗保佑,积了阴德。人对列祖列宗发誓时,立马神情凝重,出言谨慎。要做重大决定,人们会先去祭拜祖宗。有了重大成果,也要向祖宗

汇报。于是，中国的传统信仰产生，即崇拜祖先、造福后代。对得起列祖列宗，有利于子孙后代。这既是中国人民勤劳勇敢的源泉所在，也是中华民族生生不息的重要原因。

"崇拜祖先、造福后代"源于日常生活的"父慈子孝"。这个理念在中国深入人心，形成了中华民族的文化基因。父慈子孝向上延伸叫作"光宗耀祖"，向下延伸叫作"长宜子孙"，引申为成语"光前裕后"。

为什么"光宗耀祖"深入人心？因为这符合人性的"存在欲"。如果一个人的日子过得舒服了，就会有让世人知道我的冲动。为什么有人喜欢炫富、晒朋友圈？这就是存在欲的体现，是一种正常的社会心理需求。当你取得好成绩，谁最会为你发自内心地感到自豪？父母。因此，让父母开心、自豪，是许多中国人奋斗的原动力。辜鸿铭的老友梁敦彦任清末外务部尚书，他曾说：我想成为达官贵人，并非贪图荣华富贵，只是希望妈妈开心。存在欲进一步地说就是成功欲，追求名声。项羽说："富贵不归故乡，如衣绣夜行，谁知之者！"（《史记·项羽本纪》）荣华富贵后不回家乡光宗耀祖，就像穿着华丽的衣服在黑夜里穿行，谁知道呀！衣锦还乡、光宗耀祖是许多中国人成功后想做的事。

为什么"长宜子孙"深得人心？因为这符合人性的"长生欲"。长生不老是很多人的梦想，但人们做不到，退而求其次，希望自己的信息能留存下来。让后人知道我，这就是长生欲。《道德经》说："死而不亡者寿。"一个人死了，但不被忘记，这才是长寿。永恒、不朽，是人类重要的、高层次的追求。文学家、艺术家希望留下传世之作，政治家、英雄豪杰希望青史留名，并为此努力奋斗。普通人怎么办？留下后代，并教育好，这也是一种传世之作。老汤父亲常说："有子父不死。"有了孩子，父母的基因、信息就会传下去，不会中断。造福后代、奉献传承的理念深植于中国人心中，父母对子女倾力付出，还希望把各种福报留给后代，不仅把先辈的好东西保留下来，还将其发扬光大传给后代。"但存方寸地，留与子孙耕"，要给子孙留下纯洁的心田，以便他们在上面更好地耕耘。因此，优秀文化代代相传。

2021年年底，一首《如愿》唱响全国，这是一首献给父辈的歌，也是一首关于传承、奋斗的歌。歌词"我愿活成你的愿"让人热泪盈眶，引起无数人共鸣。感恩父辈、造福后代，是中华文化永恒的主题。

从"父慈子孝"到"爱民忠君"

慈孝文化，在家族层面扩展是"崇拜祖先、造福子孙"；在社会层面扩展就是"爱民忠君"。将民间信仰升级为国家信仰，孔子对此贡献巨大。

我们习惯说"忠君爱民"，孔子思想则要求"爱民忠君"。定公问："君使臣，臣事君，如之何？"孔子对曰："君使臣以礼，臣事君以忠。"（《论语·八佾》）鲁定公问孔子：君王应该怎样使唤大臣？大臣应该怎样侍奉君王？他一上来就用"使唤、侍奉"，一看便知其有立场。孔子纠正：君王对大臣以礼相待，大臣对君王忠心耿耿。礼和忠的顺序是：君礼臣忠，先礼后忠。孔子提倡"君君臣臣"，他要求：首先，君要像个君；然后，臣要像个臣。孔子主张君臣有义，并清楚地告诉统治者：先爱民，后忠君，君是优势方，要先行、要主动。因此，应该是"爱民忠君"。领导如果关心爱护群众，群众就会拥护支持领导。领导者放低姿态，组织会更和谐、更有战斗力。

《道德经》在谈及国家之间的关系时，也表达了类似的观点："大者宜为下。"大国最好是谦让小国。其核心是占优势的一方反而要主动。《孟子·梁惠王下》中的阐述更为客观全面："惟仁者为能以大事小。"只有仁者才会懂得，大国要侍奉小国。"惟智者为能以小事大。"只有智者才会懂得，小国要侍奉大国。"乐天者保天下，畏天者保其国。"乐安天命，天下就会太平；敬畏天命，国家就会安全。

"爱民忠君"也蕴含着对国家中坚力量提出的要求。比如做官，首先要"爱民"，这是对好官的基本要求。常言道："当官不为民作主，不如回家种红薯。"然后要"忠君"，这是为官的前提条件。是"爱民忠君"还是"忠君爱民"？排序体现出为官的态度。尤其是当君与民的利益发生冲突时，官员们夹在中间就痛苦了。

"光宗耀祖，长宜子孙"蕴藏了一个很好的机制设计，它看似不强调个人奋斗,似乎不太关注自己,但仔细分析发现这句话非常智慧:如果不奋斗、没成就,怎么光宗耀祖?怎么长宜子孙?这正是中华文化的精深,没有明说,要你悟的,常常是问题的关键、故事的主线。比如,"男朋友"与"男性朋友"之别。

为什么辜鸿铭说中国人可以不需要宗教?因为我们有孔子。孔子建立了一整套理论体系、行为准则,可以促进社会和谐与文明进步。

人类历史有一个独特现象:每次外敌入侵都征服不了中国,中国甚至还变得更强大。最近一次我们有目共睹:中国积贫积弱,遭受列强侵略,通过一代代人的努力奋斗,最终实现民族伟大复兴!其背后的支撑正是中华民族特征:传承历史、关注当下、着眼未来。为什么"中国梦"深入人心?我们要不断努力,中华民族伟大复兴对我们是梦想,对子孙就是现实。有这种文化基因的民族,其历史怎能不源远流长?

孔子忠孝思想的正本清源

"忠、孝"曾经不纠结

孔孟所处的春秋战国时期,国家众多,选择也很多,人才和君王是合作关系。这个诸侯国不用,人才可以跳槽到别国。那个时代,没有"忠孝不可两全"的纠结。忠,也是悌道。先尽孝,后尽忠。春秋时期的"管鲍之交",鲍叔牙是一位有道德洁癖的君子,其好友管仲在战场上做过逃兵,但对这样丢人的事,他表示谅解:因为管仲家有老母。

秦汉以后,中国成了文明、富强的大一统国家。你再有本事,也无处跳槽。周边都是穷困地区、蛮荒国度。匈奴来求亲,做皇后都没人愿去,王昭君赌气去了,还一路哭哭啼啼。从此,"忠孝不可两全"之说甚嚣尘上。而且,统治者刻意引导民众,在忠和孝之间先选择忠。一说到"忠孝不可两全",其潜台词常常是孝要让位于忠。许多文学作品中出现了这样一幕:儿子应召远行,依依惜别,母亲躺在病床上说:"儿啊!你去吧!自古以来,忠孝不可两全啊!"

圣朝以孝治天下

三国时期,李密出生六个月时,其父亲去世。四岁时,舅舅让母亲改嫁,把他丢给奶奶,奶奶含辛茹苦地把他养大。李密在蜀国做过官,后还乡陪奶奶。晋武帝得知李密很能干,让他担任重要职务:太子的老师。于是,李密陷入典型的"忠孝不可两全"的困境:奶奶已九十多岁,风烛残年,李密要陪护,尽孝不能等;太子是适龄儿童,急需培养,李密要上任,教育不能等。如果赴任,遗憾终生;拒不上任,后果严重。怎么办?李密写了著名的《陈情表》,其内容情真意切。宋代学者评论说:"读《陈情表》不流泪者不孝。"李密深谙"恕道",为君王思考:"圣朝以孝治天下。"给君王台阶:想成为圣朝吗?忠孝发生冲突时,明君常常会要忠让位于孝。因为,孝是忠的基础,不孝之子,怎会忠君?李密和晋武帝联袂,在历史上留下一段关于忠孝的佳话。祖母过世后,李密履行承诺,出来做官,先孝后忠。

汉朝开启了人才选拔的"举孝廉"制度,其理论基础就是孔子思想。东汉初年,韦彪向皇上建议:选拔人才,要重视孝。他以孔子教导为依据,孔子曰:"事亲孝,故忠可移于君。是以求忠臣必于孝子之门。"(《后汉书·韦彪传》)孔子说:"一个孝顺父母的人,才可能把这种孝顺转化为对国君的忠诚。"因此,选拔忠臣要到出孝子的家中。换言之,孝子才可能成为忠臣。孝子不一定是忠臣,不孝之子一定不是忠臣。孔子的原意是:只有社会倡导了对父母的孝,才会延伸为对君王的忠。于是,孔子将民间信仰上升为国家信仰。令人痛心疾首的是一些御用文人借题发挥,不仅曲解"移孝于忠",而且要求"先忠后孝",甚至建议"只忠不孝",把优秀的"忠孝文化"直接带偏。

孝是爱的反映、情的延伸、忠的基础。社会倡导以孝为美德,容易培养服从的品行。不孝之人怎会对配偶、朋友真诚?想要获得忠诚先要推行孝道,如果不孝,忠诚就是空话。

忠孝可以两全

忠孝并非一直处于冲突状态,可以两全,因为两者之间有一个重要的连接点:尽孝需要一定的物质基础。孟子说:"不孝有三,无后为大。"(《孟子·离娄上》)东汉赵岐对"不孝有三"作了详细注解:"阿谀曲从,陷亲不义;家贫亲老,不为禄仕;不娶无子,绝先祖祀。"(《孟子注》)一是对父母无原则地顺从,犯错不纠,让父母在错误的道路上越走越远,这是愚孝,愚孝也是不孝。二是不去做官拿俸禄,导致家中清贫,让父母受苦。三是不娶妻生子,祖先得不到祭祀,断了香火。第二种不孝就是由不忠导致的:不愿工作,不为社会做贡献,没有收入,让父母贫困潦倒,忍饥挨饿。

传说,清军入关用三部书搞定了天下:用《三国演义》夺取天下;用《道德经》治理天下;用《孝经》稳定天下。我们来分析《孝经》稳定天下的逻辑。父母希望孩子平安健康;造反要杀头,因此父母不希望孩子造反;反清就是造反,所以父母不希望孩子反清。《孝经》是一部儒家经典,说要听父母的话:父母说不要反清。清廷一番操作,最终反清的火焰就这样被浇灭。

第三章

四大名著中的为人处世

四大名著中的关系管理智慧

读四大名著,悟人际关系中的智慧

四大名著的情、忠、义、理

明代冯梦龙首提"四大奇书",即《三国演义》《水浒传》《西游记》《金瓶梅》。20世纪50年代,《红楼梦》取代《金瓶梅》,共同构成"四大名著"。四大名著可从不同角度解读,从人际关系视角分析,其揭示了关系管理之道,尤其对关系中的"情、忠、义、理"描写得很精彩。

《红楼梦》对"情"描写得非常细腻,其中,宝黛之情是主线,贯穿始终,荡气回肠。黛玉,妥妥的官二代、富二代,有强大的后台:贾母疼她,还有令人羡慕不已的爱情:宝玉爱她。然而,她总盯着自己的可怜之处:父母早逝。这就是热恋的"自卑效应":深爱对方时,常常会自卑,总是看到自己的不足、对方的优点,总觉得自己配不上对方。黛玉老是哭哭啼啼、患得患失,被认为是性格使然。其实,也不尽然,这就是热恋的"放大效应":因过于密切关注情人,其一言一语、一举一动自然而然就会被放大,甚至夸张地放大。初恋阶段,两人逛街,不小心碰到对方的手,心中都会升起一种战栗的温柔。什么叫作高层次的多愁善感:黛玉葬花。什么是直入心扉的体贴关怀:宝玉挨打,黛玉抽泣。什么是吃"高级醋":旁观者一头雾水,当局者心领神会。少男少女们,想体验刻骨铭心、富有文化的恋爱吗?读《红楼梦》吧!

《红楼梦》中,有些辅线的情也描写得让人潸然泪下。比如,晴雯被赶出贾府,重病卧床,宝玉偷偷去看她,脱下贴身衣服让她穿上。晴雯虽凄凉离世,但也有些许安慰:穿着宝玉的内衣,就像躺在他的怀里。李安导演的《断背山》中也有类似感人的场景:杰克死后,恩尼斯敲开他家的门,径直走进杰克的卧室,抱着杰克的一件衬衣冲了出去。

即使是情欲,《红楼梦》都将其描写得出神入化。书中,曹雪芹这样描述:多姑娘本领奇特,贾琏恨不得把自己"化"在她的体内。"化"字太传神了!小时不懂,等到长大,情到深处,突然发现,没有比这个字表达更准确地了。读《红楼梦》一定要认真读、细细品,否则有些细节很容易被忽略,许多精彩就藏在其中,一个字都不要轻易放过。

《三国演义》对"忠"的描写让人印象深刻,成功地塑造了一个个忠诚的人物形象。比如,关羽之忠。关羽降曹,对高官厚禄、金钱美女、小宴大宴不为所动,对曹操送来的赤兔马却欣然接受。曹操诧异,关羽答:骑着它找大哥就方便了。得知刘备下落后,他"过五关斩六将",坚定地奔向大哥。比如,诸葛亮之忠。为报刘备"三顾茅庐"知遇之恩、"白帝托孤"信任之恩,诸葛亮鞠躬尽瘁,死而后已。他的著作虽然不多,但《出师表》却流传千古。宋代学者感慨:"读《出师表》不流泪者不忠。"

《水浒传》中对"义"的描写贯穿始终。宋江冒着生命危险义救晁盖,带领梁山转型升级,改"聚义厅"为"忠义堂",把打家劫舍的草寇升级为替天行道的英雄,"义"这个核心思想始终没变。宋江因接受招安受到诸多批判,被认为是投降主义,而其真正的原因就是"义"。什么是义?孔子说:"义者,宜也。"合情合理就是义。梁山泊影响越来越大,人员越聚越多,粮草、地盘等诸多问题显现,逼着宋江选择出路:夺取政权或接受招安。分析108位好汉的背景,他们大多是被逼上梁山落草为寇,没什么政治抱负,只反贪官,不反皇帝。因此,第一条路行不通,只能走第二条。若掌握了这个大前提,你就能理解宋江的决策路径,他带领好汉们一次次把事情搞大,一次次大胜官兵,看起来是造反,其实是加大谈判的筹码。因此,宋江接受招安是义,是大义。

《西游记》对"理"的描写合情合理。看起来是聊神话故事,其实在借彼岸之事讲人间之理。孙悟空大闹天宫,这是告诉统治者:要有改革意识,不能阶层固化,否则老百姓要造反。为什么要让唐僧遭受九九八十一难才取到经?随便叫个神仙小哥,或者孙悟空翻一个筋斗不就行了嘛!它揭示了人性的一个特点:千辛万苦得到的才是好东西。为何老丈人开始会给女婿设置各种考验?是怕女儿被轻而易举带走后不珍惜。有一个道理孙悟空到下半场才明白:有些妖精可以打,有些妖精打了也白打。每当妖怪快被打死,就有神仙出来阻止:"悟空,住手,它是……"后来,悟空打妖怪就不用力了,遇到困难就求助,其实是摸底:这家伙有没有靠山?西天取经的过程也是悟空成长的历程,一个崇尚个人英雄主义的愣头青,最后成为善于整合资源的关系管理专家。当然,这也带来一个问题:故事的精彩性就减弱了。成人世界无童话,成长会带来无趣和无奈。

有一种精彩叫作残缺美

老汤和小汤在读四大名著时,有一个共同的遗憾:越到后面就越不精彩。

曹雪芹写《红楼梦》为何只写了八十回?通常解释是他贫病交加,没写完就去世了。曹雪芹说,他对该书"披阅十载,增删五次"。书没写完就反复修改前面的内容,而且一改就是十年?这不太符合常理,写书大多是写完再改。比如,《掌控人生主动权——孙子兵法与人生战略》一书,老汤写了十余年,改了很多次。老汤在 2003 年就开讲《生活的平衡之道——孔子思想与关系管理》这门课,授课内容一直在更新,2020年年初本书定稿,但四年多来不断打磨内容,就像雕琢一件艺术品。

合理的推测是曹雪芹把书写完了,但对八十回以后的内容不满意,因为分析四大家族的衰败,尤其是贾府"树倒猢狲散",必须直面诸多问题:宫廷争斗是怎样的?权力斗争多么可怕?但曹雪芹对此一窍不通,这是他的软肋。他把元春省亲写得惟妙惟肖,因为是亲眼所见,但他对元春的生活毫不知晓。《红楼梦》开篇就把主要人物的命运都交待清楚了,说明这部著作一开始就有框架、有提纲。请注意一个关键表述:增删五次。可能是他修改时,对后面的章节很不满意,一气之下全删了。大纲还在,目录还在,于是很多人续写,结果大多是狗尾续貂。其中,高鹗的续写最好,但水平仍然相距甚远,很少有前八十回那样精到的细节描述。比如,曹雪芹用一个词描写王夫人的坐垫:"半旧的",这才是有底蕴的大户人家!如果不熟悉奢华生活,怎么能写得如此精彩?从前,有个农夫去了趟京城,回来便吹嘘见到了皇帝。别人问:皇帝是怎样穿戴的呀?答:脖子上戴着粗粗的金项链,双手戴着粗粗的金手环,双脚戴着粗粗的金脚环,全身金光闪闪。天哪!这是皇帝吗?

也有人说,可能是后四十回涉及清朝黑幕,曹雪芹害怕文字狱,于是删了。不管是删了还是没写,曹雪芹都是明智的。《道德经》说:"大成若缺。"越完美越让人觉得有缺陷。残缺有时反而是一种美,甚至是伟大的艺术。就像断臂的维纳斯,也许根本就没有双手,或者是因为艺术家不满意,所以拆了。手最难处理,弄不好就是败笔。在公开场合、重要场合,大家有没有手足无措的经历?手脚不知该如何摆放,尤其是双手。《红楼梦》前八十回就是文学史上的"断臂维纳斯",虽然"断臂",反而完美。

清初评论家金圣叹点评《水浒传》,到108将排位就戛然而止。《水浒传》后半部分与前半部分相比,无论是思想性还是艺术性都有天壤之别,这与施耐庵的背景密切相关。他是草根出身,对江湖上各种人都非常熟悉。他把108好汉的故事讲给画家朋友听,请画家把这些人物绘成画像,每天看着好汉,和他们"对话"。因此,前半部分非常精彩,情节描写环环相扣,人物刻画栩栩如生。后来,写战争的宏大场面时,他就有点"卡带"了。他对官场钩心斗角的描写,尤其是好汉们被奸臣一一残害,略显草率。施耐庵没有从政阅历,只知官场险恶,不知怎么险恶,因此写不下去了。老施啊！你要是写到招安就封笔该多好！让别人去猜、去续，前面精彩，后面潦草，过与他人，与你无关。曹雪芹是吸取了施耐庵的教训，才留下了这么伟大的残缺美吗？

虽然罗贯中也缺乏从政经验，没带过兵打过仗，但是他对《三国志》研究透彻，分析了大量相关的历史资料，对该领域的知识了然于胸。他还广泛搜集各种民间传说，到各地茶馆听艺人说书。他发挥丰富的想象力，运用符合大众审美情趣的写作手法，因此其作品大获成功。《三国演义》后面的内容也不精彩，因为随着诸葛亮的去世，英雄们纷纷谢幕，故事自然就不精彩了。

人际关系也是一样，天下没有不散的筵席，有些关系该结束时就让它结束，留下一段美好的回忆不好吗？为什么要拖泥带水？这样反而把关系搞坏了。有一些遗憾让人回味无穷，有一种精彩叫作残缺美。一对恋人经历了刻骨铭心的爱情，其美好的结局就一定是走进婚姻殿堂吗？有时，圆满就没故事了，即使有，也不一定精彩。这时，双方要放下对爱情的幻想，进入亲情阶段，开始书写新的故事。

从浪子燕青看关系管理智慧

燕青忠于职守

燕青是《水浒传》中最完美的人物之一。他对梁山集团的贡献巨大，却被排在天罡星最后一位，让人叹息。他为招安事业与李师师交往，面对师师的撩拨却不为所动，更是令人慨叹不已。

宋江趁国家监管不严，带着一帮兄弟把一个小企业做大做强，发展成集团。眼看发展进入瓶颈期，宋董事长希望高价将公司卖给国家。在公司整个并购、上市过程中，燕青是一等功臣。

宋江曾找过几个中介，要么价格太低，要么遇人不淑，导致企业一直没有卖成。后来，他把目光聚焦到宋徽宗的红颜知己李师师。这个任务非常特殊而且艰难，派去的使者必须具备两个重要条件：一是能吸引李师师；二是在计划实施过程中要把握好度，不能迷失自我。要搞定此事，非燕青莫属。燕青有得天独厚的优势，他的雅号"浪子"就给人无限的想象空间。但他是否满足第二个条件，大家心里没底，把握自己不易，何况浪子。况且这两个条件是互相冲突的，同时满足很难。因此，军师吴用对燕青千叮万嘱：任务非常重大，兄弟要把持住啊！

果不其然，一表人才的燕青毫无悬念地吸引住了师师。师师劝燕青喝酒，他不喝。再劝，他喝了。师师用言语撩拨，燕青低头不敢承惹。常规套路不行，就改走高雅路线：师师吹箫，燕青也吹；师师唱歌，燕青也唱；师师再撩，燕青还是低着头。接着喝酒，数杯下去，燕青没事，师师却按捺不住了，要放大招："闻知哥哥好身纹绣，愿求一观。"燕青不肯。师师三番五次相求。局面即将失控，燕青灵机一动，问师师芳龄几何？答：小女子年方二十七。燕青立即翻身下拜：我二十五，愿结为姐弟。然而，这八拜"拜住了那妇人一点斜心"，燕青太高明了！假如他把持不住，与师师成了情人关系，当徽宗来见师师，她一定会有心理障碍，不敢让两个情人碰面。万一碰上，也只能如风流才子周邦彦，躲到床底写写诗。当燕青成了弟弟，小舅子就可以名正言顺地会姐夫。于是，他俩就见面了，当场把梁山集团并购协议签了下来。

谈到抵挡诱惑，有人把燕青婉拒李师师与武松严拒潘金莲相提并论。同样是拒，两者不可同日而语。武松拒绝潘金莲很正常，叔嫂通奸是大丑闻，受道德约束，小叔子拒绝嫂子的勾引难度系数不大。更何况武松和大哥亲如一体，武松认为：姓潘的会撩拨我，就一定会撩拨别的汉子，她撩汉就是欺负大哥，欺负大哥就是欺负我。武松不仅拒绝，而且愤怒，合情合理。潘金莲太饥渴了，当西门庆上门勾搭，她投怀送抱，玩火自焚也就自然而然了。燕青完全不同，他在哪里见师师？青楼。这是什么地方？你懂的。因此，相互撩拨顺理成章。而且，燕青也挺喜欢师师："燕青看师师时，是别有一番风韵。"京城名妓，不是浪得虚名，否则皇帝也不会被她迷得神魂颠倒。这种情景下，燕青都能管住自己，不顺水推舟占人便宜，非常难得！就像面对送上的金元宝却不收，这可是对人性巨大的考验！燕青啊燕青,魅力四射的绝代佳人居然撩不动你,你简直不是普通人,是神啊！你太忠于职守了！

就拒绝的方法和难度看,武松也比燕青低了好几个档次。潘金莲只是个弱女子,武松的应对方式可以是简单粗暴,可以搬出去,少见或不见。燕青的处理难度则相当大！万一惹急了师师怎么办？游戏结束,任务泡汤。燕青必须控制好平衡:既要让她对自己有兴趣,又不能让她太过主动。既要点燃她的欲火,又不能让它乱烧。兵家的"致人而不致于人"、儒家的"中庸之道"全都得用上,整个过程包含着极大的不确定性。屋内波涛汹涌,诱惑与管理诱惑的斗争非常激烈。屋外焦急等待,忐忑不安,无能为力。

有人说,燕青最后把师师带走了。老汤认为,这种可能性不大。燕青是道家人物,性格洒脱,对高官厚禄都弃如敝屣,小情小爱完全可以抛却。而且,燕青处事冷静,他非常清楚:有些女人可以碰,有些女人不能碰。如果宋徽宗发现心上人被带走,一定会暴跳如雷,他俩还走得了吗？燕青的归宿是"隐",如果独占师师,他还怎么隐？到哪里去隐？师师纵然风情万种,对他心有所属,燕青仍会不为所动。

燕青忠于职守,他找师师不为潇洒,而是请她牵线见皇帝,完成招安大业。令人诧异的是,燕青这么沉稳,做事恰到好处,为何被称为"浪子"？静思后,老汤才明白,浪、荡有别:何时能浪？何时不浪？把握分寸,才是真浪。反之为荡。

燕青忠于主人

燕青智勇双全,集兵、儒、道于一体。儒家倡导的"忠"在他身上体现得淋漓尽致,他数次救主,对卢俊义全心全意,赤胆忠心。

第一次是卢俊义被化装成算命先生的吴用忽悠,说他百日之内有血光之灾,须到东南方千里之外去避难。老卢信以为真,要去山东泰安。很多人觉得这不可思议:只因算命先生的随口一句,你就劳师动众？劝阻也很俗套,不痛不痒:"休听那算命的,都是胡言乱语""在家千日好,出门万事难",等等。只有燕青具备道家的前瞻性、高空俯瞰的洞察力,看清了本质,进言也一针见血:这个算命的装神弄鬼煽惑主人,哪里是在骗钱,根本是设陷阱!去泰安要途经梁山泊,这家伙说不定是梁山的托儿。卢俊义却傲慢呵斥,不予理睬。果然不出燕青所料,老卢掉进梁山精心设计的圈套。燕青本应该讲:"我说过了吧!"可他没有,继续忠心护主。

第二次是卢俊义从梁山泊回家。在城外一里多处,衣衫褴褛的燕青拦住主人:管家与夫人勾搭成奸,还报官说你私通梁山反贼。卢俊义呵斥道:我娘子不是这般人!燕青痛哭,拖住他的衣服,卢俊义一脚踢倒燕青,大踏步入城。(划重点:"一脚踢倒",太粗暴了!)结果一回到家,他就被官府捆了。燕青本应该讲:"我说过了吧!"可他还是没有,继续全力以赴拯救主人。

《水浒传》对燕青智勇双全的兵家智慧有很多描绘,"城门乞讨"就是一例。燕青被管家赶出家门,流离失所,一直在城门外守候主人。有人不解,燕青聪明伶俐、武功高强,怎么会沦为乞丐?他用的正是《孙子兵法》的智慧:"兵以诈立。"用兵要懂诈识诈、用变多奇,不能让敌人发现我的战略部署。燕青扮成乞丐装可怜,其实是掩护自己、迷惑管家。设想一下,如果他每天衣冠楚楚地守在城门口等主人回来,就会引起他人警觉,遭到暗算。燕青还希望他"头巾破碎、衣衫褴褛"的惊人形象,产生视觉冲击,引起主人的警惕。可惜老卢并不怎么疼燕青,更不理解他的良苦用心,最后落入奸夫淫妇的陷阱,险些屈死狱中。

最后一次是燕青劝老卢"功成、名遂、身退",离开官场。梁山好汉接受招安后,被令征讨其他反叛者。这是朝廷的惯用手法。打方腊时,梁山好汉死伤严重,最后惨胜。宋江、卢俊义带着残存的三十多位兄弟班师回朝,领受封赏。燕青劝卢俊义:你没有利用价值了,寻个僻静去处,隐姓埋名,颐养天年;实在于心不甘,你就把股份卖给朝廷,套现环游世界。否则,你留下来肯定要出事。他还举了兔死狗烹的例子。卢俊义断然拒绝,因为他"正要衣锦还乡,图个封妻荫子",怎么听得进这种逆耳忠言?燕青无奈辞别。老卢问:你要到哪儿去?燕青仍然忠心耿耿,想在暗中护主,答道:也只在主公前后。老卢大难将至,仍执迷不悟,还盲目自大,认为燕青只是玩个噱头,实际是离不开自己。他很不屑地冷笑:看你能到哪里? 这话太伤人了! 卢俊义的形象一落千丈。燕青纳头拜了八拜,从此消失。不久,卢俊义就被奸臣干掉。

卢俊义一世英豪,其最大的失误就是没发现燕青的真正价值。他既不肯把燕青当作伙伴平等相待,也不肯把浪子当作兄弟亲如骨肉,更不肯把这位精通兵、儒、道的奇才当作老师,虚心向其学习。他一直端坐在主子的位置上,对燕青不是呵斥就是脚踢。死到临头,还对一个忠心耿耿的人才冷嘲热讽,一次次拒绝这个智者的正确建议,硬生生地把一个能干、肯干、忠诚的人从身边赶开,最后,自己葬身淮水。

燕青忠于主人,但不是愚忠,他没有陪主人殉葬,在 108 将中,他是为数不多得以善终的好汉。燕青的关系处理还很有分寸,他完美地诠释了忠诚的"唯一性":告别卢俊义时,他是声泪俱下;告别宋江时,他仅用一封书信。在他心中,老宋只是上司,老卢则是主人。最后,燕青远离江湖,消失在天地间,在历史长河中,留下久久不灭的背影。

四大名著中的"诚、忠、信"

诚、信

诚信,是彼此交心

即使创业者再能干,企业做大做强后,都要找职业经理人协助。他不请,其后代也得请。然而,当下中国职业经理人的境况不尽如人意。某大型企业老板感慨:所谓职业经理人,就是拿我的钱和市场去完成他的原始积累。上海国家会计学院夏大慰教授用"丛林法则"打了一个形象的比方：创业者像兔子，职业经理人像狼。他们都在奔跑，一个是性命攸关，另一个是饱餐一顿。创业者为了生存，必定竭尽全力，背水一战。职业经理人为了增加收入，提高市场身价，会充分发挥聪明才智，但很难破釜沉舟。更有甚者，有人说，很多好企业都被职业经理人做死了。这个困境全是经理人的责任吗？老板放权时有没有顾虑重重、犹犹豫豫？

从古到今，这都是一道难题。历史上同一时代，非常有名、对比强烈的职业经理人就是诸葛亮和司马家族。他们都为各自的老板立下了汗马功劳，却留下了两个截然不同的历史故事："鞠躬尽瘁，死而后已"与"司马昭之心，路人皆知"。

复盘司马家族的职业经理人之路，令人唏嘘不已。司马懿本不愿意出山，是被曹操逼出来的。曹操既要他干活，又不信任他，说他有"雄豪之志，狼顾之相"。司马懿是曹丕、曹睿两代的托孤大臣，但曹家总是对他心怀戒意。曹丕托孤时，明确告诉司马懿：我对你不放心。这真让人费解：你都不放心，为何还托给他？而且当面告之，让人情何以堪？曹睿虽托孤，却把大权交给大将军曹爽。曹爽拼命排挤司马懿，还加害于他，司马懿装病装傻，才躲过一劫。司马懿韬光养晦整整十年，最后干掉了曹爽。但他没有篡位，而是辞去丞相之职、九锡封号。虽然他一直受到不公平待遇，但是他对曹家并未有不轨之举。如果历史在此戛然而止，司马懿的忠诚几乎可与诸葛亮媲美，他的苦难历程还会让人同情。老爸的遭遇让孩子们看在眼里、痛在心里，真正走上反叛之路的是他儿子司马师、司马昭，废曹芳、立曹髦，揿下了叛逆的按钮。忍无可忍的曹髦准备召集百官与司马昭清算，事情泄露后，他又亲率左右进攻司马昭府邸，但在混战中身亡，司马昭也因此背负"弑君"的恶名。最终让司马懿列入"职业经理人黑名单"的是他的孙子司马炎，他把曹氏集团公司据为己有，加上"羊车望幸"的荒淫、"君臣赛富"的纵奢，以及与他脱不了干系的"八王之乱"，导致爷爷的英名严重受损。

撇开轮回、历史重演等感慨，心平气和地分析司马家族的背叛之路，曹家是不是也有不可推卸的责任？一个让员工既流汗又流泪的老板，最容易埋下叛逆的种子。

诸葛亮就幸运多了。刘备三顾茅庐,还一把眼泪一把鼻涕地苦苦相求:你不出山,劳苦大众怎么办?难怪有人说,刘备的江山是哭出来的。诸葛亮半推半就,刚入职场,就官居要职。刘备托孤是真托,要儿子称诸葛亮为相父。阿斗不仅不笨,还很智慧,他对诸葛亮言听计从,虽也有过功高盖主的顾虑,也曾听信身边小人的谗言,但他知错就改,定定心心把江山交给诸葛亮打理。诸葛亮一死,他就独揽大权。他知道,能干的人很少,尤其是像诸葛亮这样既能干又忠诚的更是凤毛麟角。

真诚的心机也是一种贤德

心机一词偏贬义,但如果于人于己有利,真诚用心,就是一种贤德。刘备,一个以卖草鞋为生的平民,居然三分天下有其一,是因为他富有贤德,还是颇具心机?

刘备武功一般。"三英战吕布",看似夸三英,实则赞吕布:三个打不过一个。更是批刘备:本来关张可能会赢,刘备上来帮了倒忙,吕布抓住这个破绽,冲出包围圈,结果平局。刘备运气一般,尤其是46岁前,其职业生涯相当不顺,到处投靠,五易其主。他还被曹操打得丢盔弃甲,妻离子散,狼狈不堪。

刘备的成功主要归因于他有贤德。不过,贤德的成本很高,刘备这也不要、那也不受,怕违仁,搞得其手下很苦,老替他收拾残局。然而,他正是因"至仁""贤德"的人设,聚集了一帮铁杆粉丝。

曹操大军将至,刘备怕老百姓受到伤害,居然带着全城百姓撤退,这仗还怎么打?结果可想而知,差点连老本都输没了。刘备难道不知道百姓的腿跑不过曹军的马?"带"这个动作,让他赢得了"贤德"的人设。

赵云怀抱小阿斗,单枪匹马,在万千曹军中冲出重围。当赵云浑身是血,把完好无损、还在熟睡的阿斗交给刘备,刘备的第一反应是什么?接过阿斗,扔在地上:"小家伙,为了你,差点损我一员大将!"赵云感动得当即拜倒痛哭:"我虽肝脑涂地,无以回报主公。"刘备难道不知道扔孩子有危险？"扔"这个动作，让他赢得了赵云的忠心。

徐庶被曹操骗走，刘备依依不舍，十里长亭相送。目送徐庶时，刘备被一片树林挡住视线，他命令士兵砍掉树林，徐庶深受感动，勒马掉头，向刘备推荐诸葛亮。刘备难道不知道砍树这事很不靠谱？"砍"这个动作，使徐庶做到了"不为曹操献一计"，也让刘备不久后得到诸葛亮，开启大业。

刘备成也贤德，败也贤德。因维护贤德人设，他差点将家底输光。关羽大意失荆州被东吴所杀，张飞怒不可遏迁怒下属被杀，刘备悲愤万千起兵攻吴。魏吴蜀分列一二三，老二老三必须联盟对抗老大才能生存，吴蜀居然干起来，岂不是帮助魏国快速统一中国？吃瓜群众都清楚，刘备难道不明白？请注意，从关羽被杀到夷陵之战，相隔已是一年有余，可见，刘备没有违背《孙子兵法》"主不可怒而兴师"的原则，兴师攻吴绝非一时怒起，而是反复评估过：这仗非打不可。结义誓言天下皆知，刘备必须有报仇的动作，输赢不重要，否则失信江湖，辛苦打造的贤德人设会崩塌，队伍就没法带了。张飞就是因为刘备迟迟没有报仇，而天天发怒。刘备这仗是打给天下人看的，更是打给自己人看的。如果吴国一开始就拼命抵抗，然后刘备以担心魏国偷袭为由撤军，目的就达到了。不过，吴国不配合，刘备演砸了。陆逊诱敌深入，火烧连营八百里，蜀国差点没了。好在有诸葛亮收拾残局，否则三国演义就演不下去了。

刘备最大的心机是白帝城托孤：我家阿斗能扶则扶，不行你就取而代之吧！别说诸葛亮没想法，即使有想法，也会被这话给灭了。诸葛亮泪流满面，长跪不起，恳表忠心，为报刘备知遇之恩、信任之恩，呕心沥血，最后过劳而死。

都说曹操是奸雄，但真正有心机的是刘备。心机不容易让人发觉，就算被发觉了，只要它是真诚的，能实现双赢，下属也会欣然接受。

由此感悟老板与职业经理人的相处之道：精心挑选职业经理人，并诚挚邀请。真诚对待职业经理人，用人不疑，疑人不用。不要挑起职业经理人的内斗，否则，最后受伤的是老板。做好机制设计，让职业经理人在企业做大做强的过程中受益。施加道德情操、社会责任、青史留名等高尚的文化影响,把职业经理人绑在企业奔驰的战车上。

忠诚,永恒的主题

关羽被送上神坛,曹操却深度被黑

关羽被尊为"武圣",与"文圣"孔子并列。关羽的光辉形象横空出世,得益于《三国演义》的文学描写,受到历代统治者和民众的追捧。明朝,关公被朝廷封"帝"。清朝,关公更是多次被朝廷封为"关圣大帝"。有点夸张啊!孔子如此伟大,也只被封"文宣王",偶尔才封"文宣帝"。关公在民间的影响很大,"关帝庙"遍及30多个国家和地区。

孙武的战略思想、军事智慧对中国和世界贡献巨大,《孙子兵法》被称为"兵经之首",且位列世界三大兵书,是被译成外文最多的中国著作之一。明朝茅元仪说:"前孙子者,孙子不遗;后孙子者,不能遗孙子。"(《武备志》)《孙子兵法》以前的兵书,其思想精华《孙子兵法》都包含了;《孙子兵法》以后的兵书,都超越不了《孙子兵法》的思想范畴。孙武是"前不见古人,后不见来者"般的存在,其军事价值、思想价值远比关羽高,然而,其社会地位远比关羽低。北宋朝廷曾封孙武为"沪渎侯"(沪渎,指吴淞江下游,今上海地区,在古代颇为荒凉),与"帝"相差太大。孙武虽偶称"兵圣",但这只是民间叫法。读了《孙子兵法》,我才明白为什么孙武没有彪炳的战功、精彩的故事。因为他总是精心设计、认真实施、轻松胜敌,所以没有素材,没有故事。

孙膑是孙武的后代,比孙武晚100多年,但他就有很多故事,比如"孙膑受害""田忌赛马""围魏救赵""减灶示弱"等,让人津津乐道。在民间,孙膑的知名度比孙武高,甚至有不少人还以为《孙子兵法》是孙膑写的。

人生,既要有故事,还要讲好故事。关羽家喻户晓,就是因为留下了许多精彩的故事。

《三国演义》大捧了一个人：关羽，深黑了一个人：曹操。关羽被送上神坛的重要原因是其人物形象符合中华传统的"忠信"文化。

三国时代英雄辈出，真的关羽形象并不突出，只是作为蜀国"五虎将"之首，记录在史书《三国志·关张马黄赵传》中。你认真读《三国演义》就会发现线索。首先，关羽没那么武功高强。"三英战吕布"场面热闹，但吕关武艺高下立判。"过五关斩六将"，关羽把曹操的六个将领像切黄油似的给斩了，看起来英勇神武，其实是他们接到密令："拦住关公，但不要伤他性命。"一个下狠手，一个不敢下手，结果可想而知。其次，关羽也没那么铮铮铁骨。华佗给他"刮骨疗伤"，他一边下棋，一边谈笑风生，画面是不是很震撼？那是因为华佗用了局部麻醉药。最后，关公更没那么文韬武略。他"大意失荆州"，丢失了蜀国的老本。"走麦城"不仅葬送了自己，还间接害死他的两个兄弟。

著名历史学家、《三国志》作者陈寿说："太祖可谓非常之人，超世之杰。"曹操非常了不起，他是划时代的豪杰，是三国最优秀的人物之一。虽然陈寿的立场偏向魏国，但曹操作为伟大的战略家、军事家、政治家是不争的事实。他还是伟大的文学家，开创了一代文风。汉末文风浮华，正题刚出来，主题还没讲清，文章就结束了。曹操的诗文直抒胸臆，其名诗《短歌行》一上来就是："对酒当歌，人生几何"，让人畅快淋漓；"山不厌高，水不厌深"展现了他宽广的胸怀。他统一了北方，稳定了大片疆土，让人民免遭战乱之祸。他让岌岌可危的东汉苟延残喘，否则，不是被董卓篡了，就是被军阀灭了。曹操收留了汉献帝，虽是"挟天子以令诸侯"，但毕竟让他过上了体面的生活。汉献帝落在董卓及其叛将手里，难民不如，几近囚徒，差点丧命。汉献帝生活上体面了，政治上也想体面，要杀曹操做真正的皇帝。事情败露后，曹操也没杀掉他，还让他做了女婿。

关羽为什么会同时被各个阶级喜欢？因为他有一个典型的品牌形象：忠义！他选了一个好的忠诚对象，矢志不移、忠心耿耿地追随下去。即使他有一些自相矛盾的行为，因为其背后的逻辑是忠义，自然得到人们的理解。比如，他为了保护刘备夫人，"降汉不降曹"，这就是义，做适宜的事,因此没人骂他叛徒。他得知刘备下落后,"千里走单骑",回到刘备身边,这就是忠,让人感动流泪。他看到曹操对汉献帝无礼,当场要杀这个奸臣,这体现了他对汉室的忠。他感恩曹操对他的赏识和款待,不顾军法处置,"华容道义释曹操"。虽有人反对放曹,但更多的是一片赞叹声:义!关羽代表了中国人的价值观:忠义。这是统治阶级和人民群众都认可的。

曹操为什么被黑?其核心原因是曹家把刘家的天下给夺了,虽然是他儿子曹丕干的,但是曹操为改朝换代打下了良好的基础,因此背上了"奸臣"的骂名。《三国演义》传播的主要价值观是忠君、爱民、尊贤,这也是儒家的重要思想。后两项曹操做得都很好,唯有忠做得不够,因此深度被黑。

为什么很多人不喜欢宋江?

《水浒传》的男一号无疑是宋江,没有女一号。其书名曾被国外翻译为《105个男人和3个女人的故事》。就像108位好汉中男女比例严重失调一样,《水浒传》对女性的描写不多,但负面的不少,比如,让人印象深刻的潘金莲,还有出轨的潘巧云、阎婆惜。金圣叹对男一号的评价极低:"《水浒传》独恶宋江。""时迁、宋江是一流人,定考下下。"(《读第五才子书法》)《水浒传》里,他最讨厌宋江,认为宋江和偷鸡摸狗的时迁为同一类人,属于下下等。

老汤和小汤读《水浒传》有一种感受:梁山招安后,故事就不精彩了。尤其是征讨方腊,读后让人感觉心情压抑,好汉们死的死、散的散,最后班师回朝的只有36人。尤其是第119回"宋公明衣锦还乡",看后让人悲愤。宋江还有心情衣锦还乡?他的锦衣上沾满了好汉们的鲜血啊!

历史上有一位开国功臣,位居高官,但从未"还乡"。为什么?他带着家乡一帮年轻人出来参加革命,但最后只有他死里逃生,其余人全部阵亡。他说:我不敢回去!我怎么面对父老乡亲啊?他们把儿子托付给我,我却一个人回来。

奸臣在皇帝赐给宋江的御酒中下毒,宋江得知自己不久人世,居然把李逵骗来毒死他,还做其思想工作:这都是为你好。真的吗?不!他是怕李逵造反,毁了他的名节,伤及他的家人。得知宋江的死讯,吴用也自杀了,很多人不明白,这是为什么呀?吴用清楚,他在108将中排行老三,许多战略都由他设计,不少决策还是他拍板的,宋老大和卢老二都被害死,接下来是谁?如不自我了断,会死得很难看。

高俅一伙如此大胆,敢在御酒中下毒,这可不是一般的欺君之罪,是弥天大罪!宋徽宗得知后,只是骂了他们几句而已,说明皇帝并不认为奸臣有多大的错!宋江还对这种君王忠诚,完全没有必要!宋江选错了忠诚的对象,带领一帮兄弟走错了路,不但自己无谓送命,而且还葬送了这支英雄队伍。梁山好汉们的结局是个悲剧:大哥选错了老大,他们选错了大哥。忠是必要的,但在忠诚对象的选择上要慎之又慎。不是所有的忠、无条件地忠都要追捧。因此,既要忠诚,又不能愚忠。

金圣叹还是希望天下太平,故没有批评宋江接受招安,但他对梁山英雄们的遭遇又感到不平,因此,老金很纠结。

第二篇

诚

真实无妄，忠于内心，就是"诚"。人际交往中，做真实的自己最放松。处理人际关系要本着真诚的原则，这会带给自己幸福、自由，促进个人成长、进步。维护关系有成本，真诚，会使成本最低。因此，要力求真诚，发现真我，反复追问：人海茫茫，我要和哪些人搞好关系？谁是我现阶段、生命中最重要的人？我要把有限的资源献给谁？这是生活中一直要思考的问题。

第四章

把宝贵资源献给重要的人

同心圆内人员决定"我"的生活状态

"人际同心圆模型"

《掌控人生主动权——孙子兵法与人生战略》一书，提出了生活圈层"内环、中环、外环"的"人生环线"概念，探讨了"人生环形剧场"席位安排问题。本书在此基础上提出"人际同心圆模型"，该模型更适合诠释人际关系管理。

人际关系"价值—可控"象限图

如图 4.1 所示，人际关系"价值—可控"象限图的横轴 X 表示"价值度"：某人对你是否有价值？价值大小如何？价值度的评判标准因人而异。纵轴 Y 表示"可控度"：你无法控制哪些人进入你的生活？你能控制哪些人进入？控制程度如何？

人生可选择的交往对象不多。你无法选择父母，无法选择另一半，甚至无法选择孩子。当你入职后，若不打算跳槽，领导也是不可选的。但有些人是可选的，比如老师、朋友等。进入你人际圈的人，从父母、爱人、孩子、领导、同事到朋友，其可控度逐渐增加。

根据价值度和可控度的程度，生成人际关系"价值—可控"象限图的

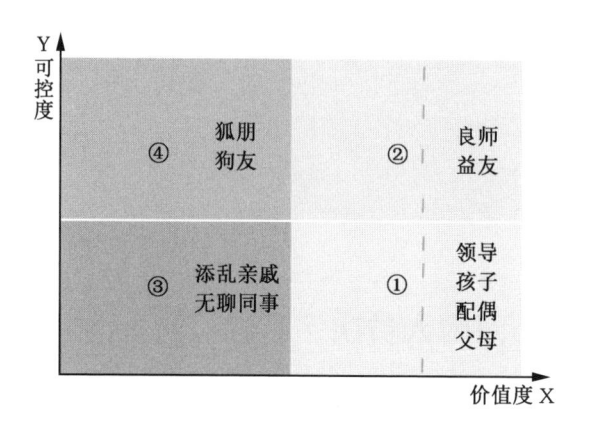

```
         Y
         可
         控
         度
         ┌─────────────┬─────────────┐
         │    狐朋     │    良师     │
         │ ④  狗友     │ ②  益友     │
         │             │             │
         ├─────────────┼─────────────┤
         │             │    领导     │
         │    添乱亲戚 │    孩子     │
         │ ③  无聊同事 │ ①  配偶     │
         │             │    父母     │
         └─────────────┴─────────────┘
                                   价值度 X
```

图 4.1 人际关系"价值—可控"象限图

四个象限，身边所有人都可归入其中（见图 4.1）。

第一象限：价值度高，可控度低。其对象包括父母、配偶、孩子、领导等。

第二象限：价值度高，可控度高。其对象是指良师益友等，他们可以被选择，且很有价值。走遍大江南北，寻访天下名师，目的就是扩充这个象限中对象的范围。

第三象限：价值度低，可控度低。其对象包括添乱的亲戚，你没法回避这些人，因为你还没出生，他们就在那等着你；也包括无聊的同事，嫌他们烦，但你还要天天面对。

第四象限：价值度低，可控度高。其对象包括狐朋狗友等。他们常拉你去吃喝玩乐，你完全可以拒绝，但他们有很强的吸引力，如果自控能力差，一只无形的手就会把你和他们紧紧攥在一起。

人际同心圆的内环、中环和外环

孔子的"同心圆思想"表述为"修己、安人、安百姓"。提高个人修养，先照顾好身边的人，再照顾好老百姓。孔子认为"安百姓"很难，连尧舜这种圣贤明君都难做到。能做好"安人"就不错了。普通人有多大的能量？"安人"范围是多少？20 世纪 90 年代，英国牛津大学学者邓巴提出

"150 定律",即"邓巴数字":人类的智力允许其拥有稳定社交网络的人数为 148,四舍五入约为 150。

"同心圆思想""150 定律"引出了本书的"人际同心圆模型"(见图 4.2)。人际关系圈层既像大都市的内环、中环、外环,也像一个以"我"为中心的圆形剧场,剧场里共 150 个席位,该怎么安排?大量调查研究得出:内环内有 20 个席位,只能容纳 20 人,其中,含 5 个最重要的人员和 15 个较重要的人员;内环、中环间有 40 个席位;中环、外环间有 90 个席位。处于不同圈层的人对"我"的资源消耗不同,内环内的 20 个人消耗 80%左右;内环、中环间的 40 个人消耗 15%左右;中环、外环间的 90 个人消耗 5%左右。

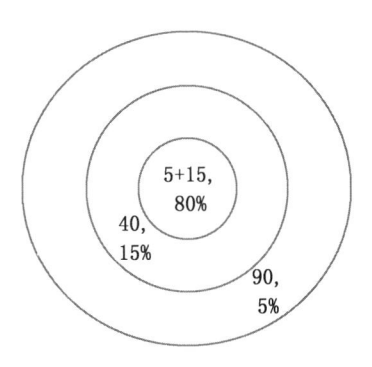

图 4.2 人际同心圆模型

人际关系的重要程度有内心排序和实际排序两种,若两者重叠度高,则说明人生效率高,反之则反。夜深人静时分,请回忆一下,对你非常重要的人有哪些?这些人本应占用你的大部分时间资源、情感资源,但实际上你把时间精力都给了谁?有没有把宝贵的光阴浪费在不值得的人身上?本书中的"诚",即"忠于自我",做到把宝贵的人生资源献给对自己真正重要的人。

一位年轻同学告诉老汤,她按照老汤布置的作业,列出了近一年来处于其同心圆内环的 20 人名单,左边是内心希望的名单,右边是实际的名单。名单列完后,她哭了。在左边的名单中,父母是排在最前面的,然而,右边的名单中却没有父母的名字,因为她有一年多没见到父母了。于是,她拎起包回到老家,给了父母一个惊喜。

平时我们很忙,没时间陪伴父母,可等我们有空了,父母很可能不在了。子欲"陪",而亲不待。我们很忙,没时间教育孩子,可等孩子有空了,巢很可能空了,孩子长大了、飞走了。如果内环内长期见不到父母和孩子的身影,我们是不是要静下来反思:都在忙些什么?忙的目的何在?是否有太多无效的社交?是否让一些不重要的事挤占了宝贵的时间?如果内环人员长期错位,就会造成人生重大的损失、难以弥补的遗憾。

人生剧场的席位安排

不同的人,其经历和世界观各异,同一个人在不同时期,其重要的人际关系排序也会不同。因此,本书只聚焦排序思路,不推荐具体的排序方式。

环内人员决定生活状况

环内人员的构成反映一个人的生活现状,尤其是内环 20 个席位的安排将直接决定其生活质量,甚至体现其人生观和价值观。

当父母在内环以内,说明你在孝顺父母方面做得不错。

当爱人、孩子在内环以内,说明你的家庭生活幸福。

当领导、重要客户在内环以内,说明你在事业上有所收获。

当老师、同学在内环以内,说明你在学业上有所进展。

当狐朋狗友在内环以内,要当心!这段时间你是不是有点放纵?

美国小说家约翰·契弗的《感伤恋歌》中讲述了一个故事。女主人公一向喜欢问题男人,如家暴者、骗子、穷途末路者等。男主人公与她是同乡、普通朋友,在同心圆中处于外环附近。后来,男主人公落魄了,女主人公得知后向他表白,想要进入他的内环。男主对此并不感动,而是惊恐:难道我也成了问题男人?

《陋室铭》是唐代文学家刘禹锡身处逆境时,其生活状态的真实写照。为什么刘禹锡身处陋室,还会"谈笑有鸿儒,往来无白丁"？这就是"吸引力法则"。因为他是"鸿儒",所以才会吸引博学多才的人走进他的环线之内；因为他不是"白丁",所以没有文化、目不识丁的人就无法进入他的环线。

保持剧场内人员的良性流动

人际同心圆就像圆形剧场,只有150个席位,数量有限,该邀请谁入座？这是人生永恒的课题。

同心圆内人员的变化有时是渐变,有时是突变。渐变,即把优秀的人留下,逐渐替换不够优秀的人。你不断进步,优秀者不断地被吸引进入,因此形成良性互动。表面看似波澜不惊,其实,你人生的段位在不断提高。有个成语叫作"登堂入室",它出自《论语》。师生关系也有登堂入室之分。登堂弟子,是指在教室里上大课的学生,老师主要讲知识点,解释普遍问题；入室弟子,是指到老师办公室甚至到家里请教的学生,与老师一对一交流,解答特定问题。只有积极主动,才能从"登堂"到"入室"。不同的人生阶段,圈内人员构成会发生突变；圈内人员的突变,也会让人生处于不同阶段。有些突变是自然形成,比如,从校园到职场,从婚前到婚后；有些突变是主动而为,比如,换工作、换城市。

要平衡好人员变化和稳定的关系。环内人员的变化与年龄相关：年轻时,精力旺盛,要做加法,让人员更替频繁；年老时,精力有限,要做减法,使人员保持稳定。人员的变化要保持动态平衡：内环相对稳定；中环、外环适当流动。要追求良性流动,提高人员质量,不断取得进步,及时与变化的外部世界保持联系；要保持相对稳定,没有稳定的社会关系,生活就会动荡不安。若人员更替频繁,要消耗大量的时间和精力,而且不容易深入了解。正如汉代《古艳歌》所叹："茕（qióng）茕白兔,东走西顾。衣不如新,人不如故。"动荡不安的人就像孤独无助的白兔,东走西看,惊恐不已。"衣不如新,人不如故",体现了对老友的重视和怀念。

和谁深交，怎样深交

子贡问为仁。子曰："工欲善其事，必先利其器。居是邦也，事其大夫之贤者，友其士之仁者。"(《论语·卫灵公》)子贡问怎样做才是仁？孔子答："工欲善其事，必先利其器。"要想砍好柴，先把刀磨快。你到一个地方去工作，先要开展调查研究，分析官员中谁是贤者，选择优秀的领导并为他服务。观察同事中谁是仁者，和人品好的人交友。孔子教导：要先看人品，再去站队，进而深交。茫茫人海，选择和谁深入交往？这是人生重大的课题。首先要内心向善，希望成为贤者、仁者，只有这样才能找到志同道合者，才能与贤者、仁者为伍。诚是关键。

只有用心与人交往，才能把重要人物留在圈内，要避免"重要"却不"重视"。说来简单，做到很难。比如，有的人在重要场合总是看手机，这种习惯既不尊重人，又损失机会。老汤曾主持一个面试，并请面试者共进午餐。用餐时，他们都以为面试结束了，殊不知这是面试的延续。令人大跌眼镜的是，席间有一位面试者基本全程在低头看手机，用完餐才抬起头。此时，老汤微笑着宣布：面试到此全部结束。那人听后傻了。如果他觉得这份工作重要，就应该重视与面试官接触的机会，如果觉得不重要，就不该浪费时间来面试。

很多人在陪孩子、伴侣时，不停地看手机，如果觉得手机上的信息非常重要，可以跟家人解释：稍等，我处理一下。如果不着急处理，那就放下手机好好陪家人，让对方感受到你的重视。老汤的外孙女源源两岁时经常提醒大家：不要看手机，看我！

夫妻之诚

夫妻关系是一切关系之源

夫妇之道至关重要

《易传·序卦传》谈及夫妇之道，其表述清晰："有天地，然后有万物；有万物，然后有男女；有男女，然后有夫妇；有夫妇，然后有父子；有父子，然后有君臣；有君臣，然后有上下；有上下，然后礼义有所错。夫妇之道，不可以不久也。"有了天地，然后才有万物。有了万物，然后才有男女。有了男女，然后才有夫妇。有了夫妇，然后才有父子。有了父子，然后才有君臣。有了君臣，然后才有上下。有了上下，然后才有实施礼义的载体。因此，夫妇之道非常重要。这段话今天读来，依然朗朗上口，像白话文。《易传》是孔老师讲课的笔记，由此可见一斑。孔老师告诉我们：夫妻关系是一切关系之源，是所有关系中最重要的环节，要非常重视这种关系，夫妇之道必须一直传承。

《易传·系辞传》通过解释乾坤、天地的作用，阐述男女、夫妻在家庭中的定位："天尊地卑，乾坤定矣。""乾道成男，坤道成女。"天在上、地在下是乾坤的正确定位。乾坤之道形成了男女特征。天地各安其位，男女合理分工，就会天下太平。孔老师明确表示，天地同样重要，男女都是"君子"："天行健，君子以自强不息；地势坤，君子以厚德载物。"(《易传·象传》)然而，孔子的尊卑思想被后人恶意篡改，天尊地卑、男尊女卑的"尊卑"本指方位的上下、家庭的分工（大小、内外等），结果却演变成"男人尊贵，女人卑贱"。

研读《论语》，我们发现一种现象：孔子虽然对诸多关系都有过论述，如父子、兄弟、朋友、上下级等,但很少谈及夫妻关系。是不是孔子谈过,但没被收录?或者因为那时重男轻女?还好,《易传》对夫妻关系有所论述。研究人际关系,夫妻关系是绕不过去的话题,因此,老汤做了很多功课,小汤也立足于女性的角度,提出了很多建议,希望能在这方面补位。

父系社会机制激发了男性的责任感

人类经历了漫长的母系社会。原始人,如肯尼亚"千禧人",距今600多万年。早期智人,如"北京人",距今70万～20万年前,过着群居生活。晚期智人,如中国"山顶洞人",出现在3万年前,这一时期有两个重要标志:人工取火和氏族时代。氏族时代是母系社会,"姓、氏"都与母亲有关,是母系社会的产物。姓＝女＋生。某地人太多,一个女性带着她的孩子们到别处定居,这个分支就叫作"氏"。在人类漫长的发展进程中,女性一直占据重要地位。

人类何时开启父系社会?没有明确记载。大约8 000多年前,在伏羲的带领下,中国进入父系社会。("伏羲""父系"发音很像)从此,女性把C位让给男性,人类社会进入父权时代,孩子随父姓,"女尊男卑"演变成"男尊女卑"。

母系社会的特征是家庭以母亲为中心,只知其母,不知其父。这会导致什么社会现象?男性责任感下降,没有目标,人生不知该为谁、为何而奋斗。进入父系社会,情况发生巨变,以男性为中心建立家庭,既知其母,又知其父,促使父亲的责任感大大增强。同时,母亲为儿女奉献的天性也不会减弱。全社会的人力资源得到极大发挥。父系社会的出现还有一个客观原因:人类进入农耕时代,生活变得相对稳定,体力是核心竞争力,因此,男性优势凸显。

其实,女性才是父系社会的受益者。老汤甚至妄加猜测:这个机制设计就是女性主导的,经过几万年的思考,女性主动把权利让渡给男性。老汤是从女孩子拧不开瓶盖时,突然发现了这个秘密。女孩真的拧不开瓶盖吗?也许不是。男孩知道吗?也许知道。男孩帮女孩拧瓶盖时开心吗?开心。责任感和保护欲是男人与生俱来的。

有些女生抱怨,老公结婚后就不关心自己了。女同胞们,有没有可能是你变了?变得什么事都能做了,拧不开瓶盖的你,居然能把一大桶水从一楼扛到六楼。结婚前,你怕蟑螂,结婚后,老公怕蟑螂,于是,你打蟑螂。结论是什么?家里有些事你不要去干,即使能干也不要干,你要继续拧不开瓶盖,继续怕蟑螂。

在数字化时代,人工智能技术不断发展和普及,体力的重要性日益下降。以前,丈夫的家庭职责之一是买米,家里没米时,丈夫的重要性凸显,扛着一大袋米爬上楼,满头大汗,妻子一边给丈夫擦汗一边夸:老公真棒!老公辛苦!丈夫就会谦虚但略带自豪地说:没什么!这是男人应该做的。后来,人们住进电梯房,扛米的形象逐渐远去。现在,老婆一个电话,米就送到了家。

现代社会,女性的发展空间越来越大,也越来越辛苦:既要主内,又要主外。责任心是家庭和睦的重要元素。如果男性不尽为人父、为人夫的责任,不能真诚对待家人,女性就会质疑:男人那么不靠谱,我为什么要结婚生子?当这类情绪蔓延开来,这个族群是不是就岌岌可危了?

真诚付出成就了中国的"贤妻良母"

中国传统社会是由父权主导的"家天下",但维系家庭的却是母亲、妻子。"安",宝盖头下面一个"女",家里有女主人,就安定、平安了。

中国历史上有许多伟大的母亲,比如孔母、孟母、岳母(岳飞妈妈)。孔母很可怜,丈夫早逝,她辛苦把孩子拉扯大,还没享到儿子的福就离世了。孔母很了不起,她一步到位,直接把儿子送到首都的"学区房"。孟子也是早年丧父,家境贫寒,但孟母重视儿子的教育,"孟母三迁"的故事家喻户晓,"断织喻学""杀豚不欺子"等教子故事也令人震撼。"岳母刺字"感动了一代代中国人,因为她在丈夫早逝、家庭条件艰苦的环境下,培养出了尽忠报国的儿子。

南怀瑾先生感慨:"中国文化中,维持传统的家族人伦之道的,都是历代中国妇女牺牲自我的成果,是母德的伟大,不是男士们的功劳。母教,才是天下文化教育的大教化事业。大至国家、民族,小至儿女,没有优良传统、贤妻良母的教育基础,那就什么都免谈了!"贤妻良母文化至关重要! 这是中华民族兴旺之源。

《增广贤文》说:"妻贤夫祸少。"妻子贤淑能让丈夫减少很多祸患。丈夫脾气暴躁,贤良的妻子会让他冷静,否则会火上浇油;丈夫贪念初起,贤良的妻子会警钟长鸣,否则会加速贪腐。贤妻对丈夫的事业发展帮助巨大。比如,中国皇后中有著名的贤妻:朱元璋的马皇后、李世民的长孙皇后、刘秀的阴丽华等。

贤妻还有一个重要特点,就是坚定地支持丈夫。好孩子是夸出来的,好男人也一样,真诚的夸奖与支持能给男人巨大的力量。安徒生童话《老头子做的事总是对的》,描述了一个精彩的"贤妻夸夫"故事。一位农夫想用家中的一匹马换更有用的东西,他问太太需要什么,太太说:你换回什么,我就要什么,你做事总不会错。一大早,农妇吻别了丈夫。毫无从商经验的农夫,先用一匹马换了一头牛,又换了一只羊,再换了一只鸡,最后竟然换了一袋烂苹果。农夫偶遇两个商人,听了农夫的奇葩经历,商人哈哈大笑:你老婆一定会责备你。农夫说:老婆很信任我,会给我一个吻。商人不信并打赌,如果农夫太太不生气,还给他一个吻,他俩就输给他一袋金币。三人一同回到家,农妇认真听完丈夫的交换过程,接过苹果说:亲爱的,我们现在正需要一袋苹果,你做事总不会错!她还吻了丈夫。商人目瞪口呆,心悦诚服地把金币交给农夫。这个童话似乎有个漏洞,违背了打赌的对等原则:商人输了给金币,农夫输了给什么?细品才明白:这不是打赌,而是上天派商人去送金币,如果农夫太太贤良、真诚,就送出金币,如果不是,将金币收走。

不少人把这个童话当作笑话,其实,类似现象就发生在老汤身上。20 世纪 90 年代初,老汤离开政府机关下海,丢掉金饭碗,去到陌生的、充满不确定性的领域。太太没有反对而是鼓励:"我对你有信心!"毫无从商经验的老汤,一下海就被呛得奄奄一息:借了十万元,一年不到就亏了七万八千元,那时,老汤每月工资才90多元。太太没吵没闹,还安慰道:"我们慢慢还,我对你有信心!"老汤锲而不舍,最终扭亏为盈。就在公司鼎盛之时,老汤却离开家乡,开始"沪漂"。太太没责备,还辞去食品总公司财务科长的"肥差",义无反顾地陪老汤闯上海。太太是不是像极了那个农妇?西方童话在东方世界真实再现。看着老汤一次次失败,她没有责备,却总是说:"我相信你!"从而强化了老汤的责任心,给予老汤不断前进的动力。老汤告诫自己:要送给她一袋袋"人生的金币"。

"女子难养"的争议

灰头土脸的孔老师

孔子有系统的为人处世理论,但是,怎样处理好夫妻关系?他从没谈过。一部《论语》洋洋万字,很少提及女性,但有两处记载,把孔老师搞得灰头土脸。

一处是"子见南子事件"。南子是卫灵公夫人,其名声不太好。《论语·雍也》记载:子见南子,子路不说。夫子矢之曰:"予所否者,天厌之!天厌之!"孔子应邀去见南子,子路不开心了。老师回家时,性格耿直的子路堵在门口质问:怎么能去见这种女人?孔子对天发誓:我做了什么不正当的事,天打雷劈!天打雷劈!

另一处就是著名的"女子难养事件"。子曰:"唯女子与小人为难养也。近之则不孙,远之则怨。"(《论语·阳货》)孔子说:与女子和小人的关系最难处理。走近了,他们会轻佻不敬;疏远了,他们会抱怨生气。这事影响很大,令孔老师狼狈不堪。很多女生因此耿耿于怀,给孔老师差评。有些男生读到这句更是一脸坏笑。这的确令人百思不得其解,如此突兀的一句话出现在《阳货》快结尾处,没有任何铺垫,不做任何解释。孔子怎么会突然冒出一句无厘头的话呢?我们来把这事理一理。

现在"小人"和"养"通常含贬义,先秦时,其含义为中性。小人,并不只是指卑贱之人,更多的是与大人、君子相对应:小人常指普通民众,大人、君子常指有位之人。例如,《孟子·滕文公上》中,"有大人之事,有小人之事。"大人指当政者,小人指民众。"其君子实玄黄于篚(fěi)以迎其君子,其小人箪食壶浆以迎其小人。"这句描写周王实施仁政,大军所到之处,官吏用精美的盒子装满黑色、黄色的绸缎迎接军官,民众抬着饭筐、提着酒壶迎接士兵。君子指官员、军官,小人指民众、士兵。养,也不只是指低层次的喂养、包养,其含义偏褒义,即培养、教养、养育等。例如,孟子说:"我善养吾浩然之气。"(《孟子·公孙丑》)我善于养护自己的浩然正气。养,是指修心养性。孟子告诫,别站在道德制高点教训人,要用善行熏陶人:"以善服人者,未有能服人者也;以善养人,然后能服天下。天下不心服而王者,未之有也。"(《孟子·离娄下》)用善言去说教,很难劝服人。用善行来培养人、影响人,才能让天下归服。不让天下心悦诚服,却能治理好天下,是从来没有过的。养,是指教育培养。

有一件事令我们困惑。《论语》中,孔子和儿子同框过,也记录了孔子将女儿嫁给公冶长、将侄女嫁给南容。然而,从未提及师母。老汤推测:孔老师夫妻生活可能不幸福,师母可能老和他吵架。一天早上,孔老师被师母骂,同学们都到齐了,要上课了,老师还没从沮丧的情绪中走出来。他拿出笔记本电脑,打开 PPT,刚好系统有点卡。等待的时候,有点无聊,他叹了口气,摇了摇头,随口说出那句有争议的话,大家都听到了,就记下了,并编入《论语》,后来就传开了。孔老师当时说的"女子"是指谁?是师母,还是所有女性?无从考证。"小人""养"是褒义、贬义、中性?无法知晓。老汤曾为孔子辩解,找了很多理由,都难自圆其说。后来,老汤想明白了,孔子虽是圣人,但不是神,既然是人,就会有烦恼、不如意。一个男老师和一群男同学讲了一个段子而已,外人何必"庸人自扰之"?反过来,老汤不站在孔老师的角度争辩,而站在孔师母的视角分析,结果看到了一个不同的世界。于是,老汤隔空喊话:女子难养,孔老师有责任。即使伟大如孔子,也未必能处理好夫妻关系。由此可见,夫妻关系管理是一个历史遗留问题,是个大难题。

孔师母为什么生气

历史上对孔师母的记载很少，从《孔子家语》中得知，孔子"至十九岁娶于宋之丌官氏"。孔老师19岁结婚，师母复姓丌（qí）官，是宋国人。当时，人们的平均年龄只有三十多岁，大多十三四岁就结婚了，孔老师应属大龄剩男。师母为孔子生了一儿一女，她在孔子67岁那年去世。虽然我们没有听过也无法听到师母的争辩，但从孔子的生活习惯可以看出，他对生活细节的要求很高。《论语·乡党》对此有详细记载。

首先，孔老师"食不语，寝不言。"吃饭时，不交谈；睡觉时，不说话。老师一直很忙，要么上班，要么上课，本来就没空和师母在一起，好不容易在一起，也就是吃饭和睡觉。吃饭时不交谈，睡觉时连话都不说，师母怎么和您沟通呀？

其次，孔老师吃东西特别讲究："食不厌精，脍不厌细。食饐（yì）而餲（ài），鱼馁而肉败，不食。色恶，不食。臭恶，不食。失饪，不食。不时，不食。割不正，不食。不得其酱，不食。"主食最好做得精致，鱼肉尽量切得细薄。饭菜放久变味，鱼肉腐烂了，不吃！颜色难看，不吃！气味不好，不吃！这都可以理解，接下来的问题就复杂了：烹饪的火候不到，不吃！不是时令菜，不吃！最让师母无法忍受的是，孔老师对刀工的要求特别苛刻：肉切得不方正，不吃！配料不合适，不吃！这饭还怎么做？师母不啰唆、不生气，才怪呢！

孔老师带上学生出国十四年，把老婆孩子留在家里。那时，既没有电子邮件，也不能微信视频，师母过世时，孔老师还在卫国。那时，交通不便，十四年间，不知师母是否与孔子见过面？即使偶尔相见，设想一下，师母的第一反应是什么？会如爱情肥皂剧般浪漫吗？扑过去拥抱："亲爱的，我想死你了！"不可能！很可能是喜极而泣："这么多年，你到哪儿去了？让我守活寡啊！"多年的委屈，一定如滔滔江水，绵绵不绝。孔老师不熟悉女性心理学，摇头叹气："女子，难养也！"老公不在家，你又想念；老公回家了，你又要骂。

夫妻相处要的是"诚",发自内心的尊重、关爱,而不是"礼"。若夫妻间过于讲礼,就少了很多情趣,各种讲究,繁文缛节,就是迂腐。真诚的关心和问候,对伴侣的工作、生活等话题表示出兴趣,才能促进夫妻关系,而不是冷冰冰地执行"食不语,寝不言"等各种规矩,更不能把伴侣当作保姆,甚至是诸多挑剔。

夫妻之间要"造神"

夫妻往往是人生中相伴最久的人

诚是维持良好夫妻关系的基础,只有发自内心爱伴侣,夫妻之间的感情才可能好,这种爱甚至无关激情。人生就像一趟远行的列车,中途不断有人上上下下,不会有人从起点陪同我们到终点。因此,要珍惜亲朋好友,珍惜与父母、孩子在一起的时光,更要珍惜那位陪同我们时间最长、可能相伴到终点的人:爱人。夫妻为什么叫作"伴侣"?人生之旅相伴最久的人。

伴侣是幸福生活的关键,对伴侣刻薄会严重降低生活质量。其实,在所有关系的维护中,维护好夫妻关系是最有价值的。

有些人把全部精力都放在孩子身上,老汤表示不赞同,这不是要挑拨父母和孩子的关系。老汤有个晚辈生了儿子,家人都很开心,亲朋好友纷纷前来祝贺,只有老汤微笑着一言不发。她感到很诧异:您不说点什么吗?老汤说:好吧!先是祝贺,后要提醒。未来,不要把时间都花在别人的老公身上,而忽视了自己的老公。她惊讶地张大了嘴。老汤补充道:儿子终将是别人的老公。

有些女生婚前很有魅力,生了孩子后就完全忽略"修身",内外兼不修,注意力全都放在孩子身上,忽略了自己,忽视了丈夫。其实,这个时候老公容易出状况,很多问题常常在这段时间发生。当然,我们也要提醒男生:你是否有担当?其品质如何,就在这时充分体现。

"造神"效应

中国古代有两个奇特的选郎习俗:"比武招亲""抛绣球定亲"。前者可以理解:好中选优;后者感觉不妥:风险太大。其实,"抛绣球"是小范围的,没吃瓜群众什么事,不像影视剧里那种,楼下站着一群人,绣球抛下来,砸中谁就是谁,那是胡扯。候选人都是经过反复筛选的,都很优秀,家长眼都挑花了,算了,不挑了,让老天来决定吧。这事现在也会发生:一个女生有五个男生追求,他们都很优秀。怎么办?在五张纸片上各写上男生的名字,拧成团,口中念念有词:"天灵灵!地灵灵!"往空中一抛,捡起一个:"就你了!"这就是新时代的"抛绣球定亲"。当然,这种行为不提倡。婚姻大事,婚前要睁大眼,婚后要睁一只眼闭一只眼。婚姻不是儿戏,你只能选一个。婚前要认真比较,精挑细选。婚后就不能随便分了,成本极高。人无完人,夫妻相处要多加宽容,别太挑剔。

道观、寺庙里的神像大部分是用石、木、泥做的,甚至还有草扎的。透过现象看本质,神像不就是一块石头、一根木头、一堆泥巴、一团茅草吗?为什么人们会去跪拜、祈求?当它作为一尊神放在这里时,还是普通的材料吗?不,它就是具象化的信仰。

人们既然可以将一块木头造成神像,顶礼膜拜,为什么不把身边活生生的人,送上神坛呢?因此,不仅要宽容,还要会"造神",而且要信神,在神面前我们不敢打妄语。当我们真诚地把这个人送上神坛后,就能长久地欣赏、关注,就会不断地为之奋斗。

"相互造神"

不仅要造神,而且要相互造神。怎样"相互造神"呢?接下来,分享老汤的故事。

老汤的太太在娘家是个娇娇女,不会做饭。当然,老汤也不会。谈恋爱时,太太给老汤烧了一个菜:油煎豆腐。端上桌,居然一面烧焦,另一面没熟。老汤咬了一口,下意识的反应是好苦!但理智马上提醒:不可以！于是，他捏着鼻子咽了下去。太太紧张地望着老汤：亲爱的，怎么样？老汤说：好吃！非常好吃！有人批评老汤：忽悠女朋友嘛！明明是苦的，还说好吃。老汤是真诚的，嘴里是苦的，但心里是甜的：老婆从没做过饭，第一次为自己烧菜，我还挑剔什么？她第二次就有进步，第三次就更好了。通过造神，老汤让不会做菜的太太，变成了"高级厨师"，她的厨艺得到超常发挥。老汤经常邀请朋友到家里吃饭，家宴是最高待遇，何况太太亲自下厨。老汤既能结交朋友，也让大家饱了口福。

这只是雕虫小技，其实太太才是高手。一天中午，老汤接到了小汤电话，她在纽约大学读书，那边已是深夜。她叫了一声"爸爸"就哭起来了，老汤吓坏了，连声说："女儿，别哭，怎么了？"她说："我好幸福。"老汤啼笑皆非："那你哭什么？"她说："我今天和一个同学吃晚饭。""吃个饭怎么把你弄哭了？""她好可怜，家庭中出现了第三者。""哦！""爸爸，我好幸福，你这么优秀、这么顾家、这么专情。我好感动！"老汤瞬间石化了：老婆太厉害了！太智慧了！太会造神了！她在孩子面前树立了父亲的形象：爸爸辛苦，爸爸优秀。在女儿心中父亲很完美，这促使老汤严格规范自己的言行举止，不能破坏形象。就这样，老汤被太太一步一步送上"神坛"。

人在神坛上是不舒服的，因为不能犯错误。在女儿面前，老汤别说犯大错，小错都要注意，处处小心谨慎。女儿读小学时，老汤开车送她上学，遇到一个黄灯，油门一踩就冲过去了。女儿认真地说："爸爸，这是黄灯，不能闯。"老汤说："没关系，早上没人。"女儿严肃地说："爸爸，你不是说越是没人的时候就越体现一个人的素质吗？"于是，老汤赶紧认错，下不为例。

造神，真诚地树立爱人在孩子心目中的形象，是"管理"爱人的有效手段。相互造神，效果更佳，这叫作"阳谋"。兵法中，对待阴谋，可以见招拆招，面对阳谋，常常令人心服口服。

交友之诚

孔子的"无友不如己"

如何理解"无友不如己"

交友之道是人际关系理论中重要的组成部分。应该和什么水平的人交友：不如自己的、和自己差不多的、比自己强的？或者朋友应该多元，三种都要？

"好为人师"是人的通病。总是居高临下指导别人，而不是谦虚谨慎向他人学习，结果会导致只有输出，没有输入，人就会走下坡路。孟子旗帜鲜明地反对好为人师，认为这是做人的一大祸患："人之患，在好为人师。"(《孟子·离娄上》)人在潜意识里喜欢和能力与自己差不多或比自己差一些的人交朋友，这样毫无压力，还可以在某些方面体现优越感，增强自信心。问题是参照目标太低，自己怎么进步？

孔子说："主忠信，毋友不如己者，过则勿惮改。"(《论语·子罕》)做事以忠信为主，朋友要比我优秀，犯错就勇于改正。对"无友不如己"的理解众说纷纭。朱熹的注解是："友所以辅仁，不如己，则无益而有损。"(《四书章句集注》)朋友，主要是用来帮助我培养仁德的，如果不如我，不仅无益，而且有损。因此，别和不如自己的人交朋友。这个观点被广泛认可，也深受质疑：如果大家都持同样的观点，想和比自己强的人交友，不和比自己弱的甚至水平相当的人交友，结果谁都交不到朋友，就会进入人际交往死循环，成为交友悖论。南怀瑾也对朱熹的观点表示反对，他认为，"无友不如己"应理解为：没有一个朋友是不如我的。是朋友，能进到我的圈子，和我关系好，就有比我强的地方。

朱熹和南怀瑾的观点都有可取之处,老汤建议:交友标准用朱子的,交友实操听南师的。就像女生找男朋友,恋爱前,可以有美好的想象,寻觅心中的白马王子;恋爱时,面对现实,人无完人,不要苛求。

选择朋友时,应该高标准、严要求。友,不仅要能力出众,而且要品德高尚。孔子倡导向优秀者学习,不断提升自己:"见贤思齐。"(《论语·里仁》)看到贤良之人,就想向他看齐。和朋友交往,不能太苛刻,否则会没朋友。每个人都有缺点,只盯别人短处,就学不到东西;每个人都有优点,学习他人长处,自己才会进步。孔子说:"三人行,必有我师焉。择其善者而从之,其不善者而改之。"(《论语·述而》)几个人同行,必有我的老师。孔子非常肯定,而且补充说明:发现他的优点就向他学习,迎头赶上;看到他的缺点就反省自己,有则改之。《道德经》说:"善人者,不善人之师;不善人者,善人之资。"优秀的人可成为不优秀者的老师;不优秀的人可作为优秀者的借鉴。优秀者和不优秀者可互为师资。因此,我要认真观察,虚心学习。当然,自己也要有核心能力,有与众不同之处,有吸引人的长处,否则,别人就不和我玩了。

钱穆说,"无友不如己"的"如"可以理解为"似"。因此,交友的标准就变成了志同道合。老汤认为,"如己"既是"比我强",也是"与我相似",就像数学公式里的"≥"。因此,交友的标准就更高了:好友的能力要比我强,水平要比我高,我俩还要志同道合。

怎样实现高标准的"无友不如己"?真诚拜师是进入高层次、志同道合朋友圈的有效方法。孔子是万世师表,传下一个重要的教育理念:"有教无类。"(《论语·卫灵公》)老师不能挑学生,要尽量把各种学生都教好。因此,一位合格的老师,不会拒绝诚心拜师的学生。这就为普通人打开了求知之门,提供了向上的通道,也可以让整个社会的文化水平得到提高。当然,拜在高人门下,做了他的学生,并不能马上进入他的圈层,还要不断努力学习,提高自己,得到老师认可。这样其水平慢慢接近老师,甚至有些地方超过老师。先师后友,亦师亦友,这样才能真正进入他的圈内。

"程门立雪"是关于真诚拜师的佳话。北宋的一个冬天,杨时、游酢(zuò)去拜程颐为师,得知老师正在打坐,他们便在门口等候。天空下起鹅毛大雪,他俩仍然站在雪中。程颐下坐,邀请他们进入,这时积雪近尺。为什么等那么久?是不是程颐考验二人的诚意?不得而知。结果是他俩后来都成为程颐的"四大弟子"之一,进入程老师的"内环",颇有建树,青史留名。

子夏与子张的偏颇

孔子去世后,其得意门生子夏和子张继承了老师的事业,从事教育。子夏有个学生问过他关于交友的问题,可能对子夏的回答不理解或不认同,他又去问子张。子夏之门人问交于子张。子张曰:"子夏云何?"对曰:"子夏曰:'可者与之,其不可者拒之。'"子张曰:"异乎吾所闻。君子尊贤而容众,嘉善而矜不能。我之大贤与,于人何所不容?我之不贤与,人将拒我,如之何其拒人也?"(《论语·子张》)子夏的学生请教子张:应该与什么人交往?子张多了个心眼,觉得他们师生应该探讨过这个问题,反问道:子夏怎么说?答:子夏说,值得交往的人就与他交往,不值得交往的人就拒绝与他交往。子张说:我记得老师不是这样教导的呀!君子既要尊重贤者,也能宽容众人;既要嘉奖好人,也能体谅常人;既要表扬先进,也要帮助后进。我是一个大贤者,有什么人不能宽容呢?我不是贤良之辈,按子夏的观点,别人早就把我拒了,我哪有机会拒绝别人?

这两种观点似乎截然相反。子夏说:要与高水平的人交友,别和低水平的人接触。子张说:两种人都要接触,不然,比你优秀的人也不会理会你。两人的观点又似乎都有道理。子夏的依据是孔子反复强调"无友不如己",别和不如自己的人交友;子张的依据是孔子说过"泛爱众",要广泛地爱一切民众,要有大爱。两人都以老师的理论为依据,为何却得出相互矛盾的结论?老汤仔细研究后发现:孔子这两句话讲的是两个话题,情况不相同,语境也不一样。孔子的言论经常被人断章取义,用来佐证各种结论,甚至荒谬引申。

子夏把"无友不如己"演绎成"可者与之,其不可者拒之",那就不妥了,有失孔门弟子温文尔雅的风范,因此被子张抓住破绽。

子张偷换概念:把交友与"容众"混为一谈。交友和"容众"并不是一回事,与孔子的"泛爱众"差别更大。交友是和人深度交流,我认同你是朋友,你也认同我是朋友,这才叫作交友。容众、泛爱众是对大家都好,阳光普照,就像老师关心学生、领导关怀员工,但不必和每个人都交朋友。施爱者不需要得到受爱者的回报:我爱你们,宽待众人,你们可以爱我,也可以不爱,可以接受我,也可以不接受,不影响我博大的胸怀。交友是一种双向、平等、互动的行为。泛爱众可以是单向的,不与受爱者互动,甚至是居高临下的。就像我们沐浴着太阳的光辉,我们回报太阳了吗?与太阳互动了吗?因此,不是每个人都能泛爱众。什么人可以?能量巨大者。

从"热力学第二定律"悟孔子的"泛爱众"

生活中的"热力学第二定律"

什么是"热力学第二定律"?开尔文的表述更学术:不可能从单一热源取热,使之完全转换为有用的功,而不产生其他影响。克劳修斯的表述更通俗:热量不能自发地从低温物体转移到高温物体。两块铁,一块温度高,另一块温度低,将它们放在一起,在正常情况下,能量会从高温物体传递到低温物体。结果是低温的铁温度会逐渐升高,高温的铁温度会慢慢降低。高温物体要保持温度不降,必须补充能量。

人生亦然。既要有帮人的意愿,还要有帮人的能力。做一块高温铁是不够的,让低温者升温,自己却降温了。要不断补充能量,才能持续给周围提供热量。我们要不断学习,提高自己,才能有持续强大的心理能量,才可以不断感染周围的人。尤其是领导,必须是一团不断燃烧的火焰,才能点燃下属的热情。

老汤经常讲"热力学第二定律"在教学生涯中的运用。上课,是一个需要脑力和体力双重打拼的事业。因此,他每天"闻鸡起舞",五点多起床,读书学习。城区不能养鸡,怎么办? 手机闹钟。寒冬腊月,离开温暖的被窝很不舒服,闹钟响起后的五分钟里他的内心很挣扎、很痛苦。但是,起来了就起来了,起不来就起不来。他常常告诫自己:"人生的差别就在这五分钟。"胜利,不是打败对手,人生哪有那么多对手? 一次次战胜那个明知不好的自己,就是从胜利走向胜利。因此,他坚持每天跑10公里。课堂上,他总是站着上课,甚至满场跑,目的是与听众进行眼神交流,要让气场充满整个教室,让最后一排的同学也能感受到。什么是气场? 它就是一种能量场。我要吸引你,先要向你发射能量。同学们听了老汤的课,是不是有点触动? 是不是感受到他的激情? 然后,他的能量被消耗,晚上回到家会感觉很累,连续上课还会筋疲力尽,这就是能量守恒定律。老汤反对把老师比喻成蜡烛,照亮了别人,燃尽了自己,要做一团不断燃烧的火焰! 他坚持跑步还有一个原因,那就是小汤的"忽悠",她说:"老爸,你不是要传播中华优秀传统文化吗? 如果你到了100岁还能传播,你往台上一站,还没有开口,你就是中华优秀传统文化。"家有小棉袄,温暖是温暖,但也有麻烦,会让老爸不断奔跑。

责任与能量匹配:"盆湖海"之思

即使火焰再大,也只能温暖有限的空间。伟大的孔子也认为个人力量是有限的。子贡曰:"如有博施于民而能济众,何如? 可谓仁乎?"子曰:"何事于仁,必也圣乎! 尧、舜其犹病诸!"(《论语·雍也》)子贡是个大企业家,乐善好施,豪气冲天。有一次,他有点得意地问老师:如果能做到广泛施舍、救济民众,这可以称为仁吧? 言下之意,我如果把钱都分给大家,这可以算作仁吧? 孔子用肯定的方式否定:何止是仁? 必定是圣吧! 连尧、舜这种圣贤都无能为力! 换言之,你要把钱分给众人,钱再多也不够分。你要广博地施舍民众,想让每个角落都阳光普照,连太阳都做不到。因此,孔子说"泛爱众",而不是"博施于民而能济众"。你可以爱大家,但无法接济每一个人。

怎样把握"泛爱众"的分寸？要掌握责任与能量匹配的原则。

老汤有一个人生感悟："盆湖海"之思。帮助他人，适可而止，即使帮好朋友，也要量力而行。一天，一位学友问：朋友老在我面前诉苦、抱怨。本来好好的心情，被他搞得很糟。请问，我该如何应对？老汤回答：一块脏抹布会污染一盆清水，但是，对一湖清水却影响不大。而大海，能将许许多多块脏抹布洗干净，可以荡涤一切污泥浊水。当然，不能往里面大量排放核污染废水，否则，太平洋也扛不住。

常人的心境像一盆清水，贤人的心境像一湖清水，圣人的心境像汪洋大海。

当生活中遭遇"负能量"，先评估自己的心理能量：我只是一盆水，还是一湖水？我有没有大海般博大的胸怀？如果我是常人，远离它；如果我是贤人，包容它；如果我是圣人，感化它。先分析自己，再量力而行。

因此，我们在交友过程中要评估自己，有多大的心理能量，就担负多大的社会责任。如果能量不足，最好多和正能量的人在一起。当然，我们要不断学习，以提升自己的能量，做一个对社会、对他人有贡献的人。只有具有佛的胸襟和法力，才能普度众生。

孔子论交友之诚：朋友对自己影响很大

结交益友，远离损友

朋友应该对自己有益，朋友之间的能力应该相互匹配。曾子说："君子以文会友，以友辅仁。"（《论语·颜渊》）君子通过学问来交友，交友的目的是让彼此变得更仁。这个"文"，可以是文章、文化，也可理解为文采。我拿出阳光灿烂的一面去交友，朋友也向我展示阳光灿烂的一面，我们交相辉映。

朋友和兄弟不一样。孔子告诫："朋友切切偲偲，兄弟怡怡。"（《论语·子路》）朋友应严格要求，兄弟要和睦相处。为什么不能倒过来？因为同胞兄弟不能选择,所以不能要求太苛刻,有缺点只能教育、开导、包容。兄弟朝夕相处,一直端着,累不累?朋友就不一样,话不投机半句多,不好可以换。朋友难得在一起,所以要把优秀、善良的一面展示给对方。短期相处还丑态百出,长此以往,定会污水泛滥。孔子换个角度提醒大家:要给朋友展现自己良好的一面。

孔子说:"益者三友,损者三友。友直,友谅,友多闻,益矣。友便辟,友善柔,友便佞,损矣。"(《论语·季氏》)有益的朋友具备三大优点,有害的朋友存在三大问题。直言不讳、诚挚宽容、知识广博就是益友,刚愎自用、曲意逢迎、巧辩无术就是损友。判别益友、损友的原则性要求、重要标准就是真诚。真诚就会诚挚宽容,不诚就会刚愎自用;真诚就会直言不讳,不诚就会曲意逢迎;真诚是真的知识广博,不诚是不懂装懂还要诡辩。多交益友,会提高人生的质量。要远离损友,一旦发现,赶紧止损,不能再为其浪费时间和情感,他们会伤你于无形。

据有关部门统计,每年因鹿死伤的人数远大于被熊伤害的人数。鹿那么温顺,熊那么凶狠,这是为什么呀?因为鹿的数量众多,每年都会发生大量汽车撞鹿事件。生活中,我们碰到恶棍的机会其实不多,因此,被恶棍伤害的可能性很小。然而,我们天天与熟悉的人接触,朋友比恶棍多得多,被朋友伤害的概率反而很大,许多都是无意的冲撞。既要对此用心,也要彼此当心。

朋友的影响潜移默化

中国有两部很有名的家书:《孔子家语》《颜氏家训》,它们都对"交友"作了训诫。孔子曰:"与善人居,如入芝兰之室,久而不闻其香,即与之化矣;与不善人居,如入鲍鱼之肆,久而不闻其臭,亦与之化矣。丹之所藏者赤,漆之所藏者黑,是以君子必慎其所处者焉。"颜氏曰:"是以与善人居,如入芝兰之室,久而自芳也;与恶人居,如入鲍鱼之肆,久而自臭也。墨翟悲于染丝,是之谓矣。君子必慎交游焉。"这两部家书对"与善人交往的好处、与恶人交往的坏处"表述相似,内容通俗易懂。它们表达了共同的观点：朋友对自己的影响潜移默化。与优秀的人在一起，久而久之，也会不知不觉地变得优秀；与不善的人在一起，久而久之，就会不知不觉变得不善。在芝兰屋里待久了，习惯了，就不会觉得香，但身体会充满芬芳；在咸鱼摊边待久了，适应了，就不会闻到臭，但身上会散发臭气。装朱砂的地方会被染红，装乌漆的地方会变黑。墨子感慨：一块白布染黑后，就再也洗不白了。两位先哲都明确要求后代做君子，亲近好人、远离坏人。颜之推说："君子必慎交游焉。"不要和坏人一起玩。孔子要求更严格："君子必慎其所处者焉。"要选择一个良好的环境。

良好的环境对孩子的成长尤为重要，因为孩子的世界观不确定。学好不容易，学坏很轻松。攀登比下坡更累，克服地心引力很辛苦。《国语》说："从善如登，从恶如崩。"学好就像登山般艰辛，学坏会像崩塌般迅速。罗振宇讲过一个故事，一对心理学家夫妇，将一只小猩猩和自己年幼的儿子放在一起养，目的是想观察猩猩能不能学习人的行为。可不到一年，他们赶紧终止实验，因为猩猩没什么变化，儿子的行为却越来越像猩猩。因此，孟母要"三迁"，把家从墓地旁搬到闹市旁，再搬到学区，为小孟轲创造一个好的学习环境。老汤离开熟悉的家乡，来到陌生的上海，有一个重要原因，就是为小汤提供更好的环境和平台。不仅是孩子，普通人也要"里仁"，与有仁德的人做邻居，为什么？因为普通人的世界观不稳定，容易受影响，因此，要选一个良好的生活环境。

像孔子这种圣人，住哪里都无所谓，他甚至要去偏远的地方传播文化。子欲居九夷。或曰："陋，如之何？"子曰："君子居之，何陋之有？"（《论语·子罕》）孔子要到少数民族聚集地区九夷去定居。有人劝阻："那种地方信息太闭塞、太落后，去那干吗？"孔子回答："有君子过去居住，怎么还会闭塞、落后呢？"孔子揭示了影响与被影响的关系：是别人影响你，还是你影响别人？君子很有定力，不受环境影响，住哪里都可以。君子还可以影响环境。偏远的棚户区，简陋闭塞，房价很低，但君子入住后，房价立涨。

对于极端情况,孔子都信心满满。反叛军头目邀请孔子加盟,孔子想去,子路反对:老师不是教育我们别与坏人为伍吗?您怎么能加入?这不是同流合污吗?孔子认为,自己可以影响叛军,而不会被他们影响:"不曰坚乎?磨而不磷;不曰白乎?涅而不缁。"(《论语·阳货》)孔子就像一块高强度的白玉,磨不薄、染不黑。

真诚待人方能收获真诚

孔子大力倡导真诚,讨厌虚伪,他说:"巧言、令色、足恭,左丘明耻之,丘亦耻之。匿怨而友其人,左丘明耻之,丘亦耻之。"(《论语·公冶长》)花言巧语、表面和气、过分恭维,左丘明讨厌这种人,我孔丘也讨厌这种人。内心怨恨某人,却表现得对他很友好,左丘明讨厌这种人,我孔丘也讨厌这种人。

对孔子这个教导遵循得最好的,当属魏晋时期"竹林七贤"之一的嵇康。嵇康旗帜鲜明、立场坚定,不与司马集团合作。"竹林七贤"的山涛,字巨源,是司马懿夫人的表弟,当司马师、司马昭恳请:表舅,出来帮个忙呗!把您那些好兄弟一起叫来。山涛怎么好拒绝?于是出山做了大官,并举荐一起在竹林里把酒临风的嵇康。好一个嵇康,对高官厚禄不屑一顾也就算了,还勃然大怒,与山涛断交。"道不同不相为谋"也就算了,居然还发布了一封公开信,即著名的《与山巨源绝交书》,引来一片点赞声,搞得统治者下不了台。司马昭很生气,找借口把嵇康杀了。本来故事到此结束,可让人诧异的是,临终前,嵇康没把10岁的儿子嵇绍托付给哥哥或其他亲朋好友,而是托付给他大张旗鼓绝交的山涛。山涛也不负重托,把嵇绍培养成才,于是,有了典故"嵇绍不孤"。

做真实的自己,这是中国的名士风范。嵇康与山涛断交,坦坦荡荡,毫不遮掩;请山涛帮忙,实实在在,毫不虚伪。山涛被嵇康羞辱,淡定从容,毫不计较;受嵇康托孤,欣然答应,毫不推脱。

从孔子"里仁"悟传承之诚

从"里仁"悟基业传承

择业要明,择友要智,择居要良

孔子说:"里仁为美。择不处仁,焉得知?"(《论语·里仁》)与仁德在一起,真好!不选择与仁德相处,怎么能明智呢?孔子教我们要"里仁",择仁德为邻。具体操作是择业要明,择友要智,择居要良。人生的可选项不多,职业、朋友、邻居总该好好挑选一下吧!否则,人生就太被动了。

选择好职业,会让人生精彩。选择好朋友,经常和优秀的人在一起,自己会不断进步。选择好邻居,会让房子增值。《南史·吕僧珍传》记载:吕僧珍,南梁退休官员,廉洁奉公,品德高尚,人们交口称赞。有一位官员告老还乡,特地在吕家旁边买了一幢房子住下。吕僧珍问他花了多少钱,答:"一千一百万元。"吕大吃一惊:"怎么这么贵?"他笑道:"一百万元买房屋,一千万元买邻居。"这是成语"千万买邻"的出处。今天,我们也常说:"千金买房,万金买邻。"这说明良好的邻里关系非常重要。房子是用来住的,不需要太多,够住就行。在实行"限购"政策的城市,每户只有两张房票,怎样安排效果最佳?如果你有钱,可以买市中心的一套公寓,近郊的一栋别墅。更重要的是选择高品质的小区。选择标准是什么?除了地段好、质量好,更要邻居好。

我们在选择良邻时,也要问问自己:我是不是一个良邻?是不是为小区贡献了自己的力量?是不是别人的万金之邻?有一次,老汤搬家,邻居着急地问:汤老师,你还会回来吗?找个好邻居不容易啊!老汤入住新小区后,老汤的一位同学也在那里买房。后来,老汤因故搬离,同学批评:我因为你才买这房子,你怎么走了? 赶紧回来! 受到邻居的喜欢,这让老汤很欣慰。因此,我们在"里仁"的同时,也要不断努力,给邻居、单位、朋友增加价值。

什么基业可以传承

中国改革开放四十多年以来,经济高速发展。接下来,中国各行各业将进入打造"百年老店"的阶段。这是当下国人的使命,也给大家提出一个命题:什么样的基业可以传承? 这个问题没有标准答案,但有一个重要前提:你必须热爱这项工作,事业才可持续。自己都干不长,怎么使基业长存?

孔子在职业选择中,是怎样处理喜欢和赚钱的关系? 他说:"富而可求也,虽执鞭之士,吾亦为之。如不可求,从吾所好。"(《论语·述而》)如果能求得一份很赚钱的职业,即使地位低贱,我也愿意干。如果求不到,那我就做自己喜欢的事。即使是孔子,首先想到的也是赚钱,可见,贫穷的杀伤力有多大! 孔老师不是企业家,在他看来,赚钱是一件很难的事。我们仿佛听到他有点无奈地说:算了,别老想着赚钱瞎折腾,还是干点自己喜欢的事吧! 每每想到这段话,老汤就会半夜惊醒,直冒冷汗。还好孔子没有掌握赚钱的门道,否则,中国就多了一位商人,少了一位伟大的思想家、教育家,中华民族损失巨大。

请问:您喜欢现在的工作吗? 您从事的工作赚钱吗? 根据"赚钱、喜欢"的程度,我们得出"工作选择象限图"(见图4.3),其中,横轴代表赚钱多少,纵轴代表喜欢程度。

我们可将工作划分为四个象限:第一象限是既喜欢又赚钱的工作;第二象限是喜欢但不赚钱的工作;第三象限是赚钱但不喜欢的工作;第四象限是既不喜欢又不赚钱的工作。第一象限的工作最好,令人幸福;第四象限的工作最差,令人悲催。如果处在第一象限,你要感恩惜福,因为这种如意的情况不多。如果处于第四象限,你要深刻反思:工作是人生为数不多可供选择的,这事既不讨喜又不挣钱,为什么要一直做? 如

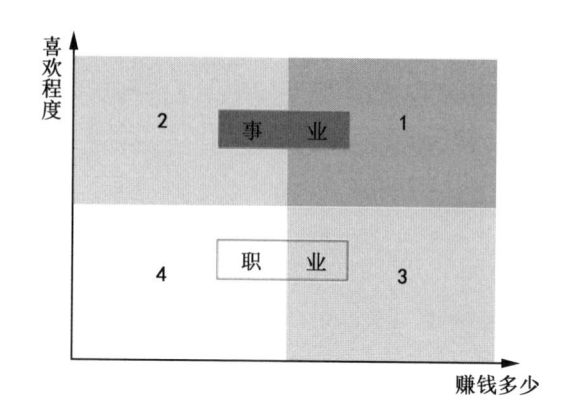

图 4.3 工作选择象限图

果处于第二象限,你要努力从中寻找盈利机会,让它变成能赚钱的工作。如果处于第三象限,你要从收入不错的工作中找寻乐趣,或者改善心态,努力去喜欢,最终,从第二、第三象限进入第一象限。结论是山不过来,我就过去。

事业常常出现在第一、第二象限,职业常常出现在第三、第四象限。

为什么老汤在生意做得风生水起时,突然离开商界进入学界?这源于老汤对人生的一个重要思考和发现:从商不是自己的终极目标,虽然赚钱,但不太喜欢,会一直处于第三象限。老汤喜欢做老师,如果是"穷教师",就在第二象限;如果成为一个优秀的老师,是可以过上体面生活的,甚至还能"顺便、开心地"赚点钱,即从第二象限进入第一象限。请注意顺序!如果老想着赚钱,很难成为一位优秀的老师!

职业、事业、理想

职业是生活所需,是物质层面的;事业是贡献社会,是精神层面的;理想是人生追求,是心灵层面的。《易传·系辞传》说:"举而措之天下之民,谓之事业。"所做的事情是自己热爱的,对人民有利、对社会有贡献,这就是事业。

人生最幸福的就是职业、事业和理想的融合。如果你从事的职业就是你的事业，你为之献身的事业可以实现你的理想，那就太棒了！怎样实现三者的融合？"由上而下法"是一种有效的路径和方法：通过理想发现事业，根据事业寻找职业。树立理想、忠诚事业、热爱职业。比如，一个人的理想是传播中华优秀文化，从事哪个领域才能有效传播？教育领域。教育领域有很多岗位，哪个传播效果更好？做一名好老师。

同样的工作，既可以是职业，也可以是事业。比如，老师们见面时常会打招呼："某某，你去哪里呀？"有人答："我去挣工分。"要完成工作量，一副无可奈何的样子。有人答："我去卖艺。"本领再好，只要是"卖"，感觉就差了。有事业心的人回答："今天，我有一场演出。"演出、卖艺和挣工分的差别，就是事业和职业的差别。如果分不清职业和事业，还有一个简单的判别方法：盼着上班的，常常就是事业；盼着下班的，常常就是职业。热爱自己的职业，就离事业不远了；忠诚自己的事业，就向理想迈进了。热爱和忠诚可以提供持续的动力，让人不断前进、不断攀登。

理想不必远大，事业无需宏伟。只要生活中有个小目标，就是一种积极、乐观的人生态度，一个个小目标累积可以形成通往事业和理想的路。父母要经常问孩子：你长大了想做什么？要从小建立孩子的目标感。而且，父母可以引导，不必纠正，让孩子充分发挥想象。有一次，老家一个孩子来做客，对智能马桶很好奇，他说："我长大了也要买一个这样的马桶。"大家笑了："你要有更高的目标。"老汤马上制止，转身对孩子说："你很棒！长大了买更好的马桶。"不要小看智能马桶对孩子的影响，这体现出他对某种生活方式的喜好。高远的目标常源于对美好事物的热爱和向往。

如果你暂时没有理想和事业，甚至没有小目标，那也没关系，从身边的小事做起，让生活变得有趣。生活品质常常体现在细节中，比如，一条干净、整洁、舒适的毛巾，能反映主人的生活态度，折射家庭的生活质量。

怎样长宜子孙

文化传承方能永久

"长宜子孙"是一种传统观念。然而,什么东西才能长久地适宜子子孙孙?应该怎样做,才能让子孙后代持续过上幸福生活?

中国房地产业为什么能持续火爆多年?为什么中国人喜欢买房,不愿租房?不少人从经济学、金融学角度分析其原因。其实,一个核心原因就是孟子说的:"有恒产者有恒心。"(《孟子·滕文公上》)人们有了恒产以后就会有恒心。重要的恒产就是房地产,恒心之一就是"长宜子孙"。给子孙留什么比较靠谱?很多人的第一反应是房地产。然而,房地产也没那么靠谱。纵观世界经济史,就是一部财富聚散史,财富从分散到集中再到分散,循环往复。在中国也是一样,房地产是财富的重要标志,一开始分散在民众手中,少部分能人慢慢地把大量房地产圈进手里,超过一定限度时,爆发革命。一段时间后,又一批能人出现,又圈。过了,又打,反复上演。

悠久的中华文明一直沿袭着长宜子孙的传统,按理应该留下许多优秀的古建筑,然而并没有,原因之一是中国人的兴趣不大。老祖宗的智慧:房子早晚是别人的,子孙不会一直住,花那么多钱、建那么好干吗?唐朝郭子仪战功卓绝,皇帝赐给他一块地建房。他每天去监工,强调这里要建结实,那儿要搞牢固,工头被弄烦了,对他说:将军您放心,我世代建房,从没听说过谁家能把房子住塌了,只有子孙守不住的。郭子仪半响说不出话,从此再也不去监工。郭子仪的那栋豪宅早已不复存在了吧?如果在,也肯定不是他老郭家后人住。东晋时期,门阀盛行,王、谢两家活跃在政治舞台长达百年。东晋灭亡,门阀制度灰飞烟灭。唐代诗人刘禹锡的《乌衣巷》描写:"旧时王谢堂前燕,飞入寻常百姓家。"这是感慨当年的豪门王家、谢家,其旧居已属平民百姓,或是感叹其豪宅早已荡然无存。

香港中文大学范博宏教授是研究公司治理的专家,他研究家族传承,其结论是物质财富无法长久,文化传承方能永恒。为什么富不过三代？钱太多,后代的奋斗动力就会减弱,早晚守不住。子孙无用,留钱何用？子孙有用,留钱何用？由于物质财富的不可复制性,因此分家产是"零和博弈",容易导致家庭矛盾。一个经典家训是"忠厚传家久,诗书继世长"。忠厚家风能永久流传,诗书文化可世代继承。这就是文化的可复制性。一人多得,其他人不会少得。某人传承父辈优良的品德更多、继承家训文风最好,家人不会为此心生不满,而会引以为豪。

怎样才会被人铭记？智慧的思想、高尚的行为、优秀的文化。留给孩子精神财富、文化遗产才是对后代最大的贡献,才能真正长宜子孙。

如不能长宜子孙,至少别留下"恶报"

失信被执行人,俗称"老赖"。国家出台政策,不让老赖坐飞机、乘高铁,限制其高消费等。有些地方甚至曾规定,优质中小学不接受老赖的孩子入学,其孩子不能参加公务员考试。这种做法引发社会热议,有人说：孩子是无辜的；有人说：父债子还,无可厚非。然而,地方的"土政策"却效果明显,因为波及孩子,所以不少老赖也不敢赖了。这源于中华文化的一个理念：再苦不能苦孩子。法律可以惩罚我,千万别惩罚我的孩子；老天可以报复我,千万别报复我的子孙。

父债子还,在当代缺乏法律依据。"报应"理念则很早存在于中华传统文化,有助于社会安定。即使在科学技术高度发达的今天,报应的震撼力仍然巨大。有一个案例,一位渔民借了某人30万元,因欠条丢失,他拒不认账。后来,债主告到法院,可证据不足,无法裁决。宣判之日,深谙中华传统文化的法官对被告说,你对着菩萨发誓：你有没有欠原告的钱？欠了多少？如有半句假话,愿意接受菩萨一切惩罚,儿孙连带受到惩罚。被告一开始还嘴硬,当听到会报应子孙时,他沉默良久,最后终于承认。

"善有善报,恶有恶报"思想的早期阐述,是《易传·文言传》中的"积善之家必有余庆,积不善之家必有余殃。"注意,这里强调的是"家",而不是"人",说明"积善、积不善"不仅对自己有影响,而且对家人、后人都有影响。《易传》要求更严,只要"不善",就会让自己、家人和后人遭殃,"作恶"的后果就更严重。比如,某人摔倒,旁人把他扶起,他认为理所应当,还给人家白眼,使旁人不愿帮,这就是"不善"。他甚至诬陷帮他的人,污染社会风气,使旁人不敢帮,这就是"作恶"。

中华文化中的"轮回""报应"让人心生敬畏。而且,报应的震撼力比轮回更大:轮回无从验证,报应神奇存在。有些报应直接报本人,有些报应报子孙。先辈干了坏事,后代会尝恶果。这种记载在史料中屡见不鲜。

羿,"后羿射日"故事的男主角。奡(ào),可将一条船轻松甩起的大力士。《论语·宪问》记载,南宫适问于孔子曰:"羿善射,奡荡舟,俱不得其死然。禹、稷躬稼而有天下。"夫子不答。南宫适出,子曰:"君子哉若人!尚德哉若人!"南宫适(kuò)问孔子:羿擅长射箭,奡力大荡舟,结局都是不得好死。大禹、后稷做了国王,亲自下地耕种,居然拥有和平安定的天下。(这是为什么呢?)孔子没有回答。(因为南宫适已有答案,师生俩心照不宣。)南宫适一离开,孔子连连夸奖:这真是个正人君子啊!他真是崇尚德行啊!他俩达成共识:只会霸道,不懂王道,光有能力,没有德性,无法长久。即使功夫超群,纵然有过辉煌,终成人生输家。只有秉承仁义道德,才能安定天下。这里有一个因果报应的故事,羿和奡的死法一样:被自己的下属杀死。杀后羿的人是谁?正是奡的父亲!

讲个"逼宫"报应的故事。汉献帝对曹操专横跋扈忍无可忍,与车骑将军董承密谋诛曹,但事情败露,董承被杀。董承的女儿董贵妃怀有五个月身孕,当场被处死。汉献帝苦苦哀求,无济于事。后来,参与密谋的伏皇后也被暴露,藏在宫中夹墙中被士兵搜出拖走,她赤着脚,披头散发,哭喊求救。汉献帝哭着说:朕都朝不保夕,怎么救?曹操不仅杀了伏皇后,还杀了她的两个皇子。40年后,历史重现。曹操的曾孙,魏国第三位皇帝曹芳,无法忍受司马师专权,与张皇后的父亲——光禄大夫张缉,图谋除掉司马师。事情败露后,张缉被灭族,曹芳被废。讽刺的是,曹芳把血书交给张缉时叮嘱:千万小心! 当年董承,行事不慎,结果被灭。报应啊!

岳飞《满江红》:"靖康耻,犹未雪! 臣子恨,何时灭!"让人印象深刻。1127年,金军攻陷北宋都城,北宋灭亡。宋徽宗、宋钦宗双双被俘,和其他大臣、嫔妃一起,一丝不挂,披着羊皮,脖子拴着绳子,被牵到金国宗庙,举行"牵羊礼",皇后被辱自尽。百年之后,历史重演。1233年,金国都城被蒙古人攻陷,皇室和大臣在押解途中,男俘基本被杀,太后、皇后、公主、嫔妃等都遭受各种蹂躏,没人身上有完整的衣裳。曾子曰:"戒之! 戒之! 出乎尔者,反乎尔者也。"(《孟子·梁惠王下》)曾子反复告诫:"千万注意啊! 千万注意啊! 怎样对待别人,也将得到同样的对待。"报应,不能不信啊!

虽然我们可以是无神论者,但要敬畏"报应"!

父母给我们留下了什么财富

虽然能为孩子留下大量物质财富的父母不多,但是父母可以为孩子留下宝贵的精神财富:良好的家庭教育。物质财富相对单一,精神财富千差万别。

小汤曾好奇探索:优秀者的原生家庭教育有没有共性? 她认真观察,进行了大量的访谈,希望找到规律。结果发现,教育方式天差地别:有的丝毫不管、有的极为严苛、有的是打压式教育、有的重视博雅教育、有的一路应试。然而,这些优秀者都说家庭教育给了自己很大的帮助。她的结论是优秀者的家庭教育没有统一的模式。

家庭教育能留给我们什么呢? 每个人都有自己的答案。

老汤的回答:父母留给我的是责任感。

老汤的父亲是个知识分子,国民党军官,后来成了"解放战士"。父亲因性格倔强愤然回乡,后来,遭到迫害,蒙冤坐牢。父亲老来得子,他的行程过半,老汤才登上他的人生列车。老汤八个月时,父亲参加水利工程建设,由于太过疲惫,拖板车时被车把严重戳伤,导致肝脏破裂,被切除三分之二,三天三夜不省人事。母亲既要照顾他,又要照顾父亲。一天,妈妈出去忙,把他放在座椅中,不老实的他,一直摇晃,最后把椅子摇翻,被椅子压住,哇哇大哭。父亲躺在病床上无法动弹,心里阵阵抽搐:可怜的孩子,真对不起啊!我恐怕看不到你长大了。

母亲生他时年近40。母亲常梦见和老汤失散,老汤总是听到母亲睡觉时喊他的名字,摇醒她,她一把抓住老汤连连说:又做噩梦了,梦见你走丢了。母亲55岁时因患乳腺癌开刀,在手术台上差点没醒过来。5年后旧病复发,医生说她的存活概率很低。但是,母亲两次都挺过来了。她说:我要供儿子上大学!儿子需要我!

很长一段时间,其父母都担心无法陪伴他长大,担心他很小就成为孤儿。正是这种担忧和责任感,让他们顽强地活了下来。父亲在阎王殿转了一圈,居然走了出来,活到了90岁。母亲坚韧地与病魔抗争,在近90岁时无疾而终。他俩总有些遗憾甚至愧疚:没能为儿子提供良好的物质条件。母亲常说:崽呀!你要努力、要争气啊!父母帮不了你。这反而让儿子产生了巨大的责任感,"让父母开心、骄傲"成了其重要的目标和前进的动力。2012年是老汤人生中黑暗的一年,遭遇了很多事,其中一件大事就是母亲突然去世,48岁的他真的成了孤儿。

小汤的回答:父母教会了我快乐的能力。

时代巨变,爷爷奶奶的"苦难式"教育在小汤身上失效了。小汤小时候不爱吃饭,爷爷就和她讲故事,忆苦思甜:爷爷小时候很可怜,经常饿肚子。她听得眼泪汪汪:"爷爷,你为什么不早点到我家来呀?"

"太幸福了!"是小汤爸妈的口头禅,看上去很小的一件事他们都会感恩:"一家人从容地一起吃早饭,太幸福了!""老婆做的菜这么好吃,太幸福了!""女儿不出去玩,陪我们,太幸福了!"小汤也常说:"爸爸这样平等地和我交流,太幸福了!"快乐,并不取决于外部事件,而是内心的感受能力。不必刻意给孩子带来快乐,而要努力培养孩子快乐的能力,让感恩惜福在心中潜移默化。如果把生活的礼遇、命运的馈赠看作理所应当,收获再多,何来幸福、何来快乐?

"无用之学",不功利的爱好,也有助于提高快乐的能力,常能持续给人带来快乐。小汤喜欢唱歌,父母就为她请声乐家教,但并不要求她考证、参赛以获升学加分。唱歌对于她而言,纯粹是愉悦,这个爱好让她从欣赏音乐、尽情歌唱中感受到快乐和放松。无用之学不一定能带来收益,但可以帮助自己快乐一生。

责任感是立身之本,快乐的能力是持续幸福的源泉。

亲爱的朋友,请掩卷静思:父母给您留下了什么宝贵的精神财富?

第五章

诚之道与术

真诚之道

从孔子"知之、不知"悟"知识、文化、智慧"

孔子教导:"知之为知之,不知为不知,是知也。"(《论语·为政》)知道自己知道什么,知道自己不知道什么,这是智慧。承认自己不知道,这是真诚的智慧。在学生或者下属面前诚恳地承认自己不知道,这是勇敢、真诚的智慧。

孔子直接回答学生:我不知道

孔子善于回答各种问题,而且因人而异地解答。然而,孔老师曾直接回答樊同学"我不知道",因此饱受争议。樊迟请学稼。子曰:"吾不如老农。"请学为圃。曰:"吾不如老圃。"樊迟出。子曰:"小人哉,樊须也!上好礼,则民莫敢不敬;上好义,则民莫敢不服;上好信,则民莫敢不用情。夫如是,则四方之民襁负其子而至矣,焉用稼?"(《论语·子路》)樊迟请教怎么种庄稼。孔子说:"这事我不如农民。"樊迟又问怎么管理花圃,孔子说:"这事我不如花匠。"樊迟走后,孔子说:"樊迟这孩子,真是不着调。管理者讲究礼,则民众不会不敬重;管理者讲究义,则民众不会不服从;管理者讲究信,则民众不会不动情。如此一来,民众会拖家带口从四面八方聚集过来,为何还需要管理者亲自去干农活?"

孔子后面这段话非常重要,为什么他不当着樊迟的面说?

这恰恰体现了孔子作为教育家的伟大。设想一下,学生问一个问题,你说不知道,然后马上说他不应该问这个问题,会给同学们什么感觉?他们容易产生排斥心理:不知为不知,还强词夺理!樊迟虽智力平平,但很听话,如果老师说他不应该问,他以后可能就不敢再提问了。他走了,场景变换,就不会误解。

既然孔子那么多能,就应该懂种地、养花吧?是不是他觉得这是下等事,所以不愿讲?如果懂却因为是"鄙事"故意不讲,就是"知之为不知",就是不诚。

孔子多能是生活所迫,而且他不同意多能。太宰问于子贡曰:"夫子圣者与?何其多能也?"子贡曰:"固天纵之将圣,又多能也。"子闻之,曰:"太宰知我乎!吾少也贱,故多能鄙事。君子多乎哉?不多也。"(《论语·子罕》)一位官员问子贡:"孔老师是圣人吗?怎么有那么多技能?"子贡说:"上天让老师成为大圣人,因此让他博学多才。"孔子听后说:"这位官员不了解我啊!我年少时地位低贱,因此干了不少行当,做了很多琐事。君子需要干那么多行当,做那么多琐事吗?不需要。"即使孔子多能,他也应该不会种地。据《论语·微子》记载,一位老农批评孔子:"四体不勤,五谷不分。"这说明孔子不擅长干体力活这事远近闻名。

从常识角度看,就算孔子故意不答,也没什么错,不能算不诚。比如语文课上,一位学生问数学题,老师当然会说:你去问数学老师,我不如他讲得好。即使会讲,他也不会讲,因为这是语文课。从学术视角看,术业有专攻。孔子研究的专业是"仁学",即为人处世。樊迟问种地、养花的事情,孔子当然可以拒绝回答,即使会也可不予回答。不仅如此,他还曾拒绝回答子路的鬼神、死亡等问题,因为这不是孔老师研究的领域。孔子还不懂商业经济,他把子贡的商业天才、在投资领域的敏锐性,误认为是"臆",即猜,凭运气。但是,这丝毫不影响孔子的智慧和伟大,反而让我们感到孔老师真实、可爱。

孔子拒绝回答樊迟,不是看不起劳动人民,而是告诉同学们:不是所有知识都要学、都要懂,更重要的是有智慧。这对当今社会也有重大的指导意义。我们身处数字时代,人工智能技术使知识获取变得更加容易,导致结果出现大问题:选择障碍、选择焦虑。

因此,我们对"知之为知之,不知为不知,是知也"另有一番感悟:应该了解的知识就深入了解,不该了解的知识就别去了解。划清知识边界,熟悉相关知识。掌握知识固然重要,更重要的是将知识转化为文化,再升华为智慧,因此引发了我们对"知识、文化、智慧"三者关系的思考。

从"知识"到"文化"再到"智慧"

人生,就是"不知——知之——不知——知之"的螺旋式上升过程,也是从"知识"到"文化"再到"智慧"的发展过程。

知识,通过学习获得。文化是将所获取的知识融会贯通,将其化作生命的一部分,可随时调取。智慧,即总结归纳拥有的文化,用以指导人生、服务人类。知识是公开的,是人类共同的财富,大家都可以获取。对相同的知识,每个人的理解不一样,消化吸收后形成属于自己的独特的文化。将这些文化提炼总结,找出规律,能对自己、他人有帮助,就是智慧。因此,知识具有公开性,文化具有独特性,智慧具有规律性。

从书本中学习,是获取知识的高效途径,但非唯一。老汤的岳母不识字,但有不少为人处事的金句,她是人际关系管理的高手,在当地有口皆碑。她也是理财能手,虽然丈夫工资不高,还要养活那么多孩子,但她居然把生活打理得井井有条。她还是教育专家,她的孩子个个成才。最让人不可思议的是岳父对她死心塌地、言听计从,对周围的诱惑不为所动,还经常夸赞她,满意之情溢于言表。

先有大量的知识,然后将其中一部分转化为文化;拥有丰富的文化,然后将其中一部分转化为智慧。知识是文化的基础,文化是智慧的基础,其关系如图 5.1(a)所示。有知识未必有文化,但没知识一定没文化。千万不能因为批评某些人"有知识没文化",就认为知识无用,忽视知识的学习。文化和智慧的关系也是一样。

文化转化率 $W = S2/S1$,即拥有多少知识 $S1$,可以转化成文化 $S2$。

智慧转化率 $Z = S3/S2$,即拥有多少文化 $S2$,可以转化为智慧 $S3$。

智慧、知识转化率 $H = W \times Z = S3/S1$,即拥有多少知识 $S1$,可以转化成智慧 $S3$。

有知识没文化,即文化转化率低,三角形顶角是钝角,见图 5.1(b)。有知识有文化,即文化转化率高,三角形顶角是锐角,见图 5.1(c)。由这两个图可知,有些人看起来知识面很广,无所不知,其实智慧不高;有些人虽然知识面不广,但是很有文化,而且很有智慧。

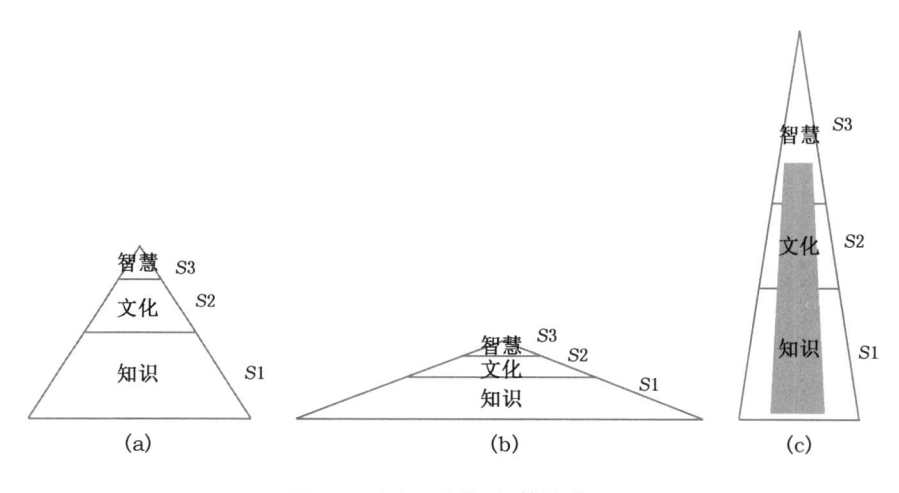

图 5.1 知识、文化、智慧关联图

为什么有的人"大智若愚"？第一,人们只看到他的大智慧,其实其文化素养、知识面更加超出人们的想象,显露出来的只是冰山一角,普通人看不到、看不懂,因此,他看起来傻傻的,似乎没什么知识、文化。第二,他的智慧转化率极高。他能透过现象看本质,他说的话、做的事和普通人不在同一个层面。正如《道德经》所说:"大智不割。"真正拥有大智慧的人有超越常规的认识,但浑然一体。不过,常人不明白,反而觉得大智者像"愚"。

怎样提高文化和智慧的转化率？在某些领域不断学精、学通,你就会有文化；在某些方面不断思考、提炼，你就会有智慧。多年来，长时间的深入思考、反复运用，就会大大提高文化和智慧的转化率。

《道德经》说："知者不博，博者不知。"一个学者，把时间和精力都花在对某个学科的深入研究上，其智慧转化率高，就无法做到博学，知识面就无法很广。把时间和精力都花在博学上，虽知识面很广，但无法深入地了解某个学科，导致"智慧转化率"不高。像孔子这样的圣人，也不需要什么都懂。

"知者不博，博者不知"引发我们从另一角度思考"知识、文化、智慧"。智慧是智者总结提炼的结晶，对人类有益，但文化就不一定，知识就更难说。知识并非都是有用、有益。人脑容量相当有限，有用、有益的知识都消化不了，还去消化那些有害的知识，再将其转化为糟粕文化？智者，一个重要特点就是鉴别、筛选知识。因此，我们要做智者，实在不行，与智者为友，还做不到，向智者学习。

"心诚求之"

真诚是为人处世的基础

若心中没有真情实意，则表面文章毫无意义，彬彬有礼也是虚伪。孔子说："人而不仁，如礼何？人而不仁，如乐何？"（《论语·八佾》）"人虽有位，心中无仁，礼再周全，有什么用？人虽有位，心中无仁，乐再动听，有什么用？"如果内心没有仁爱，礼乐就不起作用。仁爱之情，礼乐示之。钱穆说："礼主敬，乐主和。"（《论语新解》）礼节表达尊敬，音乐、快乐传递和谐。内心的仁爱，也需要通过礼乐表达出来。

为人处事，首先要怀抱真诚之心，否则难有真诚之行。《大学》说："心诚求之，虽不中，不远矣。"真诚地做某件事，虽然结果不一定尽如人意，但是离目标不会差得太远。如果没有真诚之心，想要程式化、职业化地表达"真诚"，对方是能感受出来的，但效果可能适得其反。辜鸿铭说：日本人的礼貌，是一种编排过的形式，就像缺少香气的塑料花。中国人的礼貌,是由心而发的礼仪,就像名贵的鲜花,芬芳馥郁。一位美国朋友也和老汤聊过类似的感受:日本人对你很客气,看起来彬彬有礼,但总让人觉得这种礼有点冷冰冰的,不如中国人那么真诚。

黛玉为什么不喜欢宝钗?不仅是因为宝钗是她的情敌,而且是黛玉觉得她心机比较重,有些做法、说法显得刻意。后来,通过一次真诚的沟通,两人冰释前嫌。因此,真诚胜过最好的套路。真诚和表达真诚都很重要,光有真诚之心,没有真诚之行,效果会大打折扣。如果你有了真诚之心,还善于表达,则人生效率更高,常常能更快、较顺利地收获爱情,在人际交往中会游刃有余。

真诚、自然地模仿是最好的恭维。如果对方真诚、自然地模仿你,说明他和你有共同的习惯,或者对你认同,会不会让你产生亲近感?为什么在异国他乡听到乡音会感觉很亲切?相同的频率容易产生共振,这是物理现象;共同的语言容易产生好感,这是心理现象。

有一次,部门领导带着下属和单位领导共进晚餐。受过训练的服务员上饮料时,会绕过他人,先走到对着门的主位:"请问,您喝什么饮料?"然而,这个服务员没经验,一进来就问坐在门口的员工:"要什么饮料?"这哥们也不懂规矩,脱口而出:"橙汁。"晚餐后,部门领导批评了这位员工。"我该怎么做?""你应该对服务员说:先问领导。"人在江湖,要懂点酒文化。与重要客户应酬时,客户喝什么饮料你也喝什么饮料,如果客户点的你不喜欢,喝一口又何妨?客户说喝白酒,你别说喝红酒,更别说不喝酒。你实在不会喝酒,怎么办?真诚是占优策略。或者不出席这种酒局,或者找个机会,奋不顾身地喝醉一次!这样会给人留下印象:这人虽然酒量不行,但酒风可以。如果你一上来就不喝,给人的印象是不清楚这人的酒量,但其酒品不佳。

怀抱真诚之心,让人感受真诚,前进的道路会顺畅很多。

在平衡中坚守底线:平儿的案例

《红楼梦》的人物中,人际关系平衡能力最强的是谁?有人说是宝钗,她八面玲珑、处事周全,大家都说她好,就连心胸狭窄的赵姨娘都夸她。宝钗是大户人家的千金小姐,其资源丰富,居高临下,只要略施小技、小恩小惠,就能获得一片喝彩。不过,她算不上成功,虽然得到宝玉的人,却没得到宝玉的心。有人说是袭人,她在贾母和王夫人的两大阵营左右逢源,大家都信任她。王夫人给她的工资是同级丫头的四倍,这让晴雯愤愤不平。两大阵营虽有各自利益,但都爱宝玉。袭人紧抓这个"牛鼻子",难度也不是太大。

请关注一个人物:平儿。人如其名,平衡高手,而且她坚守底线,内心真诚。平儿是个可怜的孩子,其身份是通房丫头。通房,顾名思义,她的房间和主人房间相通。这份工作令人很尴尬。通房丫头地位虽然比普通丫头高,但比小妾低。王洛宾的《达坂城的姑娘》中唱道:"如果你要嫁人,不要嫁给别人,一定要嫁给我,带着你的嫁妆,领着你的妹妹,坐着那马车来。"老汤心中曾大为不解:嫁给你还不够?还要领着妹妹来?我看了《红楼梦》后才恍然大悟。

平儿有两个主人,一个是凤姐,平儿是凤姐从娘家带来的,一直服侍她;另一个是贾琏,新主子,法理上的一把手。如果男女主人通情达理、和谐相处,通房丫头的日子会好过些。然而,凤姐因娘家有人,骄横跋扈。贾琏各种偷腥,不知是逆反,还是性格使然?平儿夹在中间,苦楚可想而知。但她没有不满,而是安于自己的身份,真心辅佐主人。

王熙凤挪用公款在外放贷,下人送钱时,大呼小叫,正好贾琏在家,平儿及时制止,找个借口搪塞,令凤姐感动不已。要是被贾琏发现,私设小金库事件败露,这份收入就变成"夫妻共同财产"了。贾琏和多姑娘勾搭成奸,居然还留下她的一缕长发。什么心态?细心的平儿帮他整理衣物时发现并警告他,贾琏很感激。如果凤姐看到,后果不堪设想。因此,凤姐和贾琏都视平儿为自家人,觉得她对自己很忠诚。她没什么私心,就是真心希望主子好。

平儿情商很高。凤姐生病,探春管家,实施改革。平儿该怎样评价?这让她很为难。如果说改革重要,就得罪了凤姐;如果说改革没必要,就得罪了探春。平儿的表态是两边都不得罪：改革好！我家奶奶当初就想改，但条件不成熟。平儿说话为什么让人感觉舒服？因为她既不会刻意奉承，也不会自卑低眉。她说话恰到好处、滴水不漏，但大家并不觉得她油腻、滑头。

平儿也很真诚。她不是夹缝里求生存的自保，而是在大是大非面前有底线、有原则，即使得罪主人也在所不惜。王熙凤把尤二姐骗回家，一步步将她逼死，整个过程，平儿不仅没参与，反而同情、安慰尤二姐，甚至掏钱给她补身子。尤二姐死后，王熙凤不肯给钱办丧事，贾琏一筹莫展，平儿挺身而出，偷偷塞给他二百两银子，才把尤二姐后事办了。平儿是凤姐的人，落井下石固然不好，袖手旁观无可厚非，这么做可是与凤姐对着干啊！让人崇敬之情油然而生：尽管自己的生存空间有限，还愿意帮助弱者，了不起！

《红楼梦》的人物结局大多不太好，平儿还算不错，这也许是曹雪芹对品德高尚、善于平衡者的肯定吧？小汤表示不平："有吗？我觉得平儿好亏啊！被贾琏扶正又怎样？一朵鲜花插在牛粪上！"请站在当事人的角度和其所处的环境思考，对一个地位低下的丫头，曹公只能这样处理。如果安排她艰苦创业，做了大企业家之类的，故事就不真实了。

大人物和小人物各有其平衡之道，正义、善良是共同的原则。许多小人物非常不容易，要面对那么多领导，谁都得罪不起；要摆平那么多关系，还必须面面俱到。请别站在道德制高点评判他们的所作所为，批评他们的八面玲珑。很多人面临的生存环境恶劣，既不能碰这边的硬壁，又不能触那边的坚石，他们向着阳光、坚守底线、顽强生长！

真诚、用心，在生活中很重要

真诚夸人也要"出奇制胜"

有些人拍低级马屁，既不真诚，又无技巧，让人起鸡皮疙瘩。有些人真心夸人，却不懂怎么夸，要么词不达意，要么毫无新意，因此效果不佳。

《孙子兵法》说:"以正合,以奇胜。"正兵对抗,出奇制胜。夸人也是一样,个中大有学问:既要真心实意,也要富有创意,让人印象深刻,做到出奇制胜。

美女,既是一个常见现象,又是一个抽象概念,很难描述。你不信?咱们做个课堂练习,哪位男同学自告奋勇,在班上找一位女生来夸夸她。这是不是很难?有一位美女,真实地坐在面前,我们却无法描述,憋了半天,只蹦出三个字:"太美了!"即使是才华横溢的作家,在文学作品中怎样夸美女,对他来说也是一件很头疼的事情。第一个把美女比喻成花的人是天才,第二个这样比喻的人是庸才,第三个人若还这样干就是蠢材。夸她长得好,太不走心;夸她像鲜花,太浅薄。要夸她气质好,漂亮是有形资产,气质才是无形资产,无形资产是核心能力,难以复制。但夸气质也有问题,太空洞。怎么办?用心!找出其与众不同的特点。

有些高手夸人很有创意、很用心,似乎很不经意,甚至不像夸人,结果却发现:一夸多。某人拜访朋友时,正遇到朋友的儿子带未婚妻回家。一番寒暄,该怎么夸?通常是夸他媳妇很漂亮。但他没有这么做。他打量女孩后,转身对男孩说:"哇!小子可以嘛!像你爸:会挑!"他通过夸男孩来夸女孩,顺便夸了他爸,重点是夸他妈。一句话夸了四个人。厉害吧!讲话是一门艺术。与会聊天的人交往有什么感觉?如沐春风。

有一种夸法叫作出其不意,这是夸人的重要技巧:美人,别夸她漂亮;富翁,别夸他有钱。怎么夸?找亮点,有新意。刘姥姥怎么夸林黛玉?如果夸她是天仙、美人坯子,贾母、黛玉就会无感,这话不知道听过多少遍,听腻了。大观园的女孩个个美若天仙,谁看到都会这样夸,不足为奇,何况是一个没有见过世面的农村老太太。贾母带刘姥姥去潇湘馆,黛玉给大家敬茶,一看便知是谁的房子,刘姥姥却故意说:这必定是哪位哥儿的书房了。贾母笑了,指着黛玉道:是我外孙女的屋子。刘姥姥留神打量黛玉一番,人们第一反应是她肯定要夸人美。可她偏不,还夸书房:这哪像小姐的绣房,竟比那上等的书房还好。刘姥姥夸得特别,贾母很是得意。高明!在古代,有钱人最喜欢别人夸自己有文化。有钱人家愿意和有文化的人家联姻,就反映出这种心态。

还有一种高明的夸法叫作间接夸。汉乐府《陌上桑》体现了这种高超的手法,罗敷美到什么程度?"耕者忘其犁,锄者忘其锄。"耕田的人忘记犁地,锄草的人忘记锄草,一群人傻傻地站着,目不转睛。罗敷有多美?读者发挥想象吧!古希腊诗人荷马也是间接夸的高手。特洛伊王子去斯巴达做客,把王妃海伦拐跑了。结论是交友要谨慎,请客需注意,宝物应藏好。为此,希腊联军与特洛伊打了十年仗,死了很多人,不少英雄为之献身。最后,联军用"木马计"把特洛伊打败,夺回海伦。为了一个女人,引发十年战争,海伦一定很美。《荷马史诗》对这场战争有精彩的记录,对海伦的美丽却没作任何描绘,因为文字是苍白的,无法描述。当胜利之师带着海伦回到希腊,受到希腊人的热烈欢迎。荷马这样描写:海伦站在船头,爱琴海的和风吹拂着她的长发,夕阳写在她的脸上。岸边,围了大批民众,一位老者,久久望着海伦,感慨道:"十年的战争啊!值得!"荷马高妙!一个老者,历经沧桑,见多识广,阅人无数,连他都发出如此感慨,海伦该有多美啊!

用心"吃醋"是一种艺术

人为什么会吃醋?何时吃?怎么吃?这是大学问。你会吃陌生人的醋吗?不会!连熟人都不会。因为在乎,所以吃醋。吃醋是爱、忠诚的另一种表达方式。当然,有些醋未经处理,是"低级醋":冷嘲热讽,酸味弥漫;大吵大闹,让人尴尬。有些醋很有文化,是"高级醋":爱人闻到,心领神会;旁人听了,莫名其妙。用心把醋吃好,可以为爱情生活平添很多乐趣。

黛玉去见宝钗,看到她和宝玉独处一室,她是什么感受?什么想法?满满一坛醋立马打翻。如果把脸一拉,扭头就走,哭着喊着,不依不饶,那就是低级醋。黛玉怎么处理?"哎哟,我来得不巧了。"(潜台词:好哇!宝玉,你在干吗?被我抓住了吧!这事没完!)宝钗也是聪明人,看破不说破,故作诧异:"这话怎么说?"黛玉笑道:"早知他来,我就不来了。"(潜台词:宝玉!为什么不提前申报?让我尴尬至极!)宝钗又明知故问:"我就更不明白了?"黛玉适可而止,给人台阶下:"要错开来,就天天有人来了。也不至于太冷落,也不至于太热闹。"这话合情合理,无懈可击。两个女人,一来一往,高手对决,云淡风轻。整个屋子充满高级醋的味道,宝玉早已闻到,自始至终低头不语。

接下来,进入喝酒环节,宝玉喜欢喝冷酒,宝钗科普了冷酒对身体有害。宝玉一听有理,马上放下酒杯,同意温了再喝。这时,黛玉的丫鬟来送暖手炉,黛玉明知故问:谁叫你送来的?"紫鹃怕姑娘冷,让我送来。"黛玉立即借题发挥:"也亏你倒听她的话,我平日和你说的,全当耳旁风,怎么她说了你就依,比圣旨还快些。"(潜台词:好你个宝玉!我说别喝冷酒你偏不听,她一说你马上听。什么意思?)贾、林、薛三人心知肚明,一旁的薛姨妈不明就里:你身体弱,她们记挂你,不好吗?黛玉笑道:"幸亏是在姨妈这,要是在别人家,人家岂不恼了?我家连个手炉也没有?还要从家里送来?还当我素日是这等轻狂惯了呢。"她反应敏捷,搪塞过去,天衣无缝。这醋泼得劈头盖脸,当事人一清二楚,旁观者一头雾水。高级啊!

谈恋爱谈出这种充满文化的感觉,偶尔撒点高级醋,爱情生活是不是更加美好?

真诚,能化腐朽为神奇

为何国民党三年就被打垮

抗日战争中,以毛泽东为主要代表的中国共产党人,从团结全民族力量、争取抗战胜利的根本目的出发,以国共两党合作为基础,建立抗日民族统一战线,最终把日本帝国主义赶出中国,中国和世界一起,赢得了反法西斯战争的伟大胜利。当时,蒋介石的声望如日中天,但不久就崩盘了,根本原因就是不诚,说是为人民,实际是为自己。日军从广袤的中国溃退,蒋介石派"接收大员"接管。由于没有建立监督机制,面对巨额财富,贪婪之心油然而生。日本交了多少,官员截留多少?不清楚!接收大员成了"劫"收大员。蒋介石难道不知有猫腻吗？他为何放任贪污行为？老蒋有私心：弟兄们辛苦了，就让他们拿一点吧！都是自己的亲信，以后多为我效力就好。于是，贪婪的恶魔就从笼中被放了出来。更危险的是这种风气蔓延到国民党军队，军官们心理不平衡：我们浴血奋战，你们贪图享乐、中饱私囊。好吧！你贪腐我也贪腐，你败家我也败家，要贪大家贪，要败一起败。于是，他们开始吃空饷，明明只有 400 人的队伍，却上报 800 人。因此，解放战争打响时，国民党号称有 800 万大军，其实只有 430 万。军官贪腐，士兵还会拼命吗？整个国民党从地方到军队，一下就烂掉、崩塌了。建设好一支队伍需要很久，腐蚀掉一支队伍可能很快。打败国民党的是它自己。

解放战争开始，国民党军队不仅人多，装备良好，还有美国的支持，国共两党军事实力悬殊。如果蒋介石诚心诚意搞和平，共产党还是会接受的。但蒋介石要独裁，不给中共活路，不给民主出路。共产党就铁下心打，将革命进行到底！解放战争只用了三年时间就取得了彻底胜利。一个全心全意为人民的党，面对为了一己私利的蒋家王朝，势不可挡。

一个壮观的风景：解放战士

1946 年 6 月，全面内战爆发。对人民革命力量来说，战争初期的形势相当严峻。在军事方面，国民党军队总兵力约 430 万人，而解放区人民军队总兵力只有 127 万人。1948 年秋，辽沈战役结束后，人民解放军首次在兵力数量上超越国民党军队。短短两年，形势怎么会变化得如此之快？除了老百姓纷纷参加解放军外，还有一个原因是国民党官兵起义投诚，成为"解放战士"，人数越来越多，最后，其数量占整个解放军的 64.7%，华东野战军中很多连队该比例高达 80%。这就是《孙子兵法》所说的："胜敌而益强。"战胜了敌人，我不仅没损失，反而更强大。辽沈战役中，廖耀湘兵团溃不成军，解放战士越来越多。为了简化手续，解放军想了一个筛选办法，用松枝、木头搭建了"解放门"，国民党官兵只要从解放门通过，就进入了解放军行列。非常神奇，一开始还是垂头丧气、无精打采的残兵败将，一过解放门，便一个个精神抖擞、神采奕奕，面貌焕然一新。

抗美援朝中，有一位非常著名的英雄——邱少云，他就是解放战士。还有一支非常英勇的队伍——中国人民志愿军第50军，就是整建制的解放战士，其前身是国民党杂牌军第60军，其战斗力很差，败绩累累，被蔑称为"60熊"。不是他们不行，而是没跟对人。就是这样一支部队，在辽沈战役后，竟然脱胎换骨，成为战神军团。在抗美援朝中，这支部队中涌现出像鲍清芳等英雄个人，诞生了"白云山团"等英雄集体。班长鲍清芳带领战士打退敌人的多次进攻，歼敌多人，战斗非常惨烈，最后，整个阵地只剩7人，子弹全部打光。突然，左臂负伤的鲍清芳，毫不犹豫地跳出战壕冲入敌群，拉响最后一颗手榴弹，与敌人同归于尽。彭德怀听后感叹："太可惜了!"鲍清芳被追记特等功、授予"二级英雄"称号。"447团"在白云山担任防御，敌军火力强大，开展了地毯式轰炸，顽强的"447团"浴血奋战，死守阵地11个昼夜，击退敌人十几次大规模进攻，歼敌1 400多人，被授予"白云山团"称号，成为志愿军中唯一被授予荣誉称号的成建制步兵团。

《孙子兵法》说："车杂而乘之，卒善而养之。"要将投诚的士兵分散安排到我军各部，要善待他们，一视同仁。为什么不能让他们在一起？这样可以避免逃亡甚至哗变。为什么要一视同仁？不能轻慢，更不能侮辱，只有受到尊重和善待，他们才会真心实意地跟我走。也不能过于优待厚抚，以免引起我军士兵的心理不平衡。为什么我军能突破兵法常理，将投诚者整建制保留？这充分体现了我们的真诚和自信，也换来了投诚官兵的尊重和信任。为什么同样的人，摘下"狗牙徽"戴上"红五星"就士气昂扬，爆发出巨大的战斗力，变成烈火与钢铁都无法撼动的超人？他们明白：共产党是真正代表人民的利益，我们是为祖国而战，为劳苦大众而战，也是为自己而战。当人知道为何而战，他的小宇宙就会爆发。跟对了人，人生就进入开挂模式。一支队伍有了正确的价值观，并被全体成员接受，会极具战斗力，这就是"道"，全心全意为人民就是共产党的胜利之道。

从人际关系管理视角看孔子偏爱颜回

颜回在孔子人际同心圆核心圈内

孔子毫不掩饰对颜回的偏爱

颜回一定在孔子的人际同心圆内环之内,而且肯定是5个核心人物之一。

孔子不仅喜欢颜回,而且偏爱他,圣人也偏心啊!偏心到什么程度?认真研究就会发现,颜回既没留下著作,也没留下功绩,他的全部优点,几乎都出自孔老师之口。

《论语·先进》记载:颜渊死,子哭之恸:"噫!天丧予!天丧予!"从者曰:"子恸矣!"曰:"有恸乎?非夫人之为恸而谁为?"颜同学死了,孔老师非常痛苦,伤心大哭,放声大喊:"老天啊!杀了我吧!老天啊!杀了我吧!"其他学生看到老师哭得那么伤心,便劝他:您这么大年纪,不要过于悲痛,注意身体啊!孔子反问道:"我太悲痛了吗?不为这样的人悲痛,我还为谁悲痛呢?"那么多学生在旁边,他们会怎么想?孔子真是太悲伤了!完全不顾其他同学的感受。孔子一生坎坷,抗压能力很强。他3岁丧父,17岁丧母,65岁丧妻,69岁独子孔鲤死,他也没那么难过。但他71岁时,颜回的死令他痛不欲生,在快要完成人生之旅时,跌入了苦难的谷底。两年后,孔子逝世。

孔老师总用对比、排他方式表扬颜同学

颜回有很多优点。我们重点看孔老师怎么夸颜同学?他总是用对比、排他的方式。

孔子夸颜回好学。哀公问:"弟子孰为好学?"孔子对曰:"有颜回者好学,不迁怒,不贰过。不幸短命死矣。今也则亡,未闻好学者也。"(《论语·雍也》)鲁哀公问:"你的弟子中谁最好学?"孔子答:"颜回最好学,他不会迁怒于人,不会重复犯错。不幸啊!可惜啊!他太短命,死了。现在没有了,我再也没听说过谁好学了。"注意"未闻",即没有听说过,更别提见过。孔老师您这么啰唆干吗?问题已经回答,为什么还意犹未尽,非要补一句?季康子问过同样的问题:"弟子孰为好学?"孔子的回答几乎一样:"有颜回者好学,不幸短命死矣,今也则亡。"(《论语·先进》)

孔子夸颜回守仁:"回也,其心三月不违仁,其余则日月至焉而已矣。"(《论语·雍也》)颜回啊!他心里长期不离仁德,其他人偶尔想到仁就不错了。正如毛泽东说的:"一个人做点好事并不难,难的是一辈子做好事,不做坏事。"

孔子还和颜回表扬与自我表扬。子谓颜渊曰:"用之则行,舍之则藏,惟我与尔有是夫!"(《论语·述而》)孔子对颜回说:"领导用我,我就出山效力;领导不用我,我就归隐山林,恐怕只有我和你才能做得到吧!"

孔老师表扬颜同学也就算了,还要让其他同学表态:我夸颜回,说得对吗?子谓子贡曰:"女与回也孰愈?"对曰:"赐也何敢望回?回也闻一以知十,赐也闻一以知二。"子曰:"弗如也,吾与女弗如也。"(《论语·公冶长》)孔子问子贡:"你和颜回谁强?"答:"我怎么敢和颜回比?颜回能举一反十,我只能举一反二。"孔子连忙说:"不如他,我和你都不如他啊!"子贡说自己举一反三都做不到,孔子也没分析一下人家是否谦虚。为了表扬颜回,孔子不惜拉下自己的段位。

孔子为了夸颜回,无所不用其极啊!颜回要不是情商高、会做人,会没朋友的。

孔子的优秀学生很多,仍然偏爱颜回

其实,孔门弟子中贤者很多,有些人贡献比颜回大,有些人比颜回更优秀。然而,孔老师仍然偏爱颜同学。

对孔子贡献最大的是子贡

子贡善于营销。孔子周游列国,每到一处,都会受到各国君王的接见。有人感到奇怪:我到美国那么多次,又是留学,又是做访问学者,美国总统一次都没接见我嘛!因为子贡在老师去之前,就通过关系先造势,老师再出场,因此点击率自然就高了。

子贡对老师有救命之恩。孔子和学生们被围困于陈蔡七天七夜,差点饿死。子贡,在一个月黑风高的夜晚,冲出重围,搬来救兵,才让孔子一行脱险。

孔子晚年,吃穿用都是子贡供养,而且非常依恋子贡。孔子生重病时,怕见不到子贡最后一面,就让人把子贡叫回来,一见到子贡,病就好多了。子贡业务繁忙,等孔子病好了,他又去出差。最后一次,子贡没能赶回为老师送终。他无比自责:怎么不一直守着老师?为了一点"粪土",留下终身遗憾!通常,人们为父母守孝三年。同学们为老师守孝三年,结束时,纷纷与子贡道别,都失声痛哭。子贡则在孔子墓旁搭建一个小茅屋,又独自为老师守孝三年。(《孟子·滕文公上》记载:孔子没,三年之外,门人治任将归,入揖于子贡,相向而哭,皆失声,然后归。子贡反,筑室于场,独居三年,然后归。)子贡当年41岁,年富力强,六年不工作,损失多少机会啊!子贡比老师晚23年去世,为老师守墓的时间就超过四分之一。后人为纪念子贡守孝,在原址上修了一个"子贡庐墓处"。

子贡对孔子乃至后世儒家还有一个巨大贡献,他购置了"三孔":孔府、孔庙、孔林,把孔子生前、身后事都安排好了。中国历史上很多名人故里都有争议,因为证据不足。但是,从来没人争孔子故里。时至今日,人们拜访"三孔",仿佛都能看到孔子的身影。

老师也喜欢子贡,但对他要求严格。子贡觉得自己表现可以,成绩不错,为什么老师总是表扬颜回不夸自己?再优秀的员工,如果总是得不到领导的表扬,心里总是有些不舒服,甚至有点发虚。于是,子贡问曰:"赐也何如?"子曰:"女,器也。"曰:"何器也?"曰:"瑚琏也。"(《论语·

公冶长》)子贡问:老师,您觉得我怎么样?孔子说:你呀!是一种器皿。问:什么器皿呢?答:瑚琏之器。瑚琏是一种装祭品的玉器,列于庙堂之上,贵重华美。瑚琏之器喻为治国贤才、国之重臣,所以很多人认为孔子对子贡的评价非常高。其实不然,孔子对这个心爱的弟子期望值很高。孔子曾明确指出:"君子不器。"(《论语·为政》)君子不应该成为某种固定的器皿。瑚琏之器再好,只要是器皿,就定型了。老师的潜台词是"孩子,你离君子的要求还有差距啊"。因此,这是老师对子贡的含蓄批评,或者是有保留的表扬。

孔子对子贡的评价还有些偏颇。有一次,孔老师又用"对比评价法"谈论颜回和子贡:"回也其庶乎,屡空。赐不受命而货殖焉,亿则屡中。"(《论语·先进》)颜回学问道德很好,循规蹈矩,可是投什么亏什么。子贡打破常规,投什么,什么升值,屡猜屡中。由此可见,孔子不是经济学家,不清楚这方面的门道。子贡好像有内幕消息似的,买哪只股票哪只涨停。然而,子贡搞投资、买股票是靠运气和靠猜吗?不是!决策前,他要做大量研究分析,从而去伪存真、去粗取精。他是商业奇才,具备很高的市场敏锐度,做事不是"臆""猜",而是通过"预测分析""实证研究"。

我们翻遍史料,难觅关于颜回对孔子贡献超过子贡的记载,然而,这丝毫不影响孔老师对颜回的偏爱。

子路"缊袍不耻"比颜回"安贫乐道"更难

颜回是孔子最喜欢的学生,他有一个优良品德——"安贫乐道";子路是孔子的学生中个性最鲜明的,"缊袍不耻"的典故与他有关。面对贫穷,他们都泰然处之,相比之下,谁更难能可贵?

孔子夸颜回:"贤哉,回也!一箪食,一瓢饮,在陋巷,人不堪其忧,回也不改其乐。贤哉,回也!"(《论语·雍也》)贤良啊!颜回。吃着一竹碗粗粮,喝着一瓜瓢凉水,住在简陋的小巷,常人无法忍受这种贫苦,颜回却丝毫不改他的安贫乐道。贤良啊!颜回。注意:"饮"是凉水,"汤"才是热水。他住在棚户区,用冷水就饭,但仍然快乐,普通人很难做到。这就是颜回的贤德:安贫乐道。孔老师对其评价很高,反复赞叹,喜悦之情,溢于言表。

孔子赞子路:"衣敝缊袍,与衣狐貉者立,而不耻者,其由也与？'不忮不求,何用不臧？'"(《论语·子罕》)身穿破旧的、塞着芦絮的袍子,与穿貂皮大衣的人在一起,一点也不自卑,只有子路才能做得到吧？正如《诗经》所说:"不攀比逞强,不贪婪企求,还会有什么事做不好？"打个比方,我们一同出席一个盛大的宴会,你坐着豪车,穿着高档服饰,外表光鲜,衣着华丽。我骑辆旧车,穿件老旧棉袄,衣服上补丁连连。如果我们同时站在大厅门口,会受到什么待遇？见到你,迎宾小姐热情鞠躬:"欢迎欢迎！先生请！"见到我,保安马上拦住:"出去,出去！也不看看这是什么地方！""我来参加晚宴,这是请帖。""捡来的吧？"面对羞辱,我仍耐心解释,悠然淡定,毫不自卑,这需要有多大的心理承受力啊！

子路"缊袍不耻"比颜回"安贫乐道"难得多。颜回"在陋巷",虽然生活条件差,但和邻居相比,心理落差不会太大。差距最多是邻居家装饭的竹筐大一些,吃得好一点,喝的是热水。可是,攀比心最折磨人,尤其是落差很大的攀比。因此,老汤经常提醒有钱的同学:不要炫富！富,是你个人的事。炫富,就会对一些穷人造成伤害,破坏社会风气。为什么"小隐隐于野"？隐居深山老林,甘于清贫,只与鸟兽为伴,所以不会受到外界干扰。这种生活方式不可控因素少,相对容易实现。为什么"中隐隐于市"？身居繁华闹市,面对各种诱惑,内心不为所动,需要强大定力,这很不容易做到。为什么"大隐隐于朝"？身处政坛,明争暗斗,风云变幻,心如在宁静幽深的山野。这种生活方式不可控因素多,非常难实现。

故事还没结束。子路性格耿直,总是挨批,难得受到老师表扬。子路终身诵之。子曰:"是道也,何足以臧？"(《论语·子罕》)子路常常念叨老师对他的评价。孔子说:"这是成为君子的必经之路,是求道之人的应有表现。你怎么可以挂在嘴边,到处炫耀,骄傲自满？"子路又挨批了。

"缊袍不耻"比"安贫乐道"更难,结果却是后者受表扬:"贤哉,回也！"前者挨批评:"何足以臧？"这种现象在大家庭屡见不鲜:干活多但脾气倔的孩子常挨批评，做事未必多但嘴巴甜的孩子总受表扬。偏心啊！在职场也类似。

对历史贡献最大的孔门弟子是曾参

孔门弟子中，知名度最高、对中华民族贡献最大的是曾参。《论语》留传于世，曾子功不可没。《论语》是由曾子等人牵头编纂而成，他的学生参与并定稿。曾子还有两部重要著作：一是《大学》，二是《孝经》，均为教科书式的作品。《孝经》是维系家庭关系的道德准则，但很可惜，现在大家对它了解不多。曾子还培养了孔子的孙子子思（《中庸》的作者），孟子是子思弟子的学生，他们都是儒家代表人物。《论语》《大学》《中庸》《孟子》合称"四书"，是儒家经典著作，构建了儒家文化的框架。这四本书和曾子都有直接或间接的关系，所以曾子是承前启后的重要人物。

《论语》中，"曾子"出现了很多次，留下了不少金句。然而，书中孔子和曾子只同框过一次，孔子对曾子的评价也一般："参也鲁。"（《论语·先进》）曾参耿直中带点鲁莽。

孔子偏爱颜回之人际关系管理视角探秘

孔子偏爱颜回，是不是因为他很穷？是不是孔老师对穷孩子格外关照，多加鼓励，以保护其自尊心，只要发现优点就使劲夸：好！很好！非常好！对那些有钱、有权人家的孩子，他反倒不太表扬？

老汤认为，有这种可能，但不是关键。举个反例：子路也是穷孩子，但孔老师照骂不误。当然，子路挨骂是有原因的，他经常怼老师，所以老师对他也不客气，《论语》对此有不少生动、简洁、传神的记述。子路曰："卫君待子而为政，子将奚先？"子曰："必也正名乎！"子路曰："有是哉，子之迂也！奚其正？"子曰："野哉，由也！君子于其所不知，盖阙如也。名不正，则言不顺；言不顺，则事不成。"（《论语·子路》）子路问："如果卫国国君请您参政，您首先会做什么？"孔子答："我必须要一个合适的名分。"要先当官，有实职，最好是"一把手"，虚头巴脑的"顾问"之类不行。

子路大大咧咧地笑了:"有这个必要吗?您也太迂腐了吧!为什么要先弄一个名分?"孔老师骂他:"子路,你这臭小子,太粗野了!君子对不懂的事,应该保持沉默。若不是领导,谁听你的?别人不听,你怎么做事?"(成语"名正言顺"由此而来)寥寥数语,画面感很强。

深入探寻,发现奥妙,颜回讨人喜欢的秘诀是情商极高。

善于倾听

孔子用批评的口吻表扬:"回也非助我者也,于吾言无所不说。"(《论语·先进》)颜回这孩子,对我帮助不大,我无论说什么,他都心悦诚服。无论孔老师说什么,颜同学都连连点头,从没提过反对意见。难道他真是唯唯诺诺、没有思想之人吗?不!那是他善于倾听,及时反馈,不停点赞。颜回善于思考,并非只是附会老师的观点,而是因为领悟而点头。孔子说:"吾与回言终日,不违如愚。退而省其私,亦足以发,回也不愚。"(《论语·为政》)我给颜回讲了一整天的课,他一直认真听讲,没说一个不字,像个愚笨的人。他课后认真思考,在我所讲的基础上发挥,结果讲得比我还好,颜回并不愚笨啊!

认真学习很重要,还要积极思考,更重要的是感悟。领悟才是研读中华经典的关键。由此,我们悟出"为政三部曲"。上级下达任务时,下属常常有两种偏颇的处理方式。有些人的第一反应是:这怎么可以呢?当然,这样做没有错,先想到困难、划定边界,问题就更容易解决。但是,简单拒绝会让领导感觉不爽:你都还没有开始干,怎么就知道不可以?没有担当。有些人恰好相反,十分耿直,胸脯一拍就接受:领导,我保证完成任务!问题是,说保证的常常不能保证,结果大打折扣,让领导不满意。如果先拍胸脯,后拍屁股,接受任务后没有下文,那就更麻烦了。

正确的系列动作是三个步骤。第一步,接受。不管领导交待什么任务,不要第一时间就质疑,而要表明积极向上、敢于担当的态度:"好!领导,马上执行!"注意:要说"马上执行!"这只是表态;别说"保证完成!"如果还没开始,就先亮结果,你会很被动。第二步,分析。认真分析、梳理这项任务存在的困难,第二天再去领导办公室,苦着脸说:"领导,我一个晚上都没睡好。"其实,你可能睡得很好。然后,一一列出任务存在哪些困难。这时,领导可能有两种反应:一是民主体贴型,他会坐下来和你商量,把任务的要求重新调整,多配备资源给你。二是简单粗暴型,他会说:有条件要上,没有条件创造条件也要上! 注意,领导虽然嘴硬,但是期望值已经降下来了:要创造条件才能上。第三步,创造。不仅努力完成,而且创造性地完成任务,结果高于领导的预期,那么,领导对你的态度会怎样? 有一次,某领导私下感慨:给某特大城市的人派活总感到踏实,因为他们开始会和你讨价还价,但执行时十分精细,做事严谨。不像有些人,胸膛拍得震天响,钱要了,但事没干,最后钱没了。

"接受、分析、创造"是颜回的学习方式,也是"为政三部曲",做学问和为人处世的道理是相通的。

善于夸奖

我们看看颜同学如何夸老师。《论语·子罕》记下了这个精彩瞬间。颜渊喟然叹曰:"仰之弥高,钻之弥坚。瞻之在前,忽焉在后。夫子循循然善诱人,博我以文,约我以礼,欲罢不能。既竭吾才,如有所立卓尔。虽欲从之,末由也矣。"很多成语、金句都出自这里,比如仰之弥高、钻之弥坚、循循善诱、欲罢不能、卓尔不群等。"博文约礼"成为香港中文大学的校训。敲黑板:这个"喟"字用得真好! 太传神了! 什么叫作"喟然叹曰"? 有一天,下课了,老师和同学们都走了,只剩颜同学一个人。他喃喃自语:老师啊,你太伟大了! 太伟大了! 太伟大了! 孔子知道后,心情会是怎样? 真诚地感慨,就是"喟然叹曰"。

设想一下,会议结束后,领导和同事们都走了,你一个人倚靠着门框,四十五度角仰望天空,喃喃自语:领导啊,你太伟大了! 太伟大了! 这不是演戏,而是真诚的表达。领导知道后,感觉如何? 这是不是比当面夸他效果更好?

善于背后夸人,是颜回深得孔子喜欢的另一个原因。我们由此得出一个重要的人生感悟:背后议论之"2∶20法则"。中国有句古话:"好事不出门,坏事传千里。"只要你在背后和两个人说了关于领导的坏话,这话马上就会传到领导那去。不信你试试!很多人喜欢打小报告。然而,你至少要在背后表扬领导二十次,他才会知道。当领导得知你在背后夸他,这比你当面夸他二十次效果更好。结论是:正能量更需要被真诚、反复地传播,否则,会轻松地被负能量淹没。

善于幽默

《论语·先进》记载:子畏于匡,颜渊后。子曰:"吾以汝为死矣。"曰:"子在,回何敢死?"因为误会,孔子一行在名叫匡的地方被人围住。这时,颜回不见了。他是走散了,还是逃脱了?不知道。后来,一行人安全了,他又出现了。老师见到他,责备道:"你这个家伙,到哪里去了?我还以为你死了呢!"

老师责问颜回,是想知道他去哪儿了吗?不是!老师非常关心他,这是悲喜交集、失而复得时的自然反应。如果颜回委屈地解释去哪了,吃了什么苦头,这有必要吗?他以后有的是机会,可以慢慢地讲故事。他当时甚至和老师顶嘴、吵一架,结果会怎样?这个场景是不是很熟悉?是不是在很多家庭出现过?老汤亲眼目睹了一场争吵。由于儿子犯了错,父亲批评他,用了常见的开场白:"你这个该死的家伙!"儿子立即反驳:"我怎么该死了?犯了多大错?罪该万死吗?"于是,围绕着该不该死的问题,父子俩大吵一架。结果,犯错的事反而没讨论。

颜同学怎么处理这个常见的问题?他呵呵一笑:"老师,您还活着,我怎么敢死?"(老汤评论道:马屁!高级马屁!你食言了!)颜回比老师早死三年,让老师伤心欲绝。在这个嬉皮笑脸、拍着高级马屁的学生面前,老师是不是怒气全消、心情大好?

孔子感叹:"回也视予犹父也,予不得视犹子也。"(《论语·先进》)颜回把我当作父亲,我却不能待他如儿子。孔子几乎没像这样评论过其他同学。事实上,很多学生都把孔老师当作父亲,在子贡心目中,孔老师的地位甚至超越了父母。为什么孔老师特别认可颜回？偏心啊！

通过颜回的故事，我们感悟出"回应领导批评三部曲"：第一，不生气。领导批评你，尤其是莫名其妙地批评，一定有其原因，未必是坏事。因此，你要冷静，不生气，别顶撞，更不能吵架。第二，不辩解。领导劈头盖脸地责问时，未必是要听解释，他或许早有定论，而你的辩解会显得苍白，甚至火上浇油。第三，转怒为喜。你要像颜回那样，先调侃一下，把话题岔开，把领导的火气降下来；再讲个笑话，让他开心一下，给他个台阶下，这样大家都有面子。当然，这个做法难度系数很大，你必须有快速的反应能力，要有文化，还要和领导关系好。

划重点！高水平夸人三要素：说者自然，听者受用，旁观者不反感。这是准确表达忠诚的重要方法。

"智能出气筒"的故事

你有没有突然被领导莫名其妙骂一通的经历？是不是感觉委屈？要不要忍受？该怎样处理？颜回的案例值得借鉴。此外，历史上还有另一位高手。

李世民的"智能出气筒"

魏征因直言进谏，被唐太宗称为"明镜"，二人组合名垂千古。李世民为何能容忍魏征？而且能一直忍？因为他背后有一批贤人。一个是长孙皇后，她经常给李世民打气：亲爱的，忍忍吧！忍得一时之气，便成一代明君。但是，总是忍也不是好办法，人一直憋气要出毛病的。于是，一个"智能出气筒"横空出世，即宰相房玄龄。

"房谋杜断"，是指房玄龄足智多谋，杜如晦善于决断。房玄龄不仅有谋略，而且有修养，脾气很好，沉得住气。一个重要体现就是"怕老婆"，他的这个"怕"，路人皆知。在那个年代，有钱人会有三妻四妾。可是他贵为宰相，却只有一个老婆。有一次，唐太宗和大臣们聊到此事，大家就拿老房开涮。唐太宗看不下去了，愤愤不平地对房玄龄说：老房，你先回家吧！他立即挑了10个美女，送去房玄龄家。不料，房太太堵在外面，坚决不让美女们进门。拒绝皇帝恩赐，那是欺君之罪！于是，房太太被押上金銮殿。"夫人，该当何罪呀？""愿听皇上发落。""好！要么收下美女，要么喝下毒酒。"房太太二话不说，端起酒杯，一饮而尽。唐太宗呵呵大笑："老房，你就认命吧！"原来酒杯里装的不是毒酒，而是醋。这就是"吃醋"的典故。

房玄龄不仅在家里没脾气，在职场上脾气也很好。唐太宗经常被魏征惹怒，于是有事没事就拿房玄龄出气，有时，毫无征兆地发火：老房！你这个混蛋，滚！滚回家去！于是，老房就夹着包回了家。全家上下都吓坏了，不知老爷出了什么事。老房很淡定："没事，难得放假，过几天，皇上就会下诏让我回去。"第二天，唐太宗就亲自来到房家，一见到房玄龄就哈哈大笑：老房啊！你这家伙，跑回家享清闲了！守着吃醋的老婆，大眼瞪小眼有什么意思？走！上班去。唐太宗拉着老房的手，坐上自己的车，昨天的事就像从来没有发生过。房玄龄老了，多次请辞，可唐太宗一直不准许，离不开他！

在职场，有能力很重要，如果还有好脾气，那你就具备核心能力。"智能出气筒"的标签，在一定程度上成就了房玄龄不可或缺的地位。

生活中的"智能出气筒"

上司发脾气时，你该怎么办？要稳住，冷静分析：为什么？喜怒形于色的领导常常容易沟通。有可能是上司"迁怒"，对不相干的人发泄愤怒。这样做不好，说明他涵养不够。既知修养不够，何需与他计较？明智之举是帮他"泄火"。忍得一时之气，免得百日之忧。也有可能是上司把你当作自己人，尤其是当众对你发火，大概率不是冲你来，而是震慑在场的其他人，你发挥了"惊堂木"的效用。这种情况下，你不要感到郁闷，反而应该窃喜，或许会有意外收获。有一次，老汤列席某部委的会议，部领导谈到一个问题时，突然冲着某司级干部大吼：这件事不处理好，立即撤你的职！全场鸦雀无声。老汤推测：这哥们有好事要来了。果不其然,几个月后,他就被提拔了。相反,领导平常不苟言笑,突然客客气气,你反而要当心,这就是生活中的辩证法。

我们小时候都挨过父母的骂,他们会突然大发脾气。有时是我们犯了错误,有时是父母心情不好。无论如何,你不要顶嘴,过一会儿,就会云开雾散。家长莫名其妙地发脾气不好,尤其是开口就骂人更不对。孩子不要辩解、争吵,更别借题发挥,要冷静观察当时的语境、父母的心情,分析父母真正要表达的是什么?不要一言不合就翻脸。在家里和父母吵架还好,摔门而出,晚上回家:"爸爸妈妈,我回来了。""宝贝回家了!吃饭吧!"在单位上能和领导吵吗?一旦吵架,还有机会缓和关系吗?

男同胞被家里领导责备:"屡教不改!故意的是吧?"如果各种辩解,就是火上浇油。在老婆眼里,铁证如山,你还狡辩?遇到这种情况,请打开以下三个"锦囊":第一个,道歉:老婆,我错了。如果老婆穷追不舍:怎么老是教不会?第二个,自黑:我这不是比较笨嘛!如果她还不依不饶:能不能有点长进?第三个,转移话题:你把一个这么笨的人调教得那么优秀,已经很伟大了!男同胞们,老婆批评你,未必是生气。别争辩!

第六章

为人处事之诚

为人，重在"用心"

只有真诚用心，才能化繁为简

尽孝重要的是真诚用心

一副对联："百善孝为先，原心不原迹，原迹贫家无孝子；万恶淫为首，论迹不论心，论心世上少完人。"

百善中，孝排在最前面。儿女是不是孝，主要看是否真诚、有孝心，不能仅仅看出钱多少、出力效果等，否则，穷人家就没有孝子了。穷孩子拿不出像样的东西孝敬父母，并不代表他不孝。如果一个穷人只有一万元，却拿出八千元来孝敬父母；一个富人有一千万元，拿出八万元来孝敬父母，这说明富的比穷的更孝吗？大家庭中，某个儿女给父母的钱少未必代表不孝，还要看其经济条件。如果对父母尽心尽力，就算出钱不多，也是尽孝。不能根据表面行为判断某人是否尽孝。"竹林七贤"中的阮籍，其母亲去世时，他没有当众哭泣，甚至没有流露出悲戚的神色，所以吊丧者议论纷纷。阮籍晚上独自守灵，突然口吐鲜血。某富人把母亲的葬礼办得非常风光，围观者啧啧称赞，只有邻居知道，老太太生前孤苦伶仃。因此，尽孝的关键要看是否真诚、用心。

万恶中，淫排在最前面。判断一个人是不是淫，要看他有没有淫荡的行为,不能追究他有没有过淫荡的念头。如果根据念头来判断某人是否高尚,那么世界上几乎没有高尚者。再高尚的人也可能有过卑鄙的念头,只要最后高尚的念头战胜了卑鄙的念头,其行为高尚,他就是一个高尚的人。因此,现代法律是根据某人的行为来定罪,没有"思想罪"。古代的"腹诽罪"就是思想罪,只要嫌疑人在肚腹之中诽谤皇帝,就可被制裁,评判的标准是皇帝。暴君啊!

只有"大道"才能"至简"

冉雍(字仲弓)和孔子谈论子桑伯子。子曰:"可也简。"仲弓曰:"居敬而行简,以临其民,不亦可乎?居简而行简,无乃太简乎?"子曰:"雍之言然。"(《论语·雍也》)孔子说:"还可以,这人简单。"仲弓说:"如果他的行为庄重,深思熟虑,管理国家就可以化繁为简,方便百姓,那不是太好了吗?如果他很随意,考虑不慎,管理国家也想从简,制定的政策就可能简单,那岂不要出大问题?"孔子说:"我赞赏冉雍的观点。"

冉雍说,不是谁都可以运用好"简","居敬"才能"行简","居简"不能"行简"。只有全心全意为人民服务的官员,重视调查研究,做事深思熟虑,才能简化政策,便民利民。如果管理者既无为民之心,又无专业素养,还想一切从简,就不能应对复杂多变的情况,容易出大问题。决策从简必须有"明君"实施才能提高效率,否则,"一言堂"很容易导致决策失误,给社会带来巨大损失,还容易滋生腐败。在不能确保有明君的情况下,按部就班、遵循程序办事反而更合适和更安全。做学问也是一样,只有对某个领域研究透彻,才能做到深入浅出、化繁为简。如果不求甚解,大概率是流于表面,贻笑大方。

只有内心强大、高瞻远瞩,才能在直面危难时从容不迫。否则,会出现以下两种情况。一是危难将临,浑然不知。"商女不知亡国恨,隔江犹唱后庭花。"(《泊秦淮》)唐代的杜牧是在批评歌女吗?不!他批评的是当政者。歌女没文化,不知《玉树后庭花》是陈后主的亡国之曲,这很正常。当政者有文化、懂历史,怎么会不知道?怎么能不警惕?二是危难已至,假装不知。"暖风熏得游人醉,直把杭州作汴州。"(《题临安邸》)如果杜牧是在叹气,那么南宋的林升就在批判:大敌当前,偏安一隅,你们还有心思春游?如果继续买醉,汴州的"靖康之耻"就会在杭州重演!

《易传·系辞传》说:"易则易知,简则易从。"容易的道理就容易理解,简单的规则就容易遵循。然而,很多人忽视了这句话的前提:"乾以易知,坤以简能。"天体运行规律容易掌握,比如日出日落;大地的功能非常简单,比如生长万物。然而,天的规律、地的功能自古以来就是这么简易吗?不!从宇宙大爆炸到地壳运动、大陆漂移经历了数亿年,经历过多么的不简单,才有今天的简易。"大道至简",然而,人们的关注点常在"至简",忽视了其重要前提:"大道"。大道,历经了无数复杂的运行后,才将至简呈现在世人面前。只有大道,才能至简。只有居敬,才能行简;只有真诚用心,才能化繁为简。

人际关系中的"情、理、法"

"情、理、法"的适用范围

家是一个讲"情"的地方。小汤小时候就是伶牙俐齿,经常挖坑给大人跳。有一天,老汤下班回家,两岁多的她突然问:"爸爸,打人犯法吗?"老汤的第一反应是女儿和哪位小朋友发生冲突了。普法教育,从娃娃抓起。于是,老汤不假思索地回答:"当然犯法。"小汤听后,大哭起来:"妈妈打我!"老汤问:"妈妈为什么打你呀?"小汤回答:"妈妈不讲理。她说我不听话,就打我。打人犯法!去法院告她!"

这个问题很严重,必须循循善诱。于是,老汤说:"宝贝,妈妈打人不对,一会儿爸爸批评她。如果去法院告妈妈,妈妈就被抓走了,妈妈不在了,谁做饭给宝宝吃呢?谁给宝宝讲故事呢?歌词里怎么唱的?世上只有妈妈好!有妈的孩子是个宝,没妈的孩子是根草。宝宝,要妈妈吗?"女儿又大哭,跑过去抱着妈妈:"我要妈妈,不告妈妈。"一场母女"冲突",被老汤轻松化解。

为什么"清官难断家务事"？因为家是一个讲"情"的地方，用理、用法都解决不了问题。孩子啊！妈妈为你尽心尽力，即使她偶尔不讲理，偶尔违点"法"，又有什么大不了呢？一个家庭里，如果妈妈有点小任性，会给家庭生活增添情趣，过于理性可能会成为婚姻的杀手。为什么我们心甘情愿地为家人付出？因为来日方长。年轻时吃苦，老了可能会享福；这辈子吃苦，可能是为子孙积福。

职场是一个讲"理"的地方。组织中，能者上庸者下，多劳多得、按劳分配、按章办事。当然，职场不像菜场，一手交钱一手交货，要遵循一个重要原则：合理。比如，在合理的范围之内，即使多劳没有多得、长时间的加班没有加班费，员工也乐于付出，组织领这份情。然而，人们很难做到长期无私奉献，因为"铁打的营盘流水的兵"，没有人会在单位待一辈子，总是要退休的。

在社会上要讲"法"。北宋邵雍说："你我今日一别，十二万九千六百年后终会相见。"（《皇极经世·观物篇》）1 元 = 12 会，1 会 = 30 运，1 运 = 12 世，1 世 = 30 年。1 元 = 360 × 360 = 129 600 年。1 元，为世界一个周期，1 元之后系统重启，你我终会相见。然而，对大部分无缘人而言，此生都是一锤子买卖，打了一次交道就再也见不到了。这就必须用"法"来保护公民，比如，钱货两讫、私有财产不可侵犯等。

用博弈论解释：在家讲"情"，这里是"无限重复博弈"之处；在职场讲"理"，这里是"有限重复博弈"之处；在社会上讲"法"，这里是"一次博弈"之处。因此，人们谈到"法"就感到冷冷冰冰，谈到"理"就感到规规矩矩，谈到"情"就感到亲亲热热。

"情、理、法"很难兼备

生活中总有各种不愉快，"情、理、法"很难兼备。常言道："不如意事常八九，可与人言无二三。"为什么？用数学模型分析解释如下。

如意，是指合情、合理、合法。生活中的许多事很难如意：合情但不合理，合理但不合情，合情合理但不合法等。传说，孔子的学生和一个

"青衣少年"争论,少年说一年只有三季。孔子回来,学生让老师评理,孔老师仔细打量少年后,对学生说:你错了。孔老师发现,那是只蚂蚱,它从未见过冬季。庄子说:"夏虫不可语冰。"因此,它认为一年三季情有可原,但是不合常理。上帝命令,不准吃智慧树上的果实。但夏娃受蛇诱惑还是偷吃了禁果,于是受到上帝的惩罚。违反规定受罚,合理;但是,不合人情。上帝啊!难道你不知道人禁不住诱惑,越不允许做的事就越想做吗?孔子认为,父亲偷了羊,儿子不应该举报:"父为子隐,子为父隐",合情合理,然而,这种行为在许多地方是不合法的。

陈定国教授用概率论分析既合情、又合理、又合法的概率:合情率是50%,包括合情和不合情两种可能。同样,合理率、合法率也是50%。

如意率=合情率×合理率×合法率=50%×50%×50%=12.5%

不如意率=1-如意率=1-12.5%=87.5%

因此,人生在世,"不如意"是常态。8.75/10,其分子精确到小数点后两位,介于8和9之间,所以"不如意事常八九"成立。

可,是指生活之吉。南怀瑾先生说,人世间一切现象都能分为四类:吉、凶、悔、吝。吉凶者,失得之象也;悔吝者,忧虞之象也。(《易传·系辞传》)吉,是指好、得;凶,是指坏、失;悔,是指事情做过头了,过犹不及;吝,是指事情做得不足,功亏一篑。悔、吝都会给人带来不好的心理感受,引发忧虑。四种现象中,唯有吉是人们喜欢的。如果卜卦,会出现四种结果中的一种。一个签筒里有以上四支签,从中抽到"吉"的概率是多少?四分之一,即25%。因此,人生在世,"可"不容易。2.5/10,其分子精确到小数点后一位,介于2和3之间,所以"可与人言无二三"成立。

如果我们明白这个道理,对生活中出现的不如意,就会释然,不会感到困惑;对称心事,就会感到欣喜,不会无感。生活就容易幸福、和谐。

孔老师的用心良苦

孔老师收干肉只是收一份心意

子曰:"自行束脩以上,吾未尝无诲焉。"(《论语·述而》)孔子说:

"只要带着一束干肉来求学,我从没有不予教诲的。"这句话引发了后人的争议,争论的焦点是"束脩"。大部分人认为:束脩是十小条一捆的干肉。

有人产生疑问:孔老师还收礼呀?这会不会影响其圣人的形象?有的人说,孔子的教育理念是"有教无类",像颜回、原宪这种穷孩子,饭都吃不饱,哪有干肉?孔子不照样收他们为学生吗?因此,束脩不能理解为"一捆干肉"。有的人说,古代人年满15岁就成年了,可以把头发往上束,所以束脩是成年的意思。孔老师的意思是:只要成年人肯拜我为师,我没有不收的。但这种解释存疑。孔子的学生年龄跨度很大,其中,颜回的父亲颜路年龄最大,比孔子小6岁;叔仲会年龄最小,比孔子小54岁。没有记载表明孔子不收15岁以下的学生。有的人说,束脩是束身修行、品德良好的意思。这种解释也存疑,孔老师弟子三千,都是品德良好吗?如果是,就与他"有教无类"的教育理念相违背了。把一个差生、混混教成好学生,就像孔子调教出子路,那才是高手,才是教育的重要责任。一位重点高中的老师说了大实话:不是我们有水平教出那么多优秀的学生,而是那么多优秀的学生聚集到这里。孔子开的是私塾,不是全国重点中学,他要是那么挑学生,这学校还办不办?

我们认为,束脩就是十条一捆的干肉,只是一份薄礼。孔子一定不缺干肉,他家的干肉一定多得送人,为什么还收?结论是:拜师,尽心很重要,收礼体现了仪式感。教育付费,是对知识、对教师的尊重。孔老师在学生入学前收点干肉又怎样?只是收一份心意,量多少不重要,意思很重要。孔子开的是私立学校,收学费合情合理。

另外,请注意"未尝"。孔老师说得很清楚,送了束脩的孩子没有不收的,其潜台词是没有束脩的穷孩子,如果诚心求学,他也会收。孔老师还让穷孩子勤工俭学。原思为之宰,与之粟九百,辞。子曰:"毋。以与尔邻里乡党乎。"(《论语·雍也》)孔子让原宪做学校的总管,给了他九百小米(没写量词,形容数量比较多)。穷人家的孩子,吃饱饭就不错了,哪里见过这么高的工资,原宪不肯收。孔老师说:别推辞了,这是你应得的,用不掉就拿去救济你的那些邻居乡亲吧。

《论语·先进》中有一个记载让人很困惑。颜渊死,颜路请子之车以为之椁。子曰:"才不才,亦各言其子也。鲤也死,有棺而无椁,吾不徒行以为之椁,以吾从大夫之后,不可徒行也。"颜回死了,他的父亲颜路居然向老师提出了一个很荒唐的要求:让孔老师把车卖了,为颜回买一个"椁(guǒ)",即一种套在棺材外面的大棺材。孔子的独子孔鲤刚过世不久,其葬礼办得很简朴:有棺无椁。而且,车是当时上流社会交往的重要工具,也是身份的象征。孔子是有身份的人,如果没有车,以后怎么参加社交活动?颜路为何提出这种无理要求?太奇怪了!我们从中推断:一是孔老师很穷,不仅没钱,连可供变卖的东西都没有,竟然到了要卖车的地步;二是学生们都习惯向老师求援,说明孔子一直帮助学生,有些学生甚至对这种帮助还挺适应的。

因此,孔老师收点干肉也就是收个心意,不以营利为目的。

老师的教鞭

由于孔老师及其继承者的不懈努力,在中国传统中,老师的地位很高,"天地君亲师",老师与"天、地、君王、父母"同框,一起接受祭拜。老师的责任也大,接受弟子拜师,要终生追责。古代有一种恐怖的刑法叫作"诛九族",明成祖朱棣最夸张,诛了方孝孺"十族",第十族就是师生!可见,古代的师生关系多么亲密,一荣俱荣,一损俱损。因此,老师叫作师"父"。孙悟空的师父须菩提祖师知道这猴子会闯祸,会给自己添麻烦,于是,他警告悟空:"出去后,不准说是我的徒弟!"

古代有一种教具名为"戒尺",它赋予了老师特殊的权威。后来,"戒尺"改为"教鞭"。作为老师,老汤的母亲把教鞭的艺术发挥得淋漓尽致。

老汤的二哥小时候调皮,有一次,他在母亲课堂上做小动作,被提醒后还不改,于是母亲抽了他一鞭,他疼得"哇哇"乱叫。正好教育局领导来视察,见此场景说:这个老师好严厉啊!校长答:那是他儿子。于是大家相视一笑。老汤也挨过母亲的教鞭,但每次都是"高高举起,轻轻放下"。一天,她正在讲课,老汤却和同桌讲话,她一教鞭抽过去,哧溜一声,老汤钻到书桌底下。她把桌凳抽得山响,边抽边吼:"不听课,不学习,没知识,没文化,牛马不如!你有牛力气大吗?你比马跑得快吗?"顿时,整个教室里鸦雀无声,连隔壁几个教室都安静了。其实母亲没有抽到老汤,但她的"吼"让人印象深刻!

母亲去家访,常把年龄尚小的老汤带在身边。老汤好多次都看到学生家长拉着母亲的手,诚恳地说:"刘老师,孩子不听讲,您一定要帮我抽他!"那个时代,如果学生挨老师的教鞭,家长是感激的,相当于老师是代家长管教孩子。当然,有一个重要前提:老师要像家长一样关心、爱护孩子。后来,教鞭的权威性严重下降,取而代之的是激光笔。

请问,您小时候挨过父母打吗?我们做过调研,几乎每个人都被父母打过,但很少有人会怀恨在心,有些挨打还令人记忆深刻甚至感到温馨。有一个孝子,妈妈打他时,他总是笑。但有一天,妈妈打他,他却哭了,妈妈诧异:我以前打你,你总是笑,怎么这次哭了?儿子答:我发现妈妈打得不疼了,说明妈妈手上没力气,体力不如从前了。

在中国,父母全心全意为孩子付出,偶尔打打,不算家暴。同样地,师父用心教徒弟,偶尔"棒喝",又有何妨?

处事,尽心尽力

处事有别

中美在处事上的差异

关于"处事",东西方文化有较大差异,比如中国重"人",美国重"事"。

中华文化以人为中心,主张做事先做人,组织中常常因人设岗,其优点是人尽其才,缺点是缺乏规范,可复制性差。美国文化以事为中心,主张任务导向,组织中常常因岗设人,其优点是规范化、可复制性强,缺点是容易抹杀个性。

"以人为中心"存在一个问题:管理者过于强调个人的重要性、独特性、不可复制性。这既是使管理神圣化、神秘化的重要原因,也是将"劳心者治人"曲解为"劳心者高人一等"的重要土壤。汉字也体现了管理神圣化的特点。官,帽子下两个口,意思是上传下达。管=竹+官,即做一个胸有成竹的官员,这是对中层管理人员的要求。理=王+里,即心里要有帝王之术,这是对高层管理人员的要求。

"以事为中心"会让人产生困惑。首先是管理、技术制式化之惑,如果太重制式化,那么人与机器之别何在?其次是人力资源管理之惑,一谈到资源,就让人联想到矿山、粮食等物质形态,当人力与资源相连,人的特殊性、差异性、变化性等特点就被淡化。

因材施教是中华传统文化的重要特征,因为很多问题没有标准答案。这种教育方式的优点是:能在复杂的世界中应对自如;缺点是:成本高、效率低。美国主张教育制式化,其优点是:标准化的教育得以大规模普及,顺应工业化大生产时代趋势;其缺点是:面对复杂的、个性化的世界,缺乏解决方案。

中国文化中有"一朝天子一朝臣"的说法。改朝换代是大事,会使社会处于剧烈震荡之中,导致"乱世"。因此,老百姓渴望社会相对稳定,不希望管理者频繁更换。美国文化中行政官僚频替,技术官僚稳定。这种文化适合选举制度,总统的去留对整个社会影响不大。

实事求是,在中美文化中取长补短,寻找平衡,处事效果就会更佳。

处事,要求有别

《史记·淮阴侯列传》记载,刘邦怀疑韩信谋反,便将其软禁,但会找他聊天。一次,两人谈论带兵打仗,刘邦问:"你觉得我能指挥多少士兵?"心直口快的韩信脱口而出:"陛下带兵,不过十万。"刘邦又问:"你能指挥多少士兵?"韩信居然信心满满地回答:"韩信带兵,多多益善。"刘邦大笑:"你怎么还会被我抓了呢?"韩信深感不妥,马上补充:"陛下不能将兵,而善将将。"您不擅长指挥士兵,但您善于指挥将领。虽然刘邦带兵打仗不如韩信,但治理国家却胜人一筹,包括搞阴谋诡计,韩信都不是他的对手。

岗位不同,对能力的要求不一样。在国家、组织中,制定战略、把握大局是高层领导必备的重要能力。"千金易得,一将难求",有能力的将领是国家的栋梁之材,优秀的中层干部是组织宝贵的财富、战略执行的关键。一个国家的各个行业有大批能工巧匠,一个组织有许多训练有素的员工,他们为国家、组织的发展奠定了良好的基础。

不同时期,针对不同岗位,组织的需求不同,处事的平衡点是移动的,所以组织和个人要掌握好平衡。

美国管理学家罗伯特·卡茨(Robert·L. Katz)在《高效管理者的三大技能》中提出了"卡茨理论":管理者要具备技术、人际和概念三大能力。

技术是指专业技术能力,人际是指人际交往能力,概念是指全局洞察能力,它们分别对应中华文化的"做事、关系、智慧"。在组织中,不同的层级对三类能力的需求程度不同。普通员工,对技术需求最多,对人际需求较多,对概念需求较少。中层管理者,对技术、人际、概念三种能力的需求都较多。高层管理者,对技术需求较少,对人际需求较多,对概念需求最多。在军队中,士兵、将领、统帅的职位不同,他们对三种技能的需求程度与上述分析类似,见表 6.1。

表 6.1　　　　　　　　三大技能需求表

	员工 (士兵)	中层 (将领)	高管 (统帅)
技术 (做事)	最多	较多	较少

续表

	员工 （士兵）	中层 （将领）	高管 （统帅）
人际 （关系）	较多	较多	较多
概念 （智慧）	较少	较多	最多

"卡茨理论"的核心是：技术突显个人，管理发挥群力。在组织中，首先要了解自己的核心能力，分析自己对以上三种技能的掌握程度。其次要了解自己所处的环境，如果能力与职位不匹配，就赶紧补课，提升自己的能力；或者，不断打磨核心竞争力，努力找到与自己核心能力相匹配的职位。

"劳心者治人，劳力者治于人"事件

还原事件真相

有一个历史冤案：孟子"劳心者治人，劳力者治于人"事件。这句话按字面翻译是：脑力劳动者管理人，体力劳动者被人管理。有人将其曲解为：前者高人一等，后者低人一等。因此，有人批判孟子，认为他瞧不起体力劳动者，是统治阶级的代言人。冤枉啊！我们回放此事件，分析其前因后果。《孟子·滕文公上》对此有清楚的记载。

许行，崇尚农耕学说，听说滕文公施行仁政，便前去拜访，希望移民滕国。两人一拍即合，滕文公送给他房子和土地，许行带来了几十个门徒，过着简朴的农耕生活。陈相见到许行，十分喜欢，便成了"许粉"（许行的崇拜者），还加盟了"许帮"。陈相拜访孟子，转述了许行的观点：滕文公是一位不错的君主，但美中不足的是不太懂治国之道。贤明的君王应该与百姓一起耕种，既自食其力，又治国理政。滕文公不种地，滕国却粮仓有粮、国库有钱，这是剥削，是不劳而获。

孟子没有立即正面回答，而是采取迂回战术，循循善诱。孟子曰：

"许子必种粟而后食乎?"曰:"然。""许子必织布而后衣乎?"曰:"否,许子衣褐。""许子冠乎?"曰:"冠。"曰:"奚冠?"曰:"冠素。"曰:"自织之与?"曰:"否,以粟易之。"曰:"许子奚为不自织?"曰:"害于耕。"曰:"许子以釜甑(zèng)爨(cuàn),以铁耕乎?"曰:"然。""自为之与?"曰:"否,以粟易之。"孟子问:"许子一定是自己种粮吃,对吧?"陈相答:"那当然。"问:"许子一定是自己织布穿,对吧?"答:"不,他穿麻衣。"(织布的工艺比织麻衣复杂得多。)问:"许子戴帽子吗?"答:"戴的。"问:"戴什么帽子?"答:"白帽子。"问:"是自己织的吗?"(织布已经不易,做帽子就更难,不是谁都能干的。)答:"不是,用粮食换来的。"问:"许子为何自己不织帽子呢?"答:"会影响耕种。"问:"许子用陶锅烧饭,用铁器耕田,对吧?"答:"是的。"问:"是自己造的吗?"(当时,制陶、炼铁是高科技。)答:"不是,用粮食换来的。"

"以粟易械器者,不为厉陶冶。陶冶亦以其械器易粟者,岂为厉农夫哉?且许子何不为陶冶,舍皆取诸其宫中而用之?何为纷纷然与百工交易?何许子之不惮烦?"曰:"百工之事固不可耕且为也。""然则治天下独可耕且为与?有大人之事,有小人之事。且一人之身而百工之所为备,如必自为而后用之,是率天下而路也。故曰:或劳心,或劳力。劳心者治人,劳力者治于人;治于人者食人,治人者食于人。天下之通义也。"孟子说:"农夫用粮食换炊具农具,不算是剥削陶匠铁匠。陶匠铁匠用炊具农具换粮食,就是剥削农夫吗?而且,许子为什么不自己制陶炼铁,不制作所有的用具,而要忙于和各种工匠进行交易?许子难道不怕麻烦吗?"陈相说:"各种工匠不可能又种地又做工。""治理天下就要一边耕种一边理政吗?官员有官员的工作,民众有民众的工作。每个人都要使用各行各业的产品,如果什么用品都要自己制作,就会让天下人疲于奔命。(孟子得出重要的社会分工结论)所以说:有的人从事脑力劳动,有的人从事体力劳动。脑力劳动者管理人,体力劳动者被人管理。被管理者养活人,管理者被人养活。这是天下通行的道理。"

合理分工，效用最大

孟子抽丝剥茧，层层递进，就是要讲清一个道理：只有合理分工，才能提高整个社会的效率。种粮食固然很重要，是生存之本，但别的行业也很重要，人们用产品和服务来换粮食，这是等价交换，不是对农民的剥削。治理国家也是一样，官员们提供了公共服务，只有管理好国家，人们才有从事生产的和平安定的环境。官员们用服务来换取粮食和其他用品，这也是等价交换，不存在剥削关系。社会分工没有高低贵贱之分，这就叫作"劳心者治人，劳力者治于人"。孟子担心后人曲解，预见到统治者会断章取义，所以在后面加了一句："治于人者食人，治人者食于人。"孟子可没说谁重要谁次要啊！"管人"与"被管"，"养人"与"被养"，谁重要？它们都重要。孟子强调，这种社会分工、等价交换原则是"天下之通义"，全世界都是这样，与意识形态无关。孟子怎么就成了统治阶级的代言人了呢？

这句名言之所以被误读，统治阶级要负主要责任，加上无良文人的推波助澜，刻意断章取义，使"治人"神圣化、神秘化，还让孟子背锅。统治阶级不仅让"治人"神秘化，还不让民众知道他们是怎么尔虞我诈的。西汉刘向编纂的《战国策》，生动地描述了战国时期许多纵横家的说辞和权变的故事，清晰地记载了统治阶级争权夺利的黑暗历史。因此，历朝历代的统治者都不希望民众读这本书。一些御用文人坚决抵制，他们认为，战国的策士们"论诈""言战"，完全违背先王之意、孔孟之道，认为此书有"大毒"。清代程夔初引用朱熹的评价："《六经》，治世之文；《国策》，乱世之文。"(《战国策集注》)《六经》有益于社会治理，《战国策》会导致社会混乱。清代陆陇其更是大骂：其文章之奇，足以娱人耳目；而其机变之巧，足以坏人之心术。(《陆子全书》)《战国策》选材新颖，很有娱乐性，非常吸引人。不过这些机巧权变的方法，会让人变得心术不正。他们看似为老百姓着想，怕扰乱人们的思想，其实是想"捂盖子"，对民众封锁消息，剥夺民众的知情权，这才是统治阶级的"代言人"。

天下、国家，责任不同

天下、国家，二者有别

明朝顾宪成撰写了对联："风声雨声读书声声声入耳，家事国事天下事事事关心。"这体现了他的家国情怀：不仅是埋头读书，而且要胸怀天下。当然，声声入耳是否会影响专注力？事事关心是否会导致精力不济？这有待商榷。此对联清楚地表明：国事和天下事不同，国家与天下不一样。除了地理范围的差异，二者还有重大差别：国家的概念涉及疆土、政权、政府；天下的含义包括社会、文化、民众、人心。"天下非一人之天下，乃天下人之天下也。"（《六韬》）天下不是君王一人的天下，而是全体民众的天下。孟子说："不仁而得国者，有之矣；不仁而得天下者，未之有也。"（《孟子·尽心下》）不行仁政却能夺得国家，这种现象可能存在；不行仁政却能获得天下，这种情况从来没有。某个王朝拥有一个国家，只是占有了其疆土，得民心者才是真正的得天下。隋朝杨素《出塞》诗中的"胡运百年穷"，既是对历史的总结，也是对未来的预测。为什么"胡虏无百年之运"？胡人如果只是占领中原，而不能和汉文化融合，很快就会被赶出去。

明末清初思想家顾炎武的《日知录》说："亡国与亡天下奚辨？曰：易姓改号，谓之亡国；仁义充塞而至于率兽食人，人将相食，谓之亡天下。"亡国与亡天下差别何在？皇帝易姓，改朝换代，叫作亡国。整个天下不讲仁义，统治者鱼肉百姓，变成人吃人的社会，叫作亡天下。"知保天下，然后知保其国。保国者，其君其臣肉食者谋之；保天下者，匹夫之贱，与有责焉耳。"只有知道怎样保卫天下，才知怎样保卫国家。谁来保护国家平安？这是君王、大臣等国家管理者的职责。谁来保护天下太平？这是每个老百姓的责任。简而言之：国家兴亡，君臣有责。天下兴亡，匹夫有责。通俗地说，当权者对国家负责，老百姓对天下负责。

老百姓对天下负责

"天下兴亡,匹夫有责"传遍四海,影响至今,这是梁启超对"保天下者,匹夫之贱,与有责焉耳"的总结,太精炼、太到位、太成功了!

身处盛世者都要感恩,身处乱世者都要追责。为什么?文化兴衰、社会风气好坏,与民众密切相关,每个人都有责任!每个人都要问:我为社会贡献了什么?只要不涉及个人利益,就睁一只眼闭一只眼,突然有一天,灾祸就会从天而降。如果社会腐败,每个人都要反躬自问:我做了什么?没做什么?该怎么做?当政者大多来自普通百姓,是我们的子弟,我们对他们施加过什么影响?有个讽刺的段子,儿子告诉在地里干活的爸爸:我考上公务员了!父亲兴奋不已:儿子啊!你以后也可以"腐败"了!这个段子讽刺了官员,把他们和腐败画上等号。其实,有些人痛恨他人腐败,却为自己享有特权而窃喜,还把这种思想传递给孩子。反腐,不仅是烧尽腐败的野草,更重要的是铲除腐败的土壤。

孔子说:"天下有道,则庶民不议。"(《论语·季氏》)请注意,这里的"议",不是指"议论、评论",而是指"非议、不满"。若天下有道,民众就不会对社会、政府有所非议。孔子是在什么语境下说这话的?孔子之前的中国历史"大数据分析"显示,"天下有道"具备两个重要现象:一是天子有权威,诸侯、大夫都听命于天子;二是民众没有非议。这在后来几千年的中国历史中也得到验证:每一个盛世都是皇权强势的时代,每一个乱世都是君王软弱的时期。政治清明、言论自由,民众反而不会议论纷纷。天下太平,民众就不会非议当权者。国家没有治理好,民众一定要非议。因此,"天下有道,庶民不议"的潜台词是:"天下无道,庶民必议"。

"天下乃天下人之天下""天下有道,庶民不议""天下兴亡、匹夫有责",体现了先哲们强烈的社会责任感。

当权者对国家负责

根据梁启超的提炼类推,"保国者,其君其臣肉食者谋之"即"国家兴亡,君臣有责"。国家政策的制定、国家治理是当政者的职责,管理者要承担责任。因为普通百姓不了解情况,所以对国事可以"议"不能"谋",可以"议政"、出谋献策,不能"干政"、参与决策。南海问题,菲律宾无理取闹,令很多中国网民非常气愤,发各种帖子:打!打!打!但中国没打。最后,看到中国的人工岛一个个屹立在南海,网民感叹:中国英明!美国国会前众议长佩洛西不顾中方的强烈反对和严正交涉,窜访中国台湾地区,引起网民们的愤怒:打下来!打下来!但中国没打。最后,看到解放军绕台的系列军事演习,网民感叹:中国英明!

大国政府制定某项国策,要问计于民,但不可能问每个人,只能和少数人"谋"。即使国家不大,国家大事也不能让全体老百姓决定,众说纷纭会导致无法决策,甚至得出错误决策。典型的事件是"英国脱欧",当政者不负责任,让民众投票决定。2016年,英国脱欧公投。执政党其实不想脱欧,只是想借此为自己拉选票,并将其作为筹码向欧盟索取更多利益。本以为投票结果是不脱欧,结果却出乎意料:52%比48%,同意脱欧!这就是典型的投票悖论:51%的人合法地侵害另外49%的人的利益。拖了4年多,英国勉勉强强脱欧,但未来是否会导致英国和欧盟利益双双受损?

以前,当权者对国家负责,老百姓对天下负责。现在,老百姓对天下、国家都有责,对天下大事、国家大事,要勇敢地表达正确的观点。虽然个体的声音可能微弱,但是人们共同发声就有震慑作用。为什么舆情监测越来越被重视?这说明对民意的重视度越来越高。当然,有责并不是整天谈论国事,不是去当键盘侠。做力所能及的事、贡献社会才是最好的爱国。

孔子、老子的以诚待"怨"

用诚处理"德、怨"

"以德报怨"的千年争论

如果别人对你不好,你该怎么对他?有人说:对他好。还有人说:怎么可以对他好?不理他就不错了。要不要"以德报怨"?几千年来争议很大,各方都有各自的理论依据,都搬出了"大咖"。一派说:要,是老子说的。另一派说:不要,是孔子说的。

《论语·宪问》记载,或曰:"以德报怨,何如?"子曰:"何以报德?以直报怨,以德报德。"某人(自以为得道,扬扬得意)问孔子:"我如果能做到以德报怨,是不是就很棒呀?"(他原本以为孔子会给他点赞)孔子反问:"(如果你的德都用去报怨了)那你拿什么来报德呢?还是用合适的方法对待他人的怨,把有限的德行献给那些对你有德的人吧!"

当不同意别人的观点时,人们常常先说:你错了!然后才亮出自己的观点。殊不知,当"反对"脱口而出,对方已筑起防御工事,接下来,大概率就是争论甚至争吵。看看伟大的教育家如何应对。孔子没有马上反驳对方,而是通过提问的方式,启发对方的思考:如果德行之碗只能装那么点水,你都倒给了对你不好的人,拿什么来报答对你有恩的人呀?孔子不仅没有简单地否定,而且备有预案:"以直报怨"。还是本着正直、正义的原则,用适宜的方法对待怨吧!对方不好,原因很多。如果是你做得不对,努力改正。如果是他的问题,你别纠结。"以直报怨"就是真实表达,"以德报德"就是真诚待人,别浪费有限的资源。由此可见,孔子旗帜鲜明地反对以德报怨。

从孔子的交流之法,我们可得出讨论问题的三部曲:第一,不要一上来就否定对方,甚至可以先肯定其观点的正确性。第二,通过提问,让其观点的漏洞自然露出,启发对方思考,让他自己发现问题。第三,发表个人意见,提出解决方案。这是教科书式的人际交流秘诀,非常实用。比如,讨论一个方案时,常常七嘴八舌,各种反对意见,导致最后不了了之。怎样提高讨论的效率?先立规矩:欢迎提出改进意见,如果反对,要拿出替代方案,让大家比较两个方案的优缺点。对于别人辛辛苦苦做出的方案,你不能简单地用一句"不行"了事。这样做,会减少很多不负责任、没有成本的反对声。孟子说:"人之易其言也,无责耳矣。"(《孟子·离娄上》)人之所以会轻率地发言,是因为不必为自己的言论负责。

《道德经》第六十三章说:"大小多少,报怨以德。"证据清清楚楚:老子主张"以德报怨"。不过,《道德经》另一版本第七十九章说:"和大怨,必有余怨,报怨以德,安可以为善?"证据明明白白:老子对"以德报怨"持怀疑态度,甚至表示反对。

老子和孔子的观点矛盾吗?老子自己的观点前后矛盾吗?

孔子和老子的观点有差异,但不矛盾

有人说要以德报怨,孔子为什么不认同?因为他只是一个普通人,可能都不是孔子的学生。当一个人修行不够,德行还不足时,以德报怨很难。

老子也不是对任何人都要求报怨以德,什么人可以做到?"大小多少,报怨以德。"这是针对大人物对小人物、资源多者对资源少者而言。如果你是大人物、上级、强者,就要对普通人、下级、弱者报怨以德。因为你的德行足够多,内心容量足够大,所以可以用大德去报答德行良好的人,与此同时,拿出一点小德去应对有人对你的怨吧!换一个角度理解:能做到报怨以德的人,要么是地位高、实力强,要么是心理能量足够大。

分析孔子和老子说话的语境,我们就会发现:孔子对"以德报怨,何以报德"的质疑与老子"大小多少,报怨以德"的观点不仅没有对立,而且异曲同工，只是听课对象不同而已。孔子是在和普通人讨论这个话题，告诉他"以德报怨"很难，因为此人的修行还达不到一定的高度。《道德经》是老子写给统治者的教科书，老子要求他们"报怨以德"，因为他们的资源众多。孔子谈话的对象是普通人，而老子面对的是大人物。打个比方，一个普通人只有一千元，如果都给了对他不好的人，他拿什么回报恩人？一个大人物拥有亿万财富，当那些与他关系不好的人急需帮助时，他捐助一千元，举手之劳，何乐不为？

韩信年轻时受过"胯下之辱"，没有发达之前，怎么会对那家伙好？只能"以直报怨"，不理他。后来，韩信功成名就、衣锦还乡，有条件"以德报怨"，才会把少时的羞辱当作玩笑调侃，当那哥们追随自己，还给了他一官半职。如果你是大人物，给那些曾对你不好的人施点小恩，这又何妨？说不定还能留下一段佳话呢！

老子还提醒：即使大人物，也不是任何时候、对什么人都要报怨以德。"和大怨，必有余怨，报怨以德，安可以为善？"有些大怨你再怎么和解，也消除不了余怨，这种情况，报怨以德有什么用？无法调和、无法化解。因此，"大小多少，报怨以德"与"报怨以德，安可以为善"也不矛盾。前者告之，何人可以报怨以德？后者告诫，何时报怨以德无效？如果不分条件、不问前提，空谈报怨以德，很不真实，缺乏可操作性。

中华文化很重视"位"，其前后有别。比如，《孙子兵法》的"知彼知己"与常言的"知己知彼"有重大差别：知彼知己，知彼比知己重要；知己知彼，知己比知彼重要。同样地，老子的"报怨以德"和孔子的"以德报怨"也有差别。报怨以德，怨在前，德在后，重点关注怨：别人对我不好，我该怎么处理？以德报怨，德在前，怨在后，重点关注德：我的德该给谁、怎么给？报怨以德是一个重要的管理智慧，大人物、强者可以做到；以德报怨是一种了不起的人生态度，普通人很难做到。

怎样处理人际关系中的怨？不论普通人还是大人物，不论"以德"还是"以直"，只有真实面对自己，真诚对待他人，才能处理好怨。只要心有诚意，结果不会太离谱。

以诚对待"报怨"与"抱怨"

分析"怨"

先弄明白"报怨"的"怨"是什么意思？南怀瑾的解释：别人对我不好。辜鸿铭的解释：别人对我的伤害。杨伯峻的解释：别人对我的怨恨。朱熹为孔子这句话做注解："怨有不仇，德无不报。"对别人的怨可以不仇视，对别人的德不能不报答。综上所述，"报怨"的"怨"有两层含义：一是他人对我不好，二是他人对我有怨。

再分清"报怨"与"抱怨"的区别。"报"怨，是指怎样对待他人的怨气；"抱"怨，是指如何处理自己的怨气。

什么人在什么情况下容易有怨？

有怨之人常常是下级、弱者。上级会对下级有怨吗？强者会对弱者生怨吗？上级对下级生气，大骂一顿，强者对弱者生气，大发雷霆，还怨什么？因此，怨为下。当一个人有怨，说明他身心处于下风，比如地位卑微、力量薄弱、心理能量不足。

人们常常会在贫困时生怨。孔子说："贫而无怨难，富而无骄易。"（《论语·宪问》）一个人在贫困时，很难做到没有怨心怨言；一个人在富裕后，要做到不骄不躁，相对容易。人有钱时，能做得到低调、谦虚；贫穷时，常常产生怨气、怨言，自尊心容易受伤，别人的一句无意的调侃，可能会让自己难过半天，这是没有经历过贫困过的人，很难体会到的。

怨，一开始只是心中感到不爽，问题并不严重。但如果不及时沟通化解，可能会转化成恨。如果解决不当，甚至会转化成仇。古今中外，人类的许多深仇大恨，常常是由小怨小恨引起的。因此，要密切关注并及时化解他人之怨。

"以德报怨"固然是人生的大智慧，但是，你能不能在他人有怨之前就察觉到，把怨消灭在萌芽状态？这比怨出现后，再辛苦地处理要好得多。救火者固然有功，但防火者功劳更大。正如《孙子兵法》所说："善战者之胜也,无智名,无勇功,故其战胜不忒。不忒者,其所措必胜,胜已败者也。"善于打仗的将军不会名声大振,没有赫赫战功,因为他似乎总是胜得轻松。如果他"上兵伐谋",在战略部署上就胜人一筹,在战术上又不出差错,甚至还没开打,敌人已败。

生怨,是对他人行为不满而产生的负面情绪。何以生怨?既有内因,也有外因。

先诚恳地自查内在责任。有些怨产生的根源是欲望,是期望值太高。当欲望没有满足,结果低于期望,人就会失落,就会怨。这是怨者内在的原因,外界的调和、努力无法消除。就像贪婪,永远无法满足。遇到这类情况,报怨以德就没有用,对这种怨,无能为力。孔子告诫:"躬自厚而薄责人,则远怨矣。"(《论语·卫灵公》)严于律己,宽以待人,就会远离各种怨恨。相反,严于"律人",宽以"待己",一定会被怨缠绕,不仅会招惹别人怨恨,自己也会生怨。孔子建议:"求仁而得仁,又何怨?"(《论语·述而》)没有企图心、功利心,寻求的是仁,也得到了仁,怎么会有怨?

再认真地查找外部原因。老子反对统治者对老百姓用计谋,告诫当权者:"绝圣弃智,民利百倍。"(《道德经》)远离高不可攀的神圣,丢弃钩心斗角的智巧,民众就会百倍受益。老子、孔子就此达成共识,孔子虽不主张绝欲禁利,但严厉批评统治者玩"胡萝卜"式小技巧、用"欲、利"勾引百姓,他警告当权者:"放于利而行,多怨。"(《论语·里仁》)仅仅依靠利,放任利去管理下属,大多数会招来怨怼。

儒、佛、道的"报怨"方案

孔子的解决方案。《论语》中,孔子两次提及"劳而不怨"。不用小恩小惠诱导,又要下属好好干活,且不生怨,该怎么做?孔子给了很好的建议:"择可劳而劳之,又谁怨?"(《论语·尧曰》)让员工去干想干的事、喜欢的事,怎么会生怨呢?孔子还传授了一个避免生怨的重要法宝:"出门如见大宾,使民如承大祭。己所不欲,勿施于人。在邦无怨,在家无怨。"(《论语·颜渊》)出去和人交往,就像拜见重要宾客。安排下属办事,就像祭祀一样隆重。自己都不喜欢的，不可强加给别人。这样，在单位不会怨，在家里也不怨。孔子是心理学、管理学的鼻祖啊！处理人际关系时要郑重其事，从内而外的真诚最容易打动人。要换位思考，多为对方着想。这样，既不会招怨，也不会生怨，就能在人际交往中掌握主动。

老子的解决方案。圣人怎么处理怨？《道德经》打了个比方："是以圣人执左契，而不责于人。"圣人把钱借出去后，手拿欠条，从不追债。他还，我收下；不还，就算了。欠钱的人还能有什么意见，还会有什么不满？报怨以德，不求回报，别人没怨，那当然好，别人有怨，随他去吧！很多人因为思想境界没有到达老子的层面，所以对他的"不争"有误解，只有上升到老子的高度，才会看淡世间各种纷争，理解他"不争"的豁达。常人看起来的不可思议，对老子而言，却是真实的、自然而然的。

佛家的解决方案。"慈悲心"是报怨的最高境界。什么叫作慈悲？慈，就像父母对儿女的那种疼爱：即使你各方面都很好，父母还是能找到一个心疼你的理由。比方说，你很成功，父母会心疼你辛苦。悲，是对人悲悯、同情，包括坏人。很多人不理解：怎么可以同情坏人？为什么佛会有"慈悲心"？因为佛升维了，从三维空间上升到四维空间，佛不只是身处当下，而且加上了时间维度，能看到每个人的前世、今生、来世。佛看到了坏人当下的果，是有因。当下的恶行，又会结下恶果。佛能看到未来，坏人在生受惩罚，死后下油锅。于是，佛不会去恨坏人，而是感慨："可怜啊！造孽啊！"

因此，"降维打击"是伪命题。当一个人升维以后，他就不会去打击低维度的人。就像佛，他不会去对坏人"降维打击"。当一个人去"降维打击"，他就和低维度的人一般见识了，他立即就掉下来了，跌落到原来的维度。

佛家，升维看世界，望着芸芸众生，进行因果分析。老子，从空中俯瞰，不做价值判断，没告诉我们该不该，只是说何时何人会报怨以德、为什么报怨以德会失效？孔子就在我们身边，真实、亲切，指引我们前进。因此，老汤小汤研究关系管理时，常常向孔老师请教。

同一个问题,儒、佛、道解决的方案各有不同,因其核心都是"诚",真实无妄,都对我们有指导作用。

"抱怨"的三个层次

中华文化常把怨和恩连在一起,叫作"恩恩怨怨"。给上位之人提个醒:恩,处理不好,就会变成生长怨的土壤。也给普通人提个醒:我们平常会怨路人、怨敌人吗?不会!怨的常常是身边的人、亲近的人,甚至是恩人。为什么人际交往会有"恩怨""爱恨情仇"?因为没有处理好某些关系。人生在世,亲人朋友的数量远比对手多,和亲朋共处的时间远比对手长,与亲朋的关系远比对手复杂。有怨时,从这个角度思考,人就会清醒不少!

怎样对待自己的怨?"抱怨"有三个层次。

第一,一人向隅,举座不欢。"一哭、二闹、三上吊",表达愤怒、宣泄不满,哭诉委屈,将自己的伤口展示在众人面前。这样,心里会好过一些。憋在心里太久,人会憋坏的,很多抑郁症就是憋出来的。不委屈自己,也是一种真诚。不过,这是抱怨的最低层次,可能无法博得同情,甚至适得其反。一人面向角落哭泣,就能搞得大家不欢?很难说,这年头,"说说你不开心的事吧!让大家开心开心"的人多得很。

第二,化阻力为动力,化怨恨为力量。这是抱怨的较高层次,我要分析、思考:怨从何来?我该负什么责任?对方该负什么责任?寻找行动方案。张幼仪,徐志摩前妻,被抛弃后,带着破碎的心,辗转去了德国。她咬紧牙关,边工作边学习,掌握了流利的德语,成了优秀的职业经理人。她继续孝敬徐志摩父母,亲力亲为帮徐志摩出版诗文全集,有的人风言风语说她觊觎徐家财产,有的人说她把自己的怨成功转化成徐志摩的愧疚,乃至徐家无限的遗憾。对于各种猜测,她一笑而过,不予回应。"别有幽愁暗恨生,此时无声胜有声"。张幼仪晚年回忆道:要不是离婚,我可能永远找不到自己。这种真诚吐露解释了她所做的一切。

第三,笑傲江湖,感恩所怨。有些怨很难完全化解,当你仅仅是原谅对方,可能心中还有余怨。熬过无数个忍辱负重的日日夜夜,经过许多次砥砺奋进的艰苦拼搏,你终于登上了成功的顶点。蓦然回首,要不是当初别人给你设阻,说不定你还走不到今天。因此,真正的不怨,是你内心真诚的感激:没想到我还有如此潜力,多亏他们"发掘",要不然,我无法完成人生的突破。当你站在成功之巅笑傲江湖时,当你化怨恨为感激时,怨,就真正烟消云散了。这种感恩让"抱怨"上了一个层次。这是处理怨的第三层次,是对待怨的最高境界!

第三篇

恕

本篇重点探讨"恕道三原则",研究这段关系对"你"产生的效能。其理论源泉是孔子强调的"恕道":己所不欲,勿施于人。恕道遵循三原则:换位思考、分析真实需求、让"你"主动且舒服。其达到的目的是:站在"你"的角度,用"你"需要、喜欢的方式管理"你、我"的关系。

第七章

关注真实需求

从孝道、爱情中悟"恕"

把恕道融入孝道

用父母喜欢的方式尽孝

尽孝要讲究方法。我们要用父母喜欢的方式孝顺他们,不要只用我们喜欢的方式,要把恕道融入孝道。

请掩卷静思:你孝顺吗?你是怎么做的?父母怎么看待你的孝?为什么有时我们对父母好,但他们不领情?为什么有时他们不能够理解儿女的用心?那是因为我们没有找到沟通的关键点,没有从父母的角度去思考,不知道他们真正需要什么。

把恕道融入孝道的一个重要实践就是:哄爸爸妈妈开心。有些人不知道怎样让父母开心,甚至和父母吵架,有时还吵得很厉害。原因是他们没有掌握沟通的要点,认为父母经常唠叨,不讲道理,莫名其妙地发火。而他们没有站在父母的角度问:为什么?其实,人的年龄越大反而越像小孩。老汤的妈妈也会突然发脾气,仔细分析原因,有时是她没有找到准确的表达方法,有时只是为了引起老汤的关注。遇到这种情况,老汤就会坐下来和妈妈聊聊,快速分析原因,帮她梳理诉求。或者故意和她争吵,甚至装作生气的样子,然后,太太出来打圆场,批评老汤几句。

妈妈就会说:"还是女儿比儿子孝顺。"于是,皆大欢喜。有时,争论也是一种沟通方式,处理得好可以让家庭成员之间的关系和谐。

孔子对不同的人谈孝

孔子对"孝"是什么态度?《论语·为政》中有详细的记录。不同的人问同一个问题:"怎样尽孝?"我们来看看,孔老师怎么解答。

孟懿子问孝。子曰:"无违。"孟懿子问怎么做才是尽孝。孔子答:不违背父母意愿就是孝。孟懿子是鲁国的大官。地位高的人尽孝容易犯什么错误?自以为是。在外面,他们习惯了下达各种命令,回家后,也习惯性地对父母各种安排,用自己认为孝的方式对待父母:"下个月,你们去欧洲旅游。""豪华邮轮十日游,你们去享受一下,明天出发。"然而,这是父母想要的吗?不一定。说不定父母喜欢清净呢?说不定父母晕船呢?因此,顺从父母就是一种孝。中华文化的"孝顺"来源于此。孝的过程中,顺很重要。当然,不是无原则地顺。"无违"有两层含义:"不违亲,不违礼。"既不要违逆父母意愿,也不能违背道德规范,更不能违法乱纪。

孟武伯问孝。子曰:"父母唯其疾之忧。"孟武伯问什么是孝。孔子答:设身处地为父母着想。换言之,保护身体,规矩做人,修养德行,不给父母添乱,就是孝。孟武伯是孟懿子的儿子,是官二代、富二代的代表。这类人通常不会违抗父母的命令,因为父母具有很高的权威。如果对他们说:孝就是"无违",起不到教育作用。这类人尽孝容易犯什么错误?"身有伤,贻亲忧。德有伤,贻亲羞。"(《弟子规》)孩子身体受伤害,会让父母忧心忡忡。孩子品格有缺陷,会让父母感到羞辱。

子游问孝。子曰:"今之孝者,是谓能养。至于犬马,皆能有养。不敬,何以别乎?"子游问什么是孝。孔子答:当今社会有个误解,认为赡养父母就是孝。连犬马都能得到喂养,养而不敬,赡养父母和养狗养马有何区别?简而言之,孝要"敬养"。子游,性格耿直,脾气急躁。这类人对父母尽孝容易犯什么错误?一言不合就嚷嚷:"思想那么保守!"居高临下地批评父母:"怎么连微信都不会用?"这类人尽孝,重要的提升空间是敬。如果不尊敬父母，动不动就翻脸，怼得父母哑口无言，那么给父母吃什么好的，他们都不会觉得香，给父母穿什么好的，他们都不会感到暖。因此，孝还有一个重要特征就是敬，叫作"孝敬"。曾子说："孝有三：大孝尊亲，其次弗辱，其下能养。"(《礼记》)孝分为三个层次：大孝是尊敬父母，其次是不让父母受辱，其下才是赡养父母。

补充一个关于子游的故事。《论语·阳货》记载，言偃，字子游，做官后，兴冲冲地请孔老师到辖区视察。当你取得成功，谁会发自内心为你感到自豪？亲人和老师。因此，除了亲人，还请记得和老师分享成功的喜悦。这种感觉很美妙。子之武城，闻弦歌之声。夫子莞尔而笑，曰："割鸡焉用牛刀？"子游对曰："昔者偃也闻诸夫子曰：'君子学道则爱人，小人学道则易使也。'"子曰："二三子，偃之言是也！前言戏之耳。"不知是巧遇还是事先的安排，孔子一行抵达武城时，看到有人在吹拉弹唱，举办高雅音乐会。孔老师可能觉得：非官方的普通访问，这么隆重干吗？于是，他微微一笑，说："杀鸡还用得上牛刀吗？"孔子调侃一下，大家一笑了之，这事本就结束，可是，子游却不依不饶，说道：老师，是不是瞧不起小地方，看不起乡下人？我一直记得当初您的教导：官员素质提高了就有爱心，民众素质提高了就好管理。要提高民众素质，先从文化艺术着手。我践行您的教导，您却风言风语，这是什么意思？孔老师见状，赶紧道歉，并对随行者说："同学们，言偃同学说的是对的！我刚刚是开玩笑。"孔老师太有修养了！不做任何解释就道歉，让后人一直在猜，是什么原因让他脱口而出：杀鸡焉用牛刀？

子夏问孝。子曰："色难。"子夏问该怎么尽孝？孔子答：对父母和颜悦色。报喜不报忧很难，叫作"色难"。子夏是一个穷孩子。穷孩子尽孝容易产生什么问题？满脸愁容，让父母担心。1994年，音乐人李春波创作了《一封家书》，瞬间红遍大江南北。歌曲描写的是一个在外闯荡的青年，写信给父母汇报情况，歌词、曲调都很简单："亲爱的爸爸妈妈，你们好吗？我在这里挺好的，你们不要牵挂。"当时，老汤正在艰难创业。大家能理解在外打拼的游子吗？一唱到"我在这里挺好的"，老汤就会泪流满面:我在这里好吗？一点都不好,既要推销,又要讨债,饿着肚子,在呼啸的寒风中奔波。能告诉父母实情吗？不能！除了让他们担忧,于事无补。游子虽然过得很苦,但是报喜不报忧,乐呵呵地告诉爸爸妈妈:"我在这里挺好的！"这也是一种孝顺,这样做真的很难。其实,父母心里清楚:孩子不容易啊！

从爱情中悟"恕"

亲情与爱情之别

亲情和爱情的重要区别是什么？亲情惜其弱,爱情恃其强。

独生子女,集万千宠爱于一身。然而,子女一多,父母难免偏心,怎么偏？常言道:"皇帝重长子,百姓爱幺儿。"皇帝重视长子的培养,因为太子要继位,接掌国家大业,所以必须选好接班人,这是皇室大事,更是国家大事。普通百姓则大多疼爱年龄最小的孩子。家里一群孩子在庭院里玩耍、打闹,妈妈在厨房切菜。突然,院子里传来争吵闹声、哭喊声,妈妈一边切菜,一边嚷嚷:不要欺负弟弟（妹妹）！为什么不说别欺负哥哥（姐姐）？因为弟弟妹妹年龄小嘛！

父母疼爱年龄最小的孩子,但更加关心最弱的一个,比如经济条件、身体状况最差的,资源会向这个孩子倾斜,父母对其给予更多的关注。正如《道德经》所说:"天之道,损有余而补不足。"亲情就有这个特点:惜其弱。这是天性,是天之道。老汤是兄弟中年龄最小的,受到父母的关爱,但父母最心疼的是老二。老二出生于20世纪50年代初,在兄弟四人中经济条件相对差一些,下岗后开了家小店。他热爱文学,还创作了自传体小说。邻居夸老汤的母亲:"教子有方,孩子有出息,又孝顺。"她回答的流程通常是先说:"过奖了！"第二句必定是"就是老二可怜！"

爱情就不一样,其特点是恃其强。一个流浪汉躺在雪地里,一位美丽善良的姑娘看见了,她可能会把身上的钱都掏出来给他,也可能会把大衣脱下盖在他身上。但是,同情不是爱情。她不会说:"可怜的流浪汉,我嫁给你吧!让我用那火热的情,来温暖你孤独的心吧!"俗话说:"自古美女爱英雄。"刚猛、英武、有担当,是男性吸引女性的重要特征。还有一句俗话:"英雄难过美人关。"人们常误解这句话,认为是在批评、调侃英雄。其实,这句话真正的含义是:美女杀伤力太大,连英雄都难过这一关,何况是普通人。"狗熊"就没有美人关可过了,因为没有机会。这就是爱情的一个重要特点:美女和英雄相互吸引。正如《道德经》所说:"人之道则不然,损不足以奉有余。"这是"马太效应":富者愈富,强者愈强。当你变得富有了,许多资源都会向你集中,包括爱情。这是物种进化的自然选择。

感人的爱情故事也有。一位美丽善良的姑娘被很多条件优越的异性追求。然而,她却深爱着一个穷小子。这位姑娘是爱小伙子的"穷"吗?不!是爱小伙子的"强"。强者不一定是富者,强者未必是当下强,具有坚定的信念和坚韧的意志也是强者的特质。不过,穷小子也不能掉以轻心,如果一直穷,不思进取,而姑娘不断成长,两人也很难走下去。纵观许多感情破裂的事例,并非两人当初不够相爱,常常是一方停滞不前,甚至后退,导致两人之间的距离越来越大。

亲情和爱情的根本差别:一个是天道,另一个是人道;一个补不足,另一个奉有余。爱情有所诉求,亲情不需计较。当我们对此有了清醒的认识,面对生活中许多困惑、恩怨,就会释然。

夫妻之间,既有爱情,也有亲情,如果混淆不清,或者频道切换不及时,就容易引起矛盾。比如,在看待丈夫事业心的问题上,妻子会有一些矛盾的言行:有时不希望丈夫太辛苦,让他注意休息;有时又希望丈夫付出努力,出人头地。丈夫不必为此困扰,老婆的两种态度都是对的:前者是亲情,后者是爱情。亲情关心你飞得累不累,爱情关注你飞得高不高。因此,优秀的男人会在累与高之间保持平衡。

空首饰盒的故事

我们来听听老汤的故事。

老汤是 20 世纪 80 年代的大学生，那是一个英雄辈出的时代。中国女排是大家心目中的英雄，连连获得世界冠军，女排精神始终感动着一代又一代人。感到自豪的同时，老汤问自己：我该怎样为国争光？"为中华腾飞而读书"的豪情油然而生，并一直激励着老汤。那时，老汤心目中的英雄是张海迪。她以顽强的意志与疾病和困难作斗争，高位截瘫的她却是生活中真正的勇士，读书、写小说、翻译、学中医。老汤告诫自己：我四肢健全，有什么资格偷懒？有什么理由懈怠？因此，老汤也养成了不断奔跑的习惯。

老汤年轻时也曾追星，摇滚歌手崔健有一首歌对他影响很大。舞台中央，崔健微闭着双眼，"我曾经问个不休，你何时跟我走？可你却总是笑我一无所有。"打击乐响起，全场沸腾。这首歌叫作《一无所有》，它描写了什么故事？我很穷，一无所有，但是，我有决心，在未来的岁月，要为心爱的姑娘奋斗！我有信心，在不久的将来，能让心爱的姑娘幸福！最后，他充满自信，坚定地、反复地唱道："啊！你这就跟我走！"感谢崔健的《一无所有》，令老汤鼓起了勇气，让心爱的姑娘跟他走。

老汤和太太既是小学同学，也是初中同班。女大十八变，太太越变越漂亮。她是官二代，老汤是普通教师的孩子。老汤花了八年时间，写情书、写情诗，还借鉴了兵法，最终抱得美人归。和太太结婚时，老汤口袋里只有二十元！太太开玩笑说："你就是个土匪。""啊？为什么？""二十元就把我娶了。你就像买了一个麻袋，来到我家，把我装进麻袋扛走，这不是土匪，是什么？"老汤竟无言以对。

美女娶进门不容易，守住就更加难！不可松懈啊！两人九月结婚。十二月，太太过生日。老汤精心策划，既要让太太婚后的第一个生日过得精彩、难忘，还要省钱。那天，夕阳西下，华灯初上，餐桌中央摆放着两支点燃的红蜡烛。老汤为太太准备了一个礼物：空的首饰盒。若处理不好，风险很大。想一想，女朋友接过礼物，打开一看："空首饰盒。什么意思？有钱就买首饰，没钱就买蛋糕，一束花也行。你给我一个空盒子，要我吃空心汤团啊？"盒子一扔，游戏结束！人生如戏，全靠演技。是否精彩,导演决定。请看老汤是怎么自导自演的。他颤颤巍巍地从怀中掏出礼物,走到她跟前,凝视着她的双眼,一字一顿地说:"亲爱的,我现在很穷,买不起首饰,只能送你一个空首饰盒,但是,我有信心,也有决心,我会不断努力,在未来的岁月,一定把这个首饰盒填满!"太太当时就哭了。有人问:"首饰盒后来填满了吗?"有没有填满已经不重要了,从此,这个首饰盒就变成茫茫夜海的一盏明灯,变成了他前进的动力。老汤常对男生说:我们可以没有钱,但一定不能没有英雄气概!

一杆进洞的故事

用煤球炉生火很麻烦,灭火却很容易,一瓢水下去就熄火了。一个管理者,鼓舞人心很不容易,熄灭士气只需一个动作,甚至一句话。生活的信心、希望之火也是一样,千万要保护好。浇灭别人的希望之火很不道德,磨灭亲人的信心更是愚蠢至极。

人在奋斗过程中,最需要的是鼓励!当你战胜常人无法战胜的困难,取得常人无法取得的成功,最期望的是什么?你爱的人、爱你的人和你一起欢呼,当爱人扑进你的怀中激动地哭泣,爱人眼中的泪花,就是你成功的烟花!

一位牧师喜欢打高尔夫。一天,他不去布道,却去打球,被天使发现了。天使向上帝告状:"领导,他上班打球。"只见牧师兴冲冲地来到球场,挥动球杆,"砰!"一杆进洞。这种概率有多大?千万分之一。因此,这种进洞方式被称为"上帝之手",仿佛上帝携球飞过几百米草地,越过各种障碍,最后将球塞进一个小洞。正规比赛常设"一杆进洞奖",球场边摆放一辆豪车,如果一杆进洞,车就归你。看到这一幕,天使向上帝抱怨:"领导,我刚投诉他。你不仅不惩罚他,还帮他一杆进洞,是何道理?"上帝意味深长地说:"没有关系,因为没有人看见。"各位,当牧师一杆进洞,他最希望得到的是什么?全场起立,掌声雷动,在一片欢呼声中,他开着那辆豪车扬长而去。而现在,却没有一个人看见,这是不是对他的惩罚?如果他拎着球,兴冲冲地跑到球场总经理面前:"老总,我刚刚打了个球,一杆进洞,耶!"老总会相信吗?他会冷冷地说:"哼!是吗?去,再打个球给我看看。"

家的作用

家是港湾,是心灵的避风港。

雄狮外出觅食,母狮在洞里养育孩子。一天,雄狮回来,一无所获,还被对手撕咬得满身是血。母狮轻轻舔着雄狮身上的血,雄狮趴在地上,虽然身体疼痛,但享受着母狮的关爱。当它养好伤后,又是一头战斗力极强的雄狮!人也是一样,在外拼搏,有时会被"撕咬"得浑身是伤,这时他最需要的是什么?爱人的关怀。爱能抚慰心灵的创伤。待休养后,人会继续战斗,扬帆远航。生活如海,家是港湾。人生的不幸之一是家庭不幸福。在外要与对手拼杀,回家还和配偶争吵,这样,就无栖息之地,令人疲惫不堪。风浪一来,人容易崩溃。

孟子说:"穷则独善其身,达则兼善天下。"人生中,"达"的时间很短,"穷"的时间很长。很多人没机会"兼善天下",每个人都可以"独善其身"。家,是独善其身之处,是独善其身的重要条件。

家是城堡,是坚实的堡垒,个人和社会要共同维护这个堡垒。中国人买房也是想建立一个坚实的堡垒。全世界都一样,西方那么多古堡,都是先人留下来的"家"。人类从大树上爬下来,从森林里走出来,首先去哪里安身?山洞。当人们选择一个山洞住下,房地产业就开始了。房地产,在中国传统文化中叫作"恒产",英译为"real estate"(真正的财产),都体现出对房地产的重视。孟子说:"民之为道也,有恒产者有恒心,无恒产者无恒心。苟无恒心,放辟邪侈,无不为已。"(《孟子·滕文公上》)老百姓的行为方式遵循一个规律:有恒产的人就会有安定的思想,无恒产的人就没有安定的思想。如果没有安定的思想,那么人什么违法乱纪、为非作歹的事都可能会干。中国古代,很多政权的瓦解都是因为没有解决"流民"问题,流民即没有恒产、背井离乡、居无定所的平民。

私有财产受到保护,是文明进步的表现。西方有一句名言:"风能进,雨能进,国王不能进。"我的房子破旧不堪,风可以刮进来,雨可以飘进来,但这是我的家,未经许可,连国王都不能进来。德意志帝国第一任皇帝威廉一世的行宫前有一间磨坊,破旧不堪,有碍观瞻。于是,皇帝派人前去与磨坊主协商,劝其搬迁。但磨坊主不肯搬。经过一番痛苦的权衡之后,威廉一世只能任由它矗立在那里,直到今天。这个磨房,成了人类宝贵的文化遗产,也令人感慨万千。

了解真实情况

了解真实想法

读懂"潜台词"

家家有本难念的经。倘若你认真分析就会发现,家庭关系处理不好的原因相似,即沟通不畅。夫妻之间为什么会有沟通障碍?美国作家约翰·格雷的畅销书《男人来自火星,女人来自金星》解释了原因:男人和女人来自不同的星球,不是同一个语系。以下是夫妻之间常见的对话。男:"动不动就生气,又怎么了?"女:"你一点都不关心我、不理解我!"男:"有话直说嘛!"女:"说出来就没意思了!"因此,男子读懂女子的"潜台词"很重要,需要用心。否则,情侣、夫妻间日常的抱怨可能会引发争论,进而演化成冲突甚至大战。

老汤上课时做过一个实验,他问一位男生:当太太说"我累死了",你的第一反应是什么?男生答:让她休息。老汤转身问一个女生:当你对先生说"我累死了",你真正想表达的是什么?是不是要休息?女生答:不是!我就想让他关心我,别把我当作空气。当老婆说"我累死了!"其潜台词是"亲爱的,抱抱我吧!"如果她真想休息,会直接睡觉。如果你没有听懂她的潜台词,而是让她休息,或者上去帮忙,她就会不耐烦地训斥:走开走开!碍手碍脚!这时,你是不是有点委屈:"你不是累吗?我来帮你,你怎么还挑刺呢?"不了解真实想法,会闹得大家都不开心。

有时候,女性喜欢话中有话。例如,她们说:不会累死,只会气死。女性吃苦耐劳,为什么会"气死"?原因是沟通不畅。男同胞们,当老婆生气时对你说:"滚!"你能真滚吗?能拖着行李箱就"滚"吗?不能!否则,后果不堪设想。她的潜台词是:"亲爱的,抱紧点。"不少人曾有莫名其妙被老婆骂的经历,便得出和孔子一样的结论:女子太难伺候,太难"养"了!近又不能近,远又不能远。其实,不是女子的问题,而是男子听不懂其潜台词。

读懂女子的"潜台词"有一个重要的技巧:读懂其认错方式。老汤经常和男生分享如何"智慧地和老婆吵架"。胜利,胜是手段,利是目的。胜而不利,胜有何用?男生在家常做什么胜而不利的事?和老婆吵架。不!是吵赢了。和老婆吵架吵赢了,其后果是没饭吃了。和女友吵架吵赢了,其后果是女友跑了。可不可以吵架?可以。与其"冷暴",不如"热吵"。吵架也是沟通,不过要有智慧,要运用"吵架三步曲"。第一步,定调:我错了。当你说"我错了",她才会静下来,听听你错在那儿?第二步,简明扼要地阐述观点。研究表明,在老婆面前,老公很难连续说上十句话,尤其是吵架。因此,要"备课":只有十句,先说什么?男人逻辑思维能力强,女人形象思维能力强。如果讲理,老婆大概率讲不过老公,几轮下来就会争得面红耳赤:"你就会讲歪理!"别指望太太认错,即使有错也是没错。黛玉经常和宝玉吵,她认过错吗?几乎没有。她道歉的标志性动作是转移话题:天气这么冷,还穿那么少,存心气我是吧?因此,吵着吵着,如果老婆突然调低音量、转移话题,恭喜你,她认错了!这时,你千万别"乘胜追击"!如果你不明事理,还拉着她:回来回来,把刚刚那事讲清楚,认个错。那你就是自取其辱。开口认错的老婆是珍稀物种,你如果遇到,请倍加珍惜。第三步,重回主旋律:我错了。不管对错,都是我错。虽然你没胜,但是你利了。

读懂潜台词的关键是站在对方的角度,探究其内心真实的想法。男生实在读不懂怎么办?不耻下问,"死皮赖脸"地问。如果女生还是不愿说,就认真分析,努力读懂。还有一种情况是对方表达不清、想法模糊,你就要试着发掘她的潜意识。

怎样和女友、太太交流,这是一个重大的课题,孔子没有涉及,后世儒家也有意无意地回避,但这是生活中一个无法绕开的话题,老汤试着填补空白。

慎用"潜台词"

请注意:慎用潜台词。你在说潜台词之前,要观察应用场景、分析对方背景。对话双方要有共同的文化背景、相近的智力水平,还要有某种默契。你不要先假定对方能听懂你的潜台词,因为大部分人听不懂。如果你的台词潜得太深,让他猜不透,你就白潜了。你认为他听懂了,其实他没懂,就会遭遇尴尬,甚至误会。

《红楼梦》有一段描写就让人捉摸不透。凤姐忽又想起一事来,便向窗外叫:"蓉哥回来。"外面几个人接声说:"蓉大爷快回来。"贾蓉忙复身转来,垂手侍立,听何指示。那凤姐只管慢慢地吃茶,出了半日的神,又笑道:"罢了,你且去罢。"贾蓉应了一声,方慢慢地退去。凤姐把贾蓉叫回来,可半天不说话,最后又让他走。这是什么意思?她到底想对他说什么?不知贾蓉是否懂了?很多读者没懂,所以一直对此有各种猜测,甚至有人据此推断凤姐与贾蓉有隐情。就像恋人之间发微信,发了,又撤了,欲言又止,给对方留下很多想象空间。当然,前提是对方愿意去想、去猜,这种撤才有意义,否则,就会让人生厌。

演讲者请慎用潜台词,不能假定听众都懂我。只有将大部分听众都不懂的话题讲明白了,你才是成功的演讲者。因此,多讲内容完整、有趣的故事,慎讲烧脑的故事。通过一个故事讲清一个道理就可以了,不要试图包含许多观点。最好不要用专业术语,实在要用,一定要做解释。

教育孩子、管理下属及授课时要避免一句口头禅:"你懂我的意思吗?"如果想要知道听众是否理解,应该问:"我讲明白了吗?"两者区别何在？前者责任在于听众,潜台词是:你怎么听不懂？后者责任在于我,潜台词是:我是不是没说清楚？

请蹲下来和孩子讲话

为什么两三岁的孩子喜欢哭、容易闹？因为这时孩子大脑高度发达,想法很多,但是语言系统还不完善,跟不上大脑系统,所以表达不清,心里一急,就会哭闹。大人要调整问话方式,别让孩子做问答题:你到底想说什么？你到底想要什么？你越催,孩子越急,越急越说不清。老汤外孙女还不怎么会说话时,家人和她的交流方式是站在她的角度,猜她的想法,让她做选择题:"宝宝,是不是要这个？是不是要那个？"我们给出各种选项,让她点头、摇头。

带孩子逛街,常常会遇到一种现象:孩子走着走着就要大人抱,不抱就哭闹。他是累了、走不动吗？不一定。平时,孩子在公园的大草坪上,不停地奔跑,精力旺盛得很。请站在孩子的角度观察,他看到的是一条条快速移动的腿,这个场景令人感觉不舒服,甚至恐慌！家长要经常蹲下来,和孩子说说话。

男孩和女孩争吵时,如果家长或老师不了解真实情况,就容易导致误判。女孩的语言系统发育得更早,她们口齿伶俐、表达清晰,很容易就把事情的前因后果、对自己有利的缘由说得清清楚楚;男孩的语言系统发育得较晚,表达能力相对较弱,发生争论时,常常口不择言,一着急甚至会动手。因此,当男孩面红耳赤、结结巴巴地陈述事情经过时,不要催,别打断,也不要马上下结论,让他慢慢说,这样会让你了解更多的真相。

追溯唠叨、寡言

为何男人话少、女人话多

为什么男人常常话少,女人常常话多？我们追根溯源,到几万年前人类始祖那儿,去一探缘由。

很久以前,我们的祖先就做好了分工:男人主外,打猎,干体力活;女人主内,育儿,干家务活。想象一下在外狩猎的场景,男人们静静地躲藏在丛林中,等待猎物出现,他们能叽叽喳喳说话吗?猎物岂不早跑光了!干重体力活要"憋气",一说话就会"泄气",使不上劲。有时为了协作、步调一致,喊出简约、低沉的号子,比如"哼唷、哼唷"。鲁迅认为这就是诗歌的起源。劳动号子的特点是节奏缓慢、音阶很窄。

比如,中国音乐家聂耳的《大路歌》开头:

$$2\ 2\ 2\ 1\ \underline{6}\ |\ 2\ \underline{3}\ 1\ 2\ |\ 1\ 1\ \underline{1}\ 2\ 1\ |\ \underline{6}\ 1\ {}^\#5\ 6\ |$$

比如,俄国音乐家夏里亚宾的《伏尔加船夫曲》开头:

$$\underline{5\ 3}\ 6\ 3\ 0\ |\ \underline{5\ 3}\ 6\ 3\ 0\ |\ 5\ \underline{1}\ \underline{7}\ \underline{\dot{1}}\ \underline{7}\ 6\ |\ \underline{5\ 3}\ 6\ 3\ 0\ |$$

妈妈们会不厌其烦地教育孩子,尤其是孩子咿呀学语时。不管孩子是否听得懂、会不会说,妈妈都要和他说、对他唱。孩子的语言天赋和这种沟通方式有关。妈妈与婴幼儿对话时经常用叠词:吃饭饭、睡觉觉。要和孩子多说话,锻炼孩子的语言能力。有一个爱唠叨的妈妈,家里常常生机盎然。老汤每次哼唱歌曲《常回家看看》,唱到"妈妈准备了一些唠叨,爸爸张罗了一桌好菜"时,心弦总会被轻轻拨动,眼眶会不自觉地湿润。

说话内容简练或啰唆还与环境有关。月黑风高,军营之中,哨兵和士兵的对话如下:"谁?""我!""干啥!""撒尿!"月明星稀,农家小院里,主人和客人的对话如下:"请问,那是谁呀?""是我呀!对不起,打扰您休息了吧?""没有没有!这么晚了,您还没睡觉呀?有什么事,需要我帮忙吗?""不需要!不需要!没什么事,您太客气了,晚上喝多了,出去方便一下。"虽然两段对话内容相近,但后者所用字数却是前者的十几倍。

男人话少、女人话多,既是生理现象,也是社会现象。虽然人类历史不断演进,但是这个密码早已写入基因,并形成了文化现象:男人言语简练,会给人坚毅感;女子叮嘱备至,常给人亲切感。

怎样对待寡言和唠叨？

夫妻吵架，如果处理不好，沉默寡言容易转化成冷暴力，或被误以为冷暴力。女人常常认为，对她最大的鄙视就是不理睬她。

如何解决寡言的问题？"3∶1回应原则"：老婆说三句，老公回应一句，并把握好节奏。研究表明：正常情况下，男人平均每天讲七千字左右，女人平均每天讲两万字左右。男人做事干脆利索，讨厌啰里啰唆。女人讲话多，要把事情讲清楚。因此，老公要把握好回应节奏：老婆讲三句，老公要答一句，不能她讲三十句后，你才说十句。如果她讲了超过十句，你还没发声，她就会追问："听见我说话吗？"如果你还没有回应，她就会责问："漠视我的存在是吧？"回应也不能她说一句你说十句，通常你也没这个机会，尤其在争吵的时候。有时候，说话太多就容易变成唠叨，唠叨不好就变成抱怨，抱怨不当会造成伤害。

怎样正确处理唠叨？"唠叨平衡原则"：既不能不唠叨，又不能太唠叨。研究表明：情人之间的谈话内容，95％以上都是废话。恋爱不能没有情话，生活需要一些唠叨。如果主妇沉默寡言，家庭就像一潭死水。正面的唠叨会增加存在感，与情感度正相关。当然，女生要注意唠叨的方式和内容，多用陈述句："天气冷了，多穿点衣服。""今天，宝宝可逗了。"可以用设问句，不管他是否回答，你都可以把话接下去："今天一天都开心吧？看你状态不错。""肚子饿了吧？我去给你弄点吃的。"也可以用"没话找话"式问句，他的话可以很短，你的话可以很长："今天有没有什么好消息呀？""没有。""今天有没有什么坏消息呀？""没有。""没什么消息就是好消息。"少用质问句："把我当空气是吧？有没有在听我说话呀？""有。""有？那我刚刚说什么了？重复一遍！"不能用降低成就感的对比式句子："你怎么这么没用呀？你看看人家隔壁老王。"于是，天就聊死了。

有文化的唠叨和精炼的回应，会让生活充满情趣。男子寡言与女子唠叨组成一个个音符，创作得好，会谱成美妙的生命乐章。

第八章

换位思考

换个角度了解世界

人际关系的"知彼"

"升米恩,斗米仇"的期望值效应

常言道:"升米恩,斗米仇。"用一升米救济人,受助者就会感恩,日后可能报恩。用十升米救济人,受助者可能生怨,甚至反目为仇。为什么会有这种现象?你在某人最饿时,送一升米去救急,这人当然感激。如果每天送一升,则边际效用递减。当他习惯了这种帮助,第十一天你不送了,他会认为每天"本该得到"的米被你"断供"了,心里会不舒服,甚至怀恨在心。有个段子,一人很有爱心,每天给乞丐钱,而且是等额。一天,钱减半了,乞丐问何故。答:结婚了,要养家。乞丐大怒:你怎么能用我的钱去养别人!如果帮人的度没把握好,反而会制造麻烦。于是,有人得出结论:给人施恩,升米就够了,不要斗米。常言道:滴水之恩,涌泉相报。涌泉之恩,人家怎么报?如果这样理解,"升米恩,斗米仇"就是妥妥的负能量了,这个古训就被深度误解了。

《史记·淮阴侯列传》记载,韩信曾是一个贫穷的小混混,当不了公务员,也不会做生意,还不愿干农活,被人讨厌。一位亭长(相当于派出所所长)人挺好,他就常跑到亭长家混吃混喝,居然连吃了好几个月。亭长妻子不高兴了。一天,她一早做好饭,叮嘱家人吃光。饭点到,韩信来,没吃的。"怒,竟绝去。"韩信非常生气,拂袖而去。

一天,韩信在护城河边钓鱼,几位大妈在帮人洗衣服。中午,大家坐下来吃饭,一位大妈看见韩信饿坏了,就把自己的饭分给韩信吃。一连数天,直到漂洗结束。"信喜,谓漂母曰:'吾必有以重报母。'"韩信很高兴、很感动,对那位大妈说:"等我日后发达了,一定重重报答您。"大妈生气了:我给你饭吃,是希望你报答吗?一个大丈夫不能养活自己,我感到悲哀呀!后来,韩信衣锦还乡,赏了大妈一千两黄金。于是,有了成语"一饭千金"。相比之下,只赏亭长一百文钱,明显带有羞辱性质。

同是吃饭,前者吃得更好,是正餐,在家里吃;后者吃得更差,是盒饭,在野外吃。前者吃的时间更长:数月;后者吃的时间更短:数日。前者是熟人;后者是路人。结果,韩信对前者怒,"赐百钱";对后者喜,"赐千金"。为何反差如此巨大?

一个重要原因就是期望值不一样。韩信在亭长家里连吃了好几个月,已有"路径依赖",认为第二天去还应该有饭吃,期望值被拉高,甚至固化。结果饭没了,满意度直线下降,于是就怒了。大妈给韩信饭吃,他没有期望,出乎意料,当然惊喜。而且,大妈是打短工,不是专门给饭,项目结束,她就消失,吃一顿是一顿,她的每次出现,对韩信来说都是天降甘露。他说要报恩,她立刻制止:我不需要,只是同情。大妈聪明,及时抽身。如果继续给他饭吃,边际效应照样递减,动机还显得不纯。

分析韩信与亭长家的交往,首先错在韩信:你这小混混!怒什么怒?亭长欠你的吗?他有义务吗?连吃了几个月,你连一声谢谢也没有,空头支票都没开一张。人家没赶你走,就算不错了。亭长太太做的也不对:不提前打个招呼,让他饿肚子。沟通很重要,要顾及对方的自尊心。你可以开门见山:韩大兄弟,我家实在供不起。我们一起想想别的办法。

因此,"升米恩,斗米仇"不是劝你帮人时给一升米就够了、能给一斗也只给一升,不是让你帮人别太用力,而是提醒:关注对方的感受和反馈,管理好期望值,否则,帮助再多,效果不佳。换个角度观察,立足于对方思考,才是"升米恩,斗米仇"正确的打开方式。

"放下屠刀,立地成佛"公平吗?

"放下屠刀,立地成佛",是一句易受误解、颇具争议的佛家名言。假设,一个吃斋念佛的信徒,辛苦虔诚未必成佛,一个杀人如麻的魔头,放下屠刀就可成佛,这太不公平了吧?唐僧师徒,历经九九八十一难,吃了无数苦头,受过各种考验,才能得以成佛。成佛,是许多人的梦想,是学佛者追求的目标。然而,好人即使受尽磨难,未必能够成佛;坏人只要不干坏事,有可能立即成佛。这不是"双标"吗?

有人出来打圆场:屠刀,不是杀生的那种刀,而是一个比喻,泛指一切恶意、恶言、恶行,以及妄念、妄想、妄为,等等。当你放下了,就成佛了。这个解释也无法让人信服。此话出自南宋高僧释普济的《五灯会元》:"广额正是个杀人不眨眼底汉,放下屠刀,立地成佛。"广额,正是一个杀人不眨眼的家伙。屠刀,是指杀人的刀,而不是比喻。而且,释普济也没有说放下恶意、妄念就可成佛。

一天,老汤读到《孙子兵法》中的"胜敌而益强",顿时醒悟。战胜了敌人,我要变得更强大。因此,孙子认为攻城是下下策,不主张"杀人一万、自损八千"式的险胜、惨胜,而倡导越胜越强的全胜观。全胜,不一定是把敌人彻底地消灭掉,化敌为友是重要的全胜之法。

在佛和魔的斗争过程中,请立足佛的角度思考,用佛家的慈悲观分析、比较:点化吃斋念佛者与点化杀人如麻者,哪个难度更大、哪个更有成就感?一个作恶多端的坏人,被佛感化,变成了好人;一个吃斋念佛的信徒,一天到晚,心如止水,哪个对民众更有益?哪个对社会安定团结更有利?这就是佛的化敌为友,这就是佛家的"全胜"。

请注意语境,这话是佛家对坏人说的:你只要不再作恶,佛就会原谅你、欢迎你。好人听了不会心理不平衡,就像我军向敌军喊话:缴枪投降吧!我们优待俘虏!

"己所欲，未必可施于人"更难

为人处世也需要"知彼知己"。"己所不欲，勿施于人"的重点是知己。妈妈们，你们喜不喜欢别人唠叨？不喜欢。你们会不会对孩子唠叨？会。由此可见，不容易做到"己所不欲，勿施于人"。你应该了解"己所不欲"吧？其实不然，我们一不小心就活成了"讨厌的自己"。如果我们有最讨厌的人，仔细观察就会发现，他的很多特征和我们很像。原来，我们不是讨厌那个人，而是讨厌那个不喜欢的"自己"，我们却浑然不知。

"己所欲，未必可施于人"的重点是知彼。要知道别人不喜欢什么，我喜欢的别人未必喜欢。要做到这点更难，很重要的方法是换一个角度，站在对方的立场思考问题。关注自我是人性，换位思考是美德。更麻烦的是，"己所欲"还常常披着"这是为你好"的外衣，站在道德的制高点，伤人于无形。

《庄子·外篇》讲述了一个寓言故事。一只海鸟迷路了，它飞呀飞，飞到鲁国国都的郊外。鲁国是内陆国家，很少看到这种鸟。于是，它被捕获，并送给鲁国的侯王。鲁侯如获至宝，并把它供奉在宗庙的高台，给它敬上美酒，为它演奏美妙的音乐，想方设法让它高兴，还准备了丰盛的国宴招待它。然而，海鸟目光散落，神情悲伤，既不肯吃一点肉，也不肯喝一口酒。这根本不是它的食物呀！三天后，海鸟就死了。庄子感慨："此以己养养鸟也，非以鸟养养鸟也。"鲁侯养鸟是用自己喜欢的方式，不是用海鸟喜欢的方式。海鸟怎能不死？

现实生活中，有太多的"鲁侯"。在家庭生活中，这种现象比比皆是。因为自己喜欢，所以认为家人也喜欢，于是产生冲突，彼此受到伤害。尤其是新婚夫妇，来自不同的原生家庭，有着不同的背景、生活习惯，相处时一定要当心。

"己所不欲，勿施于人"不易，"己所欲，未必可施于人"更难。

不在同一层面，很难运用恕道

《史记》中的陈胜与《庄子》中的大鹏

《史记·陈涉世家》记载：陈涉少时，尝与人佣耕，辍耕之垄上，怅恨久之，曰："苟富贵，无相忘。"佣者笑而应曰："若为佣耕，何富贵也？"陈涉太息曰："嗟乎！燕雀安知鸿鹄之志哉！"陈胜年少时，和大家一起耕地，突然，他把农具一丢，站在田埂之上，惆怅不平良久，然后对同伴说："如果将来富贵，不要忘记彼此！"大家笑了，问道："你一个耕地的，怎么富贵呀？"陈胜长叹："唉！燕雀怎能知道天鹅的远大志向啊！"这一声长叹，甚至形成一种价值观：鸿鹄之志值得推崇，胸无大志应受鄙视。

《庄子·逍遥游》开篇就气势宏伟：有鸟焉，其名为鹏，背若泰山，翼若垂天之云，抟扶摇羊角而上者九万里，绝云气，负青天，然后图南，且适南冥也。斥鷃笑之曰："彼且奚适也？我腾跃而上，不过数仞而下，翱翔蓬蒿之间，此亦飞之至也。而彼且奚适也？"此小大之辩也。有一种飞行动物叫作大鹏，其后背像巍巍泰山，翅膀像挂在天际的乌云，聚集名为"扶摇""羊角"的巨型旋风，直冲九万里高空，飞跃云气，背负青天，然后向南而去，将要到达南方大海。有一种小鸟叫作斥鷃(yàn)，又名蓬间燕雀，它嘲笑大鹏："这家伙要到哪里去呀？我全力向上飞腾，不过几丈高而已，翱翔在蓬蒿之间，已是我的飞行极限。而这家伙要到哪里去呀？"这就是小和大的差别：它们互不了解。庄子表达了什么重要观点？"小知不及大知。"蓬间燕雀无法理解高空大鹏，视野狭小者无法企及视野宽广者的世界。

无法运用恕道，最好笑而不语

很多人认为庄子是在批评蓬间燕雀目光短浅、视野狭小，然而，我们却有不同的感受。

蓬间燕雀有其快乐之处：在草丛里跳来跳去，尽情享受。小天地丰富多彩,食物琳琅满目。虽然所需食物不多,但是生活质量很高。蓬间燕雀安逸、满足,这本无可厚非。它的错误在于质疑、笑话高空大鹏:飞那么高、那么远干吗?家乡挺好的,要啥有啥。它无法站在大鹏的角度,不了解宽广无垠的世界,不理解腾飞天际的快乐。

其实,大鹏也不理解麻雀的世界,无法体会麻雀的愉悦。从这个角度分析,视野宽广者也不知道视野狭小者的世界。因此,"大知不知小知"的立论同样成立。大鹏的高明之处就是它没有和麻雀争论,没有斥责:你了解我的世界吗?你能理解在高空飞行的成就感和愉悦感吗?如果大鹏鄙视麻雀,一边翱翔,一边大喊:"麻雀安知大鹏之志哉!"那么,大鹏的段位顷刻就降下来了。

这个故事给我们的启示是:如果不了解对方的世界,常常无法站在对方的角度思考问题,这样,就很难运用"恕道"。不可站在自己的角度,嘲笑、批评对方,否则结果贻笑大方,甚至自取其辱。因此,处在不同层面,争论没有结果,也就没有意义,最好笑而不语。

陈胜啊!虽然你是天鹅,别人是燕雀,但是你一说出来,就掉下来了。看看大鹏,有说什么吗?无论你多么了不起,只要自夸,效果就大打折扣。《道德经》说:"不自见,故明;不自是,故彰;不自伐,故有功;不自矜,故长。"不自我表现,反而光彩夺目;不自以为是,反而彰显水准;不自吹自擂,反而功劳突出;不装模作样,反而受人敬重。邓小平曾谦虚地说:"我是中国人民的儿子。"他反对个人崇拜,不让别人说他是伟大领袖。

陈胜啊!即使你不满别人对你的误解,也不要怼回去,否则你就和他处在同一个层次了。实在想说,怎么办?忍住,让别人帮你说。比如,面对大家的嘲笑,陈胜长叹一声,沉默不语。然后,太史公曰:"嗟乎,燕雀安知鸿鹄之志哉!"故事就完美了。还好,陈胜自比天鹅,比燕雀大一点而已,属于同一层次,都是鸟。如果他自比大鹏,视别人如燕雀,那就过分了。当你面对各种质疑、批评,能做到默不作声、笑而不语,那么才是"彪悍的人生不需要解释"。

南怀瑾先生晚年回到大陆，虽然深居简出，但其知名度和影响力仍与日俱增。树大难免招风，名人自然会引起批评，然而，有些是无中生有、恶意中伤。学生们愤怒，要发文争辩，被南师制止。为什么不回应？南师笑而不语。有人认为，批评者想借批评南师提高自己的知名度，回应就容易让对方达到目的。老汤熟读《庄子》才明白，这种认知低看了南师：大鹏和麻雀争论了吗？

变换角度看问题

妙玉的不合常理之举

很多读者不喜欢《红楼梦》中的妙玉，嫌她太"作"。妙玉是个神秘人物，她出生于苏州的官宦之家，自小多病，父母早亡，三岁出家，带发修行。她是金陵十二钗之一，年龄比宝玉大一点。虽然她出场次数不多，但从几个细节可以发现：妙玉隐瞒了身世。

妙玉很不简单。看看她的日用品，茶具是"海棠花式雕漆填金云龙献寿的小茶盘，里面放一个成窑五彩小盖钟""九曲十环一百二十八节蟠虬整雕竹根的大盏"，连普通茶具都是"官窑脱胎填白盖碗"，那可不是一般大户人家所能拥有的。妙玉的家世应该比黛玉还好，她比黛玉更见多识广。比如，关于泡茶的用水，妙玉的知识面就远超黛玉。黛玉问：这水不错，是不是去年存下来的雨水？她不仅懂茶，还能知水。不料妙玉冷笑："你这么个人，竟是大俗人，连水也尝不出来。这是五年前我在玄墓蟠香寺住着，收的梅花上的雪，共得了那一鬼脸青的花瓮一瓮，总舍不得吃，埋在地下，今年夏天才开了，我只吃了一回。你怎么尝不出来？隔年的雨水哪有这样轻浮，如何吃得？"黛玉那么清高孤傲，面对妙玉的当众鄙视，居然默不作声。高手对决，吃瓜群众目瞪口呆。可见，妙玉绝非普通达官显贵的孩子。她看到一群富二代、官二代在那里炫耀，实在忍不住，鄙视了他们。

黛玉身世清晰，官宦世家，父母双亡，由世代豪门的外婆家收留，虽然贾母对她很好、宝玉很爱她,但是她总有寄人篱下之感。她多愁善感。鲜花盛开后,缤纷的花瓣撒落在地。许多人都觉得很美,林妹妹却怕人踩脏,于是葬花。那么多落花,葬得过来吗?与其说是对落花伤感,不如说是对自己伤感:青春年华很快就悄无声息地逝去。杜甫《春望》:"感时花溅泪,恨别鸟惊心。"溅泪的不是花,是伤感的我,惊心的不是鸟,是离别的我。人际交往中,伤害我的不是某件事,而是我对这件事的态度。

刘姥姥进大观园,闹了很多笑话。有些是因为她不懂富人的世界,大多是她故意而为,逗贾母和众人开心,以谋求利益。虽然让人不适,但是细细想来也能理解。她的表演带来一片欢声笑语,然而,有两个人却不舒服。黛玉风言风语说刘姥姥是"母蝗虫",妙玉更加极端,她不仅要把刘姥姥喝过的杯子扔掉,还让人将她站过的地方用水反复冲洗。于是,有了"洗地"一词。这就带有羞辱性了。很多人不理解,为什么妙玉反应如此强烈?由此引发一些人的严厉批判:看不起劳动人民。

为什么黛玉,尤其是妙玉会对刘姥姥感觉不舒服?抛开意识形态纠缠,对二人的身世进行分析,才能得出深层次原因,琢磨事件细节,还能发现妙玉的秘密。这两人共同的特点是富贵出生、家道中落,妙玉更惨。她们心中之苦,如不亲历,人们无法理解。生活好坏对人的影响其实不大,生活落差对人的冲击才是巨大。因此,刘姥姥放弃尊严讨生活的行为,刺痛了她俩内心的柔弱之处,不满之情溢于言表。

妙玉的自信和高贵还体现在一个细节:她爱上了宝玉。鲁迅先生说,焦大是不会爱上林妹妹的,因为两人不在同一个世界。妙玉遁入空门,和宝玉本属不同世界,但她"不洁不空",为情所困,她对宝玉不只是暗恋,简直明示。她请黛玉和宝钗喝茶,宝玉也跟进来,妙玉说没给他准备茶杯。其实,妙玉另有图谋:有着极端洁癖的她,竟将自己专用的杯子给了宝玉。妙玉还取笑宝玉喝茶没有品相——饮驴,并宣称:你要是一个人来,我不会给你喝茶。欲盖弥彰啊!不久,冬天下雪,大观园赛诗,宝玉输了,众人罚他去妙玉庵里折一枝盛开的红梅。这些红梅,妙玉精心打理,只许看,不许摸,她断然不会让人折的。就在大家以为宝玉会空手而归时,他却带回来最美的一支。

妙玉正值青春年华,春心荡漾。然而,她所处的环境、当下的身份,决定了她要把这种冲动深深地埋藏在心底。尽管如此,她还是情不自禁地流露出来,这是强烈压抑后的微微泄露,看着都让人心疼。

换个角度去看那些"讨厌"的人,也许你就会释然,甚至还会同情。换个角度分析妙玉,她的那些不合常理的行为就合情合理了。

变换角度分析"宫花事件"

《红楼梦》描写了一个"宫花事件"。薛姨妈要送出12朵宫花,分配方案是:迎春、探春、惜春、黛玉各2朵,自选;剩下4朵给凤姐。这种机制设计公平合理:最后得到的人是拿挑剩的,没有选择余地,就很吃亏,如果最后那人拿4朵,就弥补了挑选顺序产生的不公。周瑞家的在执行过程中,为了拍王熙凤的马屁,改变了送花顺序:迎春、探春、惜春各2朵,凤姐4朵,都是自选;剩下的2朵给黛玉。

当黛玉了解事情的原委后,当场决定:不要!林妹妹这样做对吗?

一派观点认为:林妹妹不该生气。那么小器干吗?不给薛姨妈面子呀!人家送礼给你,还挑三拣四,你不要,岂不是连不满意的两支宫花都没有了?不符合理性人行为呀!而且,这样做会让周瑞家的下不了台,虽然她是仆人,但是她有后台,是王夫人的陪房,还是仆人头目。林黛玉这样做,有可能得罪王夫人集团。常言道:打狗看主人。林妹妹太不懂事了。

另一派观点是:林妹妹可以生气。她没有打薛姨妈的脸,她拒收宫花,是要告诉薛姨妈:她的指令被篡改,她的资源、好心被人拿去做交易了。林妹妹这样做,不仅是维护自身的权益,而且是对手握公权力却牟私利者的还击。如果她顾及各种关系,甚至逆来顺受,那她还是林黛玉、还是林妹妹吗?

小汤则另有感悟,悟出了任务下达与执行反馈的注意事项。领导派活,不仅要说干什么,而且要说为什么。如果薛姨妈是有心安排,说了缘由,周瑞家的就不会也不敢自作主张调整送花顺序。领导听取下属汇报情况,除了关注结果,还需简要了解执行过程。如果遇到的不是黛玉,而是其他世故的人,薛姨妈就会被蒙在鼓里,不仅人情白做,还可能适得其反。如果下属不是假公济私,而是无意间调整了顺序,由于了解执行过程,薛姨妈就能发现问题,及时补救,向对方解释并道歉,疙瘩就解开了。下属也会知错并有所成长。

所处的角度不同,得出的结果各异。年轻时我们常说:"林妹妹太作了。"后来,我们会说:"林妹妹情有可原。"蓦然回首,我们长大了。

家庭中的换位思考

血缘法则和枢纽法则

血缘法则

有一个世纪性难题,困扰男人千百年,太太问:妈妈和我同时掉水里,先救谁?有人说:先救妈妈,太太还可以再找。这位哥们还没结婚吧?敢讲这话。有人说:先救太太。这样会终身被愧疚折磨,尤其到老的时候。对男人而言,这个难题几乎无解。因为问题的实质是婆媳的争夺,婆婆希望儿子更在意自己,媳妇希望丈夫更关注自己。如果太太抛出这个难题,先生也不要觉得她无理取闹,请换位思考:她为什么会提这个问题?要读懂潜台词:她到底想要什么?其实,太太是提醒先生做好角色转换,你不仅是儿子,还是丈夫,生活伙伴由一个重要的女人增加到两个重要的女人,要平衡好与她们的关系。同时,请站在太太角度思考,她把美好的青春交付给一个未知世界,内心难免忐忑,要理解这种不安。

先和媳妇聊聊。在解决这个问题之前,我们来看看《易经》八卦"排位"图(见图 8.1):上面是天,下面是地,还有雷、风、水、火、山、泽,代表各种自然现象。在人伦中,天代表父亲,地代表母亲,雷代表长子,风代表长女,水代表中子,火代表中女,山代表小子,泽代表小女。怎样快速记住八卦图?

图 8.1 八卦"排位"图

父为天,全是阳爻,在上。母为地,全是阴爻,在下。苍天在上,大地母亲的情怀。如果找到规律,另外六卦也能轻松记住。先抓住一个特点:少数关键。就像一个单位,人再多也是领导说了算。三个爻中,数量最少那个爻的阴阳,反而决定该卦的"性别":女儿都是两阳一阴,儿子都是两阴一阳。物以稀为贵,理工院校女生俏,男多女少;文科院校男生傲,女多男少。老汤常"警告"这些同学,赶紧在大学找对象,一出校门,对手众多。还有一个特点:易经读爻,从下往上。长女、中女、小女,阴爻分别在下、中、上。儿子类推。图中正对的两卦叫作"对卦",每个爻正好相对,阴变阳,阳变阴,又称"变卦"。父对母,小女对小子,长女对长子,中女对中子,大小不变,性别变化。乾坤左右的两个卦叫作"覆卦",反个身、颠过来,小女与长女,小子与长子,性别不变,大小变化。另外四卦因为对称,没有"覆卦"。

八卦图讲了一个"排排坐"的故事,如果你记住这个故事,就掌握了八卦图排序的规律。一家八口,父母和三儿三女,吃饭时排座位。父亲坐主位，母亲坐对面。父亲右边是小女，右为尊，父亲左边是长女，左次之，小女旁边是中女，又次之。母亲类似，右边小子，左边长子，小子旁是中子。你发现特点了吗？没有按照长幼有序排位，而是：小、大、中。为什么小的排前面？"亲情惜其弱"，父母会心疼最小的孩子。通常，父亲最喜欢小女儿，母亲最喜欢小儿子。还有一个特点，父亲两边全是女儿，母亲两边全是儿子。根据阴阳平衡原理，阴中有阳、阳中有阴，儿子应该更多地继承母亲的特征，女儿应该更多地继承父亲的特征，如果倒过来，人种就会走向两个极端。因此，父亲喜欢女儿、母亲喜欢儿子是天然的。

家里孩子一多，常常听到抱怨：爸爸妈妈偏心。做父母很难，难的是一碗水端平。偏心是正常的，不偏不倚很少，心本来就不是长在正中间！偏爱是人的本能，喜形于色又是人的自然流露，于是，这种偏爱就会在人际交往中放大。什么是修养？喜怒不形于色，管理自然流露，隐藏内心偏爱。当然，这需要长期训练，很难做到。老汤的岳父是这方面的高手，他做过地方大领导的秘书，善于平衡各种关系。他有七女一儿，孩子们都觉得：爸爸最爱我。连女婿都有这个感受。老汤一直认为自己是他最喜欢的女婿，岳父逝世十周年，老汤满怀深情地写了一篇怀念文章：《今夜，大雨滂沱，爸爸，我想您！》（见附录）。一次，连襟们聚叙，缅怀岳父，老汤惊呆了！每人都泪眼汪汪，并举例说明岳父最喜欢自己。老人家了不起！孩子们相聚，他总是云淡风轻，对谁都差不多。私下，他会对你特关心、特亲切，处处让你感到："崽啊，我最喜欢你了！"

请问这位太太，你一上来就想把丈夫这种天然的、基因里的东西去掉，做得到吗？因此，别逼他二选一，没法选择，不要试图独占丈夫的爱。适当调整预期，这样你会更加幸福。也请换位思考，如果丈夫问你：我和你爸爸掉水里，你先救谁？你怎么回答？因此，别问"我和你妈掉水里"这种问题。

枢纽法则

再跟婆婆聊聊。什么是人生的"枢纽法则"？请看图 8.2。

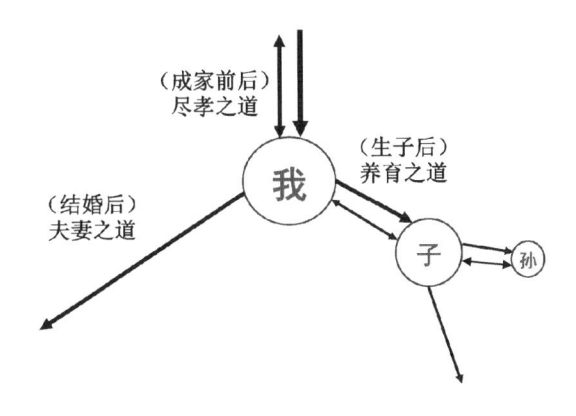

图 8.2　人生枢纽图

人在成家之前,生活只有一条道:尽孝之道。结婚生子后,人生之道就分成三条,除了尽孝之道,还多了夫妻之道和养育之道。这时,做妈的你就要明白,儿子结婚后,他就不仅是尽孝了。而且,夫妻之道比尽孝之道更长,因为夫妻相处的时间,未来会比跟父母相处的时间要长。养育之道,理论上很长,其实不长,因为孩子以后也会成家。

父母的家和孩子的家最好保持一碗汤的距离,这样既可以相互照顾,又有防火墙,不会介入各自的私人空间。作为婆婆,手不能伸得太长,要为儿子留下自己的空间。孩子的任务不仅是照顾父母,还有很多使命要完成。想明白这个问题,很多家庭矛盾就解决了。做父母的要清楚:我们的家是孩子的家,孩子的家就是孩子的家。

儿媳纠缠"先救谁"的问题,实质上是狭隘地争夺儿子有限的资源。聪明的婆婆不会让儿子掉入这个陷阱,她会说:"儿子啊！先救你媳妇吧,妈妈会游泳。"当婆婆认同人生"枢纽法则",她就不会让儿子被媳妇为难。当被问及这个问题时,儿子就可以跟媳妇说:"我妈要我先救你！"于是,"先救谁"的问题就回避了,可能连同婆媳关系的问题都解决了。

当我们面临一个两难的问题时,不要第一反应就是怎么解决,这是条件反射,直线思维,常常无解。家庭问题更是如此,不要总盯着问题的答案,而要弄清楚背后的需求。我们应该运用《孙子兵法》"以迂为直"的智慧,用迂回战术取代直面硬刚。换一个思路,换一种方法,站在对方的角度,常常问题会迎刃而解。

相互尊重

互让互谅

婚姻中,相互尊重、互让互谅非常重要。一个南方姑娘嫁给一个北方小伙,姑娘喜欢吃辣,无辣不欢,小伙讨厌吃辣,一碰到辣就满头大汗。因为饮食习惯,两人差点分手。小伙的爸爸得知后出主意:傻儿子!桌上放一碗清水,菜太辣,就在水里洗洗。小伙照办。姑娘不好意思了,她便准备一碗辣酱,菜不辣,就放酱里蘸蘸。时间一长,辣妹子吃辣慢慢少了,小伙子慢慢能吃辣了。于是,两人和谐相处。

从恋爱到结婚再到白头偕老,要经历从"相亲相爱"到"互让互谅"再到"同心同德"三个阶段。为什么很多老年伴侣会有"夫妻相"?因为多年的共同生活,两人互让互谅,渐渐地养成了共同的习惯,长相也会接近。老汤太太年轻时很漂亮,老汤长相有差距。小汤小时候,如果别人说:"你长得像妈妈!"她会很高兴:"谢谢叔叔、阿姨!"如果有人逗她:"你长得像爸爸!"她就会哭:"呜呜呜!我不要像爸爸。"年纪大了,夫妻俩长相越来越接近,老汤太太有点吃亏的,老汤赚了,心里挺过意不去。

给家人独立的心理空间

和家人相处,有一个注意事项:别窥探隐私。家人不愿告诉你的事,就不要去了解。如果我们无法给家人独立的物理空间,那么至少要给家人独立的心理空间。

国产电影《手机》,讲述了一个妻子查看丈夫手机,导致家庭破裂的故事。手机,成了家庭生活的定时炸弹,不知何时就引爆了,大家都被炸得遍体鳞伤。科学越发达,隐私越容易受到侵犯。《手机》在国外也曾引起关注。老汤在美国波士顿学院做访问学者时,一位美国教授惊讶地问:"在中国,妻子可以随意查看丈夫的手机吗?夫妻之间不尊重各自的隐私吗?"老汤竟无言以对。

老汤转移话题,告诉他:相互尊重才是中华优秀传统文化,并给他讲了"红袖添香夜读书""举案齐眉,相敬如宾"的故事。中国古代,修养很高、家教良好的夫妻大多是相互尊重的。夜晚,丈夫刻苦攻读,妻子会给丈夫点一支香,既用来计时,又可以驱蚊。香快燃尽,妻子悄悄添上另一支点燃的香,无声地退去。妻子给丈夫端茶也很讲究,茶放在盘中,送给丈夫时,妻子会略微低头,把茶盘举起,与眉毛相齐,轻声说:"夫君辛苦,请用茶。"丈夫连忙接茶致谢:"夫人客气,不敢当。"夫妻相互尊重,就像对待客人。在大户人家,妻子有自己独立的空间,未经许可,丈夫擅自闯入是"非礼"。教授听后,连声赞叹:太有画面感了!

窥探隐私,是对他人极不尊重的行为,也会给自己造成无穷的麻烦,甚至带来巨大的灾难。孔子教导:"非礼勿视,非礼勿听,非礼勿言,非礼勿动。"(《论语·颜渊》)不该看的不看,不该听的不听,不该说的不说,不该动的不动。这个人际关系管理原则,在家庭中也适用。

孔孟教子

孔子待弟子如儿子,待儿子如弟子

古代,老师与商人、匠人最大的区别是什么?商人是趋利的,常常斤斤计较,甚至短斤少两。匠人重视知识产权保护,常常私藏独家秘诀,甚至"传男不传女",怕女儿把秘诀告诉夫家,引入竞争者。以前武馆师傅教徒弟,有个潜规则:"师傅师傅,教三步,留一步,以防徒弟打师傅。"这导致中国许多工艺技术、武功技巧失传。

老师教学生大多是无私的,老师上课会短斤少两吗?很少。相反,经常有老师拖堂。当然,拖堂也不提倡!老师恨不得把自己的所知都传授给学生,不会留有一手。老师这种全心全意、无私奉献的品德是孔夫子传下来的。正因如此,孔子以及后来的教育家、老师在民众的心目中地位崇高:"天地君亲师",老师的地位紧列父母之后。

《论语·季氏》记载,陈亢问于伯鱼曰:"子亦有异闻乎?"对曰:"未也。尝独立,鲤趋而过庭。曰:'学《诗》乎?'对曰:'未也。''不学《诗》,无以言。'鲤退而学《诗》。他日,又独立,鲤趋而过庭。曰:'学礼乎?'对曰:'未也。''不学礼,无以立。'鲤退而学礼。闻斯二者。"陈亢退而喜曰:"问一得三:闻《诗》,闻礼,又闻君子之远其子也。"

陈亢有点怀疑:老师会不会私底下教儿子绝技? 一次,他羞羞答答地向孔鲤询问了这个问题。孔鲤毫不犹豫地回答:没有。孔鲤讲述了他和老爸交流的两个片段。孔子在儿子面前很威严,孔鲤有点怕老爸。一次,他远远地看到孔子站在客厅,转身想躲,被老爸喝住:"跑什么跑? 读《诗经》了没有?""没有。""不读《诗经》,连话都说不好。"于是,孔鲤就去读《诗经》。还有一次,他又远远地看到老爸站在那,转身想躲,被老爸喝住:"跑什么跑? 学礼了没有?""没有。""不学礼,就没有立身之本。"于是,孔鲤就去学礼。孔鲤回忆道:如果说老爸私下教过我什么,就只有这两点常识了。陈亢感慨道:我问一个问题,却有三个收获,要读《诗经》,要学礼,还要学习君子了不起的品德——远其子。

请注意,陈亢说孔子"远"其子,并不是老师故意疏远儿子,而是说,老师在教育上公开、公正,不会给自己的孩子传授"独门绝技"。

孔老师待学生都像儿子,待儿子就像学生。孔子周游列国,长年累月不在家,很少单独辅导儿子,又加上威严,独子孔鲤都不怎么亲近他,老是躲着他,实在躲不开,也是打个招呼,匆匆而过,一个"趋"字,把儿子怕老爸的样子描写得活灵活现。再看看学生是怎么和孔老师交往的,态度非常亲切、自然,尤其是子路,一开心就给老师笑脸:"率尔",不开心就给老师脸色:"愠见",还隔三差五和孔老师吵架:"不悦"。孔老师会骂子路:"野哉!"你这个粗鲁的家伙! 孔子和子路聊天,开场白也很随意、亲近:"居! 吾语女。"过来,坐下! 我和你说啊!"由! 诲女知之乎?"仲由! 我是怎么教你的? 看看他们师生间的交流,真是温馨极了!

感谢孔夫子！中华文化能发扬光大，正因为有一代代老师的无私奉献。自古以来，老师们对于中华文化重在传播，而不怎么纠缠知识产权。有些读书人甚至走向另一个极端：托古，由于自己知名度不高，传播自己的观点时没人听，因此假托是历史上某某名人说的。这样做不好，给后人带来很多麻烦，比如，有些"子曰"就搞不清真假，不知孔子是否曾经这样说过。老汤出去演讲，主办方问，PPT、演讲内容是否可以公开？老汤毫不犹豫地回答：公开！有人很诧异：汤博士，你好像不在乎知识产权保护啊！老汤回答：我的许多知识都来自老子、庄子、孙子、孔子，来自诸子百家，我向他们交过专利费吗？传播中华优秀文化，不能有私心杂念。当然，老汤在书里会讲清楚，哪些观点是古人的，哪些观点是自己的。

优秀的老师对不同的学生的教育方法不一样，这就是教育的差异化，即孔子倡导的"因材施教"。比如，子路和冉有问同一个问题："闻斯行诸？"（《论语·先进篇》）是不是一听到好建议就要马上行动？子路的性格特点是易急进，孔老师教育他"退之"，要他谨慎而为。冉有的性格特点是易退缩，孔老师教育他"进之"，要他勇往直前。"因材施教"是要给孩子请家教吗？如果仅仅是学知识点，解决普遍问题，请家教的意义不大，要训练孩子上课认真听讲。有些家长担心，老师在上课时不好好讲，家教时才传授独门绝技。这只是极少数，这种人师德缺失，给孔夫子抹黑，对孩子成长有害，怎么能请这种家教？

孟子提倡"易子而教"

自己的孩子难教。优秀的父母未必能教出优秀的孩子，即使是好老师，课讲得精彩，自己的孩子也会视觉疲劳、审美疲劳，甚至感到厌烦：听得太多了。小汤做过老汤的助教，多次听老汤上课。老汤有些貌似精彩的片段，可能已经告诉过她，有些自视重要的观点，可能对她讲过好几遍。父女俩经常聊天，老汤刚讲上半句，小汤常常就能接下半句。有时只需讲半句，然后两人相视一笑，心领神会。不过，父母和孩子间做到默契很难。你给孩子讲一个笑话,初次听,他会哈哈大笑,讲第二次、第三次,他会怎么样?尤其是那些大道理,老调重弹,效果如何?有的孩子,会忍你几回;有的孩子,听第二遍就会打断你:知道了!啰唆!

怎么办?孟子曾探讨这个问题,讲清了具体道理,给出了明确答案。《孟子·离娄上》对此有详细阐述,核心思想是:"易子而教。"家长们要交换孩子进行教育。打个比方,我是语文老师,你是数学老师,我孩子的数学请你教,你孩子的语文让我教。严格地说,语文老师也要请别的语文老师教自己孩子语文。为什么别人教自己的孩子效果更好?即使讲同一个道理,别人的角度也不一样,而且,我的孩子没听过别人讲段子,就会感到新奇,会认真听。

还有一个易子而教的有效案例:孝顺之教。教育孩子孝顺,常常是通过实际行动,潜移默化。你对父母孝顺,然后孩子受影响对你孝顺。如果你直接对孩子说:"要孝顺父母啊!"总是有点不顺,要别人对自己好总是有点怪怪的,对吧?如果别人对你的孩子说:"要孝顺父母。"是不是更有说服力,效果会更好?因为他是第三方,非利益相关,更具公信力。

孔子同样经历过"自己的孩子没法教"的无奈。孔子"弟子三千,贤者七十二",成才率 2.4%。私塾的入校门槛不高,学生背景多元化,因此这个成才率很高。孔鲤排名多少无据可查,大概率在七十二名之外。孔鲤体弱多病、智力平平、成绩不佳,是爸爸没为他找个好家教吗?还是找过但都不满意?不过,孔鲤为孔子生了一个非常聪明的孙子:子思。孔子清楚:子女难教,隔代亲更没法教。他及时避开了这个坑,没有直接教,而是把子思交给了他得意的学生——曾参。子思非常优秀,在曾子的培养下,成了孔子学说重要的传承者、儒家重要代表人物,写出了儒家经典之作《中庸》,它被后人称为儒家的"心经"。因此,孔鲤可以自豪地对孔子说:我儿子比你儿子优秀;也可自豪地对子思说:我爸爸比你爸爸优秀。

要不要陪孩子做作业?俨然成了一个社会问题。有些父母温文尔雅,但一陪孩子写作业就变得暴躁无比。有的夫妻困惑不解:我俩都是985、211大学毕业,孩子怎么会这么"笨"?是不是抱错了?如果他们明白了易子而教的道理,对此可能就有答案了。家长不是老师,孩子的教育不能大包大揽,就算是老师,也最好让别人去教你的孩子。结论是:父母不要陪孩子做作业。这样做既伤身体,也伤感情。两千多年前,孟子就警告过。我们认为,家长对孩子的主要责任是:注重品德教育,激发学习兴趣,培养良好习惯。家长应该陪伴孩子成长,但不要介入孩子的世界太深。要保持距离,远远地看着。家长要运用"直升飞机"模式,在孩子上空盘旋,收到指令,立即降落。

老汤对此有切身体会。小汤上小学时,奥数班有些小男生是学霸,她老考不过他们。老汤急了:我一个理工男,女儿的奥数还能比别人差?我来辅导!于是钻研起来。看着看着,傻了:这和自己学的数学是完全不同的体系。最后,老汤放弃了,并意识到:隔行如隔山,花那么多时间研究奥数效用太低,不如去做好自己的事。我必须有两把"刷子",别人才会和我"易",这是狭义的易子而教。尊重社会分工,每人都在自己的领域做精做好,我为社会提供优质服务,社会也为我提供优质服务,这是广义的易子而教。

孔子主张"忠言"与"善道"并举

良药未必苦口,忠言不需逆耳

《史记·留侯世家》记载,刘邦进入咸阳,被秦宫的美女、珍宝深深吸引,不肯走了,谁劝都没用。樊哙是刘邦的连襟、铁哥们,他急了,便和刘邦大吵起来。最后,张良出马,动之以情,晓之以理:秦朝无道,您才能到此,天下未定,就安于享乐,马上会被干掉。刘邦幡然醒悟,毅然离开。请注意,张良劝刘邦:樊哙耿直急躁,说话难听,但是,"良药苦口利于病,忠言逆耳利于行"。其实,张良自己做到了:良药未必苦口,忠言不需逆耳。为什么樊哙的"良药""忠言"效果不佳?因为太苦、太逆。为什么张良的"良药""忠言"能被刘邦接受？因为不苦、不逆，而且切中要害。很多人严重误读张良这句名言，劝人时，常常没站在对方的角度思考，不关心这种"苦""逆"对方是否接纳，有时，忠言甚至变成口不择言。如果被劝者产生排斥反应，苦口良药、逆耳忠言就发挥不了作用。

忠诚之人常常耿直，这是一个正常的心理状态，因为动机纯正、没有私心，所以直言不讳。大部分人理性上接受忠言，感性上不喜欢逆耳。有人说，领导会喜欢逆耳忠言吧？你看，历史上著名的君臣组合：魏征直言进谏，唐太宗虚怀纳谏，让人津津乐道。因为稀缺，所以传颂。绝大部分君王难以做到唐太宗的圣明，大臣直言，血溅朝廷的例子比比皆是。因为熟视无睹，所以懒得记载。

既然忠言逆耳，那就不说了吧！也不行，该说的还得说。孔子说："可与言而不与之言，失人；不可与言而与之言，失言。知者不失人，亦不失言。"（《论语·卫灵公》）该说的话不说，该劝的人不劝，是对这个人不负责任，就是"失人"。说了不该说的话，劝了不该劝的人，毫无效果，甚至自取其辱，就是"失言"。一个有智慧的人，既不会"失人"，也不会"失言"。

对于家庭成员，只有一个选项：不能"失人"，"可与言""不可与言"都得言。因此，你更要认真琢磨该怎么说：不能轻描淡写，否则，对方会不重视；不能太过逆耳，否则，容易引发冲突。这种做法难度系数很大。

有话好好说

该怎么劝人？孔子给出了经典的指导："忠告而善道之。"（《论语·颜渊》）怎么告？怎么道？"忠"是原则，"善"是方法。忠告，忠诚、真诚地劝告。善道，循循善诱，用对方能接受的方式开导他。因此，不是"不说"，而是"怎么说"。有些人自诩心直口快，自夸"刀子嘴豆腐心"，这是把缺点当作优点。为什么不做到心直口缓？为什么不可以"豆腐嘴豆腐心"？有话好好说！忠言完全可以"顺耳"。

我们经常看到父母吼孩子,还会夹杂一句话:"我这是对你好!"说的都是对的,吼的全是真诚。因为着急,所以大吼。然而,孩子心里不爽:对我好就可以对我吼吗?这容易产生逆反心理。父母老了,被人忽悠,买了一大堆没用甚至有害的保健品或其他东西,儿女着急,批评父母,父母不听,儿女就吼,父母生气:我知道你对我好,你就不能态度好点吗?哎!循环播放啊!

中华传统文化有一个智慧:"当面教子,背后教夫(妻)"。为什么"当面教子"?孩子犯了错误,父母要马上指出,不用顾及是否有外人在场。只有及时教育,才能让孩子印象深刻,效果最佳。为什么是"背后教夫(妻)"?丈夫(妻子)犯了错误,如果有外人在,妻子(丈夫)就不能当场批评,会让对方没面子,引发不快甚至争执。要在私下的场合,指出对方的错误,他(她)才更容易接受。

教育孩子,如果不是大错,也最好在私下场合,而且要注意教育的边际效用。孩子犯错,父母批评。一开始,孩子诚惶诚恐,默不作声,认真接受,边际效用最大。父母要注意,应适可而止。如果一直责备,边际效用就会下降。要观察孩子的表情变化,如果孩子脸色变得难看,有争辩迹象,就听不进唠叨,内心开始为自己的错误寻找借口。于是,教育效果消失,甚至相反,如图 8.3 所示。

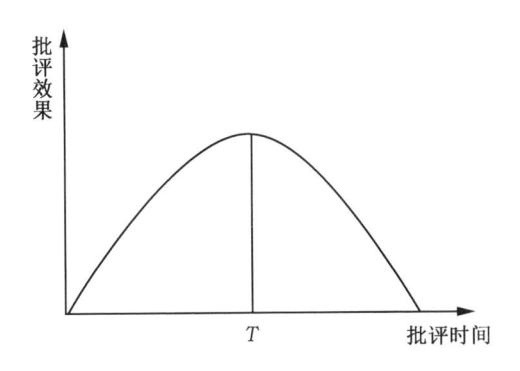

图 8.3　批评效果与时间相关关系

一个唱红脸，一个唱白脸

京剧艺术中，"红脸"是正面角色，代表刚正不阿；"白脸"是反面角色，代表阴险狡诈。衍化到生活中，"唱红脸"比喻严厉，"唱白脸"比喻委婉，不带贬义。为什么父母教育孩子时，一个唱红脸另一个唱白脸？如果都唱红脸，万一和孩子起冲突，没有回旋余地。如果都唱白脸，孩子可能不会重视，起不到教育效果。谁唱红脸，谁唱白脸，父母分工，见机行事，配合默契。如前例，妈妈先严厉批评，差不多的时候（如图 8.3 的 T），爸爸要出来打圆场，和孩子一起总结教训，这事就结束了，接下来换另一个话题。爸爸打圆场时，忌讳说："你少说几句。"这话虽然直接，但是感觉是批评人，会让妈妈感受不好，会质问："我哪句说得不对？"这可能引发父母之间的争吵，淡化教育孩子的主题。

接下来，我们分享一个场景。

妈妈一直唠叨，爸爸看到女儿脸色不对，马上说："女儿，我发现你脸色有点变了，心里不服，是吧？"（看起来是批评女儿，其实是在提醒太太：差不多了，边际效用开始递减了。）

爸爸精练地指出女儿犯的错误，分析其后果，并对妈妈的批评表示赞同。（终止某人讲话的有效方法是先赞同其观点，然后转移话题。）他还不忘调侃："妈妈英明神武，妈妈永远是对的。"并对女儿使个眼色。（默契地让女儿知道：妈妈说的正确，但喜欢唠叨。不要争辩，否则，没完没了。）女儿心领神会地一笑。

这时，妈妈找台阶下了，转移话题："喂！你们俩结盟是吧？知道谁会结盟吗？弱者！羊才会聚集在一起，叫作羊群。老虎成群、狮子结盟吗？"爸爸"顺杆儿"幽默："对！对！对！老婆威武！就像山中的老虎，河东的狮子。""什么意思？骂我母老虎，骂我河东狮吼，是吧？""哈哈！不敢！不敢！"（一场教育孩子的活动圆满结束。）

总而言之，心直口快、逆耳忠言不是错误，而是要关注对方的感受，否则收效甚微，甚至适得其反。

社会上的换位思考

从孔子的为官之道看换位思考

为官之道的换位思考

一个合格的官员,必须掌握换位思考的处世之道。孔子夸赞郑国大夫子产是个好领导,方方面面的关系都处理得很好:"有君子之道四焉:其行己也恭,其事上也敬,其养民也惠,其使民也义。"(《论语·公冶长》)子产的君子之道体现在四个方面:对自己严格要求,谦虚谨慎;对上级尽心尽职,尊敬有礼;爱护民众,恩惠有加;指挥民众,法度有节。"恭、敬、惠、义"有什么共同特征?换位思考。它们都是站在对方的角度分析:别人是不是认为我谦虚谨慎?领导是不是认为我尊敬有礼?我恩惠有加、法度有节,民众是否接受?我做事靠谱,大家是否认同?

一个优秀的官员,能在社会上产生"聚集效应",正如孔子所说:"近者说,远者来。"(《论语·子路》)近处的民众非常满意开心,远方的民众纷纷前来投靠。因此,优秀的领导会促使一个地区的繁荣昌盛,小到一个单位,大到一个国家都是如此。怎样成为一个好领导?为官之道,"宽"很重要,有宽才能有容,有容方能大气。《论语·阳货》《论语·尧曰》都记载了孔子这个观点:"宽则得众。"宽容的领导才能得到民众拥护。孔子还从反面阐述:"居上不宽""吾何以观之哉?"(《论语·八佾》)为官一方,如果不能宽以待民,其他品行就可想而知了。换言之,他一定不是好的管理者。

宽的评价标准不在自己。宽,是指他人觉得宽。当上司对下属、老婆(公)对老公(婆)吼道:"我对你已经很宽容了!"其实这人不太宽容。

就像一个人说:"我很低调的。"这样高调地夸自己,还是低调吗?

"墙内开花墙外香"的多角度思考

为什么"外来的和尚好念经"? 一个规模不大的单位,尤其是员工流动性不大的单位,员工之间很熟悉,要在本单位拥有大量粉丝,几乎不太可能。知识分子、专家多的地方更是如此。请外面的专家来演讲,本单位的人通常会认真听。

唐代,四川有位姓马的穷人,以编卖簸箕为生,他儿子出家,即禅宗八祖马祖道一。一天,马祖受邀回乡弘扬佛法。听说得道高僧要来传法,人们早早搭台恭迎。讲法那天,台下人头攒动。马祖登上讲台,众人议论纷纷:"这不是马簸箕的儿子吗? 他还能讲什么佛法?"于是一哄而散。马祖感慨:得道莫还乡,还乡道不香。碰到老妇人喊你乳名,神秘感、神圣感就烟消云散。宗教有一个特点:信奉,称作"信教"。如果听众不会肃然起敬,不能凝神倾听,再高妙的道理,人们也会嗤之以鼻。马祖去家乡之外的地方传道,可能就不会遭此尴尬。

为什么"墙内开花墙外香"? 主要原因有两个:第一,园子小。花树很大,且种在围墙边,花枝会伸到园子外面。外面的人路过,就会闻到香味。第二,花太香。人在墙内,习以为常,身居芝兰之室,久而不闻其香。芬芳四溢,外人偶尔进来,闻到香气便感叹:"哇! 真香!"

我们从"墙内开花墙外香"听出感慨,从"外来的和尚好念经"听到无奈。然而,为什么不变换角度思考这个问题呢?

站在花的角度,要从生理学和心理学分析,嗅觉疲劳、生理疲劳是正常现象,何必耿耿于怀? 在哪里香不重要,关键是花要香。做一簇芬芳四溢的花吧! 既在墙内香,也在墙外香,有人闻到,有人忽视,又有什么呢? 园子小,别纠结,绽放吧! 鲜花。

站在墙内人的角度,怎么能对鲜花的芬芳无动于衷呢? 要充满感激。鲜花盛开的时间很短暂,墙内人要经常到鲜花旁边深呼吸,不要辜负大自然的恩赐。

站在员工的角度,要认可审美疲劳这个客观现实,坦然面对外来专家受关注的现象。要把自己的核心能力打造好,把经念好。一天,你成了"外来和尚",经又讲得好,别人也会认真听的。

站在管理者的角度,外面的资源再好也不能为我所用,身边的资源才是上天的恩赐,怎么能视而不见?可以偶尔求助外面的人才,更要发掘、运用好本单位的人才,"外来和尚"迟早要走的。

从孔子"非礼四勿"悟人际的换位思考

要处理好人际关系,很重要的就是换位思考,关注他人的感受。

关注心理空间

人际交往有一个重要的原则:讲礼。孔子的"非礼四勿":非礼勿视,非礼勿听,非礼勿言,非礼勿动。严格要求自己,只要是不符合行为规范、让人感到不舒服的事情,就要做到:不看、不听、不说、不做。如果你能做到这四点,就会是一个"讲礼"的人,一个受欢迎的人,因为你善于管理自己的行为边界,关注别人的心理空间。

心理空间首先体现为物理距离。半夜坐地铁,一个不拥挤的车厢里,乘客分布均衡。如果一个陌生人,有很多空位不坐,却紧挨着你坐下,会让你感到不舒服。他这样做违法吗?不违法。这个位置是你的吗?不是。为什么你感到不舒服?因为他侵入了你的心理空间,他这样做违"礼"。一节车厢10个人,你在心中会把这个车厢一分为十,你所处的十分之一空间,法理上不是你的,心理上却属于你,这就是心理空间。

人的安全心理空间约为1.2米,这是一个别人对你伸手可及的距离。因此,与陌生人谈话,和不太熟悉的人聊天,不要靠得太近,会令人不舒服,即使同认识的异性交流也要注意。当然,自己的家人、亲密朋友、恋人除外。如果你处于实在无法回避的空间,如拥挤的电梯、地铁等,要面朝背站。与人面对面,彼此的压迫感很强。

心理空间还体现在时间上。一个饭局,某人话太多,水平又一般,他既降低了饭局的文化水准,又侵占了别人的心理空间。就算讲话者水平高,也要关注他人的感受,因为每个人都有表达的需求。东道主要做好话题的引导工作,尤其要关注那些整场一言不发的客人,要有意识地抛给他一个话题,或者问一两个问题,即使他不善言辞或略感自卑不肯说,内心也会很舒服,因为受到了尊重。和情商高的领导或东道主吃饭很开心,他们有一个好习惯,吃到中途,会提议每人发表几分钟的讲话,于是皆大欢喜。

心理空间还体现在注意力上。注意力是一种重要资源,而且是一种有限资源,就像舞台的聚光灯,只能打往一处。在组织中,为什么个性张扬的同事不受欢迎?按理说,张扬是他的事,与别人无关,妨碍他人吗?妨碍的!因为人都有自我表现之需,某人过度张扬,就会大量吸引领导和公众的注意力资源,让别人得不到关注,从而侵占了他人的心理空间。

人际交往中,为什么有些人不受欢迎?因为他不关注别人的感受,总给人以压迫感。为什么有些人很受欢迎?因为他关注别人的感受,让人如沐春风。核心原因就是前者闯入了他人的心理空间,后者则小心翼翼。因此,在和人接触、交往的过程中,要经常问自己:我讲"礼"了吗?

君子之交

《庄子·山木》说:"君子之交淡若水,小人之交甘若醴。君子淡以亲,小人甘以绝。"君子之交,真诚相待,管理边界,恬淡如水。小人之交,因利而来,亲密无间,甘甜如酒。君子恬淡交往,因无利益纠葛,可以持续亲近。小人甘甜亲密,当有利益冲突,很快破裂绝交。清水,淡而无味,可以久喝。美酒,甘甜可口,不能多饮。

晏婴,春秋时期著名的政治家、外交家。孔子评价道:"晏平仲善与人交,久而敬之。"(《论语·公冶长》)晏婴善于与人交往,和他相处时间越久,越会心生敬意。常言道:"仆人眼中无英雄。"人与人之间相处久了,神秘感会消失,就不容易尊敬对方,连仆人都不会把自己的主人当作英雄。为什么和晏子相处时间越长,人们越敬重他?除了个人魅力,还有一个重要原因:亲近有度,尊重空间。孔子夸奖道:"救民百姓而不夸,行补三君而不有,晏子果君子也!"(《晏子春秋》)拯救了平民百姓却不自我夸耀,辅助了三位国君但不自以为是,晏子是真正的君子啊!晏子从政五十多年,历经齐灵公、齐庄公、齐景公,为国君和人民做出了巨大贡献。但他表现的状态总是自然而然,真是了不起!

其实,孔晏二人有过不愉快的经历。齐景公听了孔子的"君臣父子"理论后,大加赞赏,想重用孔子。德高望重的晏婴制止:儒家注重繁文缛节,对国家治理帮助不大。他三言两语就把孔子在齐国的仕途阻断了。有意思的是,孔子不仅不记恨晏子,反而对他大加赞赏。这既说明孔子不计前嫌、宽宏大量,也说明晏子智商和情商极高。他俩的关系处理,是君子之交的佳话:既可政见不同,也能相互欣赏。许多政客,对不同政见者进行人身攻击,睚眦必报,这是小人之举。

保持距离是君子之交的重要原则,亲密无间常是小人之交。在组织中,要"等距离外交",不要和人太亲密,也别与人太疏远,应遵循"豪猪原则"。豪猪身上长满了刺,冬天挤在一起,要保持恰当的距离,既不能靠得太近,也不能离得太远。太近会刺痛双方,太远又不保暖。孔子说:"君子周而不比,小人比而不周。"(《论语·为政》)君子团结但不勾结,小人勾结但不团结。君子为人诚信,但不结党营私;小人结党营私,却待人不诚。孔子说:"君子矜而不争,群而不党。"(《论语·卫灵公》)君子威严而不争斗,合群但不结党。党是"黨"的简化字,黨的原意是因私人利害关系结成的小集团,含有贬义:晦暗不明。古汉语中,"黨"下面是个"黑"字,黨,从黑。

即使谈恋爱,也是细水长流式比山洪爆发式的爱更持久。莎士比亚在《罗密欧与朱丽叶》中劝诫:有节制地爱吧!有度方能让爱持久,太过就会物极必反。(Love moderately. Long love doth so. Too swift arrives as tardy as too slow.)纵然是甜美的爱情,也不要像极甜的蜂蜜,因为过甜会令人腻味。

"红颜薄命""木秀风摧"的换位思考

红颜为什么薄命，木秀为什么风摧

因为话语权掌握在男人手里，所以自古以来红颜常受到不公平待遇。很多人以为，"吴三桂引清军入关"是明朝灭亡、清朝建立的关键事件。为什么吴三桂降清？"冲冠一怒为红颜"。人们批评吴三桂：为了红颜，失去理智；为李自成惋惜：因为红颜，丢掉江山。他们纷纷指责：红颜祸水。以下几个重大误解需要澄清。第一，吴三桂引清军入关是打李自成。其实，明朝这时已经被自己干掉了。最后关头，百官溜之大吉，有的甚至开城门迎闯王。无奈的崇祯连同大明王朝，吊在了煤山的歪脖子树上，只有一人跟随。第二，清军入关是多尔衮既定的战略部署，与红颜无关，与吴三桂关系不大。吴三桂很悲催，注定要做叛徒：降李是叛明，降清是叛汉。据史学家姚雪垠考证，霸占陈圆圆事件子虚乌有。

中国四大美女结局都不太好。"沉鱼"西施被沉湖中，"落雁"昭君背井离乡，"闭月"貂蝉不知所终，"羞花"玉环当众吊杀。这不禁让人感慨：红颜薄命。

"红颜薄命"源自欧阳修《再和明妃曲》："红颜胜人多薄命，莫怨春风当自嗟。"超群佳人，大多薄命，别怨春风无情，只因自己太美。汉元帝后宫佳丽太多，只能凭画宠幸。王昭君不肯贿赂画工毛延寿，于是，被画得很丑，致使昭君多年来从未见过皇上。匈奴和亲，昭君提出申请。见到昭君，皇帝愣住了，佳丽三千，无人媲美！他很想反悔，但外交大事，君无戏言。昭君回首，依依惜别，离乡出塞，留下一个幽怨的眼神。

四大美女中，结局最惨的是杨玉环。玄宗懒政、安史之乱，这本是李隆基被开元盛世冲昏头脑所致，人们居然归罪于她。玉环很委屈，被逼上吊前质问群臣：哪个贪官污吏是我推荐的？哪项荒唐国策是我建议的？国家大乱，没有男人担责，竟让女子背锅！杨玉环还被各种流言裹挟。她想吃荔枝，被世人骂；她爱泡温泉，人们就说她有狐臭；她体态丰满，人们就说她睡觉打呼噜。一位富豪各方面都很好，突然有人说：他家庭不幸福。众人感到惊讶：你怎么知道？答：只有这样想，我才会舒服些。红颜也一样，上天给你这么好的容颜，已经不公平了，还要各方面都好？那太不公平了！其他三大美女对国家、对历史都有所贡献，唯有玉环，只是红颜，受此恩宠，凭什么？因此，人们往她身上泼脏水，津津乐道她的悲惨结局。如果她幸福一生，无疾而终，不符合大众审美。结论：不是红颜薄命，而是人们希望红颜薄命。红颜薄命，才是反转，才有故事。

红颜薄命还有一个重要原因：红颜易老。岁月是一把杀猪刀，当美女颜值下降，其资深美女的地位会一落千丈。由于没有备选方案，也没有"心理咨询师"的辅导，她们就容易"怨春风"，郁郁而终，因此留下了很多薄命的故事。

三国时期李康的《运命论》说："木秀于林，风必摧之。""行高于人，众必非之。"生活中不断重复"木秀风摧""行高众非"的故事。一哥们才华出众，因不愿巴结主管，一直受到嫉恨、排挤。后来，他愤而离职，此举惊动了单位领导。经过一番交谈后，领导意识到这人是绝无仅有的人才，于是，苦苦相留，无奈此人已和新单位签约。那哥们离开时还一步一回首，不知真的是依依不舍，还是故作眷恋不舍？

树木长得越高，能沐浴更多的阳光雨露，长得更秀，形成良性循环。阳光雨露都被秀木占据了，会给不秀的树木带来灾难性的后果：生长缓慢，甚至无法生长。大树之下，寸草不生。胜人才子，水平很高，所以被领导赏识，获取众多的资源，风光无限。常人的机会就被他们抢占了。

喂！秀木，你还感叹"木秀于林，风必摧之"？你占了那么多便宜，风摧你一下怎么了？不应该吗？难道要让风来催我们这些不秀的木？还有天理吗？喂！才子，你还感叹"行高于人，众必非之"？什么好处都给你占了，议论你一下怎么了？要不，你自废武功，"行不高"就"众不非"，你干吗？因此，当红颜、秀木、才子换位思考，站在竞争者、普通人的角度想，就不会愤愤不平了。

红颜并不薄命，风摧仍然木秀

再换一个角度思考，因为"红颜薄命"，就不要红了吗？因为"木秀风摧"，就不要秀了吗？因为"行高众非"，就不要高了吗？积极的人生观应该是：红颜并不薄命，风摧仍然木秀，众非继续行高。

红颜怎样冲破"薄命"咒语？人生三部曲：颜值、智慧、德行。颜值管若干年，智慧管一辈子，德行管好几代。父母帮你写好第一部曲，你要写好第二部曲，更要写好第三部曲。姣好的容貌，是几代人共同努力的结果。因此，你要珍惜，更要感恩。薄命不是红颜的错，但仅有美貌远远不够，这是一种加速折旧的资产。伴随自己一生的是智慧，气质修养、才华智慧才是终身财富。最重要的是贤德，不仅家人受益，而且福及子孙。一个大家族，如有一位德高望重的老者，常常兴旺发达。《红楼梦》的贾家五代荣华已近尾声，因为有贾母这位仁德的老祖宗在，还能苦苦支撑。老人家一走，树倒猢狲散，百年大厦轰然崩塌。

欧阳醉翁借古讽今，借红颜薄命感慨：才华、道行也是一样，只要胜人，就会被人嫉妒、被泼脏水，若处理不当，则容易薄命。但是，胜人才子不能因此停下前进的脚步，而要认真思考：怎样打破被"摧"被"非"的魔咒？

"胜人"但不"远人"。昭君的清高让人捏了一把汗，入宫是为了获得皇帝宠幸，当这条通道被小人把持，死抗的风险很大。昭君21岁出塞，半年后，汉元帝病逝。昭君如果不出塞，晚景怎样？不堪设想。社会上也存在不少类似的情况，多少人才，自命清高，结果白白浪费，太可惜了。《庄子》说："有人之形，故群于人；无人之情，故是非不得于身。"如果你有常人的外形，就会合群、会被人们归为同类；没有常人的欲望，就会超脱，不会惹上人间是非。庄子提出了与社会和谐相处的有效方法：既遵循世俗的行事方式，又保持内心的高洁，不同流合污。

把握进退节奏，远离嫉恨喧嚣，在关键时刻胜人。昭君是有智慧的人，胜人之处就是匈奴和亲时，她毅然决定出塞，抓住机会，改变命运。

这也揭开了宫廷的黑幕,汉元帝震怒,杀了毛延寿,腐败分子没有好下场。这可能也是民间喜欢这个故事的原因之一。

不必"自嗟薄命",无需哀叹命运对自己的捉弄。苦难经历可能是一笔巨大的财富,甚至会福及子孙、造福人类!昭君出塞后,她到底过得怎样?她没告诉我们。如果她过得不好,则悲剧更符合文学创作的需要。不管结局怎样,昭君把中原文化传给匈奴,汉匈和睦六十多年,她对中华民族大家庭的重大贡献也被载入史册。

自强不息,不断进步。知识有"半衰期",到了一定阶段,当初掌握的知识一半就过时了。不少知识的半衰期很短,如果不及时更新,以往的核心能力就消失了。很多怀才不遇之士就会遭遇"红颜易老"的无奈,留下"想当年"的怨叹。

"苟富贵"后的自我反省与换位思考

"苟富贵,勿相忘"在中华大地传颂千年,然而,翻遍史书,昔日好友富贵之后,彼此失望抱怨的比比皆是,更有甚者,反目成仇。纵然年少相识,日日嬉戏,当彼此差距加大,要保持当初的随意和亲密很难。如果还遥想当年,要从富贵者那分一杯羹,友谊的小船更容易不知所终。假如富贵,会不会忘?要不要忘?

自我反省

孔子说:"君子求诸己,小人求诸人。"(《论语·卫灵公》)君子严格要求自己,小人严格要求别人。遵照孔子教导,自我反省,心态就会平衡。对于"富贵后,会相忘"的现实,通常的解释是:古往今来,物欲横流,人心易变,势利者比比皆是,富贵者往往冷漠,甚至翻脸不认人。然而,仔细观察多个案例后,我们发现:情分被毁,富贵者难辞其咎,小伙伴也有责任。面对老友发达的现状,他们心态容易失衡。当内心既不足够强大,也不能平静如水,当价值要外在表现予以支撑,尊严要他人认可方能维持,贫与富、贵与贱的差距就会让人心塞,尤其这种反差发生在老友之间,更令人无法接受。富贵者言语疏忽、态度轻慢等细小过失,都容易被放大。

和谐的心态和正确的认知是:老友富贵了,那是他艰苦努力、把握机遇的结果,我由衷地为他高兴。他所处的环境和自身条件发生了变化,我俩的关系发展也应与时俱进。如不主动适应,不消除内心潜藏的敏感和脆弱,会导致心理失衡和怨恨情绪。如果总是回顾往日,对富贵者寄予不切实际的期待,认为他应念及旧日情分,给予自己特殊的关照,有意无意给他施加道义负担,让他兑现"苟富贵,勿相忘"的誓言,会让两人的情义烟消云散。

长久的情义,建立在自我认知和独立人格的基础上。若要他富贵后不相忘,先得自我反省:我有何能力,有何价值,对他有什么贡献?往昔的友谊只是催化剂。关系的延续,要么是无欲无求,君子之交淡如水,要么是资源对接、利益交换。否则,我单向沾光,他单向施舍,我就成了包袱,他就成了恩主,两人的关系不可持续。

换位思考

作为昔日伙伴,站在富贵者角度思考,就能理解很多现象。首先,富贵者要处理更多事务,承担更多责任,花在老友身上的时间、精力必定有限。两位老友,20多年的交情,一位成绩斐然,另一位普通平常。富贵者回乡出差,和小伙伴相约在开会的地方见面,会议延迟,小伙伴等了两个多小时,最后只匆匆聊了几句。圈子不同,话题就少,两人自然渐行渐远。其次,富贵者让人感觉一阔就变脸,有时是习惯了发号施令,有时是要维护形象,尤其在公开场合,很难用随意无间的态度对待老友。设想一下,朱元璋当了皇帝,在众多大臣面前,小伙伴和他称兄道弟,侃侃而谈:往日他们怎么逃荒要饭,怎样为争抢一个讨来的馒头狼狈不堪。老朱会怎样想?《史记·陈涉世家》记载了一个让陈胜很失分的事件,曾经信誓旦旦的他在做了王以后,居然把一个投奔他的故友杀了,原因是那人"言陈王故情"。他讲了陈胜以前的糗事。换一个角度分析,故友也有责任。正值"大楚兴,陈胜王"的造神阶段,你到处"妄言",会给陈王形象造成多么严重的损害!最后,要理解富贵者,他们的烦恼可能比常人多得多,要承受许多难以名状的压力,太多的辛苦无奈,诸多的身不由己,使其不得不戴着面具。

富贵者要顾及老友的感受,要清楚地认识到,自己的成功不全是靠个人的努力,而是他人相助、机缘所致。因此,富贵者不能沉醉于成功的光环,不能失去感恩之心,要保持清醒的头脑;不能摆出趾高气扬、舍我其谁的派头,即使是下意识的,也会导致情义损毁。虽然富贵,还要不断寻求帮助,那些能力强、可信赖又知根知底的旧日伙伴,当然是合作优选,可以大大降低人际交往、筛选等成本。《晏子春秋》说:"衣莫若新,人莫若故。"衣服是新的好,朋友是旧的好。富贵者应该了解,绝大部分昔日兄弟为了保持人格尊严,不会热脸贴冷屁股,他们找上门来,可能只是联络感情。一个位高权重者说,一位老战友来看他,还带了家乡的土特产,他的第一反应就是战友有事相求。结果,人家仅仅是来叙叙旧。他感叹道,每当想起这事就汗颜。

假如富贵,是否相忘?要站在不同的角度分析。站在已富贵者角度,"苟富贵,勿相忘",不忘初心、路宽且长。站在昔日好友角度,"苟富贵,请相忘",情谊留心中,自向宽处行。

最后,站在"人际同心圆模型"角度分析,我能否进入老友的人际同心圆内,与我俩当下的关系有关,与当初的关系无关。我能否拿下他圆形剧场的入场券,能否坐在前排,取决于我现在的实力和状态。我凭那一张"旧船票",登不上他的"新客船"。

第九章

让对方主动

恋爱、营销中让对方主动

让恋人主动

让对方感到主动

掌控主动,就是成功。主动者常常是优势方,而有一种主动叫作"让对方主动"。

有的年轻人说:"谈恋爱麻烦,不相信爱情了。"真的是不相信吗?或许是不自信吧!不敢主动追求,害怕受伤,担心付出和回报不成正比。就像男尊女卑的传统封建思想,有迂腐之说:女追男会掉价。女生即使很喜欢男生,也不能太主动,要"犹抱琵琶半遮面",否则男生可能会退缩。古代女追男的现象很少见,因为具有戏剧性效果,所以会出现在文学作品中,而且,主动发起攻势的姑娘,都是关系中的强者。比如,金庸笔下的黄蓉、赵敏、任盈盈、李沅芷等,哪一个不是家世显赫、能力突出?因此,不管何时,无论男女,主动的一方常处于主导地位、相对强势,被追的一方常处于从属地位、相对弱势。请注意,主动方未必是先表白的一方。主动方发起进攻前,如果站在对方角度,分析对方的需求,设法让对方主动,看上去是对方先表白,其实一切都在自己的掌握中。而且,主动方能让对方感觉"主动",这是一种智慧,也是平衡之道。

怎样让恋人主动？下面分享几个小技巧。

技巧一：缓缓展开画卷。在追求对方时，要把握节奏，运用文武之道，一张一弛。既要展现自己的核心竞争力，又不能一下就全部抖落完。要沉稳地、缓缓地展开你的画卷，让对方惊喜连连："哇！哇！"如果上来就一览无遗，对方会有点小失望："啊？没了？""山重水复疑无路，柳暗花明又一村"让人印象深刻，为什么？画面动感，情节反转。

技巧二：让对方感到主动。尊重对方的意见，多让对方作决定，对一些重大事项，前期多做准备工作，最后让对方决定。即使是你的主意，也要让对方有参与感，让对方感觉自己掌控主动。这不仅在恋人间很重要，在家庭中也很重要。比如，老汤买房子，通常先看很多套，再比较、分析，并选出几套中意的供太太挑选。最后，太太拍板：就这套！成交！事后，老汤还经常夸她：哇！老婆真是英明神武！这样做让她很有成就感。有人问：这样做风险太大了吧？万一两人观点不一致呢？遇到这种情况，要判断太太的决定是否正确，正确就执行，不正确就继续为她做SWOT分析，继续向她汇报。职场中，如果你发现某项任务存在问题，不要抵制领导，而是反复汇报：要不要做？怎么做？不断提问、请教，让这事在汇报中慢慢纠偏，如果不重要，这事可能汇报着就没了。这个方法在家庭中也适用。

技巧三：艺术地表白。表白方式多样，有的是直接明确，有的是站在楼下扰民，还有的是艺术地、多维度地告诉对方：我喜欢你。

艺术地表白

说到"艺术地表白"，就不得不提中国人骨子里的浪漫和艺术。学好古诗词，表白时会与众不同，信手拈来。比如，你向对方表白："山有木兮，木有枝。"山中有树啊！树木有枝。说到这儿，你就要停下来。知道《越人歌》的人，立刻就明白你下句要表达什么："心悦君兮，君不知。"心中爱你啊！你却不知。这样做难度大，表白者既要有丰富的知识，又要有文学艺术修养，还要用心设计。与此同时，对方要有相似的背景，能进入同一维度的语言体系,否则,就无法接收信号。

　　古代女子婚前婚后都比较矜持,尤其是大家闺秀。李清照的《丑奴儿》,让人读后印象深刻。晚来一阵风兼雨,洗尽炎光。理罢笙簧,却对菱花淡淡妆。绛绡缕薄冰肌莹,雪腻酥香。笑语檀郎:今夜纱厨枕簟凉。夏日的晚上,一阵风雨洗净炎热。李清照沐浴更衣,一曲弹毕,面对菱花,略施淡妆,只见她身着桃红色的薄纱,肌肤雪白若隐若现,阵阵幽香飘出纱帐。望着她的情郎赵明诚,她微微一笑,娇声说:今夜,纱帐里的凉枕凉席真凉爽呀!"今夜纱厨枕簟凉"是全诗的"诗眼",其他都是铺垫。求"爱"求得如此含蓄,充满美感,尽显才女格调。但这首词还是受到一些文人士大夫的批评:太直白了!太夸张了!简直是淫词!可见,古代的文人多么含蓄。

　　再分享一首20世纪80年代的诗——《地球的表白》。故事的男女主角是小学同学,后来上了不同的大学,在不同的城市工作。男生写了一首长诗,向女生表白。下面仅讲解其中几小段。

　　"啊!我的太阳/天地之间/本是一片混沌,/自从泥淖中升起一个伟大的女性/我的空中/便闪耀你灿烂的光芒。"这段用女娲补天的故事告诉女生:以前对你只是朦朦胧胧的感觉,一天,你的眼神把我这种感觉挑破了,我被点亮了,开窍了。

　　"辽远的苍穹/本有九个火球,/自从枯黄的土地/孕育了一位神箭手/我蔚蓝的心中就只有你了/我的太阳。"这段用后羿射日的故事向女生坦承:离开你的这些年,我思想上开过小差。但是,深思熟虑后,最后确定:你才是我的唯一。

　　"我是你众多行星中的一颗。/他们是否像我一样?/有着,碧波荡漾的大海/苍翠秀美的土地/生机勃勃的世界/还有,无限美好的梦想?"太阳系的行星中,唯一有生命的就是地球。男生用天文知识作比喻,并提问:你有很多追求者,但是,他们有我独特吗?有我优秀吗?像我这样爱你吗?这是追求女生的必备"法宝",展现了男生的自信:我是最优秀的!即使现在不是,未来一定是!坚定承诺:我是最爱你的!一直爱!

"让我奔向你吧！/让我拥抱你吧！/我不要辽阔的天空！/我不要湛蓝的海洋！/我只要在你怀中羽化！/我只要在你心中升华！/我要让太阳中有一颗地球！/我要让地球中有一颗太阳！/我要让未来的灵长类这样书写历史:/远古,有两颗星,/一个叫地球,一个叫太阳,/巨大的引力让他们合为一体,/这颗星就是/'希望'！"现在的年轻人看到这,可能不知所云,甚至觉得疯狂:这是要毁掉地球吗？当时的大学生,谈个恋爱可不容易！《大学生守则》明确规定:不准谈恋爱。那时,毕业分配是国家安排,就算偷偷恋爱,两人如果不能分在一起,异地恋的成功概率很小,因为工作调动很麻烦。如果坚持在一起,必有一方要做出巨大牺牲。了解时代背景后,你就会明白,这是一份宣言:和你长久相拥,我愿牺牲一切！

这首诗的作者是谁？正是差点成了诗人的老汤。女友收到这首诗后,哭了好几天。从此,恋爱的"八年抗战",就不是一个人在努力。

让客户主动

让客户感到主动又自然

市场营销中有一句口头禅:"顾客就是上帝。"这有一大问题,即买卖双方处于不平等地位。我们应该颠覆"买方积极,卖方消极"的思维定势,重新定位买卖双方的关系。如果买卖能达成,一定要满足双方的某种需求,在实施过程中,可能是"买方积极,卖方消极",也可能是"卖方积极,买方消极"。买卖双方都要站在对方的角度研究、分析:在整个交易中,怎样让对方满意,让对方主动为双方共同的目标努力。

怎样让顾客主动？我们应做到以下几点:

一是制造稀缺。当你的产品具有稀缺、差异化特征,就能引发对方主动。甲方、乙方与买方、卖方无关,取决于选择多少:选择多的常常是甲方,选择少的常常是乙方。有些营销高手,明明是乙方,却干成了甲方,他们常采用的策略就是:制造稀缺、饥饿营销。

二是传递价值,建立信任。管理好顾客的期望值,当客户在与你交往的过程中,慢慢地发现了你的价值,对你建立了信任感,这时,客户就会主动。

三是建立良好的用户体验。先让用户获取良好的体验感,然后渐渐养成习惯,慢慢地,用户就离不开你,就主动了。

四是让客户感觉自己具有控制权。保持距离,为客户主动创造机会和条件,让客户感觉整个过程主动可控。当然,我不是让出主动权,而是在更高层次掌控主动。

五是让对方主动的过程中,还要感觉自然、舒适。老汤所在学院有一个教育理念——不管职位高低、收入多少,在校学员的地位都是平等的。一位部级干部和同学们一起,投入地打篮球、唱卡拉OK,老汤问:"你在单位也会这样和大家一起活动吗?"他连连回答:"不可能!"一位省级干部动情地对老汤说:"每次回到校园,行走在香樟大道,呼吸着清新空气,就有一种心灵被洗涤的感觉。看着老师们自然、亲切的笑容,我的心情就特别平和。"

历史的天空:李师师让宋徽宗主动

李师师是北宋京城名妓。《李师师外传》记载:宋徽宗几番"求见"李师师,"而师师终未一见"。宋徽宗预约了好几次,师师都没空,档期排满了。不知李小姐是真的很忙,还是运用"饥饿营销"策略,制造稀缺,欲擒故纵。反正,师师很有职业操守、尊重行业规则:来者都是客,先到先得,有序排队,不准加塞。堂堂一国之君竟然与卖油郎同等待遇:排队。

宋徽宗从来没排过队等过人啊!这回排了好几次,终于轮上,受到李小姐接见。看看师师怎么出场:见姥拥一姬,姗姗而来。不施脂粉,衣绢素,无艳服。新浴方罢,娇艳如出水芙蓉。见帝意似不屑,貌殊倨,不为礼。她在大家的簇拥之下,姗姗来迟。而且,她没有搽脂抹粉,只穿着洁白朴素的丝绸。她刚刚洗好澡,"娇艳如出水芙蓉",很多文学作品都模仿这个场景。更为关键的是,看到宋徽宗坐在一旁,她都不怎么正眼瞧他,只用眼角的余光扫了一下,也不施礼,一副不屑一顾、高高在上的样子。李小姐对客户都这样吗？这可不是一般的客户啊！这应该是宋徽宗对群臣的态度，现在反过来了，宋徽宗不受待见。他从没受过这样的待遇，会不会感到很诧异？反差很大，场景极富戏剧性，这是不是全新的客户体验？

在"顾客就是上帝"的商业社会，国外有家餐厅却反其道而行之，故意搞得服务态度极差，美其名曰"差异化营销""顾客独特体验"。结果该餐厅宾客如云，顾客就餐必须提前预约。"上帝"做久了，就想尝尝受虐的感觉。十二世纪初，李师师就这么干过。

姥语师师曰："赵人礼意不薄，汝何落落乃尔。"师师怒曰："彼贾奴耳，我何为者？"李姥对师师说："人家老赵送的礼不薄，对你又很好，你怎么能如此冷落人家呢？"师师生气了："我又不是商人、奴才，有必要对他卑躬屈膝吗？"

李姥急坏了：我的小祖宗啊！你这是要砸我们的饭碗，让我们死无葬身之地啊！你咋这么大胆？文武百官、富贵之人，谁见到他不卑躬屈膝、三拜九叩？就算是普通客户，你也不能如此傲慢呀！师师分析：商人、官员在他面前小心翼翼，是对他有所求，我又无所求。正好相反，他是来求我的，我是甲方（卖方市场）。研究过客户心理吗？赵先生来到风月场所，是来耍皇帝威风的吗？他在宫廷里每天都被前呼后拥，三呼万岁，已经让他感到厌倦。他来这里是体验生活，感受不一样的世界。既然如此，我就给他还原一个真实的世界。平等交往常常会让各自都感觉很舒服，无论是买方还是卖方，无论是平民还是皇上。正如师师所料，宋徽宗在这里找到了普通人那种真实的感觉，在师师身上有了不一样的体验，而且深深迷恋。

最先发现皇上兴趣变化的自然是后宫，佳丽们得知这事，大为不解，愤愤不平：我们到底差在哪里？竟然不及一个青楼女子？帝尝于宫中集宫眷等，宴坐。韦妃私问曰："何物李家儿，陛下悦之如此？"帝曰："无他。但令尔等百人改艳妆，服玄素，令此娃杂处其中，迥然自别，其一种幽姿逸韵，要在色容之外耳。"一天，宋徽宗在宫中举行宴会，皇后、贵妃们都出席了。韦贵妃私下问宋徽宗:"那位李姑娘到底有什么魅力?让陛下如此着迷?"徽宗答:"也没什么特别的。这么说吧,如果让在座的几百号美女卸掉浓妆,穿上黑色的粗布衣服,让这姑娘往中间一坐,一下就能发现她的与众不同,那种优雅的神态、飘逸的气质,真的与长相无关。"

正是由于差异化体验,宋徽宗被李师师深深吸引,他成了她的忠实客户,她成了他的红颜知己。宋徽宗很多国家大事都与她商议。李师师也站在不同的角度为他分析,排忧解难。比如,宋徽宗派了很多高官去梁山招安,要么无功而返,要么狼狈逃窜。这样一件堪称史诗级的大事,却在师师闺房里,轻松搞定。李师师坚守差异化战略,运用让客户主动的营销策略,取得巨大成功,成为一代名妓。三百六十行,行行出状元,我们该怎样做,才能成为某个领域的成功者?

教育中让对方主动

教、育、学

何时要灌输,何时会主动

怎样教育孩子?这是千百年来家长们一直关心、热议的话题。其实,先哲们老早就划了重点,做了总结。

下面分析三个字:"教、育、学"。这也是孩子教育的三个阶段。这三个字相互联系,密切相关,互成词组:"教育""教学""教书育人"等,但三者差别很大。中华文化博大精深,中国文字形象生动,一个字就像一幅画,这幅画就把字的意思表达清楚了(见图 9.1)。

教:这个象形字非常形象,一个孩子站在悬崖下面,一块石头马上要掉下来,一个大人挥舞着棍棒,把孩子赶开。"教"的一大特征是:允许用

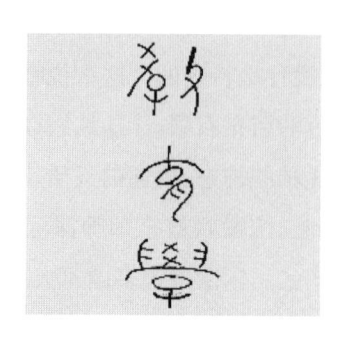

图9.1 "教、育、学"象形图

点小暴力。远古时代,人类生存环境恶劣,远离危险是第一要务,家长警告孩子,开口常常是:"不要"。人有逆反心理,会不听。就像这个孩子,玩得正开心,叫他走他不走。怎么办？讲道理？道理没讲清,石头掉下来,人已出事了。这时,就要强行赶开,可以棍棒相加,让他印象深刻,事后孩子明白,就会感谢父母。于是,"棍棒下面出孝子"。注意,棍棒相加是非常宝贵的教育资源,不能乱用,孩子打多了,边际效用递减,反而印象不深。"棍棒下面出孝子"也是一个字谜,谜底就是:教。左边是"孝",右边是父母举起"棍棒"。"教"有三大任务:基本原则,有些知识必须掌握；底线管理,有些错误不能出现；规矩意识,有些规矩应该遵守。

育:这个象形字非常形象,就像一个母亲在给孩子喂奶。育,有一个特点就是渐进性。孕育,十月怀胎,循序渐进,不能一蹴而就。抚育,一口一口喂孩子,不能一口吃成大胖子。育人,如春风化雨,润物细无声,达到让人心服的效果,不能拔苗助长,不要居高临下。《说文解字》中:"育,觉悟也。"育,是人类生物、思想、文化的自我领悟和传承。生育,是生物性的自我复制,是生物都具备的共同特征；教育,是社会性的自我复制,是人类所具有的特别功能。

学:繁体字的"學",头上有一个"爻"字,爻,是《易经》中一个专用字,在汉字中,只要含有"爻",就有"知识、智慧"的意思,比如,繁体字"覺"。"學",非常形象生动,就像一个孩子用双手把知识装进自己的大脑中,这是孩子的主动行为,这个时候,激发孩子的主观能动性非常重要。

将"教"与"学"对照分析,就更清晰了。教的象形字也像一个大人,站在孩子旁边,往孩子脑子里装知识(爻),因此,称为"教书"。教的特征是:需要灌输;学的特征是:需要主动。教的内容主要是生存知识,必备技能。学的内容主要是发展知识,可多可少。

父爱如山,母爱如水

父爱如山,母爱如水。这个比喻太精到了!家是温暖的港湾。父爱像巍峨的高山,稳健、坚定,支撑着这个家,为家人阻挡寒风。母爱像流淌的河水,细腻、灵动,为家里带来活力与生机。有山有水,动静结合,这个家庭就幸福美满。

父爱如山,体现在"教",坚定严格,底线管理。因此,父亲被称为"严父"。母爱如水,体现在"育",春风化雨,慢慢滋润。因此,母亲被称为"慈母"。

小汤说:我和爸爸妈妈聊天有个特点,遇到重大的问题、很深的困惑,我会先和爸爸聊,我漫无边际地讲,他静静地听,偶尔提问,我说完了,爸爸才缓缓地、精练地给出几点建议。一开始,我感到天都要塌下来了,经他云淡风轻一点拨,顿觉豁然开朗、轻松许多。和爸爸聊天,总是很开心。妈妈非常细心,就像带提醒功能的移动电脑,任何事情,只要告诉了她,我就可以放心睡大觉,到时她一定叫醒。不过也有麻烦,她会不厌其烦,反复提醒,"夺命连环催":"到点了!起来了!""那件事,做了吗?"妈妈常在电话里精准地告诉我,我要的东西在哪个房间、哪个柜子、哪一边、第几个抽屉、第几层。我调侃:"不懂的东西问度娘,找不到东西问老娘。"妈妈无微不至照顾我们父女俩,她说,她最幸福的事就是煲我们这"两锅汤"。文火,哈哈!

家庭教育的关键是了解父母、孩子的特点。父亲像一座山,坚定可靠。母亲像一条河,生机勃勃。孩子在父母的关爱下健康成长,既顺其自然,又合理引导。"父爱如山,母爱如水"也是《易经》"蒙卦"的卦象,蒙卦对教育诠释到位、分析透彻,理解这一卦,就找到了孩子教育的密码。

下面让我们打开这个宝库,看看里面的宝藏。

启蒙

山水蒙

山下出泉,蒙

图 9.2　蒙卦

蒙卦叫作"山水蒙",又称"山下出泉"上面是山,下面是水。这是一幅壮美的风景画,巍巍高山脚下,泉水汩汩流出,流入小溪,流进大河。大河缓缓流淌,水汽升腾到山腰,云蒸霞蔚,蔚为壮观。蒙卦讲述了一个关于孩子启蒙教育的故事,山代表父亲,水代表母亲。它揭示了教育的密码:启蒙的核心是让孩子"学"。看看《易传·象传》,了解先贤怎样教育孩子。

"匪我求童蒙,童蒙求我。"不要主动给正处于启蒙阶段的孩子灌输各种知识,让他们主动问我问题。要观察孩子喜欢什么,激发孩子的好奇心,培养孩子主动学习的态度和习惯。

"初筮告,再三渎,渎则不告。"求签一定要虔诚,怀着敬畏之心,沐浴更衣,诚心求教,这样神明就会告诉你实情。不要一件事情问过以后,感到不满意,又反复问同一件事,希望得到让自己满意的回答,这是在强迫真实的世界变成自己希望的样子,这种想法和做法荒唐不已,也是对神明的亵渎,神明会不予理睬。

要从小培养孩子的敬畏感,孩子如果缺乏敬畏心,就走上了一条危险的道路:一个人最可怕的是什么都不怕。因此,要从树立"师道尊严"

的意识做起,父母必须以身作则,教育孩子遵守这条重要规矩。有些家长生怕孩子受一点委屈,甚至和老师吵闹,这很不明智,不知不觉害了孩子。如果孩子不尊重老师,他就关上了一扇了解世界的窗,而且不利于敬畏心的培养。

"初六:利用刑人,用说桎梏。以往,吝。""刑"通"型",是指典型,向上引导,树立榜样。"说"通"悦"。桎梏,束缚人的东西,是指底线管理。要让孩子自觉地、愉悦地遵纪守法。所有的教育都要适中,不能太过,要春风化雨、润物无声,让孩子自然而然地接受。生活中,母亲往往承担这一角色。因此,很多孩子长大后感觉,妈妈的唠叨是家中美妙的乐章。

"上九:击蒙,不利为寇,利御寇。""击蒙",是指对童蒙适当运用点"小暴力"是有必要的。当然,不能过:"不利为寇"。有些家长总是进行暴风骤雨式的教育,让孩子永远无法达到父母设置的目标、无法超越某个孩子。"别人家的孩子"式教育,容易引起孩子的逆反心理,导致教育效果差、成本高。教育方式尤其不能演变成家暴,长时间被家暴的孩子,长大后可能变得粗暴。"利御寇",要让孩子知道:这个世界不都是花好月圆、和风细雨,在外面会遇到不平事。要训练孩子,面对逆境。家长要有威严,孩子在家里至少要怕一个人。谁来承担"小施暴"的角色?通常,父亲最适合。

蒙卦的核心思想是:父母悉心教育,孩子主动学习。

启蒙教育

怎样引导孩子热爱学习?《易传》提出了"启蒙教育"的理念"蒙学",并给出了具体建议:"匪我求童蒙,童蒙求我。"当孩子处于启蒙教育阶段,家长不能要求孩子做这做那,例如上各种补习班,参加各种培训,这样做效果不佳。重要的是调动孩子的学习兴趣,激发孩子的好奇心。孩子主动问,家长再做回答;如果解答不了,带着孩子拜访名师。

了解孩子的性格特征,发现孩子的天赋,发挥孩子的特长,这样就可以让他的核心能力最大限度地发挥。《孙子兵法》说:"善战者,求之于势,不责于人,故能择人任势。"善于打仗的将领,懂得运势,不苛求责备部下,而是顺应战争态势,最大化下属的能力。

很多家长按照自己的规划设计孩子的未来,甚至把自己没实现的梦想,强加到孩子身上,让孩子去完成。如果教育方式简单粗暴,就会适得其反。古谚云:"儿孙自有儿孙福,莫把儿孙做马牛。"儿孙自有其幸福方式,我们认为的幸福他们不一定认同,他们有自己的思想、选择,不要像驱赶马牛一样,驱赶他们按照我们设计的路径前进。另一种说法是"莫为儿孙做马牛",不要为儿孙做牛做马。"把""为"意思不同,一字之差,区别很大。两种说法的核心都是提醒长辈,不要太深地介入儿孙的生活。有些弯路是孩子必须要走的,大人着急也没用。几千年前,老子、孔子等先贤就告诉过这个世界正确的打开方式,我们不听,非要去闯去试,结果头破血流,然后感慨:不听老人言,吃亏在眼前。

启蒙教育很重要。老汤老家有个风俗,孩子上学那天,父母要举行仪式:让孩子吃一根油条两个鸡蛋,寓意考 100 分;吃葱,寓意更加聪明;上楼梯,寓意不断进步。家长要重视孩子的开学第一天,让他们有仪式感,引起他们对学习的兴趣,激发其好奇心。开学前几天家长就要做好准备,营造气氛,让上学成为主要的话题,让孩子成为家庭的中心,让"主角光环"笼罩他;描绘学校的美好场景,让他对上学充满期盼,而不是对未知世界产生恐惧。开学第一天,如果孩子不愿上学,家长再怎么生气也要忍着,不要发脾气,更不能打孩子:孩子哭,不吉利。这不是迷信,是大数据分析的结果,是老汤妈妈从教 30 多年发现的规律。如果孩子第一天不愿上学,父母因此打孩子,她便叹息:这孩子容易厌学,成绩可能成问题。她会陪孩子玩游戏,激发他们对学校的兴趣。因此,遇到学龄前儿童的家长,老汤妈妈开口常常是:上学第一天,千万要让孩子开心。

从孔子的"启发"悟让孩子主动

从孔子的启发式教育说起

等待孩子主动

"启发"源自《论语》,孔子是"启发式教育"的鼻祖,他说:"不愤不启,不悱不发。举一隅不以三隅反,则不复也。"(《论语·述而》)学生不发愤图强、没有非常努力,我不引导;没有深入思考、不是苦寻答案,我不点破。如果学生没有举一反三的能力,孔子就不给他上新课,不帮他推理。他不"愤悱",我不"启发",他不推理,我不帮他。为什么?这样做效果很差,甚至无效。好的教育是让孩子主动,只有主动才会学。学习,是孩子慢慢开窍的过程。如果孩子一直不主动,怎么办?没办法,等!虽然家长痛苦,但也无可奈何。

请听老汤讲"等待外甥"的故事。

2010年,我的连襟患病去世。弥留之际,他拉着我的手说:"四姐夫,我最放心不下的人是儿子,他太不听话,太调皮了,我对他一点办法都没有。你研究传统文化,有一套教育孩子的方法,就拜托你了。"电影、小说里看到的"托孤"场景,竟在我面前真实再现。我说:"兄弟放心,我一定把孩子教育好!"此言一出,我顿感责任重大,而且难度很大:我在上海,外甥在江西,一年见不了两次。更麻烦的是孩子不"黏"我。每次回家,他只叫我一声:"四姨父好!"他便跑开了。他想当然地认为,我也会像其他长辈一样,用相同的内容教育他一番,他耳朵都听起茧了。我当然不会按套路出牌,但他压根就不上桌啊!我心急如焚,但告诫自己:不要轻举妄动,别去"抓"他,而是要"等"他,让他主动。一等就是五年,他高考失利,考了个专科。补习后再考,结果还是一样。不行! 即便是大专也要去上,如果去补习,还会原地踏步。

国庆假期他来到上海。我略施兵法,提早下班,独自在家等着。我想,这回他总不能打个招呼然后跑开吧? 于是,我俩在阳台上聊天。(这个阳台是我们大家庭的福地啊!)这么多年来,我俩是第一次坐下聊天。和成绩不太好的孩子不能聊学习,否则刚一开口就聊不下去了。我聊他喜欢的话题,聊篮球,聊他的情感故事,一下就把他的话匣子打开了。他说,刚送表妹去一所211大学,校园很漂亮,学生们的脸上洋溢着自信。他沮丧地说道:我可能是大家庭里垫底的孩子。有戏了! 我故作镇定:"你有什么打算吗?"他停顿了好一会儿:"四姨父,这些天我想了很多,现在,本科毕业都难找工作,何况我这个大专生。我后悔没好好读书。""真的想读书吗?""真的想读书!"我再也按捺不住激动的心情,站起来,拥抱他:"宝贝! 我等你这话,等了六年啊!"我的眼泪流了下来。他也哭了。于是,我们讨论该怎么读书。我问他愿不愿吃苦? 咬紧牙关,彻底改变现状? 他说愿意。我建议他全力以赴考托福,出国留学读本科。他欣然接受,夜以继日地攻读英语,小汤也不断为他助力。经过一年多的艰苦奋战,他终于被美国一所名校录取。在校期间,他认真学习,成绩几乎全A。后来,他又被美国另一所名校录取,继续攻读研究生。

培养孩子的兴趣

一个孩子沉迷游戏不能自拔,父母心急如焚,想了很多办法、找了很多专家都无济于事。爸爸火大了,干脆"破罐子破摔",也和孩子一起打游戏,天天陪着打,盯着孩子打,还为孩子设计各种冲关目标。如果目标没完成,他就骂、吼:"怎么那么笨! 连这关都过不了? 完不成任务,不准睡觉!"几个月下来,孩子对游戏一点兴趣都没有,从此再也不碰游戏了。这个段子有点夸张! 然而,很多家长就是用类似的方法,导致孩子对学习索然无味,把孩子学习的快乐赶得荡然无存。

怎样培养孩子的学习兴趣? 小汤小时候,每当老汤在书房里看书,她便端来小板凳,拿着一本书,坐在爸爸身边,也有模有样地"看"起来,有时,连书都拿倒了。小汤上小学时就读《古文观止》。她有所不知,在书架上,她视线可及的地方,都是爸爸希望她阅读的书籍。最后,她把目光投向了《古文观止》,说明她对中华传统文化感兴趣。很多人认为,小汤的古文功底好,是老爸教的,其实,这是她兴趣所在。兴趣,才是最好的老师。父母几乎没催过小汤"读书!"到了初三、高三,学业非常紧张,妈妈的口头禅仍然是:"早点睡觉,不要搞得太晚。"小汤实在忍不住了,顶撞道:"妈妈,你很奇怪的,其他同学的妈妈都是催:作业做完了没有呀?要刻苦学习啊!哪像你这样,老叫我早点睡觉。"听到女儿的抱怨,父母会心一笑。小汤长大后,明白了父母的良苦用心。请注意,不是所有家长都能用这种"套路",不是所有孩子都会吃这一套,要因材施教!

让孩子成为自己生命之船的船长

淡淡的幸福才会长久

《易经》六十四卦,谁先谁后,卦序很有讲究,就像在描述生活的历程,其中包含很多哲理。读懂《易经》的卦序,人生就不会纠结。比如,职场升迁是热门话题,"步步高升"是口头禅。然而,快速升、慢慢升哪个更好?人们通常认为:快升好呀!别急,看看《易经》怎么说。升迁有三种状态:"晋、升、渐"。晋卦的卦象是"明出地上",象征旭日东升,光芒万丈,意味着快速升迁。升卦的卦象是"地中生木",象征雨后春笋,破土而出,意味着正常升迁。渐卦的卦象是"山上有木",象征山上树木,郁郁葱葱,意味着缓慢升迁。紧接着晋卦的是明夷卦,卦象是"明入地中",象征光明被埋在地下、被黑暗笼罩,意味着要遇到"昏君"、被严重打压。紧接升卦的是困卦,卦象是"泽无水",象征资源枯竭、穷困无助,意味着要遇到困难、停滞不前。紧接渐卦的是归妹卦,卦象是"泽上有雷",象征少女出嫁,家有喜事,意味着生活顺利。晋升越快,麻烦越大。慢慢升迁甚至不升,日子会很滋润。

从时间上看，晋卦"明出地上"是一天，升卦"地中生木"是一季，渐卦"山上有木"是长久。这意味着天降大喜，来得快，去得也快。而细水长流式的喜悦、淡淡的幸福才可持续。

北宋苏轼《浣溪沙·细雨斜风作晓寒》有一经典名句："人间有味是清欢。"人间最好的味道是淡淡的欢乐。中国传统的茶杯上，常刻有四个字"可以清心"，无论怎么念都是通顺的："以清心可""清心可以""心可以清"。清心、清欢是中华文化的大学问：要保持一种淡淡的幸福感。为什么快乐、幸福要"淡淡的"？《黄帝内经》说："喜伤心，忧伤肺。"过度的喜、忧伤害心肺功能，大喜大悲对身体伤害很深。清代吴敬梓小说《儒林外史》有个段子"范进中举"，范进多年参加科举，多次落选，后来居然金榜题名，突如其来的喜讯让他心跳急剧加快，心脏负荷突然增加，气血攻心，结果疯了。岳父抽了他一个耳光："谁说你考上了？他们骗你的。"这句话就像给他浇了一盆凉水，他一下就冷静了，于是，心跳复归平常。

当然，我们无法掌控大喜大悲的突然降临，但理解了卦序，就会从容淡定。比如无妄卦，其卦象是"天下雷行"，象征晴天霹雳、无妄之灾，意味着突然遇到莫名其妙的大麻烦。这是人们很不愿看到的，通常会抱怨、愤怒：怎么会这样？然而，无妄卦后面是大畜卦，其卦象是"天在山中"，象征天藏大财大福大喜。《易经》告诉我们，越是困难重重、诸事不顺，上天往往越有重大的、出人意料的安排。看清了人生的剧情发展，心情就会平静很多。我们无法管控狂风巨浪，但可以努力让航船平稳。

孔子说："加我数年，五十以学《易》，可以无大过矣。"(《论语·述而》)这里有一个误解要澄清，孔子不是说要五十岁以后才去学《易经》，他五十岁以前就学了。"加我数年"，是指有了一定的文化基础、生活阅历，再用《易经》指导人生，就不会犯重大的过错。(大过卦，其卦象是"泽灭木"，象征生态严重失衡、物象特别反常。)老汤年近六十重读《易经》，深深感悟：哎呀！这个老者一直在那里等着我，他很早就教过我，但我当时不懂啊！现在突然明白了！道理是知识，真正要化成自己的智慧，要靠悟，需要时间，需要阅历。

让孩子自己提升幸福的能力

幸福感可控吗？有人说：可控。"境由心生"，虽然环境是一种客观存在，但是主观意识能赋予其不同的意义。同样是秋天，有人收获的是喜悦，有人涌起的是悲秋。你觉得幸福就会幸福。有人说：不可控。"心随境迁"，心情会因为环境的变化而发生变化。你陷入饥寒交迫的境地，怎么喜悦？把你封闭在家里三个月，足不出户，还有断粮之忧，怎么幸福？这就是中华文化的博大精深，每个观点都能找到相关的理论做支撑。老汤的观点是："境由心生""心随境迁"都存在，幸福是有限可控的。"有限可控"是定性分析，"多有限？"需要进行定量分析。

美国心理学家塞利格曼的研究表明，一个人的幸福度取决于三大因素：先天性格、所处环境及遭遇事件、对环境和事件的心理掌控能力。

幸福指数＝基因（50％）＋境遇（10％）＋愿力（40％）

先天性格对幸福度的影响占比达50％，这与中国的"天下本无事，庸人自扰之"异曲同工。性格取决于个人的基因，先天就决定了，对幸福度影响最大，《红楼梦》对此予以佐证。林黛玉和史湘云有相同的不幸：父母早亡，被人收留。黛玉被外婆收养，受贾母宠，得宝玉爱，她眉头一皱，一帮人就紧张得不得了。湘云被叔叔收养，受尽折磨，除了细心的宝钗和袭人，根本没人知道湘云受了那么多委屈。相比之下，黛玉的处境好多了，但她的幸福感明显不如湘云。黛玉在贾家总有寄人篱下之感，总是长吁短叹，动不动就哭。而湘云每次来大观园都很开心，既度过了一个快乐的长假，又给大家带来很多欢乐。

环境和事件对幸福度的影响占比仅10％。司马光说："由俭入奢易，由奢入俭难。"（《训俭示康》）由俭入奢，幸福度增加，故易；由奢入俭，幸福度下降，故难。"俭、奢"的环境变化和顺序差异，对于幸福度的影响不同。我们继续追踪研究就会发现：因为由俭入奢容易，所以过了一段时间也就这样了；虽然由奢入俭似乎艰难，但是熬了一些日子也就适应了。结论是：环境、事件变化对幸福度的影响没有想象的那么大。定量研究表明,一个遭遇严重车祸的人,当时很痛苦,九个月后,幸福感比未遭车祸时仅减少10%。一个中了大奖的人,当时很幸福,三个月后,幸福感会锐减到仅比未中奖时多10%,锐减速度更快。

人们对环境和事件的心理掌控能力,对幸福度的影响巨大,占比达40%。幸福既是心理能量,也是一种能力,怎样提高对环境和事件的掌控力?《中庸》教导,"素其位而行":"素富贵,行乎富贵;素贫贱,行乎贫贱;素夷狄,行乎夷狄;素患难,行乎患难。"不论身在何处,都应泰然处之。身处富贵,就做富贵时应该做的事;身处贫贱,就做贫贱时应该做的事;身处异国,就做在异国时应该做的事;身处患难,就做患难时应该做的事。

提高心理掌控能力以提高幸福度,重要的是培养感恩惜福的心态,这是持续幸福的源泉。没有什么好事是理所应当的!我们要感恩上天!感谢所有帮助过我们的人。先哲说:人到世上是来受苦的;吃苦是一种人生的财富。因为老天照顾,所以我没怎么受苦。或者,虽然我吃苦了,但积累了财富。一切过往,皆为财富。若干年后,我们回忆往事,很多事情都会忘记,曾经的苦难却印象深刻,当下的幸福感会油然而生。20世纪60年代初的大饥荒,给历经者留下深刻印象,他们遇到困难,常常会说:"比60年代好多了!"

教化可以让孩子心态阳光、积极向上,提高幸福感。但是,孩子的舒适空间必须自己营造,只有在解决问题时,才能获得进步、获取快感。就像驾驶生命之船远航,自己才是船长。父母不要直接操盘,更是无法改变河道走向,无法将船开到岸上,无法抹平航道的波浪,能做的就是指导孩子,驾驭好航船,征服奔腾的江河、浩瀚的大海,即使在潺潺小溪,也要做一叶快乐的扁舟。

让孩子自己提高生命的张力

人生的道路,就像一条震荡的曲线,有高峰,有低谷。高峰就是高光时刻,低谷就是最痛苦、无助的时候。人生的高峰和低谷构成了生命的张力。人生之路只要在这个区间震荡,就是舒适空间。高峰和低谷的差距越大,生命的张力越大,生活的舒适空间越大。如图 9.3 所示。

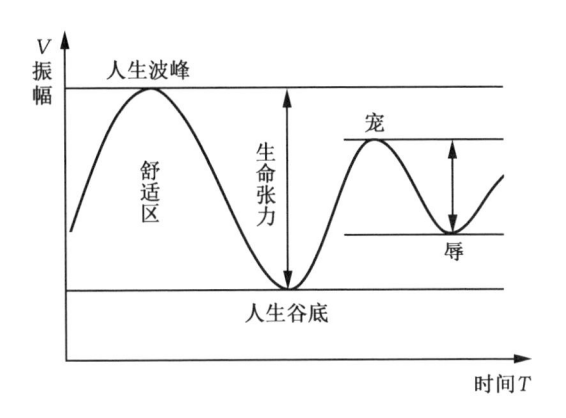

图 9.3　生命张力图

有些人自称"佛系",倡导"躺平"。他们觉得,生活如此,反正不愁吃穿,要更好也希望不大,于是,不努力、不奋斗。请注意,这不是佛系,而是盲目乐观。人生真的就这样了吗? 未来真的吃穿不愁吗? 万一情况更差,苦难突如其来呢? 如果躺平,一旦遇上大事,身体素质、心理素质、抗风险能力准备好了吗? 纵观历史,众生皆苦,没见过世事无常,请慎谈"佛系"。经历过常人无法承受的苦难,舒适空间很宽,人生通透,感恩惜福,才是真正的佛系。

有些父母经常无奈地说,孩子在单位受了一点点委屈就要辞职,在哪儿都干不长。其实父母也有责任,很多家长担心、害怕子女吃苦,宁愿自己吃苦,也不愿孩子吃苦,导致孩子被宠惯了,生命张力不够,无法做到宠辱不惊。

有人以为"宠辱不惊"是老子说的,其实是洪应明《菜根谭》、陈继儒《小窗幽记》说的:"宠辱不惊,闲看庭前花开花落;去留无意,漫随天外云卷云舒。"恰恰相反,《道德经》是说"宠辱若惊":"何谓宠辱若惊? 宠为下,得之若惊,失之若惊,是谓宠辱若惊。"什么是宠辱若惊? 只要受宠,这人在地位上、心理上就已经处于下风了。宠臣、宠妃,是皇帝宠大臣、宠妃子，而不是倒过来。因此，突然得宠就会受惊：我没那么优秀呀！为什么？突然失宠更会吃惊：我没做错什么呀！凭什么？觉得受辱。只要感觉到受"宠"、受"辱"，就一定会受"惊"，这就是宠辱若惊。

过于关注某人某事，就会产生放大效应。如果非常在意，就容易受惊。如果感到受辱，就和羞辱你的人处在同一个水准，而且在意对方。一只狗"汪汪汪"地"骂"你、"辱"你，你为什么不生气，不会和它"对骂"？因为你不跟它一般见识。

怎样做到宠辱不惊？见多识广，经历丰富。别人认为的"宠"，离你的高光时刻差得很远；别人认为的"辱"，与你的人生低谷相比不值一提（如图 9.3 右半部分所示）。这样，你就能真正做到别人看起来的"宠辱不惊"。因此，宠辱不惊，不是你认为自己受宠、受辱，仍然云淡风轻，而是别人觉得你在受宠、受辱，但你毫不在意。

生活的波谷造就人生的底蕴

钟摆原理显示：摆在最高点速度为零，在最低点速度最大。人生亦然，人常常在低谷时，才会反思，看清真实世界。处于低谷时，世间喧嚣就会远去，各种干扰就会减少，人反而可以静下心来，养精蓄锐。

《道德经》说："知其荣，守其辱，为天下谷。为天下谷，常德乃足，复归于朴。"见识过荣耀，受得了屈辱，就能成为天下的深谷。一旦成为天下深谷，就能拥有足够恒常的德行，这样，人就会回归朴实。荣是人生的高峰，辱是人生的低谷。只有历经人生低谷，受尽各种屈辱，才能造就人生底蕴，才能真正从容淡定，而非故作镇定。

生活的波谷时段对人生张力影响最大，波谷越低，人的抗压能力越强，因此，越是历经坎坷的人，其生命力越强。当然，最重要的是能越过这个坎。如图 9.4 所示。

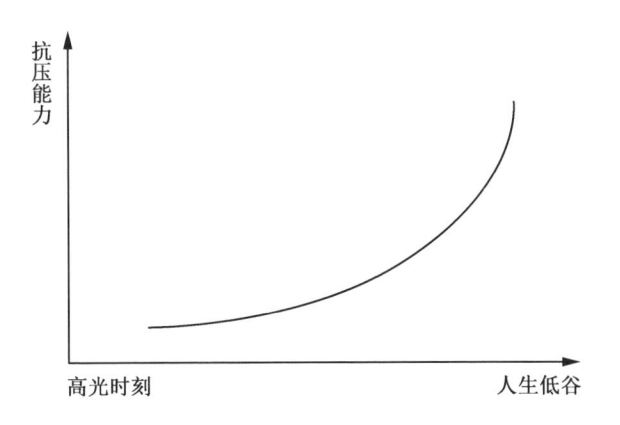

图 9.4　抗压能力与环境相关关系图

你走出人生低谷之后，不要好了伤疤忘了痛，要经常在夜深人静之时，回味这段人生最痛苦、最无助的时候。这样做有什么好处？当你遇到挫折、遭受苦难时，会从容淡定："这和我当初的苦难相比，不算什么。"当你遇到的挫折、遭受的苦难前所未有时，恭喜你：你又有了人生新的谷底，生命张力、抗压能力又上了一个台阶。

为什么会有"大难不死，必有后福"之说？历经大难，就一定有大福吗？说服力不足呀！大福小福，大小机遇，上天都是随机公平地赐予，普降甘霖，就像飞机播种，怎么会青睐某类人呢？有一天，老汤恍然大悟：大难不死的人，会突然间变得通透，就像禅宗的"顿悟"。这是他人生最低的低谷，今后，遇到所有困难，他都会坦然面对，别人眼中的平平常常，在他看来都是一种幸福。越是感到幸福，幸福就越会降临，这是一种良性循环。原来，大难不死，必有后福，并非大难以后，上天专门要给他什么大小幸福，而是他对幸福有更敏锐的感悟，生命张力、抗压能力更强了。

《孟子》曰："天将降大任于是人也，必先苦其心志，劳其筋骨，饿其体肤，空乏其身，行拂乱其所为。"老天给一个人赋予大任之前，要进行面试，科目包括"苦、劳、饿、空、乱"：内心痛苦、筋骨劳顿、忍饥挨饿、穷困潦倒、诸事不顺。有了这样的心理建设,父母看到孩子吃苦就不会心疼不已,即使孩子跌入人生谷底,也不至于惊慌失措。要对孩子说,不要害怕低谷,不能放弃奋斗,不仅为了成功,而且为了生存,为了增加生命的张力,为了抵御突如其来的风险,做好各种准备。

第十章

让对方舒服

难得糊涂：聪明与糊涂的平衡艺术

聪明与糊涂的平衡

聪明与糊涂的辩证关系

中华文化有一种处世之道：做聪明的"糊涂人"。这里的"糊涂"没有贬义，不是指智商低、不明事理，而是指不太清晰。聪明、糊涂没有好坏之分，何时聪明、何时糊涂，根据具体环境而定。聪明和糊涂的辩证关系，就像拍照的特写和全景：如果像素确定，想拍全景，就无法让局部清晰；如果要局部清晰，就无法看到全景。管理者的精力、时间、智商水平有限，想了解全局，就无法清楚每个细节；太关注细节，就不容易掌控全局。

聪明和糊涂的辩证关系用数学公式表述如下：

$X = n/Y$

其中，X：聪明度；Y：糊涂度；n：大于 0 的数值。

每个人在一定时期，n 是一个常量。同一个人在不同时期，n 的值会不同。不同的人，n 的值也不同（见图 10.1）。

怎样在聪明和糊涂间灵活切换，掌握平衡？清代郑板桥的著名书法"难得糊涂"给了答案（见图 10.2）。"难得糊涂"是中华文化的大智慧！

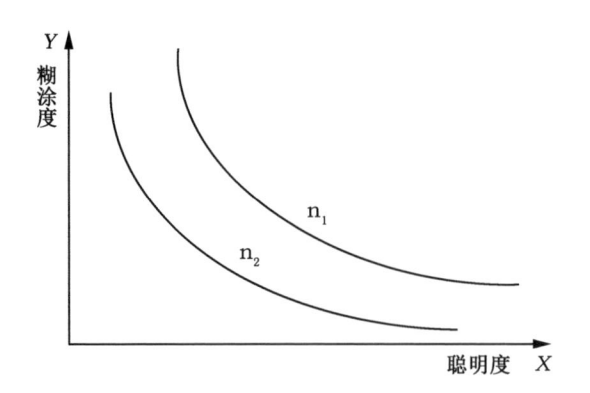

图 10.1　聪明与糊涂相关关系图

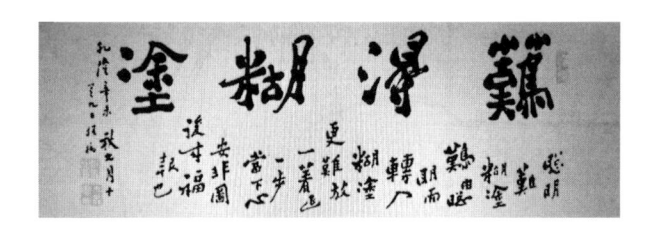

图 10.2　郑板桥"难得糊涂"书法

"难得糊涂"的四个层次

郑板桥说:"聪明难,糊涂难,由聪明而转入糊涂更难。放一著,退一步,当下心安,非图后来福报也。"第一,聪明难。聪明的人才有资格玩"难得糊涂"的游戏。要有聪明的能力,这个难。第二,糊涂难。聪明的人却不被细节纠缠,能纵观全局,透过现象看本质,才会玩"难得糊涂"的游戏。要有糊涂的能力,这个很难。第三,由聪明转入糊涂更难。何时要聪明?何时该糊涂?根据需要,随时切换,就像照相机镜头,伸缩自如,可特写、可全景。这个难度更大!第四,放一著,退一步,当下心安,非图后来福报。退一步海阔天空,放人一马,退让一步,很多问题迎刃而解,当下心安,不贪图、不期待有什么福报。正所谓,"吃亏是福":不是吃了亏就会有福气,而是愿吃亏、懂退让者,层次不同,境界更高,已是有福之人，并不关心福报。

由此，老汤悟出"难得糊涂"的四个层次：第一，聪明，难；第二，能糊涂，很难；第三，聪明糊涂，收放自如，自由切换，这是智慧，更难；第四，包容，进入更高境界，达到更高层次，这是大智慧(见图 10.3)。

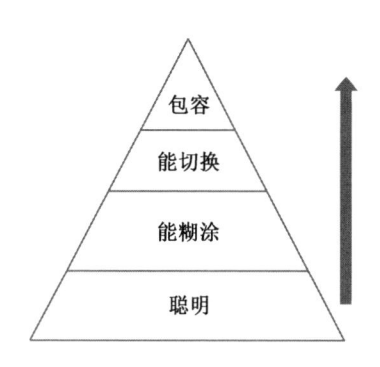

图 10.3 "难得糊涂"四个层次

必须聪明，能够糊涂

必须聪明

要努力成为聪明的人，不聪明、真糊涂，没有资格称作"难得糊涂"。聪明是一种能力，是智商，既需先天遗传，更靠后天努力。先天聪明的人很少，大部分人要通过后天不断地学习、认真观察、刻苦训练才能变得聪明。

人在大是大非面前，必须聪明。《晋书·郭璞传》记载，东晋名士郭璞，精通易学，刚正不阿，但不幸身处君弱臣强的时代。宰相王敦想篡位，怕有学问的人反对。众多学者中，郭璞影响力最大，只要搞定郭璞，凡事都好办了。一天，为拉拢郭璞，王敦问：郭先生，你很懂阴阳五行，算命非常准，帮我算算呗。其言下之意：我是不是有帝王之相？你愿不愿和我一起干？这就是摊牌，逼郭璞站队。郭璞明确回答："明公起事，必祸不久。若住武昌，寿不可测。"领导，你如果造反篡位，马上大祸临头。

你要是恪守本分,安安静静住在武昌,则富贵长寿,不可限量。郭璞把话挑明了:造反没有好下场!我不会同流合污。敦大怒曰:"卿寿几何?"曰:"命尽今日日中。"王敦大怒:姓郭的,你不是很会算命吗?来!算算你能活多久?郭璞笑道:我的性命今天中午就完结啦!王敦怒不可遏:斩!行刑者手起刀落,正是午时。王敦执意造反,起兵不到两个月就死了,后被剖棺戮尸。郭璞太神奇了!不仅算准了自己,也算准了王敦。

能够糊涂

能够糊涂,是一种很重要的能力,人越是聪明越难糊涂。

有一种糊涂叫作"主动糊涂"。了解全局,不在细节上浪费精力,这是从空中俯瞰地球的能力,很重要,需要不断学习、思考、感悟才能获取。荀子反对管理者过于关注细节:"明主好要,暗主好详。主好要则百事详,主好详则百事荒。"(《荀子·王霸》)聪明的管理者花更多的精力掌握全局,关注重点;愚蠢的管理者花更多的时间了解细节,面面俱到。关注重点,纲举目张,诸事理顺;面面俱到,疲于奔命,诸事混乱。

还有一种糊涂叫作"自甘糊涂"。常言道:"傻人有傻福",快乐和幸福大多藏于糊涂之中。《礼记》对《易经》有个差评:"《易》之失贼。"《易经》重大的过失是剧透、窥探隐私、泄露天机,这是正人君子所反对的。荀子说:"善为《易》者不占。"(《荀子·大略》)精通《易经》的人不会乱占卜。《列子》说:"智料隐匿者有殃。"如果人太聪明,知道别人的隐私、秘密,就会遭殃,容易被灭口。即使你能看透一切,也不要去看。南怀瑾先生说:"先知者不祥。"掌握太多天机、提前知道结果的人,不吉利、不吉祥。有个传说,某人修炼很久出山,神仙对他说:我送你一项本领,你想要什么?这人说:请送给我能看清真相的本领。几天后,这人回到山里,求神仙把本领收回去。他连声说:知道真相太麻烦!太危险!太恐怖!

自甘糊涂有时是一种善良的表现。一位成功人士拜访其小学班主任:"老师,还记得当年班上丢手表那件事吗?""历历在目。""您让同学们蒙上眼睛,面壁而站,您挨个搜口袋,结果搜到了。我一直不解:为什么那件事后来不了了之?""校长几次要处理小偷,可我真不知道是谁,当时我也蒙着眼睛。"他抱住老师,泪流满面。

《庄子》讲了一个令人伤感的寓言。南海、北海之帝倏、忽,受到中土之帝浑沌的热情款待,怎么感谢?他俩商量:我们都有七窍,但浑沌一窍不通。于是,他们凿通浑沌七窍。结果,浑沌不糊涂了,但死了。

聪明、糊涂,收放自如

"装糊涂"是大智慧

郭子仪的儿子郭暧是驸马。老郭庆祝八十大寿,家人纷纷到场,只有升平公主缺席,令郭暧很没面子。他非常生气,喝多了,回家后,小两口吵架,郭暧打了老婆一巴掌,骂道:"没有我老爸拼命,哪有你李家天下。"公主哭着跑回娘家。天哪!这还得了!郭子仪立即绑着儿子到皇宫谢罪。唐代宗笑道,孩子们打打闹闹很正常,父母别掺和:"不痴不聋,难做阿翁。"如果不装聋卖傻,很难做好大家长。"装糊涂"是处理家庭关系的一个重要原则。

"刘姥姥进大观园"比喻没见过世面,突然看到大场面。刘姥姥看起来傻傻的,她进大观园,被凤姐、鸳鸯合伙作弄,搞出很多笑话。临别时,她俩给姥姥道歉,希望她不要生气,她回答:"姑娘说的哪里话,咱们哄着老太太开个心儿,有什么恼的!"看到这,让人目瞪口呆:原来,刘姥姥一直在装糊涂!这帮聪明的太太小姐,把刘姥姥当猴耍,结果,老人家大智若愚,在耍一群猴啊!

管理聪明和糊涂

先哲有许多关于管理聪明和糊涂的金句。老子"大智若愚"的思想影响了儒家、兵家等诸子百家,教育了一代又一代中国人。《道德经》说:"大直若屈,大巧若拙,大辩若讷。"大直看起来像弯曲,大巧看起来像笨拙,大辩看起来像木讷。为什么会这样?一个原因是常人的眼力有问题；另一个原因体现在"若"字，它很生动。既可能是高人的世界常人看不懂，也可能是高人藏得很深、装得很像，常人看不出来。老子教育孔子："良贾深藏若虚，君子盛德，容貌若愚。"（《史记·老子韩非列传》）优秀的富商深藏不露，看起来像穷人。君子充满德行，长相看上去傻傻的。良贾是因为装得很像，君子是因为常人不懂。

曾子怀念颜回，夸他是能"藏"的高手："以能问于不能，以多问于寡；有若无，实若虚，犯而不校。昔者吾友尝从事于斯矣。"（《论语·泰伯》）自己很能干却向不能干的人请教，自己很有学问却向学问不深的人请教。很有才能却好像没有才能，满腹经纶却好像空空如也，别人冒犯自己也不计较。这只有我昔日的好友才能做到啊！

一个把聪明写在脸上的人，会给人压迫感，也让自己暴露无遗。西汉戴德说："水至清则无鱼，人至察则无徒。"（《大戴礼记》）如果水太清，鱼儿就不敢待久，尤其是大鱼更不敢逗留，因为不安全。管理者表现得太聪明，处处明察秋毫，导致下属压力很大。唐代赵蕤的《长短经》说："明察则人扰，人扰则人徙，人徙则不安其处，易以成变。"管理者过于聪明、明察秋毫，下属就会感到困扰不安。如果他们困扰不安，就会离职。离职率太高，组织就会动荡不安，就要出大问题。

在生活的连续剧中，小聪明都溢出来的人，通常活不过三集。老子曾教育孔子："聪明深察而近于死者，好议人者也。博辩广大危其身者，发人之恶者也。"（《史记·孔子世家》）聪明透顶、深察隐私的人，如果喜欢议论人家，那他就离死不远了。博学善辩、见多识广的人，如果老戳他人痛处，那他就身处危险了。尤其这个被戳的"人"是权贵。

必须有真聪明，才能装糊涂。《道德经》说："知其雄，守其雌""知其白，守其黑""知其荣，守其辱"。深知雄健，却安于雌弱。深知白昼，却安于黑夜。深知荣耀，却安于耻辱。就像一个武林隐士，面对地痞的各种挑衅、羞辱，就是不出手，这是高手的腔调。打不过，不出手，那是怯弱。打不过，乱出手，那是找死。

孔子夸："君子哉蘧伯玉！邦有道，则仕；邦无道，则可卷而怀之。"

(《论语·卫灵公》)蘧伯玉真是君子啊！国家政治清明，他就出来做官。国家政治黑暗，他就退隐，怀抱本领，像卷起一幅名画，走人。孔子夸："宁武子，邦有道，则知；邦无道，则愚。其知，可及也，其愚，不可及也。"(《论语·公冶长》)宁武子了不起，国家清明有道，他就充分发挥聪明才智，出来为国家服务。国家混乱无道，他就装傻装愚，及时隐退。"知"和"愚"在这里都做动词，意思分别为"发挥才智"和"装傻装愚"。（名词、形容词做动词还有一个经典案例，就是王安石的"春风又绿江南岸"的"绿"字，非常传神。）充分发挥聪明才智，能做得到。装傻装愚，很难！（此处"愚，不可及"与成语"愚不可及"意思完全相反）要一个明白人装糊涂，是一件非常痛苦的事情。不让一个有良知的读书人说话，多么难受！还不让他说真话，这是多么大的折磨啊！这时，就需要道家的指引。

难得糊涂的最高层次：包容

要难得糊涂，需要做到以下三点：第一，不糊涂；第二，装糊涂；第三，切换自如。装，会令人不舒服，甚至痛苦。能否不装？怎样不装？于是进入第四层次，也是最高层次：包容。这是发自内心的慈悲，具有博大的胸怀。有了包容之心、包容之行，处理各种关系会得心应手。

从孔子的遭遇悟善待小人

怎样与小人相处

先秦，小人常指平民，君子常指官员。后来，小人更多地指品德低下之人，君子主要是指品德高尚之人。君＝尹＋口，既有公权力，又有号召力。

小人是君子的生存环境。小人、君子是比较出来的，他们是事物的一体两面。没有小人，何来君子？《道德经》说："贵以贱为本，高以下为基。"因为有贱，才体现出贵；因为有下，才突显出高。因有小人衬托，方显君子高尚，当与小人相处，才知君子之德。一个声音在苍穹回响：君子啊，老天都让你做君子了，你太幸运了！就可怜可怜小人吧！因此，君子对小人要善待、宽容。

我们无法一直和君子朝夕相处，就像不会一直处于无菌世界，而且，在无菌世界待久了，身体的抵抗力会降低。要掌握和小人的相处之道，就像身体必须具备某种机能：既能抵抗病菌，又要和平共处。对待小人的态度，体现君子的智慧。

孔子对待小人的智慧是慢慢影响："人而不仁，疾之已甚，乱也。"（《论语·泰伯》）对小人嫉恶如仇，反应过激，动作太大，反而会招致祸乱。君子不能消除小人，甚至难以改变小人，除非小人主动改变，因此，只能合理引导。

《易经》"遯卦"对待小人的智慧是：敬而远之（见图 10.4）。

天下有山，遯

图 10.4　遯卦

象曰："天下有山，遯。君子以远小人，不恶而严。"（《易传·象传》）君子要在心理上远离小人，不能同流合污。要提高警惕，保持庄严，但不显露厌恶的态度。即使内心不屑，也要客客气气，别处处表现出嫌弃小人、嫉恶如仇的样子。一旦被小人缠上，君子会被消耗很多时间、精力等资源，很不经济。遯卦讲了一个注意事项，如果小人横行，君子应该避让，不要正面冲突，要"遁"。遁，不是害怕纵容，而是战略撤退，等待时机。朱熹解读："天体无穷，山高有限。"山再高也是有限的，天体则无穷远大。老汤感悟：君子之道，天长地久；小人当道，不会长久。

因此，敬而远之。敬，不是发自内心的尊敬，而是一种策略，一种兵法。远，可以是物理距离，实在不行，就心理远离。

感谢小人

《论语·子罕》记载，子贡曰："有美玉于斯，韫椟而藏诸？求善贾(gǔ)而沽诸？"子曰："沽之哉！沽之哉！我待贾(jià)者也。"子贡问："我有一块美玉，是把它密封在盒子里，小心翼翼地藏起来？还是找个识货的店家把它卖了？"孔子不懂经商，他知道子贡不是讨论珠宝生意，而是探讨人生价值、自我营销。孔子连声回答："卖了吧！卖了吧！我也在等待别人出个好价钱啊！"因为产品特点不同，所以营销方式有差异。子贡年轻，影响力不够，他要"求"，即运用主动式营销策略；孔子年长，阅历丰富，水平高深，他要"待"，即运用造势式营销策略。

然而，孔子在官场的个人营销是失败的。孔子"待"过。《论语》有几处记载让人困惑：有些叛军，如公山弗扰、佛肸等，邀请孔子加盟，孔子都想去试试。孔子是自信？认为自己能影响他们。或是愤慨？发发怀才不遇的牢骚。还是警示？人才流失，会导致灾难性的后果。难道他只是开开玩笑？知道子路会劝阻，所以逗逗这个脾气暴躁的学生。结果是：孔子没去。孔子"求"过。他到过很多国家，但都因机缘不合，没能当官。有时是被人使绊子，比如，齐景公想重用孔子，被晏婴搅黄了。有时是他不愿去蹚浑水，比如，卫国国君父子争斗，贵妃干政，卫君希望孔子加盟，他认为志不同道不合，便走了。

孔子最想在鲁国当官，因为这是生他养他的地方。他曾在鲁国改革图强，大展身手，因此触犯了既得利益者，鲁定公暗示他走人。孔子非常痛苦，带着弟子们黯然离去，在鲁国边界徘徊了三天，希望鲁定公回心转意。然而，一点动静都没有。就像某高管试探着提交辞职报告，董事长当即签字同意，毫无挽留之意。孔子一步三回头，无可奈何慢慢腾腾地走了。与之形成鲜明对比的是，当孔子接到鲁国季康子邀请，立即返程，开心地哼着小曲:"归与!归与!"回家吧!回家吧!那年,孔子已68岁。无奈的是,孔子虽被迎回鲁国,但却敬而不用。正是在这段时间,孔子整理完善了中华文化重要著作集:《六经》。

孔子官场失意,壮志未酬。鲁定公自私懦弱,受小人挑拨,硬生生把能干、肯干且忠诚的孔子赶走。孔子周游列国,寻找舞台,但由于小人当道,处处碰壁。于是,他全身心投入教育事业、文化事业。司马迁感慨:"仲尼厄而作春秋。"磨难和小人让孔子留下了《春秋》等不朽之作。假设鲁定公一直信任重用孔子,或者孔子周游列国仕途顺利,那么中国只是多了一个"名相"而已,就会失去一位"至圣先师"。"天不生仲尼,万古如长夜。"上天如果不降生孔子,人类如同在漫漫长夜。这句话被朱熹引用后,立即上了热搜。有人调侃其严谨性:孔子之前的人一直举着火把过日子吗?这是抬杠,完全无视关键字"如"。其实,这是一种重要的文学修辞手法:比喻。从某种程度上说,孔子没有做官是中华文化的大幸!否则,仲尼成名相,万古如长夜。站在这个角度分析,你就能真正包容小人。

"耳顺",才能了解真实的世界

不纠缠是非对错

中华文化中有一条为人处世之道:不议论他人是非,甚至不让别人在我面前议论是非。禅宗史书《五灯会元》说:"来说是非者,便是是非人。"来说三道四、谈论是非的,常常是惹是生非的人,这样很容易就把我卷入是非之中。比如,张三和我议论某事,谴责李四,我该怎么回应?不附和,他要生气:没有是非观。一旦附和,我就被卷进去了。我是无名之辈还好,如果我有影响力,张三一定会到处散播:你看,某某都说李四不对。李四知道后,便会找我解释,甚至质问,或者怀恨在心,这是不是给我增添了麻烦?

职场有一种常见现象:背后议论同事,甚至吐槽领导。背后议论比当面批评更让人不爽,很容易导致同仁不和、领导生气,后果严重。《三国志·蜀书十》记载,彭羕(yàng)被远调江阳太守,心生不满,去马超家大发牢骚。羕曰:"老革荒悖,可复道邪!"又谓超曰:"卿为其外,我为其内,天下不足定也!"超羁旅归国,常怀危惧,闻羕言大惊,默然不答。羕退,具表羕辞,于是收羕付有司。彭羕骂道:"刘备这个老家伙,荒唐怪异,根本无法沟通!"又对马超说:"您是武官对外,我是文官理内,我俩合作,天下没什么搞不定的事!"马超投诚刘备不久,常有如履薄冰之感,听到这话,大惊失色,默不作声。彭羕离开后,马超向上级如实汇报了彭羕的言论。于是,彭羕被捕,不久被杀。马超因此被人诟病:出卖朋友、不重道义。他承受着巨大的心理压力,两年后患重病去世,年仅47岁。马超此举实属无奈,他尚未获得刘备信任,这事如果传出去,彭马就是合谋,彭羕在劫难逃,马超百口莫辩。错在彭羕,不该在朋友面前吐槽领导,还说出反叛之言,直接把朋友置于危险境地。

《庄子》说:"不遣是非,以与世俗处。"不去纠缠各种是非,不要与人争对错,这样就能与复杂的世界和谐相处。有人质疑:如果是非不分,社会不就乱套了吗?

何为是非、对错?如果你马上得出结论,基本就有立场。两人争吵,要你评理,当你指出谁是谁非,差不多就在拉偏架。善恶不是人的属性,是非不是事物的属性,而是命名。当条件发生变化,标准就会变化。童话世界中,为什么羊是好的,狼是坏的?依据何在?因为狼长得丑、长得凶吗?狼和羊的外形差别不大。原因是:狼咬人,羊不会。狼吃羊,人也吃。羊吃草,人不吃。你发现羊好狼坏的缘由了吗?狼既吃人,又吃人吃的食物;羊不但不吃人,而且吃人不吃的食物。所谓好坏,都是站在我的角度判断:会不会影响我的利益?如果羊也吃人吃的食物,还攻击、危及人类,那么羊在童话世界一定是坏的。

怎样看待是非?万事万物都有一体两面,若角度发生变化,观点就会变化。比如:关于"性",中华文化认为,万恶淫为首;弗洛伊德认为,性是人类行为的驱动力。关于"欲",中华文化主张无欲、禁欲,贪婪的后果很惨;西方认为,欲望不满足是前进的动力。关于"利",中华文化认为,小人对利斤斤计较;西方经济学认为,人是趋利的,这是经济学大厦建立的基础。关于"勤",中华文化主张勤劳致富;西方管理学认为,人想偷懒,才产生了许多发明创造,懒人改变世界。

如何才能"耳顺"

孔子评价自己:"六十而耳顺。"(《论语·为政》)到了六十岁,什么话都听得进去。如何达到"耳顺"这种境界?站在更高的角度,不纠缠是非、对错,从各方面看问题,就能听得进各种意见,就能"不遣是非"。不遣是非,不是不分是非,而是换个角度分析,不轻易作价值判断,这样生活不仅不会乱套,还会减少很多无谓的纷争。"不遣是非,以与世俗处"还可以理解为:"遣是非"难度很大,实在要"遣",也不能与世俗同处一个层面,要站得更高,无利益诉求,真正做旁观者。

非洲草原有一种鹿非常珍稀,一位动物学家的课题是研究其生活习性。一天,他正在聚精会神地观察鹿的一举一动。突然,一头狮子冲向一头鹿,将它按倒在地,动物学家本能地举起了枪。当他正要扣动扳机时,猛然清醒,质问自己:为什么要向狮子开枪?狮吃鹿就错了吗?鹿因为珍贵就对了吗?我只是非洲草原的匆匆过客,不该受价值取向的影响。千万年来,固有的食物链已经形成,而我只是一个观察者,不应该有任何扰动。于是,镜头记录了狮捕猎鹿的全过程,记录了非洲大草原上惊心动魄的场景。

"耳顺""不遣是非"的态度不仅有助于人生,而且对文学创作大有裨益。为什么不同的人,在不同时期读《红楼梦》有不同的收获?因为曹雪芹精心描写人物、事件时,把握了一个重要原则:只从高空俯瞰,不作是非判断。

宝玉被父亲痛打,贾府上下都乱了套,各种人物纷纷赶到,看望宝玉,表达关心。看看宝钗、黛玉在这个事件中的反应。宝钗第一时间赶到事发现场,备好上等的金创药,细致交代丫鬟:"晚上把这些药研开,替他敷上,把那淤血的热毒散开,可以就好了。"她还不忘批评宝玉:"早听人一句话也不至今日,别说老太太、太太心疼,就是我们看着心里也疼。"关怀备至的大姐姐形象呼之欲出,那种母亲般的唠叨,亲人才有的恨铁不成钢的责备,让人心里暖洋洋的。难怪有人说:"娶太太要找宝钗。"都好几天了,还不见黛玉出场,不免让人暗生诧异。该来的人都来过了,宝玉屋里渐渐安静下来。一天中午,宝玉在睡梦中迷迷糊糊听到有人抽泣,睁眼一看,是黛玉靠在床边,只见她:"两个眼睛肿得桃儿一般,满面泪光。"原来,这些天她一直在家里哭,不好意思过来,怕人多嘴杂,看到她哭成这样笑话她。书中对黛玉的哭也描写得细致入微:"虽不是嚎啕大哭,然越是这等无声之泣,气噎喉堵,更觉得利害。"男同胞们,当娇羞的女朋友这样爱你,这样为你抽泣,你内心深处的那根弦,是不是被轻轻拨动?缕缕温柔,是不是从心中升起?难怪有人说:"谈恋爱要找黛玉。"

曹雪芹真是了不起!他没说谁好谁不好,没有诱导读者去做是非评论、价值判断,只是真实地描写某个时代、某个地方,一个男孩和两个女孩之间发生的事情,一个荡气回肠的故事。只摆事实,不讲道理,只讲故事,不遣是非。

别人舒服,自己舒服

与亲人相处不要随意

随意的言语可能伤害亲人

有一天,小汤和老汤聊她小时候的事,老汤惊讶地发现,女儿曾因他的一句话而很受伤,那就是:"我对你很失望!"老汤自以为很注意与孩子说话的方式,在孩子面前即使开玩笑都很谨慎,怎么会说这样的话?自己完全不记得了。于是,老汤笑着道歉:"对不起,宝贝!如果说了,当时一定是个假爸爸。"

在公共场所,一位母亲对一个孩子吼道:"早知你这么不听话,我就不生你了。"这位母亲一定气极了,甚至不知道自己说了什么。那一刻,老汤想到女儿说过的事,想起她最怕听到的那句话。老汤忽然意识到,也许自己确实像这位母亲那样,随意地伤害了孩子,却毫不在意。难以想象,不知在什么时候、何种语境,自己的一句气话,会对孩子产生如此大的影响。

对世界观、价值观尚未形成的孩子,随意的一句话,可能会造成伤害,因为孩子对世界、对生活、对爱的认知,很大程度上来自原生家庭,而孩子并没有能力去辨别哪些是玩笑,哪些是气话,哪些是真话。老汤的小姨子,小时候很顽皮,经常受到责罚。堂奶奶和她开玩笑:知道妈妈为什么不喜欢你吗?因为你是捡来的。直到高中,她还在偷偷寻找"亲生父母"。虽然现在成了大家庭茶余饭后的笑谈,但是,这话对她造成的童年阴影,超乎想象。

夫妻之间口不择言的例子太多了。"你怎么这么没用?""你太让我失望了!""离了算了!"在家庭争吵中,双方常常不假思索,脱口而出。殊不知,这些随意的话极具伤害力。有些人总觉得和亲近的人可以无话不说:我不对你说,对谁说?总觉得亲近的人应该懂我:别人不懂我,你怎么可以不懂我?于是,在外受了委屈,回家就"倒垃圾",各种负能量随意释放。有时家人与之观点不同,倾诉就变成对亲人的抱怨,度没把握好就演变成与亲人的冲突。更有甚者,在外面受了气,回来迁怒家人。看到伴侣或孩子一点小失误,就大发雷霆。

家人不是出气筒,家不是垃圾场。家人没有义务接受你的负能量和暴脾气。因为上天的安排,大家来到了同一个屋檐下,组成了一个家。家是人生的港湾,不是毫无节制地出气、随意倾倒"垃圾"的地方。

越是亲近,越容易受伤

有人说,自己在外面总是端着,甚至忍气吞声,回到家还要注意措辞,那不是很累吗?对亲近的人,不可以放松一点,甚至放肆一点吗?在亲人面前,"放松"可以,"放肆"不行。请不要忽视一种现象:被亲人伤害,哪怕是无心的,可能远比在外受到的伤害更令人痛心。

孟子打了个形象的比方:"有人于此,越人关弓而射之,则己谈笑而道之。无他,疏之也。其兄关弓而射之,则己垂涕泣而道之。无他,戚之也。"(《孟子·告子下》)一个人与对手发生冲突,对手张弓搭箭来射他,事后,他会谈笑风生,和大家讲述这个故事。有没有射中、受伤,都没什么,因为那是外人,关系疏远,尤其是对手,张弓互射很正常。假如这个人与他的亲大哥发生冲突,大哥张弓搭箭来射他,事后,他会伤心难过,和大家哭诉这件事。不管大哥有没有射,哪怕只是做个样子,都不可以,因为对方是他大哥,是非常亲近的人。他会流着泪反复质问:"大哥怎么可以这样待我?"他一定不会像这样去质问外人、敌人。

金庸的《笑傲江湖》中,有一个片段让人印象深刻。令狐冲受到各种误解和中伤:被怀疑偷了林家的《辟邪剑谱》、被认为与魔教为伍、被骂作"魔教妖人"。对这一切,他不在乎。然而,当师父岳不群指着他对众弟子说:"这人是你们的死敌,哪一个对他再有昔日的同门之情,便自绝于正教门下。大家听到了没有?"这对令狐冲伤害极大,因为师父与他亲如父子。岳不群又对岳灵珊说道:"珊儿,你虽是我女儿,但也不例外,听到了没有?"岳灵珊低声道:"听到了。"岳灵珊是令狐冲的挚爱,她的声音虽很微弱,但这三个字对令狐冲却是晴天霹雳,顽强坚定的他,顿觉疲惫不堪,双膝无力,"当"的一声,长剑落地,身子慢慢垂了下去。即使是笑傲江湖、潇洒不羁的令狐冲,面对至亲挚爱的怀疑猜测,也是痛苦的。

好好说话!不要以为对方是亲人,就觉得没关系。越是亲人,越易受伤:因为在乎。有些人戾气很重,容易动怒,语出伤人。请记住孟子的教诲,亲人的伤害,可能比外人更大。即使是最亲近的人,也要注意说话方式。如果与家人发生争执甚至冲突,要经常说:"对不起!"即使你没做对不起家人的事,也要把这话挂在嘴边。不会丢人,不会追责。有人质疑:"说对不起有用吗?"答案:有用。那是对燥热者吹拂的一缕凉风。

当然，亲人之间发生摩擦、冲突，实属正常。一方面，要管理好自己的情绪，不能放任冲突扩大，如果伤害到对方，一定要严肃认真地道歉。另一方面，要相互理解，别动不动就玻璃心碎了一地，尤其不要积怨，更别记仇。如果感觉自己被伤害，或有心结，及时沟通，别生闷气。不要到处抱怨、哭诉，这样做于事无补，结果可能更糟。

我们可以表达情绪，但别情绪化地表达。老汤的太太比较细心，而老汤粗线条，难免冒犯，常不知晓。有时，太太非常生气，甚至气得晚上睡不着，老汤却呼呼大睡。但太太并没有大吵大闹，而是轻轻地把老汤推醒："我生气了！"于是，老汤就坐起来道歉，问自己错在哪里，然后安抚她。这样，两人都睡得很好。

让别人舒服，最后舒服的是自己

每个人都像一个磁场

《射雕英雄传》中，杨康是个悲剧式人物，他一直有个困惑：为什么郭靖这小子运气总是那么好？为什么我的运气总是那么不好？他不明白：因为郭靖善良，自己不善。杨康做梦都想学"降龙十八掌"，他也不是没有机会，丐帮帮主洪七公曾想帮他，但是，看到杨康对乞丐们厌恶的态度，洪七公打消了念头。反观郭靖，心地善良，与乞丐们和谐相处。听说"降龙十八掌"可以轻易杀人，他不肯学："我不要杀人。"这个世界有时就是这么奇妙，你想要？偏不给！不想要？偏给你！"降龙十八掌"就是要传授给讨厌杀戮的善良之人。

每个人都像一个"磁场"，如果你的"磁场"是一个"善场"，你就向世界发出善良的电波。每人都有善、恶两面，当你发出善的电波时，就会被他人善的那面接受，并且，还能放大他人善的一面。当周围的人都把善的那一面朝向你，你不就生活在一个善的世界了吗？同样，"恶场"则会吸引他人恶的那一面，让自己生活在恶的世界。

地狱、天堂就在一念之间。只看身边的人"魔鬼"的一面，就像生活在地狱;只看身边的人"天使"的一面,就像生活在天堂。

"贤名归君,恶名予己"

《晏子春秋》讲了一个关于晏婴"贤名归君,恶名予己"的故事。贤良的名声归君王,背锅的事情给自己。齐景公下令建造一个大型娱乐建筑——"起大台"。晏婴视察时,劳工们投诉:我们太苦了,冬天这么冷,吃的东西差,干活时间长,你们违反劳动法呀!晏婴听完抱怨,一言不发地走了。他立马去找齐景公,动之以情,晓之以理,劝齐景公制止奢靡之风,要求停工。他描述民工遭遇的苦境,说着说着,痛哭流涕。这让齐景公难为情:好了!爱卿,别哭了!听你的就是了。宣布好消息前,晏婴把劳工们召集起来,狠狠地训了一通:嫌伙食不好?看看人家 W 国,战火纷飞,难民遍地,饭都没得吃。嫌太累太苦?看看人家 M 国,失业率超20%,人们有劲没处使,吃苦没处吃。嫌工时太长?看看人家大城市的白领,名牌大学、海归,哪个学历不比你们高?谁不是九九六工作制?不要身在福中不知福!让你们建一个娱乐设施,是要提高国家的文化水准,你们还不情不愿的!喂!我看那人眼神有点不服嘛!晏婴故意走过去,装模作样地抽了一鞭子。散会!大家被骂得垂头丧气,议论纷纷:助纣为虐,太可恨了!过了一会儿,晏婴派劳工部部长出场,宣布君主的命令:项目终止,各位回家。人们一片欢呼,对齐景公感激不已。孔子非常感慨,夸赞晏子:"声名归之君,祸灾归之身。入则切磋其君之不善,出则高誉其君之德义。"好的名声归君王,坏的事情归自己。私下场合指出君王的错误、不足,公开场合大赞君王的道德、仁义。

有这样的大臣,君王怎么能不喜欢?其实,老百姓也喜欢晏婴。为什么?就像这事,明眼人一目了然:晏婴就是个"戏精",这在文学作品里叫作剧情反转。劳工们虽然被臭骂一顿,但他们会怨恨晏婴吗?因此,"恶名予己"只是表面的、暂时的。时间一长,当人们了解实情,就会心存谢意,乃至心生敬意。和这种人相处,一开始会让人觉得有点"冷",但时间越长,越会让人觉得舒服。

"贤名归君,恶名予己"也适用于处理家庭关系。逢年过节给父母送礼物或红包,有一个小技巧:儿媳送给公公婆婆,女婿送给岳父岳母。有人问,都是夫妻的钱,又没"AA制",谁给不都一样吗?不一样!差别很大。不同的孩子送礼,父母收礼的心情大不一样。有些儿子送钱给父母,父母会心疼:"孩子啊!不要给我们钱,我们有钱,你存点钱不容易啊!"公公婆婆对儿媳的最高评价是:"儿媳比儿子还孝顺。"岳父岳母对女婿的最高评价是:"女婿比女儿还孝顺。"

第四篇

和

"和"的结果:心情平和、家庭和睦、社会和谐,即让生活更有序,让"熵增(混乱度)"最小化。本篇以和为目的,研究怎样优化管理,使得这段关系对"我俩"的关系效能之和最大化。

第十一章

人际关系之『和』

人际关系效能模型

人际关系效能模型假设及其简介

"人际关系效能模型"有四个假设。假设一:要维系好复杂的人际关系。维系关系的方法很多,重要的方法之一就是直接互动。人际关系效能界定为某一个体与另一个体直接互动带来的效能。假设二:资源是有限的。资源包括时间、物质、情感等。时间资源与物质资源的有限性是共识,情感资源的有限性可通过心理学的"共情疲劳"佐证。假设三:付出资源越多,期望值越高,满意度降低。在任何时期,只关注一种关系,对其投入大部分甚至全部资源,因此,边际效用将快速递减,期望值增高,关系效能总和下降。假设四:孔子重仁,人际关系要以仁为基础。不仅要满足一方需求,而且要对双方有益,最低要求是不能损害第三方利益,对公众有益更好,有助于"天下大同"最好。

"人际关系效能模型"如下:

$$\Sigma E_{ri} = a_1(E_{rx1}/e_{x1} + E_{ry1}/e_{y1}) + a_2(E_{rx2}/e_{x2} + E_{ry2}/e_{y2}) + a_3(E_{rx3}/e_{x3} + E_{ry3}/e_{y3}) + \cdots + a_n(E_{rxn}/e_{xn} + E_{ryn}/e_{yn})$$

($n \leqslant 150$)

其中,E_{rx}是指对某一关系主体的效能,例如,这段关系对"我"的效能。

E_{ry} 是指对关系中另一方的效能,例如,这段关系对"你"的效能。

a 是指关系双方为这段关系进行互动所花费的资源总量,包括付出的时间资源(t)、情感资源(em)、物质资源(p)的总和,即:$a=t_x+t_y+em_x+em_y+p_x+p_y$。由于前述资源的有限性假设,设定 $a_1+a_2+a_3+\cdots+a_n=1$。

e 是指为对方付出了资源 a 所产生的期望值。期望值越大,满意度越低。为了计算的统一性,假定期望值最小为 1,最大为 ∞。付出资源越多,期望值越高,因此,要调整心态。营销管理对期望值管理有成体系的论述和定性定量分析,本书不作赘述。

E_{ri} 是指人际关系效能。某一个体与另一个体,比如"你我",直接互动带来的人际关系效能,即一段关系给双方带来的效用与价值。ΣE_{ri},是指人际关系效能总和。ΣE_{ri} 最大化是本研究的重要目标。本书着力进行三方面的探讨:一是诚,合理分配"我"有限的资源;二是恕,用"你"适合与喜欢的方式;三是和,优化管理,使得这段关系对"我俩"的关系效能之和最大化。

平衡,让人际关系效能之和最大化

人生每个阶段都有一个主题,不同的时期有不同的主题,在合适的时候做合适的事情就是围绕主题。但是,人生不能只有主题,还要丰富多彩,平衡主题与多彩是大智慧。就像音乐,不能只有主旋律,还要有和声,否则显得单调。就像吃饭,不能只吃主食,还要荤素搭配,否则营养不良。围绕主题处理好最重要的人际关系,就容易取得较大的成果,与此同时,平衡好其他重要的人际关系,就能取得更大的成果,使人际关系效能总和最大化。

比如学生时代,主题是学业,最重要的人际关系是与老师、同学的关系,多向老师请教、多与优秀的同学交流、交友,就能取得不错的学习成绩。但也要了解社会,参加社会实践,如果只是读书,就容易读死书。比如走向社会,主题是事业,最重要的人际关系是与领导、重要客户的关系,多和他们交往,事业上就能取得进步,当然,也不能把所有的时间和精力都投进去,这会导致投入产出比率下降,尤其是事业受挫时,会快速下降。如果平衡好其他重要的人际关系,可以让学业更扎实,让事业更成功,让人生的收获之和更大。

组建家庭后,主题是家庭,最重要的是处理好和家人的关系。多把时间和精力投给家人,家庭会和睦、幸福。然而,老汤反对过度付出、过度关注。对配偶过度付出、过度关注,会提高期望值,放大配偶的缺点,影响夫妻关系。因此,即使做全职太太或先生,也要有自己的爱好,有心灵的绿洲。家长对孩子过度付出、过度关注,尤其还希望获得权威和回报,会严重影响心态,影响亲子关系。因此,平衡,比如家庭与事业的平衡,是极具价值的人生布局,可以让家庭更幸福。

谈恋爱时,和恋人的关系是最重要的关系,二人世界是人生的美好时光。热恋中的情侣常说:"你是我生命中的唯一。"这是真情流露,也是美好愿望。当然,人们不能一直徜徉在二人世界。现实生活中,如果真把爱情当唯一,那就麻烦了。请站在对方角度思考,如果一个人没有事业,连爱好都没有,生活中只有他(她),对方的压力该有多大啊?责任感可能就会转化为压迫感。人生,有选择才能优雅。"我生命中的唯一"是"恐怖"的誓言,唯一,会让这个"唯一"边际效用快速递减,严重影响人际关系效能总和最大化。

"和而不同"与"求同存异"

"求同存异""和而不同"异曲同工

求同存异

"求同存异"出自《易传》。这是中华民族一个重大智慧:谋求大同、容存小异,形成了一种文化现象:求同存异,造就了一个重要特征:包容并蓄。"睽卦"(见图11.1),象曰:"君子以同而异。"彖曰:"天地睽而其事同也,男女睽而其志通也,万物睽而其事类也。"君子求同存异。因为求同存异,所以和谐相处:天地规律会相同、男女志趣会相通、万物分类会独特。"同人卦"(见图11.2),象曰:"君子以类族辨物。"君子根据事物相同的特点对其进行归类,根据不同的特点将其予以区别。睽:异中求同。同人:同中存异。

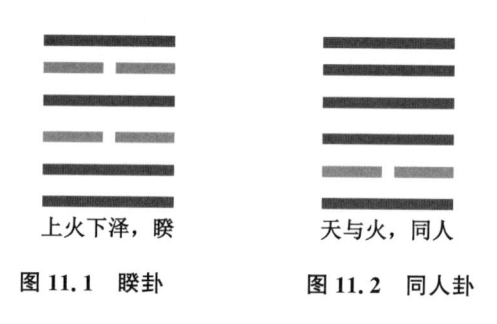

上火下泽,睽

天与火,同人

图11.1　睽卦　　　　图11.2　同人卦

清末马其昶阐述了宗教战争发生的根源:"持一说建立一宗教,必强人之同于己,徒党怨怒攻之,甚且酿成兵祸,是皆不知'君子以同而异'之理。"(《重定周易费氏学》)有些宗教坚持某种学说,形成排他教义,建立独一信仰,不仅要求教内信奉,而且要求教外认同。别人与己不同,就会怨恨不已,怒不可遏,愤而攻之,甚至引发战争。这是因为不懂"君子求同存异"的道理。宗教战争很恐怖,有时不为任何经济目的,动不动就不惜代价,甚至没别的理由,仅仅因为"异",就对"异教徒"进行人身攻击,甚至肉体消灭,生灵涂炭。

我们的先哲很早就在中华大地播下了求同存异的种子,皇权至上机制也运用了求同存异的思想。唐代王敷《茶酒论》讲述了一个脍炙人口的故事:茶酒相争,水来调和。酒和茶争论"谁更厉害?"茶说:我厉害、我重要!茶饮学士文。酒说:我厉害、我重要!酒壮英雄胆。他们各自罗列一长串优点,吵得不可开交。最后,水出来调和:别争了,你们各有所长。不过,没有我会怎么样:"茶不得水,作何相貌?酒不得水,作甚形容？米曲干吃,损人肠胃,茶片干吃,砺破喉咙。"茶没有水,只是枯叶;酒没有水,只是陈米。米曲干吃,损人肠胃;茶叶干吃,磨破喉咙。此言一出,茶、酒无语。这个故事含义深刻:茶代表佛教,佛家重茶;酒代表道教,道家重酒;水代表皇权,协调融合,支持管理。看看茶酒相争,就明白宗教战争是怎么引发的。

酒、茶都是可口的液体,这是"同"。壮英雄胆、饮学士文,这是"异"。无论什么教,都要服务皇权、利于社会,怎么服务、有利,形式可以各异。当宗教危及统治者地位、损害老百姓利益,就会被打压。比如"三武一宗灭佛"事件,就是因为财富向佛寺集中,大量民众成为僧侣,不事生产、不服兵役,动摇了统治根基,影响社会安定,最后,君王动用国家机器解决。

和而不同

孔子说:"君子和而不同,小人同而不和。"(《论语·子路》)君子求大同存小异,小人追求表面一致,失去和谐统一。同,是指单纯的同一;和,是指多元的统一。孔子包容的胸怀、有教无类的理念,深受统治者和民众欢迎。孔子思想有利于社会安定团结,统治者和老百姓都需要。

《论语》和《易传》都是孔子上课的笔记,都对中华民族影响深远。一个说"不同",另一个说"求同"。二者矛盾吗？不矛盾。"和而不同"的"同"是"小同","求同存异"的"同"是"大同"。二者都表达了包容思想:和,就是求同,求大同,大方向一致;不同,就是存异,存小异,允许细节不同,容忍差异存在。

佛家演化成了佛教,道家演化成了道教,为什么儒家没有演化成儒教？孔子的教育是因材施教,分析透彻,让一般的学生知其然:不明白什么道理？按老师说的去做就行;让聪明的学生知其所以然:想知道什么原因？只要听老师详细讲解便知。宗教有一个特点是需要造神,佛教把乔达摩·悉达多神化为释迦牟尼、佛祖,道教把老子神化为太上老君。以子贡为首的"神圣派"曾将孔子神化,汉朝的"纬学"也把孔子说成是真神。最后,以曾参为代表的"纪实派"占了上风,把孔子还原成人、圣人,而不是神。为什么纪实派影响巨大？这要感谢《论语》，孔子的言行被描写得活灵活现，他仿佛就在我们身边，生动真切，触手可及。而且，和而不同的理念让民众既有共同的价值观，又有各自的认识，这也让儒家没有变成宗教，孔子没有变成神，这是历史的选择、文明的选择。

孔子思想对中华民族的影响广泛、深入，因为这是"粮店"，天天要用。比如，求同存异，求同让中华民族极具包容性，只要你认可中华文化，愿意融入中华大家庭，就会接纳你；存异，保持你的民族独特性。因此，各民族和谐相处。正是和而不同的思想，让中华民族具备一个极强的能力：中国化。佛学中国化，让中华文化丰富多彩；马克思主义中国化，让中国革命取得胜利。中华文化开放包容，吐故纳新，与时俱进。

孔子与老子之"和"

老子之"和"

老子的"和"主要探讨自然之和，孔子的"和"主要探讨人际关系之和，两者是相通的。

《道德经》对"和"的涵义有精辟阐述。老子描绘了"和"的状态："安、平、泰。"即安宁、平和、通泰。老子提出了宇宙生成的规律，万物的特点是"和"："道生一，一生二，二生三，三生万物。万物负阴而抱阳，冲气以为和。"世界是一个统一体，其最原始的状态是混沌的，它产生出阴阳二气，阴阳二气相互作用，找到平衡，产生和谐之气，然后形成了万物。万物都是阴阳和合，阴阳二气相互交流、相互激荡，形成新的和谐体，这个和谐体阴中有阳、阳中有阴，是矛盾的统一体。《易传·系辞传》说："易有太极，是生两仪，两仪生四象，四象生八卦。"太极生成两仪，两仪即阴阳，四象即老阴、少阴、老阳、少阳，八卦可推演万事万物，用数学公式表示：$2^0=1, 2^1=2, 2^2=4, 2^3=8$。

老子用婴儿打比方："含德之厚，比于赤子。毒虫不螫，猛兽不据，攫鸟不搏。骨弱筋柔而握固，未知牝牡之合而朘作，精之至也，终日号而不嗄(shà),和之至也。"最能与世界和谐、自然相处的就是婴儿。毒虫不咬他,猛兽不扑他,凶鸟不抓他。虽然筋骨柔弱,但是小拳头握得很紧;不懂男女之事,但是"小弟弟"(生殖器)翘得老高,这是精气充沛的缘故;虽然整日哭号,但是声音不会沙哑,这是元气和顺的表现。老子说:"知和曰常,知常曰明。"对"和"了解,就能明白万事万物的规律,掌握了这个规律,就拥有了智慧。和,是宇宙世界的本性。万事万物不管发生多大的剧变,最后都要趋向于"和"。

老子对大自然的"玄同"现象作了描绘,这段表述用在生活中也非常贴切:"挫其锐,解其纷,和其光,同其尘,是谓'玄同'。"消磨锐利的棱角,不伤人伤己;化解各种纠纷,愉悦相处;收敛耀眼的光芒,让人舒服;与世俗打成一片,不自命清高,这就是高深的和谐。和光同尘,是"和"的具体操作手法。

孔子之"和"的坎坷

孔子主张社会和谐安定,毕生传播他的理念。一个对老百姓和统治者都有益的中华文化主流思想,其创始者却历经坎坷,主要原因是:孔子的"和"不是每个时代都适合。孔子生不逢时,出生在春秋时代。孟子说:"春秋无义战。"(《孟子·尽心下》)春秋时期的战争就没有正义之战。诸侯忙于争霸,根本听不进去孔子"和谐社会"的唠叨。孔子死后也不得安宁,当天下大乱,一个政权要推翻另一个政权时,孔子"和"的正统思想就成了造反者巨大的理论障碍,所以他们要砸"孔家店"。

孔子在近代的遭遇更加坎坷。中国人追求"和",侵略者不讲"和",中华民族遭受百年屈辱。无数仁人志士思考:为什么这次跌得这么惨?为什么工业革命没有在中华大地发生?人们开始追责,有人认为:原因是中华传统文化出了问题,而主要责任在儒家,因为儒家思想是统治者奴役人民的工具。由于儒家的代表人物就是孔子,因此孔子也遭受了不公的待遇。

如果说孔子思想"奴役"了中国人民,中华民族勤劳勇敢、充满智慧,为什么两千多年来，都心甘情愿被奴役？中国落后挨打的锅让孔子来背，农业文明遭受工业文明的冲击归咎于中华传统文化，是否有失公允？中华传统文化不适合工业文明、现代文明吗？

不可否认，后期儒家思想发生了重大变化，在宣传"和"的理念时，偏向统治阶级的立场，更多地要求老百姓"忠"，对"君权"的肆意膨胀却不加限制，这就已经不"和"了，这已经不是当初的孔子思想。后期一些儒者的确沦为统治者的代言人，孔子为那些不肖的徒子徒孙背了很多锅。孔子思想与后世儒家的关系，就像唐古拉山清泉与长江之水的关系。百川汇流，形成大江，汹涌澎湃。与此同时，泥沙俱下，浊流涌入。我们要正本清源，在传播孔子思想时，要弄清楚哪些是孔子真正的思想，哪些是后人错误的观点？哪些是清泉，哪些是泥沙？中国改革开放以来的高速发展证明，中华优秀传统文化适合工业文明、现代文明，中华民族伟大复兴需要优秀传统文化的支撑。

和：相互尊重

孔子主张君臣父子之"和"

君礼臣忠，反对愚忠

《论语·颜渊》中，齐景公问政于孔子。孔子对曰："君君，臣臣，父父，子子。"公曰："善哉！信如君不君，臣不臣，父不父，子不子，虽有粟，吾得而食诸？""君、臣、父、子"第一个是名词，第二个是动词。齐景公向孔子请教国家治理问题，孔子说："君王要恪守君王的本分，大臣要恪守大臣的本分，父亲要恪守父亲的本分，儿子要恪守儿子的本分。"齐景公悟性很高，马上想到相反的后果："太对了！如果君王不像君王的样子，大臣不像大臣的样子,父亲不像父亲的样子,儿子不像儿子的样子,即使有粮食,我怎么能吃得到呢?"换言之,没有行为规范,即使仓库有粮,人们也会饿死。没有精神文明,物质财富终化乌有。和,是非常重要的精神文明。怎样和? 君礼臣忠,父慈子孝。这是基石,其他人际关系依此类推,于是,社会就平衡、和谐了,江山就稳定了。

《论语·先进》中,季子然问仲由(字子路)、冉求,"然则从之者与?"子曰:"弑父与君,亦不从也。"季子然问孔子,他的学生仲由、冉求"会不会无条件地听指挥、无原则地顺从上级?"孔子断然表态:"如果是谋杀父母与君王这种命令,他俩是不会执行、不会盲从的。"子路和冉求性格迥异,但是两人都为人忠诚。不过,在"弑父、弑君"这种大是大非面前,他们立场坚定,不会愚忠。由此可见,孔子旗帜鲜明地反对愚忠。上司犯了严重错误,下属不可盲目顺从。对待无良上司,下属一定要划清界限,不与之同流合污。

《论语·子路》中,定公问:"一言而可以兴邦,有诸?"孔子对曰:"言不可以若是,其几也。人之言曰:'为君难,为臣不易'。如知为君之难也,不几乎一言而兴邦乎?"曰:"一言而丧邦,有诸?"孔子对曰:"言不可以若是,其几也。人之言曰:'予无乐乎为君,唯其言而莫予违也。'如其善而莫之违也,不亦善乎? 如不善而莫之违也,不几乎一言而丧邦乎?"鲁定公问:"有没有一句具有高度概括性的话,可以让国家兴旺?"孔子答:"没那么绝对,别那么期望,有人说,'做君王很难,做大臣不易。'如果都知道做君王很难,大家都认可这句话,国家不就可能因此而兴旺吗?"如果都知道做君王很难,君王就会认真,大臣就会理解。如果都知道做大臣不易,大臣就会敬业,君王就能谅解。"孔子告诫:要相互体贴尊重,站在对方的角度,理解彼此的难处,这样国家就有希望。鲁定公又问:"有没有一句具有高度概括性的话,会让国家衰亡?"孔子答:"没那么绝对,没那么恐怖。有人说:'我做国君没别的快乐,只有一件事挺爽的:我说什么都没人违抗。'如果他说得对没人违抗,那就还好。如果说错了也没人违抗,那就太恐怖了! 因此,这句话可以让国家衰亡。"为什么没有人违抗?可能是因为愚忠,君王都是对的,他说啥我干啥;可能是因为独裁,大家不敢反对君王。这两种情况都会导致国家衰亡。孔子既是警告君王,要小心谨慎,也是提醒民众,不要愚忠!

父慈子孝,反对愚孝

关于孝顺,孔子主张:不义则争。不能盲从,如果父母错了,儿女要据理力争,纠正父母的错误,这才是正确的孝。《孝经·谏诤章》中,曾子曰:"敢问子从父之令,可谓孝乎?"子曰:"是何言与,是何言与!昔者天子有争臣七人,虽无道,不失其天下;诸侯有争臣五人,虽无道,不失其国;大夫有争臣三人,虽无道,不失其家;士有争友,则身不离于令名;父有争子,则身不陷于不义。故当不义,则子不可以不争于父,臣不可以不争于君;故当不义则争之。从父之令,又焉得为孝乎?"曾子问老师:"儿子遵从父亲的指令,就可以称为孝吧?"曾子是一个顺从的孩子,而且做得有点过,孔子因材施教,连声否定:"这是什么话!这是什么话!历史证明,天子如果有七位据理力争的大臣,虽然犯了大错,也不至于丢失天下;诸侯如果有五位据理力争的臣子,虽然犯了大错,也不至于丢失邦国;大夫如果有三位据理力争的下属,虽然犯了大错,也不至于丢失团队;名士如果有据理力争的朋友,就不会失去美好的名声;父母如果有据理力争的孩子,就不会犯下不义的大错。因此,对方犯了不义的大错,子女不可以不与父母据理力争,下级不可以不与上级据理力争。当对方犯了不义的大错,一定要据理力争。如果对父母所有的命令都盲从,怎么能称为孝呢?"

孔子认为:愚孝会陷父于不义。《孔子家语》对此有生动的记载。一天,曾参在田里耕耘瓜苗,一不小心锄断了瓜苗的根。父亲曾皙大怒,顺手操起一根大棒抽了他一下,不偏不倚击中后背。曾参"扑通"倒在地上,过了很久才苏醒。曾参怕父亲担心,若无其事地坐了起来,然后进屋,向父亲鞠躬:"我向来不听话,惹您生气,刚才您用力教训我,没事吧?手不疼吧?"曾皙本来很紧张,生怕儿子被打坏,曾参的话让他不知所措。

曾参看到父亲尴尬,于是告退,回到自己房间,一边弹琴,一边唱歌,让父亲知道:我没事,很健康。孔子知道后很生气:"如果曾参来上课,先让他罚站!"曾皙不明白:家暴是我的错,孩子是无辜的,为什么要罚他?曾皙也是孔子的学生,不知问题有这么严重,怕老师责备,于是托人请教原因。孔子隔空喊话:"你们不懂历史吗?舜对父亲瞽瞍非常孝顺,瞽瞍使唤他,随叫随到,瞽瞍想杀他,总找不到。"父亲如果用小木槌打,儿子就让他打,出不了大事。父亲如果用大棒打,儿子就要赶紧逃。由于舜及时逃跑,瞽瞍没有伤害到舜,于是,瞽瞍没犯恶父之罪,舜也不失孝子形象。艺术地挨打,让父母消消气,也是一种孝顺。万一父亲失去理智,下手很重,一不小心打到孩子的要害部位,那麻烦就大了。孩子不跑,反而不孝。"曾参,你坐等暴怒的父亲用大棒痛打自己,死都不逃避。万一曾皙失手把你打死了呢?你就让父亲身陷不义,岂非大不孝?你是天子的良民,你爸杀了良民是什么罪?"老师说得太对了!曾参反省:"我原以为无原则的顺从就是孝顺,没想到,这样罪过太大了!"

孔孟推崇尧舜

孔孟为何倍加推崇尧舜?其重要原因是反对权力垄断。

孔子夸赞尧:"巍巍乎!唯天为大,唯尧则之。"(《论语·泰伯》)太崇高了!只有上天才能这么高大,只有尧的品德可以与天比高。《孟子·滕文公上》记载:"滕文公为世子,将之楚,过宋而见孟子。孟子道性善,言必称尧、舜。"滕文公成为接班人后,去往楚国,路过宋国,拜见孟子。孟子和他讲人性向善的道理,言谈之中不离尧舜。《孟子·告子下》中,曹交问曰:"人皆可以为尧、舜,有诸?"孟子曰:"然。"曹交问老师:您说每个人都可以成为尧舜,有这种可能吗?孟子肯定地回答:当然!孟子极力传播"性善论"的观点,用夸张的表达方式号召民众:只要努力,每个人都可以成为尧舜。尧舜是中华文化中品德高尚之人的巅峰标志。

孔子反对王权独享,主张权力公有,向往大同世界、天下为公。唐朝孔颖达解释《礼记》的"天下为公":天下为公,谓天子位也。为公,谓揖让而授圣德，不私传子孙，即废朱均而用舜禹是也。天下，是天下人的天下，包括天子之位。为公，是要将天子之位传授给具备圣德的人，而不是私传子孙。就像尧不将帝位传给儿子丹朱，而传给舜，舜不将帝位传给儿子商均，而传给禹。

尧死后，舜并未马上登基，而是到穷乡僻壤隐居，把舞台让给尧的儿子丹朱。结果，诸侯去朝拜舜，而不拜丹朱。百姓讴歌舜，而不颂丹朱。打官司找舜评理，而不找丹朱。丹朱无奈，对舜说：您赶紧回来吧！我搞不定。大家都说：舜王啊！赶紧回来吧！我们去找您太麻烦了。于是，舜半推半就地回来，继续管理国家。要是尧一死，舜就把丹朱赶出宫，则吃相太难看。舜先是避让，民众再把他请回来，这样动作就非常优雅。舜死后，禹仿效舜，把舞台让给舜的儿子商均，大家反复请求，禹也是半推半就。这种优良传统到禹就结束了。禹死后，益仿效禹，把舞台让给禹的儿子启。启太优秀了，大家不去找益，而听启的指挥。大臣们都去找启商议国事，于是，启就成了国君。启废弃了禅让制，开始实行"家天下"的世袭制，重启了将天下私传子孙的历史。中国第一个奴隶制朝代夏朝建立。中国的别称"华夏"就来源于此。禅让制好还是世袭制好？历史学家看法不同，儒家主流意识对禅让制持赞扬态度。大禹对中华民族贡献巨大，其治水功绩家喻户晓。推行世袭制的责任不在禹，他并没有把王位传给儿子，因为是禹的儿子终止了"授圣德，不传子孙"的优良传统。所以，儒家追责，大禹背锅。

中国历史上，不将王位传给子孙的例子很少，尧、舜、禹连续三届传贤不传子是特例。因为稀缺，所以传颂。《史记·五帝本纪》记载，黄帝去世，其孙颛顼（zhuān xū）为帝；颛顼去世，其侄子高辛即位，为喾（kù）帝；喾去世，其子尧为帝。可见，尧、舜、禹前后都是世袭制。其实，尧、舜、禹本是同一家族。尧是黄帝四世孙，舜是黄帝八世孙、颛顼六世孙，禹是黄帝四世孙、颛顼之孙。为什么颛顼的大儿子穷蝉，舜的天祖，没有即位，成了平民，颛顼的侄子高辛却立为帝？是和平交接还是暴力夺权？为什么颛顼的小儿子鲧（禹的父亲），被尧任命为治水高官？这些历史空白里,可能有许多耐人寻味的故事。

孔孟论"和":民本、对等、明君、家天下

更重视"民本""对等",不强调"民主""平等"

子贡说,孔子"温、良、恭、俭、让。"(《论语·学而》)孔子性格温和、善良、恭敬、勤俭、谦让。这是中国人追求的个人修养,是中华民族的重要特征,这就是"和"。中国民众非常宽容,极具忍耐力,不太参与政治,统治者只要有民本思想,不给国家添乱就行。因此,老子反复教导统治者"无为",即不要乱为,不要为了为而为。老百姓不指望与统治者地位平等,统治者只要有对等思想,不骑在人民头上作威作福、不草菅人命就行。纵观中国历史,几乎每个乱世,都是统治阶级的责任,一些"英雄豪杰"也难辞其咎。

中国历史上,"世袭制"是主流,"禅让制"曾短暂实行。禅,是指在宗庙,正式、大力推荐非子孙的贤能者;让,是指让出君位,在生前交班。尧舜禅让影响深远,人们夸赞:尧把天下交给了舜,舜把天下交给了禹,真了不起!然而,孟子予以严正驳斥,他认为,天子不能随便把天下私自交给别人,君王也不能随意把天下传给子孙,传位是上天授意,要顺应民意:"天与之,人与之。"(《孟子·万章上》)是上天赋予他使命,是人民交给他权利。上天不会说话,怎么表达意愿?孟子态度明朗,思路清晰:民意就是天意。他引用周武王的话:"天视自我民视,天听自我民听。"(《尚书·泰誓中》)上天通过民众的眼睛看这个世界,上天通过民众的耳朵听这个世界。因此,以民为本是中华文化的重要思想,民本思想是为政的重要原则。

孔子说:"天下有道,则庶人不议。"(《论语·季氏篇》)天下有道,民众就不会对统治者有所非议。统治者如果心中有百姓,为政清明,老百姓对"参政、议政"的兴趣其实不大。孟子对民本思想有清晰的表述:"民为贵,社稷次之,君为轻。"(《孟子·尽心下》)看似说君不重要,民更重

要,恰恰相反,这是孟子向君王推介民本思想,给君王进谏金玉良言:君王如果以民为贵,江山社稷就会安定,君王之位才会稳固。

中国的平民从未要求与王公贵族平等,这是有文化基因的。传说,当初女娲造人时,按照自己的模样,用泥巴捏成人。因为效率太低,所以她就用枝条挥洒泥水成人。于是,泥塑人就成了贵族,泥水人就成了平民。这说明在创始的时候人与人之间就不平等。

孔子倡导君礼臣忠、父慈子孝,其态度明确:君臣、父子间的关系可以不平等,但是要求对等,双方相互尊重,这是国家治理的重要原则。

孟子非常直白地告诉齐宣王:"君之视臣如手足,则臣视君如腹心;君之视臣如犬马,则臣视君如国人;君之视臣如土芥,则臣视君如寇雠。"(《孟子·离娄下》)如果国君对待大臣就像对待自己的手足,大臣对待国君会像对待自己的心腹;如果国君对待大臣就像犬马,大臣对待国君会像常人;如果国君对待大臣就像泥土、草芥,大臣对待国君会像强盗、仇人。腹心与手足同等重要,而且更重要,表达了大臣对君王"你敬我一尺,我敬你一丈"式的回报。这种状态下,君臣就是同生共死、肝胆相照的关系。如果君王使唤大臣像驱使犬马看家、干活,这已不把大臣当人,双方不对等了。虽不尊重,还能接受,虽是犬马,还要喂养,不会"既要马儿跑,又要马儿不吃草"。不过,大臣对待君王就会像普通人,商业人格,公平交换,给多少钱,出多少力。这种状态下,君臣就是互相利用的关系。如果君王把大臣视若泥土、草芥,肆意践踏,那就太过分了,大臣就要反抗,就会把国君当作强盗、仇人。孟子旗帜鲜明:君王要是不仁,大臣就会不义!君臣之间就成了敌对的关系。

很多统治者把民众当作犬马甚至土芥,希望民众逆来顺受,甚至压迫百姓,还不准他们表示不满,杀百姓的头,还要他们说:"谢主隆恩!"

"明君情结"有风险,"家天下"有利弊

中华民族有"明君崇拜"情结,民众盼望贤明的君主。明君的特点:道德高尚,代表广大人民群众,平衡各个集团的利益,至少能做到"民本、

对等"。明君领导的结果是天下太平、社会安定、经济发展。谁做君王，怎么做上的，民众往往不太在意。李世民"玄武门兵变"，杀死了哥哥李建成、弟弟李元吉，还把他俩的儿子通通杀掉。朱棣以"奉天靖难"之名，暴力夺取侄子的天下。这两人暴力夺权，有悖于仁义道德，仍是公认的明君，历史地位很高。为什么王莽和平夺权却不能被容忍？李世民、朱棣夺权是他们家内部的事，乱朝廷不乱天下。王莽是大臣篡位，违反了中华文化重要的价值观：忠。不过，又有一个反例，同是大臣篡位，和平演变，为什么赵匡胤"黄袍加身"被津津乐道，王莽受孺子婴"禅让"却被骂得很惨？根本原因是李世民开创了"贞观之治"，朱棣带来了"永乐盛世"，赵匡胤缔造了一个知识分子最喜欢的朝代，而王莽则管理不善，导致天下大乱。道德品质不行、管理能力有限（或者说太超前），这种人篡位，国无宁日。

集权体制在中国有其生存土壤，因为百姓对君王常寄予厚望，这当然也隐藏巨大危险。孔子曾提醒鲁定公：君王一个不当的念头就可能把国家毁了。这启发人们警惕，"期盼明君"风险很大，万一没有遇到明君，或者明君变得不明，人民不就惨了吗？

明君情结与"家天下"机制有关，该制度有利有弊。

家天下的特点是产权清晰，职责明确：天下是君王的，成败得失君王负主要责任。在先贤的循循善诱下，国君可以做到少注重钱财、多关心民众。《孔子家语》记载："楚恭王出游，亡乌嗥之弓，左右请求之。王曰：'止。楚王失弓，楚人得之，又何求之！'孔子闻之，惜乎其不大也。不曰'人遗弓人得之而已'，何必楚也！"楚恭王出游，把弓弄丢了，随从建议去找。楚王说："不用了，楚王在楚国丢失了弓，一定是楚人捡到，有什么好找的。"这是许多君王的思维逻辑：国家、臣民都是我的，我的东西给了臣民，肉烂在锅里，有什么关系？孔子认为楚王格局不够大：只要人捡到了，能派上用场，物尽其用就行，为何一定要楚人捡到呢？《吕氏春秋》把"楚王失弓"的故事加以发挥：老子认为孔子的思想高度还不够，应该是："去其'人'而可矣。"弓，来源于大自然，就算它消失在大自然又有什么呢？为何一定要"人"得到呢？

家天下体制会导致君主忌庸不忌贪，容易滋生腐败。君王更重视官员的能力，不担心官员贪腐，甚至将其当作控制大臣的把柄。尤其是武官，只要忠诚、能打仗就行，生活是否腐化不重要，将军太"干净"，皇帝反而忌惮：你能文能武，品德高尚，什么意思？这是宋高宗不信任岳飞的一个重要原因。就像有些老板，希望下属干活赚钱，不在乎他占点便宜。皇权至上体制下，某贪官民愤很大，又不听话，皇帝就下令抄家，钱财收归国库。那时，中国周围全是蛮荒小国，皇帝不担心国资流失。清朝宠臣和珅，贪得无厌。乾隆那么聪明，会不清楚？和珅贪的钱财属于他吗？只是在他家存放一下而已。乾隆一死，嘉庆立即揪出和珅，龙威大振，而且"和珅跌倒，嘉庆吃饱"。乾隆把和珅留给了儿子，既是重大的政治遗产，又是巨额的经济遗产。当然，君王这样做，后果很严重：放任贪腐会导致歪风蔓延，污染生态，王国根基腐烂，大厦倾塌。

如果明君情结、家天下处理得好，国家会进入盛世，其重要特点就是"和"：国家繁荣昌盛，人民安居乐业。然而，遗憾的是，纵观中国历史，盛世很少。

孟子之"和"，正气浩然

不听拉倒，诛杀独夫

《孟子·万章下》有一段精彩的记载。齐宣王问卿。孟子曰："王何卿之问也？"王曰："卿不同乎？"曰："不同。有贵戚之卿，有异姓之卿。"王曰："请问贵戚之卿。"曰："君有大过则谏，反覆之而不听，则易位。"……然后请问异姓之卿。曰："君有过则谏，反覆之而不听，则去。"齐宣王向孟子请教有关高级官员的问题。孟子问："您想了解哪类高官？"齐宣王问："高官有什么不同吗？"孟子答："当然不同，有本家族高官，有非家族高官。"齐宣王问："本家族高官有什么特点？"答："君王如果犯了重大错误，他们会反复劝谏，君王还不听，他们就会联合起来撤换君王。"因为是家天下,他们都有股份,万一国家破产,他们就完了,必须在股东里选出优秀的董事长。齐宣王又问非家族高官有什么特点?孟子答:"君王犯了错误,不管大错小错,他们都会劝谏,反复劝谏都不听,他们就会一走了之。"因为他们只是高级打工仔,只拿工资,没有股份,国家破产,他们就另谋出路。孟子生动形象地描述了君王和大臣的合作关系,哪有什么"愚忠、死谏"之说,开始都是劝,反复劝谏,君王不听?不听拉倒!产权不一样,处理方式不同:或者把君王换了,或者辞职走人!

《孟子·梁惠王下》中,齐宣王问曰:"汤放桀,武王伐纣,有诸?"孟子对曰:"于传有之。"曰:"臣弑其君,可乎?"曰:"贼仁者谓之'贼',贼义者谓之'残'。残贼之人,谓之'一夫'。闻诛一夫纣矣,未闻弑君也。"齐宣王问:商汤流放夏桀,武王讨伐商纣,有这回事吗?孟子答:历史文献上有记载。齐宣王问:大臣以下犯上,弑杀君王,这样做可以吗?孟子果断回答:践踏仁的叫作"贼",践踏义的叫作"残"。既残又贼的人叫作"独夫"。我只听说周武王诛杀了叫纣的独夫民贼,没听说过他弑杀君王!孟子这事让历代君王都很尴尬。如果大臣们争论"商汤流放夏桀,武王讨伐商纣"的对错,君王该怎么评判?如果说商汤、武王以下犯上不对,你的天下不正是你祖上从别人手中夺过来的吗?如果说商汤、武王做得好,君王要是无道,百姓就可革命。你的儿孙只要有一届干得不好,是不是就可以被人推翻?孟子立场坚定:讨伐桀纣,不算造反。

浩然正气,为民争"和"

孟子说:"富贵不能淫,贫贱不能移,威武不能屈,此之谓大丈夫。"(《孟子·滕文公下》)富贵不能使他淫乱腐化,贫贱不能使他更改志向,威权不能使他屈从服软。这种人就可称为大丈夫。

可想而知,这种"浩然正气"让有些统治者多么不舒服!他们不喜欢有个性的孟子,不喜欢这位大丈夫,这种人多难驾驭啊!他的"不听拉倒、诛杀独夫、君臣对等"当然不被有些君王接受。朱元璋很讨厌孟子,尤其是看到"君之视臣如土芥,则臣视君如寇雠"时,他非常愤怒,当场撕书,下令封杀孟子:将孟子赶出孔庙,逐出文庙,祭孔时不准祭孟子。这事搞大了,孔孟之道深入人心,孟子影响实在太大,岂是老朱想赶就能赶掉?孟子是"亚圣",被敬奉了一千多年,在陪同孔子接受祭拜的四位圣人("四配")中,孟子远比其他"三圣"贡献度大、影响力广。没有孟子,这祭祀活动还怎么做?于是,很多大臣进谏,认为这样做不妥。老朱无奈,把孟子请回来。他又做了一件让历史不齿的事:修改教科书,把《孟子》中对统治阶级不利的言论统统删除。然而,朱元璋不仅删不了《孟子》,还给历史留下笑柄。强权是一时的,文化是永恒的。强权是刀,文化是水,抽刀断水水更流。

这事让人迷惑不解:孟子有那么多让统治者不满的言论,怎么反倒成了统治阶级的代言人?恰恰相反,孟子是人民群众的代言人,他一身正气,抑强扶弱,为民争"和"。

气节文化的兴衰

统治者故意曲解孔子等先哲

孟子严正指出"普天之下,莫非王土"被误读

中华传统文化中,很多误读现象的背后推手都是统治阶级,误导民众是其惯用伎俩。比如"普天之下,莫非王土"就一直被误读为:天下所有的土地都属于君王。于是,一种特有的经济现象产生:私有财产平常受到保护,一旦触碰到王权就不被保护。例如,允许土地自由买卖,承认土地私有,但是,土地的真正所有权属于君王。古代这个制度设计,叫作有限产权。这种机制既保护了既得利益者,又避免了阶层固化,对社会发展有一定的促进作用。我们来分析这种制度安排背后的玄机。

统治者宣扬"普天之下,莫非王土"的思想,并使其深入人心,逐渐建立土地属于君王的产权意识。然而,这会产生一个问题:都是君王的,老百姓就不参与了。怎样调动民众的积极性?让百姓拥有土地,并使土地可自由买卖。土地是最重要的不动产,从某种程度上说,中国历史实质上是一部土地争夺史。这就是为什么"打土豪,分田地"的口号最简单明了,也对贫苦百姓最有吸引力。

中国历朝历代都有保护私有财产的法令,私闯民宅、偷盗、抢劫都是犯罪行为。然而,历史上却有一个颇受争议的做法:抄家。当然,只有君王和国家拥有抄家的权利。其文化溯源就是:"率土之滨,莫非王臣",所有的人都归君王管辖。一个结果是:贪官污吏无处可逃。另一结果是:私有财产没有保障。

很多年前,"普天之下,莫非王土"就被人们篡改了原意。这句话出自《诗经》:"溥天之下,莫非王土;率土之滨,莫非王臣;大夫不均,我从事独贤。"《孟子·万章上》记载,咸丘蒙理解为:"整个天下,没有一块疆土不属于君王所有,从陆地到海滨,没有一个人不是君王的臣民。"孟子严厉批评道:"是诗也,非是之谓也。劳于王事而不得养父母也。曰:'此莫非王事,我独贤劳也。'故说诗者不以文害辞,不以辞害志。"这首诗你理解错了。作者抱怨,一直因公务辛劳、奔波,没时间陪伴、奉养父母。他表达的意思是:"我忙碌的事没有一件不是君王的职责,然而为什么总是我独自辛勤地劳苦。"所以说,一个讲解诗歌的人,不要因为文字歪曲了句子的意思,不要因为句子歪曲了作者的原意。

"大夫不均,我从事独贤"是对"能者多劳、鞭打快牛"的吐槽:不能因为我最能干,就把所有事交给我干,导致干部苦乐不均。"普天之下,莫非王土,率土之滨,莫非王臣"正确的解释应当是:天下之大,都是君王管辖的疆土,疆土之广,都是君王管理的范围,疆土上都是君王的臣民,君王要为此负责。作者的原意、潜台词是:君王不要把自己的责任推卸给别人。本来是提醒君王要对"王土、王臣"负起责任,结果被曲解为君王对"王土、王臣"拥有权利:天下所有的土地都属于君王,土地上所有的人都归君王统治,都要交税。尽管孟子严词纠正误解,但是,两千多年来,他们顽固地无视孟子的提醒,不管作者原意,还把对这句话的曲解贯穿到文化、经济、政治、生活的方方面面。

打个比方,某位先哲与一个家长谈心:孩子是你生的,就像你的私有财产,你要负起责任来,要好好抚养、认真教育。结果,这个家长选择性记忆,只记住"孩子是你的私有财产",其他一概不管不顾。你会不会认为这个家长很荒唐?其实,有些统治者及其帮闲文人就是这么无耻,他们存心曲解先哲原意。尽管孟子大声疾呼,但是,叫不醒那些装睡的人。

被曲解的孔子和曾子

《大学》说:"孝者,所以事君也;弟者,所以事长也;慈者,所以使众也。"人们可以用对待父母的孝道来侍奉君王,可以用爱护兄弟的悌道与长者相处,可以用慈爱晚辈的品德来管理下属。这就是曾子"治国必先齐其家"的理念,是"修身、齐家、治国、平天下"的重要环节,是家庭伦理用于国家治理的有效实践。

曾子这种思想也体现在其《孝经·广扬名》中:子曰:"君子之事亲孝,故忠可移于君。事兄悌,故顺可移于长。居家理,故治可移于官。是以行成于内,而名立于后世矣。"孔子说:君子孝顺父母的行为美德,可以用于与君王的交往,叫作"忠"。友爱兄长的行为美德,可以用于与长者的交往,叫作"顺"。家庭事务的良好管理,可以运用到官场治理,叫作"治"。因此,把家里的事处理好了,对社会、对后世都有很好的示范效应。孔子的意图非常明显:强调家庭的重要性。他清楚地指出:只有把孝悌做好,才能移于君王和外面的长者;只有把家庭事务管理好了,才能把这些管理理念、方法运用到官场。

有人断章取义、掐头去尾,把曾子的"孝者,所以事君也"和孔子的"君子之事亲孝,故忠可移于君",变成了统治者要求民众"移孝于忠"的理论依据。这种思想甚至异化为:"忠孝不可两全,忠而不孝。"忠孝发生冲突,不要孝而要忠。真是荒唐!孟子"老吾老以及人之老,幼吾幼以及人之幼"被异化为：我的父母与别人父母都需要照顾时,我要照顾别人的父母。我的孩子与别人孩子都需要照顾时,我要照顾别人的孩子。这是不是违背人性？统治者就是这样洗脑的！他们希望百姓只忠不孝,这是违背人性的做法！

董仲舒的"三纲"被不断异化

董仲舒是中国历史上具有争议的人物之一。他忽悠汉武帝"罢黜百家,独尊儒术",奠定了儒家两千多年的道统地位。有人说,从此,中华民族走上了健康发展的道路。还有人说,"独尊儒术"比"焚书坑儒"还可怕,从此,"百花齐放、百家争鸣"的时代一去不复返。不管怎么评价,董仲舒都是中国历史上里程碑式的人物。

还有一件狗血的事,就是"三纲事件"。董仲舒提出了著名的"三纲"："君为臣纲,父为子纲,夫为妻纲。"不知是别有用心的人曲解,还是不求甚解的人误读,三纲一直被人解读为：大臣要听从君王,儿子要听从父亲,妻子要听从丈夫。他也因此被人辱骂：统治阶级的代言人,奴役文化的创立者。恰恰相反,三纲其实是规范君王、父亲、丈夫的行为。纲,是指领导性、表率性,主导地位、以身作则,并非绝对权威。因此,三纲的正确理解是：君王要为大臣做表率,父亲要为儿子做表率,丈夫要为妻子做表率。如果榜样不做好,权威将失去。

"三纲"与"五常"(仁、义、礼、智、信)由董仲舒提出,理论源泉来自孔孟思想,经过历代儒家不断完善和宋代朱熹极致发挥,逐渐构成完整的政治伦理、道德体系,形成了中国社会生活秩序的规范。

尽管中国社会重视等级,但中华文化中的人际关系仍然以"和"为主旋律。直到宋、明朝,大臣和君王、老百姓和统治者之间的关系,都还合情合理,仍然要讲"道""理"。南宋陆游《避暑漫抄》说："君虽得以令臣,而不可违于理而妄作;臣虽所以共君,而不可贰于道而曲从。"国君虽可命令大臣,也不能违背常理胡作非为。大臣虽须服务君王,也不可不走正道曲意逢迎。无数仁人志士顽强坚守"和"的原则,传播共同忠诚的理念,例如"君为臣纲,君不正,臣投他国。国为民纲,国不正,民起攻之。父为子纲,父不慈,子奔他乡。子为父望,子不正,大义灭亲。夫为妻纲,夫不正,妻可改嫁。妻为夫助,妻不贤,夫则休之。"(《封神演义》)这完全是大白话!只省略了"臣不忠、民不法"的常识性后果:"君可诛之、国可绳之"。这是对"三纲"的扩展表述:君与臣、父与子、夫与妻、国与民是相互尊重、互为责任、互为义务的对等关系。

愚忠思想逐渐被统治者和御用文人演绎到无以复加的地步,最让人无语的就是"君要臣死,臣不得不死"。有人把这个黑锅甩给儒家,说是儒家思想。我们查遍经典,毫无踪影。这话出自《西游记》猪八戒之口:"常言道:君教臣死,臣不死不忠;父教子亡,子不亡不孝。"它表达的是愤怒、控诉和无奈。君王都觉得这话荒谬。一次,乾隆与纪晓岚谈忠孝,乾隆问:何为忠孝? 老纪顺口答道:君要臣死,臣不得不死;父要子亡,子不得不亡。乾隆说:我要你死,你怎么死? 老纪说:跳河。乾隆说:请便。纪晓岚出去转了一圈又回来了。乾隆问:怎么回来了? 老纪回答:"我去跳河,遇到屈原,他说,他跳河是因为楚怀王昏庸。当今皇上圣明,我怎么能跳? 这会让明君蒙羞。于是,我就回来了。"乾隆哈哈大笑。可见,乾隆也把这种荒唐之言当作笑料。

一句戏言,竟被演变成奴役百姓的理论依据,大家怎么会心服口服? 怎么会真心诚意地为君王抛头颅洒热血? 于是,平时信誓旦旦,急时无影无踪,成了官场常态。

中华民族呼唤"气节文化"

"气节文化"衰落,统治者要负全责

"气节文化"是中华优秀文化的重要特征。孟子的"大丈夫"形象和"浩然之气",激励了一批批仁人志士,鼓舞了一代代中华儿女。"荆轲刺秦王"的正确性、正义性,一直争论不休。然而,荆轲那种壮士的豪迈、英雄的气场,让无数中华好男儿血脉偾张。他的高歌"风萧萧兮易水寒,壮

士一去兮不复还"成了中国气节文化的标志性元素。

司马迁说:"人固有一死,或重于泰山,或轻于鸿毛。"英雄气节、大义凛然是中华民族的显性基因。然而,这种气节文化自南宋开始弱化,并走向衰落,愿意为国捐躯的人越来越少,民族英雄越来越稀缺。为什么?因为统治者背信弃义、残害忠良,使无数英雄寒心不已。《杨家将》《水浒传》都反映了这个主题,尤其是岳飞冤死风波亭那活生生的史实,让人们对忠君思想产生疑虑:值得吗?当这个国是"某家王朝"、利益集团的国,人民的参与度就会下降,为国奋斗的意愿就会减少,更别说捐躯了。八国联军和清军开战,很多百姓趴在城墙上看热闹,有人还卖东西给八国联军,引起后人唏嘘不已:怎么一点爱国精神都没有?应该拿起武器,保家卫国呀!然而,站在百姓的角度也能理解:这是洋人和清朝的战争,与我何干?

统治者过度消费人民的忠诚,刻意培养奴性,导致中华民族气节文化衰落。既要人低眉顺眼接受统治,又想他视死如归面对强敌,奴性和骨气怎么并存?人格分裂嘛!统治阶级还特别搬出孔子思想,说孔子主张民众顺从。孔子不背这个黑锅!

"忠义文化"缺失,"气节文化"衰落,让中华民族留下一声声叹息。尤其是进入元、明、清朝,这种缺失和衰落就陷入无以复加的状态。短短六百年,汉族居然两次遭受少数民族大规模入侵并改朝换代。造成这种后果,统治阶级要负全责。

中华民族"气节文化"的回归

中国历史上民族英雄很多,为什么岳飞尤其引人注目?他的"尽忠报国"让人印象深刻,他把忠君和爱国有机结合,当忠君和爱国产生冲突,他毫不犹豫地选择爱国,于是,有了"十二道金牌"事件。岳飞难道不知抗旨是死罪?当时他非常接近成功,为了国家、民族利益,他全然不顾个人安危。孙中山盛赞:"岳飞魂,是中华民族的精神代表,也就是民族魂。"毛泽东赞扬:"岳飞为国家和民族建立了伟大功勋,是一个伟大的民族英雄。"

然而,在"家天下"体制下,这种爱国热情、民族气节很难发挥。令人欣慰的是,二十世纪三四十年代,日本侵略中国,中华民族到了最危险的时候,中华大地再次涌现一批批民族英雄,"气节文化衰落"的哀叹戛然而止。人民意识到中国并不是哪个人的国,而是我自己的国。《孙子兵法》说:"道者,令民与上同意也,可与之死,可与之生,而不畏危也。"当士兵和将军休戚与共,士兵就可以与将军同生共死,毫不畏惧。中国人民在敌强我弱、力量悬殊的情况下,能够取得抗日战争的胜利,就是因为同仇敌忾。

感谢电影《无问西东》!我们需要这种直指人心的爱国主义教育内容。西南联大的艰难岁月令人惊叹、伤感:大雨敲击着破旧的铁皮顶棚,老师近乎叫喊,学生侧耳倾听;师生们一边躲避轰炸,一边认真上课。沈光耀驾机冲向日舰的画面令人印象深刻,这是根据真实历史改编:1937年8月19日,清华大学毕业生沈崇诲(沈光耀的原型)驾机俯冲停在上海港的日本指挥舰,英勇就义。沈光耀生于"三代五将"世家,其见识、底蕴非一般学霸可相提并论。当他目睹敌机轰炸平民,好友惨死,他认识到:"覆巢之下,岂有完卵",大敌当前,不卫好国,家也完了。他违背母亲意愿,毅然加入空军。光耀受训时,教官明确要求:飞行员的价值远高于飞机,飞机失事,立即跳伞。自有空战以来,形成一个国际惯例:不能射杀跳伞的飞行员。这有点像中国古代的"兵礼"。但是,无道日军屡屡射杀跳伞的飞行员。当光耀看到战友跳伞被日军残酷射死,他愤怒地驾驶受伤的飞机冲向敌舰,其壮举让人震撼也合情合理。听着儿子的战友哭诉光耀如何英勇就义,妈妈心如刀绞,但也感到自豪。两个战友道别,沈妈妈让他们等等,然后送上儿子最喜欢的莲子汤。这时,剧场一片抽泣。日本帝国主义夺去了沈家的独苗、全部的希望!全片都没出现日军的特写,却让人增加了对鬼子的仇恨。

观影中,小汤几乎哭了半场。走出影院,我俩一路谈的都是家国情怀,她突然认真地问:我不是军人、科学家,怎样报效祖国?老汤答:中华民族的伟大复兴是全方位的,需要每个人奋斗、一代代努力。正如詹天佑所说:"各出所学,各尽所知,使国家富强不受外侮,足以自立于地球之上。"为了不让无数的光耀战死沙场,为了不使无数的妈妈肝肠寸断,我们必须让祖国强大!要让英雄气节、爱国情怀重回中华文化的主流。

第十二章

家庭和睦

家庭与"利益共同体"

爱情与事业的平衡

付出真情,追寻真情

真情是稀有资源,付出真情不一定能收获真情,但不付出,一定得不到。怎样才能得到真情?你为对方付出真情,对方也为你付出真情,同时接受彼此。你断断续续地向太空收发电波,对方也断断续续地向太空收发电波,你俩同频,没有时差,发出的电波彼此接收到了。这是小概率事件,非常难得,得到真情,千万要珍惜。

人生,要遇见忠信的人,拥有欲罢不能的爱情,投身志愿奉献的事业。如果以上都没有,就要问自己:我奋不顾身地爱过一个人吗?我锲而不舍地追寻过一份事业吗?

人没有得到真爱是悲哀的,没有真爱过是更大的悲哀;没有投身过无怨无悔的事业是遗憾的,没有经历过刻骨铭心的爱情是更大的遗憾,甚至很危险。人有补偿心理,缺少的就想补回来,尤其是爱情。如果在错误的时间、错误的地点补,可能会出现大问题。唐明皇就是这样沦陷的,不过他也很无奈。他通过政变上台,江山不稳,年轻时,要全力以赴搞事业,全心全意理国政,因此耽误了谈恋爱。等到开元盛世,五十多岁的他"突然"遭遇爱情,结果,一发不可收。

要想获得真情,必须真诚寻觅。要想拥有事业,必须先有愿望。有强烈的赚钱欲望,不一定能赚钱,但连想法都没有,就很难赚到钱。有志者目标明确,意志坚定;无志者目标漂移,朝三暮四。有了目标,就努力实现;要实现目标,就真诚面对,站在山顶,把愿望喊出来,让世界督促你。很多人不敢:万一实现不了呢? 喊之前要真诚地问自己:有没有这个能力? 愿不愿意持续努力? 不然就会变成笑话。少给世界留下笑话,多给人间奉献喜剧。

爱情事业双丰收

要平衡好爱情和事业的关系,不能偏颇,要努力实现双丰收。当然,做到两全很难,容易顾此失彼,甚至双双落空。如果处理不好,轻则生怨,重则悲剧。

千百年来,有一个令妻子纠结的问题:丈夫有事业心好还是没有事业心好? 唐朝王昌龄的《闺怨》,把这种复杂的心情描写得惟妙惟肖:"闺中少妇不知愁,春日凝妆上翠楼。忽见陌头杨柳色,悔教夫婿觅封侯。"独自宅在家中的少妇觉得没有忧愁的事,日子过得挺快。春日融融,人就会想做点什么。少妇浓妆艳抹,盛装打扮,登上高楼。以前建筑水平不高,能建高楼的绝不是普通家庭。登高远望,道路尽头,杨柳依依,一片苍翠,她突然感到阵阵孤独:去年今日,我不就在那片柳林和夫君依依惜别吗? 今天,我盛装浓抹,却无人欣赏,晚上,又要独守空房。早知这样,真不该鼓动夫君去追求功名利禄。

如何看待这种现象? 女同胞,你要丈夫全力以赴地追求事业,还是希望他经常陪伴你? 只有英雄才能保护你,但是,英雄要冲锋陷阵。如果他天天围着你,时间长了可能会变成"狗熊"。面对爱情、爱人,英雄也常常纠结:我要强大,才能保护你,但这样就不能时刻守着你。白居易的《长恨歌》记录了一个关于君王的爱情故事。唐明皇和杨贵妃"长恨"什么? 长恨不能长久:"在天愿作比翼鸟,在地愿为连理枝。"愿,是指没实现、空想。为什么连皇帝都保护不了爱情,无法和爱人长相厮守?唐明皇为了陪杨玉环,"从此君王不早朝",导致整个朝廷的作息都乱了。不好好上班,老板位置坐不稳,江山会丢掉。宰予睡懒觉,孔子斥责他:"朽木不可雕。"(《论语·公冶长》)唐明皇睡懒觉,白居易叹他失去政权,可见先哲们对睡懒觉有多么反感。

当然,男同胞要注意,也不能一天到晚都在外打拼,要经常和妻子沟通。否则,怎么体现你的努力是为了爱人? 英雄们,请记得常回家抱抱爱人!要平衡好事业和爱情的关系。

获得爱人支持的要诀

深度沟通

一位从事销售的朋友诉苦:太太不理解他,不支持他,总是和他吵。他工作很忙,经常陪客户喝酒,有时喝多了,回家就挨骂,有一次太太甚至不让他进门。他委屈地说:我这么辛苦,还不是为了这个家吗? 她怎么一点都不体谅我? 等他发完牢骚,老汤问:"你有没有告诉太太和谁喝酒,为什么喝?""工作关系,说了她也不认识。""是否认识不重要,你的汇报很必要,还要描述细节:你和谁喝,为什么要喝,效果如何?"

夫妻关系和睦的状态是都认可二人是"共同体",彼此付出都是为了这个家,丈夫发自内心为妻子、为家庭奋斗,妻子也尊重、感谢丈夫的付出。反之亦然。夫妻关系和睦的标志是沟通顺畅。比如,当丈夫聊起应酬细节,妻子不会埋怨,而是心疼,她会觉得,今天晚上丈夫是在为"我们"喝酒。

如果把家庭比喻成企业,就要让伴侣觉得:我们都是股东,一切行动都是为追求股东效益最大化。有人抱怨妻子花钱太厉害,很可能她觉得这是花"老公的钱",不是花"我们的钱"。老汤让太太掌握财务大权,还"忽悠"她:"我是你永远的长工,你才是家里的主人。"当妻子拥有主人的站位、大股东心态,怎么会乱花钱?

老汤年轻时写了一首诗《有你在》:"生活是一辆战车/亲爱的,有你在我心中/何俱刀光剑影/昂然突击冲锋//生命是一叶扁舟/亲爱的,有你在我身旁/笑看潮起潮落/卧听渔歌轻扬"。人生是一场战役,生活像一辆战车。我要奋斗!为你而战!我不是一个人在战斗,有你在我心中,我就有了清晰的目标,不畏刀光剑影,昂然突击冲锋!奋斗不是生活的全部,人生不能一直冲杀,生命就像一叶扁舟,不知会被命运的风浪吹往何方。茫茫大海,我很渺小,努力奋斗只能在约束条件下实现效用最大化。亲爱的,有你在我身旁,我就能坦然地面对一切。我们一起,回味奋斗的成败得失,笑看人生的潮起潮落。我们一起,躺在小舟上望着满天繁星,静听生命的渔歌轻轻飞扬。

这首诗上半部分体现兵家思想,下半部分体现道家思想。这就是人生,年轻时努力奋斗,冲锋陷阵。后来,很多事就看明白、想明白了:"惯看秋月春风"。很多时候要靠孔子思想填补,日常各种关系的处理要按孔子的指导完成。读懂了"老庄孙子",生命中每个阶段都有理论指导,老子、庄子、孙子、孔子是我们的人生导师。

当我们用这种思想和爱人沟通,用这种语言向爱人表达,爱人还会不支持、不理解?纠结的问题就会迎刃而解。

导演好手中这条鱼

要给爱人传递正能量,让爱人知道:我很开心!我的工作是事业,不是职业,我和领导、同事和谐相处。有些人喜欢向爱人吐槽领导和同事,这有百害而无一利。爱人无法设身处地了解他的工作环境,爱人对他状况的认识,完全取决于他的描述。如果他各种吐槽,就在爱人面前描绘了一个糟糕的场景、黑暗的世界,渐渐失去爱人对他工作的支持。一旦他想努力做点事、在工作上多花点时间,就会遭遇阻力、受到质疑:"这么卖命干吗?"这一切的果,都是他平常不小心种下的因。还有一个潜在后果:由于他的吐槽,领导、同事在他爱人心中的印象很差,某一天他们不期而遇,他的爱人会情不自禁地流露出敌意的眼神甚至言行,这样他是不是会很麻烦?

有人质疑:我工作确实不开心,领导、同事确实不好,难道要给爱人撒谎?不用撒谎,但可选择不说。生活确实不易,总有闪光时刻,为何不去捕捉那些美好瞬间?发现生活的喜悦,留存在心中,定格、放大,与爱人分享。

老汤讲过一个"鱼的故事"。一个周末,他加班后回家,突然有人叫住他,转身一看,是夏院长。夏院长说:"我陪客户钓鱼,刚刚钓到一条,送给你。"老汤经常说:生活是舞台,我们是导演,生活精不精彩,完全看导演水平高不高。通常,人们拿到这条鱼会怎么处理?拿回家,洗了,烧了,吃了,睡觉。请看,老汤是怎么导演的。拿到这条鱼后,他没有马上回家,因为,太太还没回家。他估摸着太太已经到家了,才兴冲冲地往家里赶,离家十几米开外,他就大声叫喊:"老婆!我回来了!"老婆连忙开门迎接:"老公,回来了!什么事呀?这么开心!捡到金子了?""老婆,这不是金子,这是比金子更宝贵的东西!"老婆打开袋子,哑然失笑:"哈哈!不就是一条鱼吗?有什么大惊小怪的。""不!这不是一条普普通通的鱼,这是我们学院天鹅湖里面的鱼。夏院长钓了一整天,才钓到一条鱼,而这条鱼就给了我。"

一部剧本优秀与否,重要的是剧情有反转、潜台词丰富。先看剧情反转:开心——捡到金子?——比金子还宝贵!——只是普通的鱼呀?——不普通,讲故事。很短的铺垫,剧情四次反转。再看台词设计。"天鹅湖里的鱼",太太听到"天鹅湖",脑海里会浮现什么场景?一定是柴可夫斯基的《天鹅湖》,梦幻、优美的场景。潜台词:先生单位,风景优美。"夏院长钓了一整天,才钓到一条鱼。"潜台词:来之不易,弥足珍贵。如果院长钓了很多条鱼,就不稀奇了。最后是关键:"这条鱼就给了我。"什么潜台词?老公挺能干,受领导器重。

也许有人质疑:老汤又在忽悠老婆,你怎么知道院长只钓到了一条鱼?说不定钓了不止一条,而你只有一条,院长给了张某四条、李某五条,傻了吧?各位,知道有些人为什么不幸福了吧?盯着别人的幸福,无视自己的幸福,所以永远不会幸福。就算院长给了张某四条、李某五条,那些鱼和老汤有关系吗?没有!他手中的这条鱼才是他的题材和道具,才是幸福之源。不把手中的鱼导演好,却盯着与他无关、别人的鱼,那不是自取其辱吗?因此,"导演好自己手中的鱼"是人生的大智慧。

注重仪式感

老汤上课谈到"爱情最大的杀手是平淡无奇的时间",一位男生问:"婚姻大多是平淡无奇的,怎么办?""多久没亲吻太太了?"哄堂大笑,他也红着脸怔住了。老汤建议:上班前、下班后要亲吻爱人。婚姻生活,平淡无奇,所以更加要注重仪式感。有人质疑:"为什么是上班前、下班后?半夜不能亲吻吗?"当然可以。但上班前、下班后一定要亲吻。因为上班前、下班后十分钟,夫妻争吵的概率最高,被称为"两个危险的十分钟"。

为什么下班后十分钟危险?假如你是营销员,接待了一位胡搅蛮缠的客户,他羞辱你,还到老板那投诉,老板不分青红皂白,劈头盖脸给你一顿批,你满腔怒火无处发泄。下班回家,太太迎接:"亲爱的,回来了?"你黑着脸,一言不发,把包狠狠地摔在地上,后果怎样?太太本来在准备饭菜,等你共进晚餐,结果一盆冰水直浇心窝。做好的菜刚要出锅,她又丢一把盐进去:咸死你!你在外受的委屈与太太有关吗?她是无辜的!怎么能把气撒在她身上?这叫作"迁怒",是不负责任的行为!该怎样做?不要马上回家,先到外面转转,找个地方静一静,想点开心的事,把心情"洗一洗"再回家。"亲爱的,我回来了!""亲爱的,欢迎回家!"你脱下外套,挂在客厅的衣架上,换上居家服。抱一下,"啵!"如果要讲发生的事,等晚饭后,夫妻俩坐在沙发上,慢慢道来。差别何在?"一念地狱,一念天堂。"前者是直接把太太拉进你的狗血事件,让她变成对立面,和你争吵,火上浇油,甚至引发严重后果。后者是给太太讲故事,让她成为旁观者,旁观者清,她会开导你,成为你的同盟,为你出谋划策。

为什么上班前十分钟也危险?夫妻难免争吵,争吵有时是夫妻重要的沟通手段。夫妻常为什么事吵?起因都是一些鸡毛蒜皮的事,最后越搞越大,吵得不可开交。但夫妻矛盾有一个特点:没有隔夜的仇。常言道:"天上下雨地下流,小两口吵架不记仇;白天同吃一锅饭,晚上同睡一枕头。"小两口吵架后有个原则必须遵守:不能动不动就分床睡。即使昨晚争吵还没释怀,即使早上起来还是感觉不爽,能不能起床后,门一摔就上班?千万不可!后果如何?两人晚上继续吵,演变成连续剧。应该怎样?走之前,故意大呼小叫:"亲爱的,我上班了!"太太可能在厨房忙,心情已经平静,但还故意装作不理你,这时,你应该走进去,抱着她,"啵!"当然,她可能会头一扭,让你亲不到准确位置,没关系,能不能亲到准确位置不重要,重点是一定得发出清脆、夸张的响声。这"啵"的一声会产生什么神奇的效果?不管昨晚发生了什么冲突,不管太太心里有什么不快,都会随之烟消云散。今晚回来,你又有好吃的。

婚姻生活中,仪式感很重要。不信?试试。如果你长久没亲吻太太,这样做可能会有风险,突然亲吻她,可能引起怀疑:"小子!怎么了?老实交代,最近干了什么坏事?"这时,你就要给她讲老汤的故事,这样,你俩就会度过一个美好的夜晚。

不过,要持续啊!记得每天至少两次:上班前、下班后。

马上行动

也许有人质疑:汤博士,你一个研究中华传统文化的学者,为什么讲这些婆婆妈妈的细节?其实,这正是先哲教诲、中华文化。《中庸》说:"君子之道,造端乎夫妇,及其至也,察乎天地。"君子的大道,都存于夫妻关系之中,从夫妻相处之道开始,当了解到这个本质,再加以发挥、放大,就能掌握天地之间万事万物的规律。

有人说:我平时对爱人的关心马虎点,关键时刻挺身而出不就行了吗?不行。人生由许多普普通通的时刻组成,如果一直等那个关键时刻,可能一辈子都等不到。有人买了一件非常名贵的衣服,舍不得穿,想等一个重要的日子再穿,结果没等到,因为一辈子都没有出现过"重要的日子"。

老汤讲了一个段子。他年轻时非常爱女朋友,怎样用不落俗套的方式来表达爱,而且让她印象深刻？他喜欢做梦,富于想象,他设想这样一个"关键时刻":一天,他陪她在树林里散步,走着走着,突然,一棵大树倒下来,他立即推开女友。于是,她得救了,他被大树压住,压得半死。注意,是"半死","全死"就没有下文了。女友是不是会很感动:"你为我奋不顾身啊!"他俩是同学,十几年后结婚,他陪她在林中散步多次,从未倒下过一棵大树,从没遇到"关键时刻"。

《道德经》说:"图难于其易,为大于其细。天下难事,必作于易;天下大事,必作于细。是以圣人终不为大,故能成其大。"想完成难事,先从易事着手;要做成大事,先从小事做起。天下难事都从易事开始,天下大事都从小事开始。因此,圣人不刻意做惊天动地的大事,最后却能成就惊天动地的伟业。对待爱人也是一样,不必追求惊天动地的爱,平平淡淡地爱着对方,最后会成就天长地久的爱情。马上行动,不要等待。

《易传》论阴阳平衡、夫妻之"和"

中华文化的阴阳平衡观

中华文化非常重视"位",谁前谁后,很有讲究。《易传》尤其重位,反复称"阴阳",阴在前,阳在后,说明重阴轻阳。《易传》又有许多重阳轻阴的表述,比如,"乾坤",乾为天,坤为地,天为阳,地为阴。天在上,地在下,各有其位,不能颠倒。矛盾吗？不矛盾,阴阳平衡。天给予阳光雨露,地培育生灵万物,各司其职,缺一不可,这样天下才能太平。家庭中,男人是天,女人是地。天重要还是地重要？男重要还是女重要？二者都很重要,因此,《易传》有时重男、有时重女,语境不同,都有道理。

中华文化对女性的最高评价是:坤德,大地母亲的情怀。有些家庭搞得天翻地覆,原因有的是没定好位,大部分是缺位。丈夫应该反思:我撑起了这片天吗？有过撑起这片天的决心和行动吗？妻子应该反思:我是合格的地吗？有着大地般的情怀和包容吗？

《易传·咸卦》："象曰：山上有泽。"如图 12.1 所示。

山上有泽，咸

图 12.1　咸卦

山上有一个清澈的湖，这种自然景观太美了！正如井冈山上的"挹翠湖"，景如其名，绿树掩映，整个湖都装满苍翠。《易传·咸卦》态度明确：尊重女性。"象曰：男下女，是以亨，利贞，取女吉也。"少女在上，少男在下，男求女，就会亨通顺利，利于守正，娶妻吉祥。孔颖达解释道：婚姻应该是"男先下于女，然后女应于男。"(《周易正义》)首先，男方在下以礼相求女方；然后，女方在上愉悦回应男方。孔子等先哲非常智慧，在阳盛阴衰、男尊女卑的父系社会，他们强调爱情、婚姻要重阴轻阳、重女轻男。因为只有这样，阴阳才能平衡，恋爱、婚姻生活才能和谐。家庭中也是一样，不能搞大男子主义，呵护女人的男人才是真正的男子汉，才能建立长久深厚的感情。这也解释了"怕老婆"的现象。同理，当处于阴盛阳衰，女尊男卑的状态，女子"示弱、求保护"，则是一个极佳的"平衡器"，有利于培养负责任的男子汉。

中华文化重视平衡。老子为了纠正统治者注重阳刚的偏差，反复强调注重阴柔的思想。《道德经》提醒：不要重阳轻阴，阴常可以胜阳。"柔弱胜刚强。"柔性使用力量会胜过刚性使用力量，软实力可胜过硬实力。"守柔曰强。"善于使用软实力，才是真正的强大。"天下之至柔，驰骋天下之至坚。"天下最柔软的东西，可以驾驭天下最坚硬的东西。柔，常常有着无坚不摧的力量。"强大处下，柔弱处上。"强大者处于下风，柔弱者处于上风。"天下之交，天下之牝。牝恒以静胜牡，以静为下。"老子形象地用天下的雌雄交合打比方，雌性动物的交合力远超雄性，因为雌性能以静制动、以下御上。"知其雄,守其雌。"统治者深知自己刚强,更要保持柔软姿态。雌、下、静为阴,雄、上、动为阳。因为统治者偏阳,所以老子用心良苦,循循善诱:阳气越盛,越要重阴;在这种情况下,阴比阳重要,这样,就会实现阴阳平衡。

从"泰""否"卦象看阴阳平衡

"泰、否(pǐ)"的概念来自《易经》的"泰卦""否卦"。如图 12.2 所示。

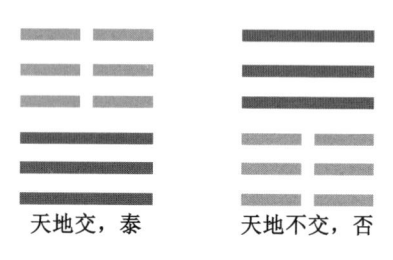

天地交,泰　　　天地不交,否

图 12.2　泰卦、否卦

《中庸》说:"致中和,天地位焉,万物育焉。"当达到不偏不倚、合情合理的状态时,天地各安其位,万物欣欣向荣。"泰卦""否卦"都与天地有关,猛然一看卦象,让人颇为不解:"泰卦"坤在上,乾在下,"地天,泰";"否卦"乾在上,坤在下,"天地,否"。天在上地在下,应该是泰呀! 地在上天在下,应该是否呀! 天翻地覆,变化巨大,闹得很凶,常常不好。颠倒乾坤,手段高强,但含贬义——颠倒黑白。

读《易传》要有辩证思想、发散思维,不要把某个卦象与某个具体事物机械、固定地联系在一起。乾坤,不是指具体的事物,而是表示万事万物的特征、规律。因此,"乾坤"二卦可以与"天地""阴阳""男女""父母""上下级"等相对应。怎么对应? 具体情况具体分析。"泰卦""否卦"用乾坤之位,传递了重要信息:阴和阳的位置顺序,关系到事物的状态。

《易传·泰卦》象曰:"天地交而万物通也,上下交而其志同也。"天地相交、阴阳相合,万物就会通泰,上下交心,就会志同道合。为什么? 阴在上,阳在下。阴气重,往下沉,阳气轻,往上升。于是,阴阳相交,男女和合融为一体,上级下级相互理解,社会安定,就是"泰"。《孙子兵法》的"道者,令民与上同意也""上下同欲者胜"体现换位思考的效果:当下级站在上级的角度分析问题,了解上级的意愿,就掌握了必胜之道。当上级站在下级的角度思考问题,知道下级的需求,就会取得胜利。

"否卦"正好相反。象曰:"天地不交而万物不通也,上下不交而天下无邦也。"阳在上,阴在下。阳气已在上面,仍往上升;阴气已在下面,仍往下沉,导致阴阳没有交集。阴阳不交,就没有万物。男女不合,分道扬镳,就没有后代。上级高高在上,下级苦苦挣扎,上不知下的痛苦,下不懂上的意图,上下异心,组织就散了,这样的国家行将就木。这就是"否"。

"否极泰来",是指当事物的状态坏到极点,好事就要来了。然而,坏事一旦过去,好事马上就会来吗?这是一厢情愿的美好愿望,正好相反,大部分情况是"泰极否来":好事过头,坏事降临。而且,事物发展的客观规律是:泰极否来易,否极泰来难。从卦序看,泰卦是第 11 卦,否卦是第 12 卦。从泰到否,一步之遥;从否到泰,历经 64 卦。从卦象看,泰卦的阴阳和合是一个短暂现象,阴上阳下,阴下沉,阳上升,二者交汇,万物通达,志趣相同。接下来,阳气继续上升,阴气继续下沉,阴阳渐行渐远,就成了否卦。因此,泰是美好瞬间,否为事物常态。

生活中许多现象,如"乐极生悲""福无双至,祸不单行""病来如山倒,病去如抽丝"等都说明:泰,来之不易;否,是人生常态。镜子打碎容易,破镜重圆很难。男女之间的感情、人与人之间的信任,建立很难,打破容易,请倍加珍惜。从事物发展规律分析,事物处于鼎盛时期的过程很短,且需要长期艰苦努力。只有长时间的负重前行,才能换来短时间的岁月静好。人生就像一条震荡起伏的曲线,鼎盛期很短,奋斗期很长(见图 12.3)。

当我们有了"泰极否来易"的意识,感恩之心便油然而生,就会珍惜生命中的美好瞬间。当我们有了"否极泰来难"的认知,就能坦然面对生活中的不如意,当困难来临时,云淡风轻。

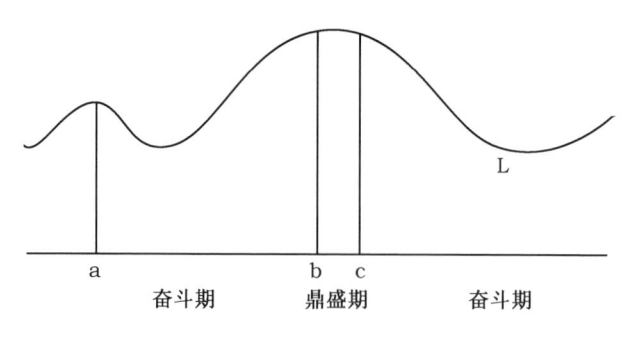

图 12.3　奋斗期与鼎盛期图

"正家，而天下定"

《易传·家人卦》象曰："风自火出。"火大会让风大，风大会让火大。如图 12.4 所示。

风自火出，家人

图 12.4　家人卦

象曰："家人，女正位乎内，男正位乎外。男女正，天地之大义也。家人有严君焉，父母之谓也。父父、子子、兄兄、弟弟、夫夫、妇妇，而家道正。正家，而天下定矣。"

先看结论："正家，而天下定。"良好家风有利于社会安定。优良家风与良好的社会风气相辅相成，二者形成良性互动。家风影响社会风气，社会风气影响家风。怎样形成优良家风？各尽本分："父父、子子、兄兄、弟弟、夫夫、妇妇，而家道正。"父母与子女、兄长与弟弟、丈夫与妻子，各自做好自己，家风、家道就正了。再加上《论语》的"君君、臣臣"，孔子把家和国的人际关系都讲了。家就像国一样，需要严格管理："家人有严君焉,父母之谓也。"家里也需要有像君王一样的管理者,要严格要求,父母应该充当好这样的角色。传统家庭生活,男女应该怎样合理分工,才能使人力资源效用最大化? 先哲几千年前就阐述清晰:"家人,女正位乎内,男正位乎外。男女正,天地之大义也。"在家庭中,夫妻要摆正各自的位置,女主内,男主外。夫妻关系正位,这是天下太平、人尽其才的大事。

男女生理条件、性格特点各异:男人力气大,擅长干体力活;女人力气小,擅长做家务。男人性格粗犷,观全局;女人性格细腻,重细节。在外打拼主要靠先生,太太主要掌握财权、管理内部事务,这样,家庭效率就会提高。尤其是孩子的养育,母亲的作用非常重要。无母的孤儿比无父的更加可怜,俗话说:"宁愿有个乞婆娘,不愿有个相公爹。"孤儿如果可以选择,宁愿选择乞讨的母亲,不愿选择当官的父亲。

当今社会,变化巨大,"男主外、女主内"的社会分工模式是否还适用? 是否应该重新定位? 谁主外,谁主内,主什么?

从孔子论"直"悟亲情之"和"

亲人触犯法规,是否马上举报

《论语·子路》记录了关于"正直"的探讨。叶公语孔子曰:"吾党有直躬者,其父攘羊,而子证之。"孔子曰:"吾党之直者异于是。父为子隐,子为父隐,直在其中矣。"叶公("叶公好龙"的主人公)对孔子说:"我们那有一位正直的人,他父亲偷羊,儿子马上举报。"孔子说:"我们这正直的标准不一样:父亲为儿子隐瞒,儿子为父亲隐瞒,于是,这儿的人都很正直。"

什么是"父为子隐,子为父隐"的正确打开方式? 父亲得知儿子偷羊,先是家法处置,再把羊还给人家,赔礼道歉。儿子得知父亲偷羊,立即阻止,对父亲动之以情、晓之以理。不听? 反复劝、哭着劝,直到父亲改正错误,把羊还给人家,并赔礼道歉。当家庭成员触犯法律法规,家人的第一反应是挽救，寻找纠错方案，留出改错时间："隐"。如果不给机会，直接报官，绳之以法，似乎尊重法律，实则违反人情。儿子举报父亲，父亲被抓，父亲举报儿子，儿子被抓，刑满释放，还得回家，接下来父子还怎么相处？

孔子主张"父为子隐，子为父隐"，不是要父子相互包庇，联合起来对抗法律。孔子是思想家、教育家，他没有简单、片面地站在法律的角度，而是站在全社会的高度，主张从根本上解决问题：家庭成员犯错，首先内部纠正，这样可以降低社会管理成本。如果家人们都是正人君子，整个社会就能走上正道。

中国古代有"亲亲相为隐""同居相为隐"的免证特权，亲人之间有拒绝充当证人或拒绝回答某类问题的权利，原因是认同"父为子隐，子为父隐"这一现象客观存在。亲人提供的证词，通常对嫌疑人有利，因此不能作为判案依据。如果亲人的证词对嫌疑人不利，办案人员也要引起警觉：不合常理，不合人性，事出反常必有妖。有利，不能作为证据；不利，必须引起警觉。那就别让亲人提供证词了吧！同理，司法人员办案，如果涉及亲人，就不能参与该案件，叫作"回避制度"。

中华文化反对亲人间无原则的包庇。"不孝有三"，第一就是"阿谀曲从，陷亲不义"。父母犯了大错，倘若子女包庇纵容，会让双亲在错误的道路上越走越远。中国重视家庭教育，推崇严格的家教，父母言传身教，谆谆教诲，以身作则。当家庭出现"父为子隐，子为父隐"，就有隐患了，如果犯罪行为发生，那就是悲剧。

家人相处，核心是"和"

亲情文化是中华文化的重要特征，其核心是"和"。

孟子提出家人相处的一个原则："父子之间不责善"，即父子之间既不能要求对方道德高尚，也不能要求志同道合。公孙丑曰："君子之不教子，何也？"孟子曰："势不行也。教者必以正；以正不行，继之以怒。继之以怒，则反夷矣：'夫子教我以正，夫子未出于正也。'则是父子相夷也。

父子相夷，则恶矣。古者易子而教之，父子之间不责善。责善则离，离则不祥莫大焉。"(《孟子·离娄上》)公孙丑问：君子不教自己的孩子，为什么？孟子答：没办法，行不通。教育人一定要按照某套正确的理论，如果这套理论在孩子那里行不通，老爸就会发火。老爸常常发火，孩子就会顶嘴："你总是用正确的大道理教育我，可你自己都做不到。"父亲被顶撞，权威被挑战，就会暴跳如雷，导致父子翻脸。父子翻脸，会伤感情。自古人们都喜欢互相交换孩子来教育，这样，父子之间就不会站在道德的制高点去要求对方。如果父子都要求对方道德高尚，就会产生隔阂，父子隔阂是家庭最大的不幸。孟子怕大家记不住，反复强调，父子相互"责善"会带来严重后果："子父责善而不相遇也。责善，朋友之道也；父子责善，贼恩之大者。"儿子严格要求父亲道德高尚，两人就无法好好相处。要求对方道德高尚，是朋友的相处之道。父亲严格要求儿子道德高尚，会对父子之情造成巨大的伤害。老汤感悟：朋友可以选，父子无法选，因此，父子关系重要的是"亲和"，而不是"责善"。

　　孟子的学生喜欢给老师"挖坑"，经常提一些让人为难的问题。《孟子·尽心上》记载，桃应问老师：作为国王的舜，如果父亲犯了死罪，他该怎么处理？这是两难的困境：站在人性的角度，亲情高于法律，舜是孝子，必须援救父亲。站在国家的角度，法律高于亲情，舜是国王，应该将父亲绳之以法。孟子为舜设想了一个无奈之策：舜把荣华富贵丢到一边，抛弃天子之位，就像扔掉破鞋，义无反顾。他偷偷背上父亲，逃到国家管不到的海边安顿下来，享受天伦之乐。对于这个无奈之举，人们一直颇有争议，老汤则有另一番感慨：家庭教育失败是人生最大的失败！要么"坑爹"，要么"坑儿"。儿子好不容易坐上天子之位，却被这个坑儿的爹给毁了，导致天下损失一位贤明的君主。舜来到海边，开开心心地和父亲在一起，他真的开心吗？个中苦楚，有谁能知？孟子想通过这个故事引起人们对亲情的重视。

相互忠信的智慧

为什么孔子主张"隐恶扬善"

"隐恶扬善"与"遏恶扬善"矛盾吗？

孔子说："舜好问而好察迩言，隐恶而扬善，执其两端，用其中于民。"（《中庸》）舜喜欢提问、思辨，而且喜欢了解、分析身边的言论。他弘扬正气，拒绝传播不当言论。他在做重大决策前，认真听取各方建议，掌握极端观点，实施平衡方案。

"隐恶扬善"与"遏恶扬善"（《易传·大有卦》）矛盾吗？"隐恶扬善"会不会包庇坏人，导致恶人不知悔改？

二者不矛盾。"遏恶扬善"遏止的是恶行，立即制止恶行。"隐恶扬善"隐止的是恶言，流言止于智者。

隐恶扬善可以广纳众言。这里的"恶"，是指语言、念头。对于恶言、恶念不要传播，但可以掌握，毕竟这与恶行还有一段距离，有人口出恶言可能只是发泄情绪而已。恶言一出，马上遏制，人们就会听不到恶言，观察不到恶念。如果我们听不到真实想法，就会被伪言包围，被谎言忽悠。而且，恶言常常是恶行实施前的一个信号、一种预警。如果听不到恶言，一旦恶行发生，我们就会猝不及防。隐恶扬善也是一种沟通方式：你可在我面前自由地展示观点，我也向你旗帜鲜明地表达态度。对于恶言，要拒绝宣扬，不加传播；对于善言，要大力弘扬，广泛传播。"好事不出门，坏事传千里"的道理说明：坏，自带"扬"的特点；好，具有"隐"的特征。因此，根据平衡原则，要隐恶扬善。

当然，对恶言、恶念不能放任自流，尤其是恶言向恶行转化时，一定要及时遏制。不过,即使遏恶,也要"隐遏",不宜"显遏","显遏"会让公众更多地了解什么是恶,甚至知道怎样为恶。"记丑而博"(《荀子·宥坐》),刻意记录社会的阴暗面,而且广为传播,这是孔子反对的。因此,孔子用"春秋笔法"记录历史,只是寥寥几笔:某某弑君。直呼其名,表达鄙视;使用"弑"字,表明态度。然而,孔子并不描述"弑"的过程。当今社会,为了吸引眼球,有些新闻报道聚焦负面现象,有意无意地"扬恶隐善"。这种做法,严重影响人们的生活质量,败坏了社会风气。

怎样隐恶扬善

怎样隐恶扬善?《弟子规》的阐述朗朗上口,通俗易懂:人有短,切莫揭;人有私,切莫说。道人善,即是善;扬人恶,即是恶。人都有缺点,千万别揭别人短;人都有隐私,千万别议论别人。宣传别人好,这是好品德;散布别人坏,这是坏行为。多传播正能量,少传播负能量,这样做会减少精神污染,让生活的"空气质量"更优。

孔子说:"君子成人之美,不成人之恶。小人反是。"(《论语·颜渊》)君子会成全他人的美好品德,不会助长他人的错误行为。小人正好相反。成人之美就是扬善,不成人之恶就是隐恶。

孔子说:"益者三乐,损者三乐。乐节礼乐,乐道人之善,乐多贤友。"(《论语·季氏》)有益的乐趣有三种,有害的乐趣也有三种。喜欢用礼让和音乐来约束、调节自己,喜欢夸别人的优点、鼓励人们做好事,喜欢广交贤良的朋友。"乐道人之善"就是扬善。孔子建议,把扬善当作一种快乐的生活方式。

处理家庭关系时,隐恶扬善尤为重要。当母亲向儿子流露对儿媳的不悦、妻子向丈夫表达对婆婆的不满,他能不加处理,大肆传播吗?否则,吃苦头的一定是他。他要分析情况,要隐。当婆婆对儿媳有一丝满意、儿媳对婆婆有些许赞赏,他要及时传播,反复宣扬,这样婆媳关系就会进入良性循环。她,也是一样。

老汤分享做"夹心饼干"的体验。父母和老汤住在一起多年,婆媳没发生过冲突,而且还情同母女。和谐关系的建立主要是因为太太脾气很好,母亲通情达理,老汤这个"缓冲器"也起了一些作用。太太刚到老汤家,也有诸多不适,文化背景不同,生活习惯有异。母亲做了多年的老师、校长,性格比较强势,难免让太太不开心。太太有时会私下和老汤抱怨,老汤认真听,不辩解,还及时附和。偶尔夫妻俩聊到半夜,太太委屈落泪,老汤便安慰她,陪她一起垂泪。太太一通牢骚之后,心里舒服多了,又能与母亲和谐相处。如果太太表扬母亲,老汤会向母亲大肆宣扬,而且表情夸张。如果母亲夸赞太太,老汤也会及时将信息传递给太太。这样做,她们心里都美滋滋的。

为什么是"齐"家、"治"国、"平"天下

为何是"齐"家不是"治"家

《大学》中,"修身、齐家、治国、平天下"大家耳熟能详。为什么是"齐"家,不是"治"家?老汤认真思考,仔细分析,发现其中大有乾坤。先秦的"家"主要是指士大夫管辖区。曾子还说:"宜其家人,而后可以教国人。"这个"家",既可理解为血缘关系的家,也可理解为士大夫管辖区:只有管理好士大夫的"家",才能管理好诸侯"国"。由于士大夫管辖区范围不大,因此可以运用血缘之家管理方式,站在这个角度思考分析,也更容易理解。

在中华传统文化中,父母和子女是相互产权关系,家庭成员是无限重复博弈关系。齐家,是亲情、天道的体现。齐,一个重要特点就是:大家向优秀者学习、看齐。和谐的大家庭会用"德、礼"教育家人,用高标准、严要求来"齐"。即孔子说的:"齐之以礼。"(《论语·为政》)大家都讲礼。"见贤思齐。"(《论语·里仁》)见到贤者,就想向他学习、与他看齐。

中国传统的大家庭特别重视长子、长女的教育,有很多"老大好,好一帮"的成功案例:老大品德优良、影响巨大,如果老大优秀,常常会带出优秀的弟弟妹妹,这就是"齐"的功效。老汤的大哥物质条件一般,孩子

也多，但他对家人无私奉献，对亲友乐善好施，老汤也深受其影响。

当孩子做了好事、取得成绩时，父母应及时表扬，这样会让孩子们受到激励、向优秀者看齐。老汤初中偏科，喜欢文科。1977 年，老汤的三哥以优秀成绩考进上海的大学，父母"小心机"当儿子们的面夸他："你数理化好，才能到上海。"听后，老汤触动很大，便重视理科、关注上海，成绩进步很快，后来也去了上海。其实，三哥的语文成绩更好。

齐，还有一个重要特征：大家齐头并进，一个也不落下。中华文化讲求一团和气，"一人向隅，举座不欢"。家人们聚在一起，一个人面向墙壁抽泣，其他人都高兴不起来。长辈希望儿孙都好，共同进步，条件好的要帮助条件差的，能力强的要帮助能力弱的。当然，能力强的不仅要"授人以鱼"，还要"授人以渔"，不是只给钱，还要教方法。不能养懒汉，而是要鼓励、帮助大家一起成长。

即使三口之家，齐家也很重要。父母注重在孩子面前树立良好的形象，相互配合，以身作则，这样有助于孩子健康成长。父母陪伴孩子成长，也在孩子的影响下不断进步。

夫妻之间也要齐头并进。如果一人不断进步，另一人原地踏步，甚至退步，久而久之，关系容易不和谐，甚至产生裂痕、出现危机。因此，只有自己成长还不够，还要带着伴侣一起成长，最好"势均力敌"。恩爱一生的夫妻，往往保持同频的进步轨迹。

"齐"比"治"要求更严、层次更高、难度更大。中华传统中，家有家规，国有国法，家规比国法更严。西方人对中国人打孩子的做法不理解，但我们的祖先自有其教育理念。老汤爸爸常说："孩子在家挨打，长大不会被打。"在家挨打是指严格的家庭教育，长大被打是指受到法律制裁。一个人从小"坐有坐相，站有站相"，长大后，他不太可能违法乱纪。齐，是高要求；治，是低标准、底线值管理。人总是在底线附近徘徊容易出事，等到法律来"治"就太晚了。合情合理、更高层次地"齐家"，对"治国"很有帮助。

为何是"治"国而非"齐"国，是"平"天下而非"治"天下

为什么是"治"国，而不是"齐"国？

《孟子·滕文公上》曰："夫物之不齐，物之情也。"货物的品种质量不一致，是货物本然的情形。"子比而同之，是乱天下也。"你强行把它们等同起来，这是要淆乱天下。五个手指伸出来长短不一，无法齐。一旦人多，地方大，也很难齐，必须实施底线管理，设置红线，要"治"。人际交往是一次博弈，人的劣根性会暴露无遗，这种情况主要靠治。因此，应该是"治"国，无法"齐"国。

为什么是"平"天下，而不是"治"天下？

先秦，国是指邦国、城邦，大多像《道德经》描述的"小国寡民"，即地方不大、人口不多。天下，有很多邦国，相当于今天"世界"的概念。管理天下的核心是什么？平。国家一多，情况不同，不能整齐划一地管理，主要靠自治，但难度很大。因此，其重要原则是，在君王的统一领导下，平衡各种关系，处理各种矛盾，分而治之，叫作"平天下"。

就像房地产政策，不能一刀切。大城市因为供不应求，所以实施限购政策；小城市、边远地区，房子没人买，如果也像大城市一样采取限购，那是笑话。

中华文化还有一些特定的概念：国家，是指行政、地域；天下，是指人心、社会。从这个角度分析，更要"平天下"，只有大家心平气和，才能实现社会和谐。因此，国家要"治"，即国家治理；天下要"平"，即天下太平。

社会地位不同，管理方法各异。卿大夫管理"家"，重"齐"，最好一个都不落下；诸侯管理"国"，重"治"，设置红线，实施底线管理；天子管理"天下"，重"平"，不能一刀切地"治"，要平衡好各种关系。

相互忠信的管理学思考

提高忠信壁垒

"相互忠信"的智慧是：提高忠信壁垒。

商业壁垒

在客户关系管理中，所谓客户"忠诚"，很多只是虚假的、被迫的。你不要因此愤愤不平，恰恰相反，要分析原因，服务好这类稳定客户，巩固商业壁垒。筑牢退出壁垒，防止客户退出；提高进入壁垒，避免对手进入。

筑牢退出壁垒：一是提高客户的转换成本，例如，采用专利技术，形成技术垄断等；二是让忠诚客户得到相应的回报，例如，举办俱乐部活动，设置常客积分等。提高进入壁垒，增加竞争者的成本，加强与客户的紧密联系。为什么客户会选择你的产品？因为你的产品性价比高，这是财务层次。为什么产品的性价比相近，客户还是买你的？因为你的服务好，为客户提供各种便利，和客户关系好，这是关系层次。竞争者的产品性价比、服务、便利性等，都和你差不多，为什么客户还是买你的？因为你有系统的设计，例如，上下游客户锁定，客户想走都走不了，这是结构层次。壁垒从"财务层次"到"关系层次"，再到"结构层次"，层次越来越高，如图 12.5 所示。

一位年轻人整理阁楼时，发现爷爷留下的一支派克笔。这支笔积满灰尘，无法使用，他便随手丢进垃圾桶。但他转念一想，与其扔掉，还不如挂到某著名拍卖网站上。于是，他抱着好玩的心态将笔挂在网上拍卖，底价 1 美元。晚上，他登录网站，惊讶地发现，这支笔的竞拍价一路

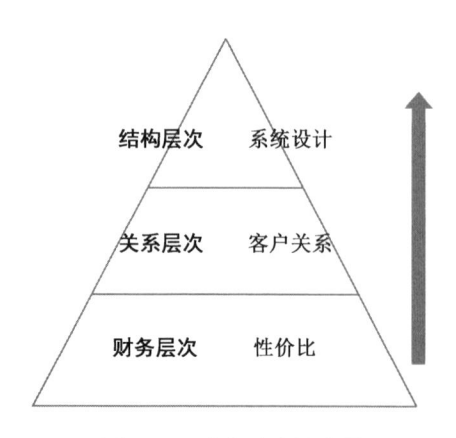

图 12.5　商业壁垒层次图

飙升,成交价竟然达到 1 000 美元。他感到好奇:是谁买了这支笔? 为什么出那么高的价? 得到许可后,他前去拜访买家。一位老者在一处豪宅迎接了他,宾主寒暄后直入主题。老者小时候家里穷,很羡慕同学的派克笔。长大后他工作很努力,事业也很成功。年纪大了,老者喜欢回忆往事,他脑海里经常浮现小时候那支派克笔,但这种笔早就停产了。某天,他浏览拍卖网站时,很巧就发现了这支笔。老者调侃:不知是谁在跟我竞价,炒得这么高。不过,我志在必得,因为我买的是一个梦想,梦想是无价的。

假如该网站拍卖手续费是 1%,老汤要和它竞争,也开一个拍卖网站,手续费为 0.1%,各位会不会选择老汤的网站? 不会。老汤的网站上下游客户不足,挂出的物品常常流拍,即使成交,就像这支笔,成交价也就两三元。而这个著名的平台,虽然手续费贵 10 倍,但是这支笔在它那里拍,可让年轻人多赚很多倍。该网站将上下游客户锁定,客户和它的关系就是"结构层次"关系,进入壁垒和退出壁垒都很高。

婚姻壁垒

王熙凤很困惑:我哪里不好? 长得漂亮,家境很好,又能干。老公还在外拈花惹草。这是为什么? 站在道德制高点或常人视角,大家会觉得不可思议。若站在贾琏的角度分析,你就能发现问题的根源。贾琏自幼丧母,父亲不堪,导致他缺爱,缺少良好的家教。他需要的不是强势,越强势,越逆反,他需要的甚至不是家境、美貌,而是体贴入微的关怀。因此,尤二姐这种性格温和的女性才最适合他,才是他真正的所需、所爱。当王熙凤把尤二姐弄死,可以想象贾琏的绝望和愤怒,就能理解他后来为什么会休掉凤姐。结论是:门当户对是婚姻的一种壁垒,但非唯一壁垒,也非绝对安全。性格互补是更坚实的壁垒。

如何保护婚姻的胜利成果,建立牢固的进入壁垒和退出壁垒?最重要的壁垒是爱情和亲情,要把家营造成人生的避风港。还要有机制设计,例如,做好家庭的财务管理,要和配偶的亲人搞好关系等。有些女生说:男人有钱容易变坏,因此,要管好老公的钱。要团结配偶身边的人,建立监督机制,扎好制度篱笆。当然,婚姻重要的壁垒是法律。有人调侃:一夫一妻制是保护弱者。从兵法角度观察,调侃不无道理,壁垒主要为谁而建、何时最需壁垒?相对弱势的一方、处于防守阶段的一方最需要壁垒。

婚姻的帕累托最优

数学模型

有人将婚姻生活抽象为一个简单的数学模型:

$$H=(X+Y+M)/2$$

H,表示婚后夫妻双方各自的收益;X,表示女方的贡献;Y,表示男方的贡献;M,表示婚姻协同效应的贡献。

帕累托最优(Pareto Optimality)的关键:经济活动发生后,没有人利益受损。根据该原则,婚姻幸福应该是:男女婚后各自的收益都要大于或等于各自的付出。即:

$H(女)\geqslant X$,并且,$H(男)\geqslant Y$。

换言之,女方婚后的收益要大于或等于婚前的收益,否则,女方会质疑:婚后的境况居然比婚前差,为什么要结婚?男方也是一样。双方都满意,才是幸福美满的婚姻,任何一方不满意,都不能称为美满幸福。

根据婚姻幸福的帕累托最优原则,可以解释婚姻中的几个现象。

现象解释

第一,为什么门当户对观念古今中外都存在?门当户对,用以上婚姻的数学模型表述就是:男女双方的贡献差不多,X 与 Y 接近,即 $X \approx Y$。当婚姻协同效应很小,M 接近于零,即 $M \approx 0$。假如女方的贡献"远大于男方的贡献",即 $X \gg Y$,结果 $H(男) \gg Y$,那么,$H(女) \ll X$。公主被迫下嫁平民,男方喜从天降,但女方整天以泪洗面,婚姻就不幸福。同样地,假如 $Y \gg X$,结果 $H(女) \gg X$,那么,$H(男) \ll Y$。拜金女嫁入豪门,女方喜从天降,但由于文化背景差异,男方不满意,各种嫌弃,婚姻也不幸福。门当户对观念是一种共识,代代相传,不分国界,无论文化。

第二,为什么父母的想法更现实,更希望门当户对?他们是过来人,不会对 M 有太多期待。假设 $M \approx 0$,则 $H \approx (X+Y)/2$。如果双方条件接近,即 $X \approx Y$,那么,$H(女) \approx X$,$H(男) \approx Y$。男女婚后与婚前的状态差不多,都没有太大落差,婚姻虽然不算幸福美满,但稳定,至少日子过得平淡。因此,在父母心中,门当户对是安全的,是占优策略。

第三,为什么婚姻会出现围城现象?钱钟书的《围城》有经典比喻:"婚姻就像一座围城,外面的人想进去,里面的人想出来。"外面的人为什么想进去?原因是人们对 M 的向往和担当:只要我们在一起,就一定能创造幸福美好的未来。里面的人为什么想出来?两人相处一段时间后,无奈地发现:爱情可以轰轰烈烈,生活终将复归平淡,创造幸福,难度很大,M 很小。更有甚者,相互伤害,M 为负,幻想破灭!

第四,为什么一旦产生"下嫁、牺牲"的想法,婚姻危机就埋下伏笔?一位女生要离开熟悉的城市,去男友的老家工作,征求老汤意见。老汤没有正面回答,而是运用孔子循循善诱的方法,问:你离开大都市,和他到三线城市,有没有"下嫁、牺牲"的想法?她说:当然!但他说了,会对我好。老汤提醒,为了追求爱情,放弃优厚条件,值得钦佩,但必须心甘情愿、无怨无悔,否则婚姻容易出现裂痕。为什么?根据婚姻的帕累托最优,下嫁、牺牲的想法会主观地让 X 变大,因此 M 必须足够大,才能让 H(女)大于 X。男女都一样,一旦觉得自己付出很多、牺牲很大,婚姻危机就已埋下伏笔。

  第五,为什么婚姻需要经营?没有一劳永逸的爱情,要给爱情生活不断注入新鲜内容。人在婚姻、家庭中不能斤斤计较,太多计算 H、X、Y 的大小就会变得功利、市侩。婚姻、家庭一定要认真经营,其目的就是使 M 变大。只要 M 变大,一切问题都会迎刃而解。老汤有很多关于夫妻关系的研究,其核心思想就是:把 M 变大!

第十三章

社会和谐

组织与"利益共同体"

上下之和：良性互动、帐篷隐喻

与领导搞好关系：良性互动

大多数人都想和领导搞好关系，但有些人是有想法没行动，还有些人是有行动却没到位。下面分享几个和领导搞好关系的建议。

建议一：人格平等。下级和上级的区别只是职务高低，在人格上是平等的。如果下级有低人一等的心态，就无法真正得到他人的尊重，包括领导的尊重。员工如果见到领导就躲得远远的，领导怎么和员工交往？怎么了解员工？和领导相处时，要明白"对等原则"：领导也想和员工搞好关系，领导也愿意与员工和谐相处。有了这种认识，在和领导交往过程中，你就不会有心理障碍。

建议二：利益共同体。在组织中要得到领导的认可，一个重要的态度是：既不能有打工者的心态，又要有正确定位。任何一个组织都不只属于领导，全部人员都是利益共同体，大家要共同努力，为组织创造价值。有时，取得的成果可能大部分归于领导，因为他是"大股东"。员工如果因此心理不平衡，对组织少付出，甚至不付出，最大的受害者将是自己。

建议三：争取领导的重视。这与领导重视同样重要。领导的时间、资源有限，你受到的关注越多，争取到的资源越多，取得的成绩会越大。让领导进入你人际同心圆的中环甚至内环，你也努力进入领导的中环甚至内环。

建议四：正反馈日志法。做好工作日志，尽心、尽力、创造性地完成领导交待的事情。将前几页空出，专门记录：领导怎么表扬你、怎么鼓励你、何时给了你灿烂的微笑、何地给了你一个苹果或一根香蕉等。经常翻一翻、看一看，增强"领导对你好"的信号，不断刺激大脑神经，并转化为"我也要对领导好"的行为，当领导接收到这个信息，并与你正反馈，就进入良性循环。

小汤曾表示不同意：干得不开心就走，为什么要这样给自己洗脑呢？老汤循循善诱：人生，包括职业，真有那么多选择吗？即使不愁生计、跳槽容易，但是，新单位愿意招经常跳槽的人吗？春秋战国、三国时代，易主正常，为何大家还那么崇尚忠诚？真是全为君王？试想，频繁易主能得到真正的信任吗？许多能人就因为易主而被提防，甚至处处受到歧视。后来，小汤尝试用正反馈日志法，效果很好。她还有所创新：受了表扬，就有意识地跟家人分享，强化正面记忆，增加了幸福感。如果被批评或有不满，就先自己消化。

当员工与领导的交往是良性互动，就实现了"和"：员工忠诚领导，领导善待员工。

和领导搞好关系要掌握度

怎样和领导搞好关系？老汤做过多次演讲，问过很多听众。初出茅庐的年轻人通常回答："一切行动听指挥，领导说啥，我就干啥。"职场的"老油子"通常回答："投其所好顺杆爬，领导爱啥，我就干啥。"这两种观点都有偏颇。老汤总结了八个字：察其所好，尽其所能。"察其所好"的"其"，是指领导。要观察、分析、研究领导，读懂领导的潜台词，了解真需求。一切行动听指挥固然不错，但这样做远远不够，因为难度系数不大。

"尽其所能"的"其",是指自己。要先判断这件事能不能做,它包含两层意思。第一,这样做有没有道德风险、法律风险?如果领导有重大失误,要及时提醒。如果认认真真地执行错误决定,错误会被认认真真地搞大。虽然我"能"干,但是这件事"不能"干。为什么投其所好者常常是奸臣?他眼睁睁地看着领导往坑里跳,还顺手推了一把。第二,我有没有能力做这件事?如果自己的能力和岗位要求不匹配,要分析思考:是努力提升自己的能力,去适应岗位?还是不断打磨自己的核心能力,去寻找更适合的岗位?是我去适应岗位还是岗位适应我?这需要我和领导合作,共同完成。

"投其所好""察其所好"都是了解领导的爱好,但是,执行时,"投""察"有别:前者是非不分,后者是非分明。

比投其所好还糟糕的是"长君之恶",投其所好的"好",可能有好有坏。长君之恶则是鼓励上级干坏事。比长君之恶还糟糕的是"逢君之恶",挖掘上司的坏心眼儿,把上司带坏,"围猎"上司。因此,孟子说:"长君之恶其罪小,逢君之恶其罪大。"(《孟子·告子下》)助长领导的恶行固然有罪,但挖掘领导的恶念罪大恶极。

与下属搞好关系:帐篷隐喻

有人说,与下属搞好关系比与上司搞好关系容易,因为主动性更强。其实不然,和下级搞好关系也很难。《国语·周语》对此有精辟阐述。夫人性,陵上者也,不可盖也。求盖人,其抑下滋甚,故圣人贵让。且谚曰:"兽恶其网,民恶其上。"人,一旦地位提高,职务提升,就容易凌驾于他人之上,这是人性,自然而然,很难掩饰。要注意,别盛气凌人。一个喜欢虚张声势的人,对下属要求会越来越苛刻。因此,圣贤之人会礼让下属。请大家记住一句谚语:"野兽厌恶捕捉它们的罗网,民众讨厌管束他们的上司。"

上级要管理,甚至压制下级,下级必然会讨厌上级,这样就形成恶性循环。上级要管束下级,下级不服上级管束,这是常态,是难以调和的矛盾。在这种矛盾关系中,上级是主要责任者,要主动谋求解决方案,对下属宽容。"民恶其上"是普遍现象,下属讨厌上司是正常的。如果下级不讨厌上级,说明他们善良、通情达理,上司要感恩。

老汤曾写了一首小诗《帐篷》:"我无法阻止天空的风雨/但,我愿与你/共同支起/一顶快乐的帐篷"。这是一首情诗,表达了男子汉的责任担当。然而,用于处理上下级关系同样贴切:我虽然是你们的上级,但我权力有限,很多事情无能为力。不过,我会尽力而为帮助你们,也需要你们理解、支持。我不能阻止老天刮风、下雨,但希望我这顶不太宽敞的帐篷,能为你们遮一点风、挡一点雨。这是我们共同的家园,我们一起努力,建设和谐、快乐的家园。

这是领导和下属相处的"帐篷隐喻",阐述了双方相互理解、和谐相处的原则。首先,领导要有担当,有"帐篷意识",有为下属遮风挡雨的信心和决心。其次,下属要愿意受到一定的约束,要来到领导的帐篷下面,离开帐篷就无法遮挡。最后,上级和下级都要有清醒的共识,帐篷功能有限,面对暴风骤雨,也会无能为力。因此,领导不要说太满的话,下属不能期望值太高。

上级和下级之间相互体贴,相互理解,这样领导和下属的关系就实现了"和"。

服众,组织和谐的关键

"其所令反其所好,而民不从"之思

《大学》说:"尧舜帅天下以仁,而民从之;桀纣帅天下以暴,而民从之。其所令反其所好,而民不从。"第一句尚能理解:尧舜以身作则,用仁率领天下,老百姓当然追随。但第二句令人颇为困惑:桀纣用暴力统率天下,为何老百姓也会跟从?经南怀瑾老师点拨,老汤豁然开朗:希特勒宣扬暴力,传播法西斯思想,由于言行一致,得到民众追捧,把狂热的德国拖向战争深渊,就是典型的反面佐证。虽然民均"从之",结局大相径

庭：前者是正面案例，正面引导，利国利民；后者是反面教材，反面引导，祸国殃民。

第三句很关键，如果君王的命令与喜好相反，心口不一，民众就不会服从。正如东汉郑玄对此注解道："君若好货而禁民淫于财利，不能正也。"君王自己贪恋财货，却命令百姓不要贪财好利，民众会听吗？

战场上，相同场景不同台词，导致结果不同。在战场上冲锋时，一名指挥员说："同志们跟我上！"一名长官说："弟兄们给我冲！"差别何在？"跟我上！"指挥员心里想着、嘴里说着"一不怕苦，二不怕死"，行动也表现出来，士兵自然会追随。"给我冲！"长官贪生怕死，却命令别人去送死，士兵当然不会听。

关于"其所令反其所好，而民不从"，老汤有另一种解释：就算君王的命令与自己的喜好相同，如果该命令与民众的喜好相反，民众也不会服从。这种解释是把第二个"其"理解为"民众"。两个解释合在一起：为政者"其所令"不仅是自己所好，而且是民众所好，才会得到民众的响应；否则，民众会排斥、抗拒，甚至揭竿而起。

领导，既要心口如一，又要顺乎民意，这样群众才会追随，团队才会和谐。只有上下同心，才能取得胜利。

组织的激励机制

古今中外，文官武将都面临一个无法回避的议题：激励机制。奖励下属的方式有"明赏"和"暗赏"两种。明赏：大家排序，公开激励。暗赏：私下奖赏，不予公开。应该明赏还是暗赏？争论不休，各有利弊，称作"奖赏悖论"。

先看公开奖赏的优势。《孙子兵法》认为要明赏，"赏罚孰明"是比较敌我双方成败的重要参数。赏罚分明的关键是：及时、适度、公正、立威。按照孙子的理论，不能搞大锅饭，要在公平的规则下，进行区别度很大的奖赏行为，公布奖惩规则，公开赏罚结果。

再谈公开奖赏的弊端。姜太公认为不能明赏："明赏则不足，不足则怨长。"(《长短经》)如果公开奖赏,就会产生不足。一是资源不足,这个也奖,那个也奖,管理者有多少资源?一旦激励不到位,人们就会产生不满情绪,影响积极性。二是人心不足,很少有人会觉得自己奖金拿得太多。即使获奖者对某次奖励满意,也直接把他的期望值拉高了。如果他再努力一点,能否得到更多的奖励?如果不能,他还是不开心。最后,大家都会"怨":未赏者不满意,受赏者不满足。

《重新定义团队:谷歌如何工作》一书,讲述了谷歌的公开奖励窘境。谷歌宣布,优秀团队和员工将获得高额奖金:创始人奖。但是,这个奖项让大家不开心。很多非技术人员抱怨,他们也做出了巨大贡献,却很难赢得此奖。许多技术人员也不满意,认为这个奖是为少数核心团队专设的。令人感到意外的是,不少获奖者也不开心。这个项目经过大肆宣传,奖金额众所周知,但能拿到高额奖的极少,大多数获奖者奖金都不高。谷歌案例说明:"明赏则不足,不足则怨长",古今中外都一样。

怎样解决"奖赏悖论"问题?仔细分析,姜太公和孙子的观点并不相悖,因为他们所处的语境不同,所以情况各异。姜太公的语境是和平年代,员工对最终成果的贡献度难以界定衡量,规则不易制定。这时,领导要私下给员工红包,悄悄告诉他:"你的红包最大,别告诉别人!"孙子的语境是战争时代,成果容易衡量,规则可以透明。杀敌多少人、夺车多少辆、攻城时谁先爬上城墙等,都可量化比较。将军可以在大会上说:"兄弟们,你们立多大功劳,我给多大红包!"

组织处于不同阶段应采取不同模式:创业"打仗"阶段要明赏,和平发展阶段要暗赏。同一组织不同部门采取的方式也不同:需要和气生财、相互协作的部门,就应该暗赏,赏团队,因为很难界定谁功劳最大,怎么赏都难以服众;需要"打仗"的竞争型部门,可以明赏,赏个人,拉大奖励差距,用业绩说话,多劳多得。

不论哪种奖赏方式,其背后的逻辑是能够服众,众人心态平衡,积极性就会受到保护。

底线管理与善待"快牛"

姜太公的"底线管理"

"底线管理"始于姜太公,他有一个智慧的管理原则:"明王理人,不知所好,而知所恶;不知所归,而知所去,使人各安其所生,而天下静矣。"(《长短经》)明智的管理者,不用关心下属喜欢什么,而要了解下属讨厌什么。不用关心下属为何加盟,而要了解下属为何离开。让每人找到各自满意的位置,这样就天下太平了。

为何不要过于关心员工的喜好?因为人的喜好千差万别,无法全部满足。比如,工会工作应该好做,发福利,谁不喜欢?其实不然。先是大方向,意见很难统一。很多人喜欢发钱,需要什么买什么。也有人认为,发钱不如发东西,有仪式感。到具体发什么时,又会把人搞得焦头烂额,大家喜好各异,难以统一。

为何必须了解员工最讨厌什么?这就是底线管理。要定期在员工中做满意度调查,在问卷中一定要问:本单位哪种情况是你最不满意的,甚至是无法忍受的?而且是开放式问卷,让员工放开去说。再把员工意见最集中的几条整理出来,全力以赴解决,这样员工的满意度会大大提高,起到事半功倍的效果。

为何不要过于关注员工加盟的原因?吸引员工加入组织的原因很多:喜欢这项工作、钱不少、活不多、离家近等,有的甚至是因为心仪的人在这个单位。

为何要关心员工离职的原因?降低离职率。如何掌握员工离开的实情?当时很难了解到,因为大部分是借口。要等半年、一年后,请他们回来召开恳谈会,或者登门拜访,这时才有可能得知他们离开的真正原因。汇总分析原因,整理出最重要的几个,进行整改。员工离职的主要原因是什么?很多人认为是工资低、升迁慢、与职业规划不符。西方有过一个研究,访谈了许多行业的离职者,得到丰富的数据样本,结果让人大跌眼镜：主要原因是离职者和直接上司关系不好。这就警醒组织：要提高中层管理者的素质，提升其满意度，否则，结局就是"武大郎开店"，部下全是矮子，优秀员工将一批批流失。

底线管理思维给管理者以启示：在组织中，既要关注积极因素，更要关注消极因素。积极因素可能成就你，消极因素可以毁掉你。前者是发展之要，后者是生存之需，既要关注前者，更要防备后者。当消极因素越过底线，就会爆发冲突，有时会影响到组织的生死存亡，千万警惕！一个人的底线在哪里？有一个重要的观察指标：忍。当他对某事、某人开始忍的时候，就已经接近底线了。当忍的时间太长，忍无可忍，无需再忍，意味着越过底线，暴风雨就要来临。

社会中的"底线管理"

美国学者弗农·史密斯是2002年诺贝尔经济学奖得主，他有一个重要的成果称作"分钱实验"，又称"忍耐度测试"。老汤在课堂上多次进行这项实验。

汤：李同学，我刚进教室时，班长给了我一万元。没给啊！是假设。他让我和你分了它。放心，这钱干净。班长有个要求，分钱方案由我定，但一定要得到你的认可。你认可，我俩就把钱拿走；不接受，班长就把钱收走。我讲明白了吗？

李：明白了。

汤：好！开始分钱。请大家观察分钱的全过程。你们不要太关注我，因为方案是我定的，主要观察李同学脸部表情的变化。李同学，你8 000，我2 000，可以吗？

李：当然可以。

汤：你拿大头，我拿小头，喜从天降，当然可以。你5 000，我5 000，可以吗？

李：可以。

汤：对半开，打土豪，分天地，可以。不过，去掉了"当然"。你4 000，我 6 000,可以吗？

李：还可以。

汤：有点勉强了，加了"还"。你 2 000,我 8 000,可以吗？

李：凭什么？不行！

汤：好！分钱实验到此结束。这个实验有个了不起的地方：不同的人、不同领域都可从中得出启示。谈谈我受到的启示。

从社会学角度分析，这个实验是人类社会的一个缩影，他们三人代表三个不同的角色。班长代表上帝，西方文化认为，财富是上帝创造的，类似中华文化的"上天注定"。老汤代表统治阶级、政策制定者。李同学代表人民群众。班长给老汤一万元，象征着上天给该地区的财富。老汤是在野党，为获得选票，他信誓旦旦告诉选民，他要为民谋幸福，分配方案是八二开，民众拿八，他拿二。于是，他得到人民拥护，取得了政权。和人民分享胜利成果时，方案改为对半开，民众还能接受。执政一久，江山坐稳，他的欲望膨胀，方案不断调整：四六开。看到民众还可忍受，他忘记初心，不断挑战人民的底线，三七开、二八开。如果还能接受，他会再加码。人民忍无可忍，暴动、起义，统治阶级被推翻，社会动荡不安，人民生命财产损失巨大，统治者和老百姓双输。一万元被班长收走。

从管理学角度分析，这个实验有两个启示：关注底线、调整底线。

首先，关注底线。底线有别。一次，老汤上课没选好试验者，差点演砸了。他问一个壮汉：八二开可以吗？可以。对半开可以吗？还行。四六开可以吗？不行！他苦口婆心、循循善诱：4 000 元很好了，如果不同意，你一分钱都没有。他眼一瞪：我没有，你也没有！这属于性格暴躁型，一点就着，不顾后果。还有一次也差点讲不下去，实验对象是一个文静的姑娘，从八二开到二八开，她一直都接受，不按套路出牌嘛！老汤急了：你 50 元,我 9 950 元？她笑了笑，答：可以。老汤傻了：为什么呀？她说：我如果不同意，一分钱都没有，这样我还能拿 50 元。这是忍耐力极强、心理能量巨大的类型。理性分析，这个女生是对的。经济学三大基本前提，第一就是理性人假设。然而，人是理性的吗？不！人是有限理性。忍耐是有限度的,程度不同而已。因此,要了解对方的忍耐度,不去触碰底线,要有预警机制。如果组织中有很多二八开都不爆的员工,说明他们通情达理、容错率高,管理者就可锐意进取、改革创新。如果组织中有很多四六开就爆的员工,管理者的主要任务是维稳守成。改革难免触犯有些人的利益,一触就闹,改革就无法推行。如果守成会出现严重后果,威胁组织生存,就要加强沟通,调整容忍度。团结一切可以团结的力量,与阻碍改革创新的行为斗争。

然后,调整底线。汤:李同学,我刚刚在二八开时把你引爆,很正常,这是大部分人的引爆点。其实,我拿这 8 000 元不是去吃喝玩乐,而是为同学们搞福利,最后剩下不到 1 000 元,不信,我们一起去采购。商量一下,你拿 2 000 元,行吗?李:行。由此可见,良好的沟通机制可以调整底线。老汤担任学院党委委员时,主持了一场民主生活会。有一个问题年年提:工资太低。官方解释:我院是事业单位,工资总额管控。很多员工不以为然:干活要争第一,发钱总额管控?这次征求意见,大家免不了又议论收入。散会时,老汤突然问:我有点个人想法,各位愿听吗?大家好奇地又坐下来。我问:"学院环境如何?""优美。""稳定性如何?""稳定。""压力如何?""还好。""一个单位环境优美、工作稳定、压力不大,收入还很高,会吸引什么人?正因为存在不足,我们普通人家的孩子才有可能在这打拼。"大家纷纷点头。

均衡与效率的平衡

管理学有个世界级难题:均衡与效率的矛盾。太重均衡会影响效率;太重效率会影响均衡。平均主义会导致共同贫穷;业绩为王会形成贫富悬殊。古今中外,这个难题困扰了无数管理者。

如果一直关注均衡,顾及方方面面,团队的业绩就会下降。假如你和某位能者在同一个销售团队,他勤勤恳恳,为公司大量创收,而你能力有限,工作不认真,出工不出力,收入却与他差不多。开始几年,他也就算了、忍了,时间一长,他肯定不干。

如果一直关注效率,按业绩论英雄,能力强的收入越来越高,能力差的收入越来越低。富者愈富,穷者愈穷。一个单位的奖金,会被少数能者包揽。放到整个社会问题就大了,如果一直推行效率优先,不理会弱者,不关注均衡,贫富差距会越来越大,形成恶性循环,导致社会动荡,穷人富人两败俱伤。人类社会不断重复这样的过程。

中华优秀传统文化提供了解决思路:运用平衡之道,在均衡与效率之间保持动态平衡。平均主义盛行,降低社会效率,影响国计民生,就要"让一部分人先富起来"。贫富差距太大,影响社会安定,就要"实现共同富裕"。在共同致富过程中,保护好能者的积极性、做好能者的心理建设是一门大学问,只有提高效率,才能共同致富。否则,能者不干活,就会共同贫困。

老汤讲了一个故事。学院的夏院长很有管理智慧、领导才能。老汤担任市场部主任时,几乎把全部时间和精力都投入到事业,很卖力、很开心。最令他开心的是每年岁末,夏院长会把他叫到办公室:"Tom,又辛苦一年了。"然后塞给他一个厚厚的红包,压低声音:"你这个红包是最厚的!"这时,他心中就会升起一股暖流。一次,偶尔和好友同事聊起红包,他惊讶地发现:自己的红包确实最厚,但厚不了多少,不免有"能者多劳,鞭打快牛"之感。一天,夜深人静,他读到一篇文章,心弦被轻轻一拨,清脆的声音在夜空传得很远,他深感汗颜。

《芝加哥论坛报》编辑西勒·库斯特收到一封小姑娘的来信:编辑先生,我很痛苦。我很乖,还做很多家务。弟弟比我小两岁,非常调皮,经常捣乱闯祸,父母焦头烂额。不公平的是:我家务没做好会挨批,弟弟不惹事,父母就很开心,还会买好吃的给他。上帝为什么不奖赏好人?库斯特无言以对。这类来信很多,鞭打快牛是普遍现象。一天,库斯特参加一个婚礼,新郎新娘交换戒指时,激动、紧张,竟把戒指戴到对方右手。当地风俗:戒指戴在右手不吉利。全场静默,极其尴尬,主持人反应敏捷,一个箭步冲上来:停! 我们的右手够完美了,请把漂亮的戒指留给左手吧! 库斯特茅塞顿开,冲回报社,给女孩回信:上帝让你成为一个好孩子,就是对你最大的奖赏!

有人养了两头牛,动作一快一慢,快牛辛苦,只吃草料;慢牛悠闲,也吃草料。不公平啊!违反"多劳多吃"原则。如果有一天,主人想吃牛肉了呢?快牛干得很多,吃得不多,常挨鞭子,但是安全。能者多劳,没有多得,不太公平,但主动性更大、抗风险能力更强。上天让我成为能者,我应该感恩!难道谁还愿成为弱者?要为自己辛勤能干、可为社会多做贡献而欣慰。站在这个角度分析思考,你还会感到不平吗?

老汤和太太都出生在大家庭,俩人都很好客,家中客房几乎常年住人。亲戚到上海游玩、看病等都住老汤家,最多一次住了15人。那是一个夏天,大家齐聚上海,老汤在宾馆订了房间,他们都不去,要挤在家里,聚在一起,热闹。暑假,孩子们喜欢来上海,参加各种补习班,晚饭后听老汤讲故事。孩子们读大学、找工作等,老汤也尽己所能。朋友们对他家这种"盛况"很诧异:不烦吗?他和太太齐声答:不烦。他俩经常感慨:大家庭中,我俩不是最聪明的,遭罪不是最多的,我们却过得那么好,凭什么呀?不科学啊!感恩之心油然而生:上天给我们这么多资源,不是让我们独享,而是借我们之手帮助大家。

因此,处理均衡与效率的关系还有一个思路:关注能者、"快牛",让他们从思想上解决问题,别产生抱怨,存感恩之心。

建立和谐社会

孔子重视管理者的社会作用

为政必正

管理者的正确行为是维护社会和谐的关键。

第一,弘扬正气。

"为政"最重要的是"正",上梁不正下梁歪,上级不正,队伍难带。季康子问孔子:怎样做个好领导? 孔子答:"政者,正也。子帅以正,孰敢不正?"(《论语·颜渊》)做一个好领导,重要的是弘扬正气。你一身正气带队伍,下面谁敢不正? 孔子说:"其身正,不令而行。其身不正,虽令不从。""苟正其身矣,于从政乎何有? 不能正其身,如正人何?"(《论语·子路》)管理者以身作则,不发号施令,下属也会积极行动。管理者不以身作则,即使发号施令,下属也不会听从命令。管理者如果一身正气,管理工作有什么难的? 管理者如果心术不正,怎么能让下属正呢?

《论语·为政》中,孔子说:"为政以德,譬如北辰,居其所而众星共之。"管理者重在德行,品德高尚者自然会得到民众拥护,就像北斗星,安坐在尊位,众多星星都围绕着它。哀公问曰:"何为则民服?"孔子对曰:"举直错诸枉,则民服;举枉错诸直,则民不服。"鲁哀公问:怎样做才能让民众心服口服? 孔子答:提拔正直的人,让他们管理不正的人,民众会心服口服。提拔不正的人,让他们管理正直的人,民众就会不服。

大公无私者常常一身正气。事物具有辩证性,大公无私看起来吃亏,其实会令人有意想不到的收获。《道德经》中说:"圣人后其身而身先,外其身而身存。"圣人吃苦在前、享受在后,人民对他推崇备至。圣人一心为民、奋不顾身,人民对他铭记在心。诗人臧克家说:"有些人活着,他已经死了,有些人死了,他还活着。"这是对统治者的警示:不顾人民死活,自私自利,会受到人民唾弃、诅咒,在位有什么用? 他在人民心中已经死去。如果全心全意为人民服务,即使去世,他也永远活在人民心中。

第二,率先垂范。

好领导的一个重要特性就是:率先垂范。子路问政。子曰:"先之,劳之。"请益,曰:"无倦。"(《论语·子路》)子路问怎样成为好领导? 孔子答:身先士卒,带领大家努力奋斗。子路问:还有别的注意事项吗? 孔子答:不知疲倦地身先士卒,努力奋斗。这个"劳"字含义丰富。首先是"劳烦"的意思,只有让员工充满斗志,提高效率,组织才有活力;如果员工懒懒散散，无事生非，组织就会垮掉。其次是"犒劳"的意思，要按功行赏，多劳多得，不仅重视物质奖励，还要关注精神奖励。注意，"劳之"前面是"先之"。

孔子要求统治者先做好自己。《论语·为政》中，季康子问："使民敬、忠以劝，如之何？"要让民众尊敬领导、忠于上级、不断勤勉，有什么方法吗？孔子答："临之以庄，则敬；孝慈，则忠；举善而教不能，则劝。"你在民众面前举止庄重、待人和气，他们就会尊敬你；你孝顺父母、慈爱孩子，他们就会忠于你；你弘扬正气、提拔优秀的人、加强平民教育，他们就会不断勤勉上进。孔子告诫季康子，当权者不要想着怎么操控民众、玩弄手段，而要倡导孝慈，这样做老百姓才会忠诚。社会不孝不慈，忠就成了无源之水、无根之木。因此，不能一开始就要求民众"移孝于忠"。

为政的三重境界，尊五美、屏四恶

我们从孔子的教诲感悟为政的三重境界：第一，恕，"己所不欲，勿施于人"。自己做不到的事，别要求员工去做。严格要求自己，以身作则，身体力行。第二，贤，"己欲立而立人，己欲达而达人"。不仅自己优秀，还要让员工优秀；不仅自己境界高，还要让员工境界高。造就一支优秀的团队。第三，圣，"泛爱众"。爱护团队成员，不求回报。如果有能力，还要帮助团队以外的人，帮助广大民众。做到这点很难，不仅需要强大的意愿，而且需要巨大的能量。

《论语·尧曰》中，子张向孔子求教：怎样成为好领导？孔子答："尊五美，屏四恶，斯可以从政矣。"尊崇五种美德、避免四种恶行，就能成为一个好领导。子张问：何为五美、四恶？孔子答："君子惠而不费，劳而不怨，欲而不贪，泰而不骄，威而不猛。""因民之所利而利之，斯不亦惠而不费乎？择可劳而劳之，又谁怨？欲仁而得仁，又焉贪？君子无众寡，无小大，无敢慢，斯不亦泰而不骄乎？君子正其衣冠，尊其瞻视，俨然人望而畏之，斯不亦威而不猛乎？""不教而杀谓之虐；不戒视成谓之暴；慢令致期谓之贼；犹之与人也，出纳之吝谓之有司。"下面具体分析管理者必须掌握的注意事项。

　　什么是"五美"？第一种美德：惠而不费。分析哪些事情对百姓有利，挑这些事去做，就会事半功倍，虽费力不多，但百姓拥护。让人困惑的是：为何有些管理者连顺水人情都不愿做？第二种美德：劳而不怨。大部分人是一劳就怨，不少人是任劳不任怨，任劳任怨是优秀品德，很难做到。怎么才能劳而不怨？让民众做他们喜欢的事，以工作为乐，再苦再累都不会有怨言。第三种美德：欲而不贪。有欲望，但不是私欲、贪婪，而是希望自己更有仁德，而且得以实现。这种欲望是高尚的，这种愿望是美好的。欲仁则不贪，想得到更多仁德，就不会有太多贪念。欲而不贪还有一种理解是：有限自私。欲望是人类进步的动力，但要管理好欲望，不能贪婪。第四种美德：泰而不骄。不论人数多少、职务高低，都认真对待、不卑不亢。管理者对多数人的意见容易重视，众怒难犯；对少数人的意见容易忽视，精力有限。对下不骄易，因为可控。对上泰然难，因为不可控。能在各种场合都做到泰而不骄，你必须实力强大、内心强大。第五种美德：威而不猛。在正式场合，你穿戴整齐，行为端庄，让人敬畏但不害怕。为什么执法部门要穿制服？就是要达到威而不猛的效果，让坏人害怕，让好人放心。

　　什么是"四恶"？第一种恶行：虐。不先对民众进行教化，一上来就实施严刑峻法，大开杀戒。第二种恶行：暴。不设预警机制，不做告诫工作，不搞事前约定，却要结果导向，出现后果严肃处理。第三种恶行：贼。开始不强调任务的紧迫性、问题的严重性，甚至给下级"不急，慢慢来"的感觉。期限一到，毫不通融，就像给人下套。以上"三恶"都属于政策的不连贯、不一致，这种做法会让组织人心涣散、相互推诿、人人自危。《孙子兵法》中说："令之以文，齐之以武，是谓必取。令素行以教其民，则民服；令不素行以教其民，则民不服。"命令发布前，晓之以理，讲仁；具体执行时，严格认真，讲法，这样做就能取胜。平时令行禁止、严格训练，兵众就服从命令；平时朝令夕改、军纪不严，兵众会不服命令。第四种恶行：有司。说好了给人奖励、提拔别人，等到交付、任命时，却不守诺言，犹犹豫豫、拖拖拉拉，就像奸商的账房先生，龌龊小气，算小账不算大账。给别人也是心不甘、情不愿，没有格局。当年项羽就犯了这个毛病，不愿给奖励，舍不得封官。韩信描述说，项羽对封赏很吝啬，把官印揣在手里，棱角磨圆了也舍不得给部下。结果，因小失大，丢了江山。

可持续是和谐社会的特征

从"劳而不怨"悟"略大于原则"

孔子的"劳而不怨"可以从两个视角理解：一是站在管理者角度，员工虽然劳累，但没有怨言；二是站在员工角度，虽然辛苦，但无怨无悔。只有"不怨"，才能持续地"劳"。

雇主和雇员能长期合作，实质上是各自心中的"价码"能相互匹配。同一个单位，"价码"相近的人，为什么有的怨气很大，有的劳而不怨？

老汤分享感悟"略大于原则"：只要我的付出略大于我的收益，就会"劳而不怨"。为什么是"略大于"？如果我的贡献略大于雇主对我的付出，我就会成为一个受欢迎的人；如果贡献太大，我就容易劳而有怨，心理失衡，则雇佣关系不可持续。如果雇主对我的付出略大于我的贡献，我要知恩图报，不能心安理得；如果雇主付出太多，我要有危机意识，因为雇佣关系同样不可持续。如果雇主和雇员、朋友之间都有"略大于"的想法，就能长期合作，就会和谐相处。

注意，"大于"有时可以量化，有时很难量化，它只是一种感觉、一种共识。理想的状态是：一方觉得自己做得不够好，但是对方非常认可。和谐的状况是：一方的"大于"，得到对方的认可。糟糕的状态是：一方觉得自己"大于"，对方却不认可。比如，企业对员工最直接、可量化的付出就是员工收入。然而，"我在这个平台学到不少东西""我在这里干得挺开心"也是员工重要的收获。不过，这些是不可量化的参数，而且要员工意识到并对其认可。如果企业把这类参数当作吸引员工的重要因素，还因此降低员工收入，员工却并不认可这类参数，就会导致离职率上升。

怎样建立和谐组织？

站在员工的角度，要多发现并感受到组织非量化的因素，如"学到东西""干得开心""自己成长"等，通过这些隐性因素让自己受益。这种隐性收获常与主观能动性结合，还有一个好处是不太会被人嫉妒。比如，你的收入比别的同事高几倍，很容易引起不平；你的收获比别的同事多很多，不易招致不满。

站在管理者的角度，要尽量增加可量化的显性因素，比如收入、升职、荣誉等。当然，管理者也要努力提供各种隐性条件，吸引并发现志同道合的员工，培养组织的骨干。管理者不要随意画饼，如果承诺无法兑现，就会招致怨怼，导致信用危机。在初创期，某名企老板向员工宣传：我们就像一个大家庭，都是兄弟姐妹，要爱厂如家。企业做大了，员工收益不大。企业不行了，辞退许多员工。员工很痛苦：老板，我们以厂为家，没有哪个家会把家人辞退呀？当一个组织要求并接受员工的忠诚时，一定要问：我有没有保护下属的能力和胸怀？当别人把产权交给了我，我拿什么给他们？

为什么有人会一直认真工作、无私奉献？因为他富有感恩之心，认为这个世界给予他太多，所以他要回报这个世界。为什么有人极端自私、贪婪无比？因为他觉得这个世界欠他太多，所以他要不断索取。因此，即使是这种极端情况，"略大于原则"仍然成立。

有了共享理念，才可持续发展

孟子很早就提出了"共享理念"。《孟子·梁惠王下》记载，齐宣王问孟子："听说文王的园林方圆七十里？"孟子答："史书记载，确有其事。""啊！那也太大了吧？""可是，民众还觉得太小。"齐宣王很诧异："我的园林方圆只有四十里，民众却觉得太大，这是为什么？"孟子分析："文王的园林达七十里，民众还觉得太小，因为大家可以到里面割草砍柴，捉野鸡、抓野兔，自由自在。文王的园林与民共享，当然受欢迎。我踏入贵国前，先要问有无大禁忌。我被告知：城郊有一座园林，方圆四十里，谁弄死了里面的麋鹿,其罪如同杀人。这个园林就变成巨大的陷阱,被视为禁地,民众避之唯恐不及,当然觉得太大。"为何文王之园"方七十里,民犹以为小"?齐王之园"方四十里,民犹以为大"?孟子一针见血地指出关键问题:是否"与民同之"。与民共享,就是孟子的"共享理念"。孟子还给齐宣王提供了一个治国要诀:"今王与百姓同乐,则王矣!"如果大王能与百姓共享快乐,就可使天下归顺了!

老汤每每读此,唏嘘不已。孟子的"共享"教诲,既是历朝历代统治者成功的经验,也是失败的教训。这不是"秘诀",而是公开"要诀",为什么很多人都做不到?究其原因:占有心理、贪婪心态。杜甫的"朱门酒肉臭,路有冻死骨",引起无数人共鸣。因为一代代"朱门"都在占有、浪费资源,甚至振振有词,反问老杜:臭我自己的酒肉,犯法吗?

有些人拼命地占用资源,导致资源极大的浪费。如何有效地解决这个问题?除了大力推广共享理念外,还要从制度、经济着手,让共享者获益,让占有者付出高额成本,小到闲置物品,中到汽车、住房,大到江山社稷。如果管理者、既得利益者、普通老百姓都拥有共享理念,崇尚共享生活方式,形成利己利他风气,社会就将和谐安宁。

现在,共享经济受到广泛关注,无人驾驶是其最佳实践,这种现象令人鼓舞,让人期待。未来的汽车是什么样子?引发人们遐想。汽车可设计成独享空间、二人世界、移动小家庭、多人座等。按需约车,大量节约能源,可以缓解道路拥挤和车位紧缺状况。将来打车很方便,汽车都由集控中心统一调度,高效运营,一个指令,车就到身边。无人驾驶出现后,私家车会大幅减少吗?不一定。装修个性化、各种便利性会产生大量专享需求。汽车不要驾驶室,腾出很大空间,可设计成头等舱,舒适度大增,汽车会变成除居家、办公之外的"第三空间"。无人驾驶给了城市一个重启的机会。我们可以把汽车打造成奢侈品,附加许多个性化服务,并课以重税,让超出交通效用的舒适和炫耀付出高额成本。城市配备公共、预约、私家车等交通工具,拉开价格区间,以满足不同层次的需求:少花钱获得方便实惠,多花钱获取舒适虚荣。各取所需,社会效率提高。更重要的是在全社会树立共享意识:大家不拥有汽车,才会共享出行便利,减少城市拥堵,消除停车困扰。

共享经济是经济可持续发展的关键,首先是愿不愿共享?其次是怎样共享?有了共享理念,才可持续发展,否则,即使新技术层出不穷,也很快会走入死胡同。

关注阶层矛盾

塔尖容量有限,斗争在所难免

"阶层固化"并非哗众取宠的新名词,阶层固化与反固化斗争这条主线贯穿人类社会,是个永恒的话题。在未来的舞台,这场大戏还会一直演下去。金字塔塔尖的容量非常有限,只有历经千辛万苦,还要机缘巧合,才能爬到尖顶,没有人会随随便便成功。孙悟空大闹天宫时嚷嚷:"皇帝轮流做,今年到我家。"不能老是玉皇小儿做皇帝,我也要尝尝滋味。是不是像极了有些"XX斗士"的口吻?佛祖痛批:你一个泼猴,来到世界才几天?就想夺取胜利成果!玉皇上帝容易吗?他苦历1 750劫,每劫129 600年,受了两亿多年的苦难,才坐上这个位置。这段对话非常生动,也揭示出固化与反固化矛盾冲突的本源:一个说,轮流坐;另一个说,凭什么?

为什么无产者常常喜欢革命?他们砸烂一条锁链,可能获得崭新世界。为什么既得利益者大多希望守成?如果他们也乱砸,可能砸烂的是美好世界,获得的是一条锁链。因此,一批人希望固化,另一批人反对固化。这就是"拥挤的公共汽车现象",某人没上车会大叫:停车,让我上!这人上车后会大喊:别停,太挤了!

《水浒传》讲了一个"阶层固化、反固化、反反固化"的故事:奸臣当道,好汉落草,好汉被朝廷招安,又被奸臣加害。这种斗争在人类社会反复上演。高俅集团为何要干掉宋江集团?原因不是"高俅宋江有仇,奸臣害死忠臣"那么简单。皇帝的核心圈内能容纳的人数有限,一个人要挤进来，必定有一个人被挤出去。皇帝如果宠幸宋江等新贵，必然会疏远高俅等老臣，高俅之流一定会殊死斗争、无所不用其极。这些情节本应跌宕起伏、惊心动魄，遗憾的是，施耐庵没把故事讲好，而是草草收场。

宋江、高俅都挤往塔尖，然而褒贬不一，仅仅因为忠奸之分？那就太脸谱化了。背后的逻辑是什么？高俅因为球踢得好，机缘巧合被赵佶看中，赵佶又机缘巧合当上了皇帝，高俅就从"浮浪破落户弟子"、跑腿的仆人，摇身一变，成了太尉，实现了巨大的阶层飞跃。虽然宋江的起点也不高，但是他历经坎坷，逼上梁山。接受招安后，他破辽国、平田虎、灭王庆、征方腊，屡立战功，最后封官，完成了很大的阶层跳跃。高俅的阶层变化太快、过程太轻松，不受人尊重；宋江的阶层变化太辛苦、过程极不容易，让人心服口服。

"阶层固化"呼声强烈，就要当心

阶层固化是一个伪命题。万事万物都在运动、变化，社会也是一样。人们看到的所谓固化，只是因为和平年代，社会矛盾不太突出，所以阶层变化相对缓慢。如果金字塔下的人发出固化叹息，那是在为自己不努力、不奋斗找借口。如果金字塔上的人因固化而沾沾自喜，那就岌岌可危。叹者不必，喜者当心！《红楼梦》的四大家族势力够庞大、关系够紧密，阶层看似够固化了吧？随着贵妃贾元春去世，贾家"忽喇喇似大厦倾"。其实，贾家的荣华富贵也来之不易，是先辈们出生入死才获得的，可是这有什么用？子孙没出息，早晚要崩溃。人生是一场长跑，父辈就算把儿孙的起跑线前移 500 米，如果儿孙跑得慢，甚至不跑，那么一切白费，阶层怎么可能固化？

历史不断重复一个故事：财富慢慢地集中到少数人手中，于是，引发革命，"打土豪、分田地"，财富被重新分配。每个时期，总是有一小部分人，赚钱能力极强，因此，被平均分配的财富，会逐渐集中到这些人手里。于是，革命又被引发，财富又被重新分配，循环往复。今天，有些人在发达地区拥有了房产，但有些人没赶上这一波，赶上的不要得意，错过的不必沮丧。举目四望,各大新贵,有几位是祖传的?

如果阶层固化呼声强烈,就是危险信号,既得利益者应该警醒,当权者更应警觉,说明阶层之间通道不畅、流动不畅。如果轮换渠道被堵,可能产生灾难性后果。为什么科举制度对中国社会稳定贡献巨大?选拔人才只是原因之一,更重要的,这是平民登顶的唯一通道,它给人以希望。北宋汪洙的《神童诗》说:"朝为田舍郎,暮登天子堂;将相本无种,男儿当自强。"白天还在地里干活,傍晚就被天子召见,因为通过科举,所以进入皇宫面试。这种人很少,但震撼力巨大:阶层没固化,将相不确定,人人有希望。科举舞弊案历来都处理得很严,动不动就杀头。鲁迅的爷爷给主考官送礼被拒,还被皇帝判处"死缓"。为何惩罚如此严厉?这是民众的希望、底线,不能破。高考也是一样,这个领域决不允许腐败。

社会各阶层既要相对稳定,又要富于变化,应该保持动态平衡。悟空为何大闹天宫?因为满员,没有职务空缺,玉皇大帝没安排好,导致老孙一气之下拂袖而去。后来因人设岗,好不容易安顿了这泼猴,又因王母娘娘蟠桃会的贵宾不增不减,没请"齐天大圣",酿成他大闹的严重后果。造反者虽被镇压,但天庭也弄得乌烟瘴气,统治者颜面尽失,两败俱伤。《西游记》中的一段描写,老汤多年后才突然明白。在通往西天的途中,几个妖怪就搞得老孙焦头烂额,而当初他大闹天宫,十万天兵天将都对他无可奈何。为什么?老孙罪不当死,玉皇没下狠心,只是命令捉拿,并不要求消灭。悟空虽然嚷嚷"皇帝轮流做",但是,没有政变行动纲领,没有组织武装暴动,没有撼动统治者的根本利益,只是发泄一下对阶层固化的不满。这种不满,在天兵天将心里同样存在,他们还会与悟空拼吗?妖怪吃到唐僧肉就会长生不老、阶层跃升,能不拼命吗?

乱世中的英雄与民众

首先,乱世容易出英雄。

春秋战国虽是乱世,然而,也是中华文化的鼎盛时期,留下了很多宝贵的精神财富,在中国历史上写下了灿烂辉煌的篇章,孔、孟、老、庄等伟人都出现在这个时代。乱世有故事、出英雄,《三国演义》《水浒传》对此都进行了生动的描述。

秦始皇只比汉高祖大3岁。不少人很惊讶:啊?两个朝代的皇帝呀!人们常有一种感觉:从秦始皇统一中国到汉高祖建立汉朝,这是一个漫长的历史时期,因为中华大地风起云涌,发生了太多可圈可点的故事。秦始皇统一文字、货币、度量衡、车轨,修长城,修"高速马路",焚书坑儒。陈胜起义,刘邦入咸阳,鸿门宴,楚汉相争,项羽自刎,等等。一个个故事惊心动魄,让人印象深刻。主角是:秦始皇、陈胜、项羽、刘邦等。期间,秦朝只存在了14年,楚汉相争4年,中间秣马厉兵1年。时间虽短,但其影响力远高于许多不温不火的百年王朝。

三国虽历时不长,但英雄辈出,故事很多。董卓专权,军阀混战,汉朝中央集权崩溃。公元208年,赤壁之战,三国雏形出现。公元220年,曹丕称帝,三国鼎立局面形成。公元280年,三国归晋,一个时代落下帷幕。三国时期留下许多丰富多彩的故事,官渡之战、赤壁之战、夷陵之战载入史册,桃园三结义、孔明借东风等感人、生动的传说家喻户晓。《三国演义》描写的英雄形象栩栩如生。刘备,一个买草鞋的平民,成了皇帝。曹操,一个小混混,白手起家,艰苦创业,大获成功。孙权,一个成功的守业者和开拓者,富二代、官二代那么能干,实属罕见,曹操感叹:生子当如孙仲谋!诸葛亮,一介书生,隐居山村,遇到好领导,一出山就做"二把手",留下许多让人津津乐道的故事。特别是关羽,居然被后人封帝、封神,直接推手就是精彩的《三国演义》,这是人类历史罕见的文化现象。三国虽短,但对中华文化的贡献,是许多波澜不惊的朝代、混乱不堪的时代无法比拟的。

纵观近百年来的中国,1911年清朝灭亡,1912年中华民国建立,1949年中华人民共和国成立。短短三十多年,风云变幻,跌宕起伏,情节一次次反转。新中国成立以来,中华民族实现了从"站起来、富起来到强起来"的历史性飞跃。

人生也是一样,不在于时间长短,而在于质量高低。

其次,人们对乱世的态度很纠结。

乱世不一定出英雄。当社会矛盾过于激烈,爆发冲突,就会出现乱世。有理想、有道德、有能力的人适逢乱世,才可能成为大英雄。从公元317年西晋灭亡,到公元439年北魏统一北方,汉民族历经了一场浩劫:五胡乱华。其实,乱华者远不止这五个北方少数民族。有多乱?乱到人们不愿提及,更别说详细记载。进入南北朝,乱华基本结束,仍是南北分裂,战事不断。公元589年隋文帝统一中国,结束了动乱与分治。从西晋后期到隋朝统一,三百年乱世,没有出现什么叱咤风云、可圈可点的大英雄,在历史上的存在感极低。五代十国也是一个大分裂时期,公元907年唐朝灭亡,公元960年宋朝建立。中原是主会场,五次易主,称为"五代";周边是分会场,十个小国,称为"十国"。这段乱世也没出大英雄,唯有吴越国王钱镠是个明君,低调隐忍,委曲求全。中原改朝换代,吴越国都俯首称臣,最后归顺宋朝。自晚唐起,天下大乱,钱家王朝乱中求和,保得吴越百年平安,在那段黑暗历史中留下了一抹亮色。

不同的人对乱世的态度不一样。英雄豪杰大多喜欢乱世,因为乱世可能会给他们提供舞台。无产者希望暴力革命:砸碎旧枷锁,获得新世界。奋斗者也同意乱一乱,否则阶层固化,既得利益者会一直霸占金字塔顶。乱世最大的输家是统治阶级:被推翻了。乱世的受害者还有老百姓,导致社会动荡,民不聊生,百姓流离失所。历朝历代有个血泪总结:"宁做盛世狗,莫为乱世人。"因此,谁是大救星?谁是阴谋家?有识之士要分清楚,要旗帜鲜明地拥护或反对。阴谋家常常打着为人民谋幸福的旗号,为了一己私利,搞得天下大乱,最后被历史唾弃,人民为此也付出了惨痛的代价。

老百姓喜欢渐变,讨厌突变,反对乱世,欢迎渐进式改革。这与中国农耕社会的需要密切相关。农业生产有一个重要特点:春播秋收,春华秋实,生长周期较长。春夏秋冬,依序而来,慢慢变化,不可突变。任何环节出问题,都会导致颗粒无收,甚至危及生存。《水浒传》为什么"只反贪官,不反皇帝"?反贪官只触及阶层固化,是温和的变革,对百姓的影响不大。反皇帝意味着改朝换代，会导致社会动荡，民众利益受损。施耐庵成了老百姓的代言人，既符合人民的需求，也代表大众的心声。为什么反贪、反腐深入人心？这样做既能维护社会稳定，又能促进社会发展；既让塔下的人看到希望，又使塔顶的人如履薄冰。

人际关系管理的辩证思维

孔子反对偏颇

孔子强调用"好学"避免偏颇

孔子有著名的"六言六蔽"："好仁不好学，其蔽也愚；好知不好学，其蔽也荡；好信不好学，其蔽也贼；好直不好学，其蔽也绞；好勇不好学，其蔽也乱；好刚不好学，其蔽也狂。"(《论语·阳货篇》)热爱仁慈，但不爱学习，容易犯愚昧无知的错误；热爱智慧，但不爱学习，容易犯放荡不羁的错误；热爱守信，但不爱学习，容易犯死板荒唐的错误；热爱正直，但不爱学习，容易犯急躁冒进的错误；热爱勇敢，但不爱学习，容易犯违法乱纪的错误；热爱刚强，但不爱学习，容易犯狂妄伤人的错误。

孔子告诫，"六言：仁、知、信、直、勇、刚"是六种美德。遵循、崇尚、喜好六大美德时，一定要认真学习，要有智慧。如果没有"好学"来掌控，不会把握度，就会犯教条主义错误，所有美德都将转化成弊端，就会犯下六大错误，"六蔽：愚、荡、贼、绞、乱、狂"。比如，"好仁不好学，其蔽也愚"，如果一味地讲仁、爱人、对人好，而不认真学习、注意观察、具体情况具体分析，很可能违背仁的真谛。万一你受到坏人伤害，会在心中留下永久的阴影。教育孩子时，尤其要注意。

佛家讲究"慈悲心"，但是有一句名言："慈悲生祸害，方便出下流。"

有些人望文生义，得出结论："不要对人慈悲，不要给人方便。"佛家有"不立文字"之训，因为文字很难表达佛的真正意图。不过，别走极端，"不立文字"不是说不要用文字记载佛家思想，而是说"不着文字相"，即不要被文字束缚了佛家真正要表达的思想。因为文字表达存在很大的局限性、歧义性，就像人们对这条金句的误读，直接就让"慈悲、方便"挨板子，甚至质疑慈悲心。

这条金句不是让我们泯灭慈悲之心，而是要我们注意慈悲之行。人必须有慈悲之心，这是为人之本。但是，在实施慈悲之行时千万注意，学问很大，要有智慧。对好人慈悲难度系数不高，对坏人慈悲千万当心，弄不好会让他们更坏，还可能损害慈悲的名声，败坏社会风气。老汤对这句话的解读：慈悲实施过程，如果处理不当，可能产生祸害。给人提供方便，如果不做具体分析，可能助长歪风。这和"好仁不好学，其蔽也愚"异曲同工。

农夫死于无知，与善良无关

伊索寓言《农夫与蛇》在中华大地流传很久、影响很广，却被误读多年，造成严重后果：让人不敢做好事，导致负能量很大。

寓言把蛇定义成坏人，这不合逻辑，有失公允。它只是一条蛇，不是人。把蛇定义为坏蛇也不公平，请站在蛇的角度思考，当它苏醒后，怎么知道农夫是要杀它，还是要救它？蛇又不懂人语，存在沟通障碍。因为交流渠道不畅，所以蛇的本能反应是先咬对方一口，然后逃跑。因此，这是一个误会。

农夫要负主要责任，他"好仁不好学"。虽然他是一片好心，但知识缺乏，不了解蛇性。其实，遇到毒蛇，尤其是一口致命的毒蛇概率非常小。他的运气又如此不好，偏偏就遇到了致命的毒蛇。因为有毒蛇，所以蛇的名声就坏了，蛇就常与毒蛇画等号。同样地，恶毒之人非常少，因为有坏人，所以很多父母就教育孩子：不要同陌生人说话。把陌生人与坏人画等号，这可能会产生一个后果：影响孩子去探索陌生世界。农夫的无知令人不可思议,让蛇暖和的方法很多,他偏偏要把蛇放进怀里。他最大的错误在于其遗言:"我怜惜恶人,害了自己,应该受罚。如果有来生,我决不会可怜毒蛇一样的恶人。"这段话有三个严重问题:一是偷换概念,农夫没有可怜恶人,可怜的是一条蛇;二是他没有深刻检讨自己,却拼命甩锅,把责任都推给蛇;三是因为他的无知导致严重后果,他却让善良、仁义背书。就算遇到恶人、受到伤害也是不谨慎的错,善良是无辜的。行善时要有判断力,把善良给了恶人,是对善良的亵渎!结论是:农夫死于无知,与善良无关!

古人翻译的农夫遗言更妥:"吾欲行善,然以学浅故,竟害己命,而遭此报哉!"我想行善,但因学识浅薄,丢了性命,遭到报应。农夫把遭受恶报的责任归咎于自己"学浅":如果上天再给我一次机会,我一定好好学习,如果加上一个期限,那就是"终身"。这样理解、翻译比较客观,这也是对"好仁不好学,其弊也愚"的最好诠释。

既仁且智,原则性和灵活性结合

孔子说:"知者乐水,仁者乐山。知者动,仁者静。知者乐,仁者寿。"(《论语·雍也》)智慧之人喜欢水,仁德之人喜欢山。智者爱动,仁者爱静。智者快乐,仁者长寿。为何是"智者乐水,仁者乐山",而不是"仁者乐水,智者乐山"?如果你不理解内涵,只死记硬背,很容易搞混。朱熹对此的注解是:"智者,达于事理,而周流无滞,有似于水,故乐水;仁者,安于事理,而厚重不迁,有似于山,故乐山。"智者对事物的规律非常通达,能随机应变不受阻碍,就像水一样,因此,智者喜欢水;仁者对事物的规律非常尊重,能严格遵守不乱改变,就像山一样,因此,仁者喜欢山。

"仁者乐山",仁德之人必有慈爱之心,能守住原则,就像高山,坚定不移。"智者乐水",才智之人因地制宜,为人处事就像流水,机动灵活。

最好是既仁且智,在行善时,谨慎行事,不要被骗,避免受到恶人伤害。仁而不智,会惹祸端。明朝海瑞是一代名臣,品德高尚,清廉正直,不畏强权,可谓仁者。但他为官为臣过于刚硬,对待豪强矫枉过正,加上

"有钱人都不是好东西"的偏执,连张居正这种能人都不敢重用他。智而不仁的人,才智越多,对社会的伤害反而越大,如李林甫、秦桧、魏忠贤等,他们都聪明绝顶,但危及江山。

古代铜钱,内方外圆,既仁且智。方:仁,内心有原则、有底线。圆:智,外在温文尔雅、没有棱角。人际关系管理也要遵循既仁且智的原则,为人讲原则,坚守底线;做事要灵活,给人面子。委婉拒绝,微笑着说不行,并告知原因。

唐朝张籍的《节妇吟》,描写了一个已婚女子怎样婉拒一个很难拒绝的邀约。"君知妾有夫,赠妾双明珠。/感君缠绵意,系在红罗襦。/妾家高楼连苑起,良人执戟明光里。/知君用心如日月,事夫誓拟同生死。/还君明珠双泪垂,恨不相逢未嫁时。"你明明知道我是有夫之妇,还送我一对硕大、珍贵的夜明珠。/我太感动了!太喜欢了!情不自禁地系在桃红色的贴身丝绸内衣上。/我是大户人家的太太啊!先生在朝廷担任武官,行事光明磊落。(转念一想,满头大汗:我怎么能出这种丑闻?)/我非常明白,你打心眼里喜欢我。可是不行啊!我们夫妻已山盟海誓,承诺要生死相随。(虽然女为悦己者容,但是我不能违背原则!)/请把明珠收回吧!这时,我泪流满面:要是在出嫁前就认识你,那多好啊!

这首诗一波三折,情节不断反转,很容易被当作情诗甚至"偷情诗"。该诗在讲男女私情吗?不!它有一个副标题:"寄东平李司空师道"。中唐以后,皇权式微,藩镇割据。李师道是一个很有权势的地方官,独霸一方,他还是个狠角色,曾一言不合就派人刺杀宰相。他很欣赏张籍,邀请张加盟。忠于朝廷的张籍该怎么处理?如果把礼物扔出去:滚!我是有原则的!怎能与你这种人为伍!马上引来杀身之祸。于是,张籍写了这首诗,用委婉的方式拒绝:感谢您对我的认可!可我已是朝廷命官,要忠于朝廷。张籍既有仁,坚守了原则;又有智,给权臣面子。收到诗后,李师道就没再为难张籍。"恨不相逢未嫁时"还成了千古名句。

孔子谈帮人之道

热心帮助别人时，人们有时会遇到困惑：做好不得好。怎样帮人，需要智慧。

帮人要方法正确

第一，力求直爽。孔子评论微生高："孰谓微生高直？或乞醯（xī）焉，乞诸其邻而与之。"（《论语·公冶长》）谁说微生高直爽？有人向他讨要醋，他没有，于是，他向邻居家讨要，给了那人。很多人可能不理解，助人为乐有错吗？孔子为什么要用反问句？这似乎带有"否定"的意思。孔子认为：有就是有，没有就是没有，这才是直爽。自己没有，向邻居借，这不是直爽。朋友交往要守住"份"，如果有求必应，会提高朋友的期望值，关系不可持续。当你没有能力帮，反而会让人觉得你不肯帮忙。微生高也因这种机械的"信"，葬送了性命。微生高（也叫尾生）和一女子约定某日某时在桥下某处见面，那天正好河里涨水，女子迟到，他却在桥下抱着柱子死守而丧命，留下成语"尾生之信"。一位朋友向老汤借钱，因为他的哥们急需钱，他正好手头紧。老汤当即表示：对不起。太太说，这么好的朋友，直接拒绝，不太好吧？于是，老汤就讲了孔子评论微生高的故事，并说："这种情况，他向我借醋都不对，何况是借钱！"听了孔子等先哲的教诲，人生就不会被困扰。

要力所能及，善于拒绝。侄子考上大学，姑妈前来看望。姑妈非常疼他，对他帮助很大。姑妈远道而来，侄子当然感动，一直以来都是姑妈照顾自己，第一次请姑妈吃饭，自然想好好表现，让姑妈满意。于是，他让她点菜。姑妈也不推辞，只看菜单的左边（菜名），侄子则盯着菜单的右边（价格）。姑妈点的菜价格都很贵，越到后面，侄子心里越是打鼓：哎呀！半个月的伙食费没了！一个月、两个月……他又不好意思打断，于是，硬着头皮看着姑妈点了一桌好菜，硬着头皮把饭吃了，硬着头皮把单买了。姑妈问他："这顿饭吃得怎样？"他红着脸，低下头，没说话。姑妈递给他一个大红包,语重心长地说:"孩子啊!你今后要和各种人打交道,要和好朋友交往,要和女朋友相处,一定要注意:善于拒绝。别做超过自己能力范围的事,否则会带来许多困扰。"

第二,关注边际效用。要雪中送炭,不锦上添花。孔子说:"吾闻之也,君子周急不继富。"(《论语·雍也》)常言道:君子会去救济急需帮助的人,不去给富人送钱送物。要帮人及时解决问题,在别人最需要的时候伸出援手,帮助他解决燃眉之急,这样做会使帮助的效用最大化。这就是经济学的边际效用理论应用于生活:雪中送炭,边际效用递增;锦上添花,边际效用递减。

要帮有感恩之心、正能量的人。帮人的初心是:给他人送去温暖,让受助者感受到爱,让世界充满爱。对于感恩者,帮助的边际效用递增,你越帮他,他越感激,还会把这种感激转化为责任并传递出去,日后他会帮助别人。帮这种人,不仅是帮他本人,还是在帮助这个世界。对不感恩者,帮助的边际效用递减,你帮助他,他觉得是应该的。某天你不帮了,他就会怨你,甚至恨你,还散布这种怨恨,污染社会环境。要及时、果断终止帮助,让他怨去吧!早晚都会怨,晚怨不如早怨,大怨不如小怨。

帮人要心态正确

帮人好难啊!小汤曾经问老汤:帮人是不是像投资?要做尽职调查,找对项目、找对人,否则,一不小心,钱就打水漂了。

不一样。帮人不是投资,不要追求回报。梁武帝萧衍对佛教贡献巨大,唐代杜牧的"南朝四百八十寺,多少楼台烟雨中"就是描写当时礼佛的盛况,梁武帝对此功不可没。汉传佛教吃素就是萧衍倡导的,他还三次舍身佛寺做和尚,大臣们捐巨款将他赎出,后来该寺院焚毁,萧衍才不"玩"了。然而,当梁武帝沾沾自喜问达摩祖师:我有功德吗?出乎意料的是,达摩答:无功德。老汤感悟:礼佛时想到功德,就无功德了。帮助别人,不求回报,就是福报,会积阴德。帮人时有功利心、企图心,就不纯粹,就变味了。

孔子喜欢帮助人、照顾人："老者安之,朋友信之,少者怀之。"(《论语·公冶长》)让长辈安享晚年,朋友信任有加,孩子受到关爱。《论语·乡党》还记载了具体案例："朋友死,无所归,曰:'于我殡。'"孔子的朋友去世,没有人料理后事,他挺身而出："让我来安葬他吧!"做孔子的长辈、朋友、孩子真幸福,遇到贵人了。

什么是富贵？富,不仅是物质富足,更重要的是内心满足。贵,不仅是有帮人的能力,而且要有帮人的意愿。知足者富,富的评价标准是自己,我认为自己富足我就是富足,我只要有柴有米,就可以感觉到富足。助人者贵,贵的评价标准是他人,他人认为我是贵人我才是贵人,我虽是一介平民,也可帮助别人,也可成为别人的贵人。老汤帮助过一个人,他很感激,说老汤是他的贵人,今后定要报答。老汤说："不敢当。如果你用谢我的心去帮他人,就是对我最好的报答。"

孔子教导:修己安人。做人要有修养,既让自己舒服,也让别人舒服。帮人也一样,要有善心善念,同时要有能力,更要内心愉悦。帮人帮得不舒服,或带来苦恼,要认真分析:是自己修养不够,还是能力不足？帮人是能力、实力的体现。你能帮助别人,说明你的能力强;你能一直帮人、发光发热、为世界做贡献,说明你能量超强。

孔子强调德才兼备

"尊尊亲亲"与"举贤尚功"的千年之困

对于组织的管理者,尤其是民企老板,有个问题一直困扰他们:忠诚、能干,应该重用哪种人？既忠诚又能干的人可遇而不可求,是上苍赐予的宝物,非常稀缺。绝大多数情况是:能干者头上长角、身上长刺;忠诚者四平八稳、能力不够。重用忠诚的人,组织可能发展缓慢;重用能干的人,组织可能出现失控。几千年来,人们一直没有解决这个问题,许多伟大的先贤都没开出药方。

《淮南子·齐俗训》记载:昔太公望、周公旦受封而相见。太公问周公曰:"何以治鲁?"周公曰:"尊尊亲亲"。太公曰:"鲁从此弱矣"。周公问太公曰:"何以治齐?"太公曰:"举贤而上功"。周公曰:"后世必有劫杀之君"。其后,齐日以大,至于霸,二十四世而田氏代之;鲁日以削,至三十二世而亡。姜太公与周公旦因功受赏,太公被封齐国,周公被封鲁国。两人受封时相见,讨论治国方略。太公问周公:"你治理鲁国的大政方针是什么?"周公答:"尊重尊者,亲近亲人"。太公说:"鲁国从此就会衰弱下去。"周公问太公:"你治理齐国的大政方针是什么?"太公答:"提拔贤良之士,崇尚有功之人。"周公说:"齐国日后必有君王被杀。"果不其然,齐国后来日益强大,成为春秋霸主,到了第二十四代,公元前 481 年,大臣田恒杀齐简公,田氏代齐。鲁国后来日益削弱,到了第三十二代,公元前 256 年,强敌入侵鲁国,楚国灭鲁。

"尊尊亲亲"的结果是窝窝囊囊熬了三十二世,最后被外面人干掉。"举贤尚功"的结局是风风光光闹了二十四世,最后被内部人推翻。人们一直无法走出"尊尊亲亲"与"举贤尚功"的千年之困,无可奈何,一声长叹。历史一直走不出德能偏颇的困境,周公没搞定,太公没搞定,后人也没搞定。

孔子儒家反复强调德才兼备

到底要"尊尊亲亲"还是"举贤尚功"? 儒家也没提出很好的解决方案,而是反复强调德行教育和能力教育要齐头并进。

周朝时期,国家的教育体系是官学,主要重视能力培养。《周礼·保氏》记载:"养国子以道。乃教之六艺:一曰五礼,二曰六乐,三曰五射,四曰五驭,五曰六书,六曰九数。"让贵族孩子掌握六种才能:五类礼仪、六代乐舞、五种射箭技巧、五种驾车技术、六种汉字构成及其使用方法、数学。春秋时期,孔子开创私学,产生了延续两千五百多年的"私塾"。孔子对他那些得意门生的分类是:"德行:颜渊,闵子骞,冉伯牛,仲弓。言语:宰我,子贡。政事:冉有,季路。文学:子游,子夏。"(《论语·先进》)孔子除了把学生培养成外交家、政治家、文学家,还首先提出,要重视学生的德行教育，并且将其排在首位，认真实施。2500多年前，一所民办职业技术学校，不仅重视技术教育，而且重视品德教育，太了不起了！这是孔子对中国教育事业的又一重大贡献。老汤常和同学们说，不要一提到德育课就头疼，这门课很重要，不是为难你们，不是今天才开，它在中华大地开设了几千年。

曹操身处乱世，重视下属才干，只要有才，他就敢用。像司马懿这种人，曹操明知他能力很强、品德不行，仍然收入囊中，因为曹操能力强，镇得住。于是，曹魏集团在短时间内强势崛起。但是，曹操忽视了一个问题，自己能力强，不能保证儿子、孙子、曾孙能力也强。他辛苦打下的江山，在他死后不久，就被司马家族篡夺。

司马光的用人观代表和平年代治国理政的主流。《资治通鉴》开篇就说：才德全尽谓之"圣人"，才德兼亡谓之"愚人"，德胜才谓之"君子"，才胜德谓之"小人"。凡取人之术，苟不得圣人、君子而与之，与其得小人，不若得愚人。德才兼备者叫作"圣人"，无才无德者叫作"愚人"，德多才少者叫作"君子"，才多德少者叫作"小人"。凡是用人之术，最好用圣人；圣人很难得，那就用君子；实在不行，宁用愚人，不用小人。因为有才无德比无才无德的破坏性更大。

儒家和兵家所处的环境不一样，对"德""才"的重视程度差别很大。儒家主张"仁义礼智信"，仁德排第一。和平年代，要天下太平，仁德最重要。兵家主张"智信仁勇严"，才智排第一。战争年代，要打败敌人，才智最重要。

从古至今，中华民族对德才兼备者都强烈渴望、推崇备至。

结束语

为人处世的『诚、恕、和』

孔子"悦乐、不愠""恭宽信敏惠"的"诚、恕、和"

孔子为人处世的智慧中,有很多关于"诚恕和"的系统论述。

"悦乐、不愠"的"诚、恕、和"

用关系管理三要素分析"悦乐智慧"。

首先,保持人生之"诚"。"学而时习之,不亦说乎",行动发自内心,真实愉悦,别人喜不喜欢、懂不懂我不重要。"有朋自远方来,不亦乐乎",在寻找志同道合之朋的过程中,要怀抱真诚之心。一旦找到了"朋",就真诚地展示"乐"。不开心是乐不起来的,如果假乐,皮笑肉不笑,立马就会被人看穿。其次,关注他人的感受,"恕"。乐之前要思考:我的开心是否会让别人开心?如果不会,就只能悦,偷着乐;如果会,就要展示出这种快乐。最后,我要让人同乐,"和"。不仅自己愉悦,而且使他人欢乐。能让自己悦是一种能力,能让别人乐是更大的能力。一个有悦乐智慧的人,就会受欢迎,对社会和谐有所贡献。

用关系管理三要素分析"人不知而不愠,不亦君子乎"。领导不了解,为何连闷气都不生?

《中庸》说:正己而不求于人,则无怨。上不怨天,下不尤人。……子曰:"射有似乎君子,失诸正鹄,反求诸其身。"客观严格要求自己,不苛求别人,就不会有怨言。上不抱怨老天,下不责怪他人。孔子说:"君子德行就像射箭，脱靶不能怪靶，而是自我反思。"君子会诚恳反省，找到原因，立即行动。如果我能力不行，就努力提高核心能力，哪有空抱怨？我的能力与领导、平台要求不符，良禽择木而栖，有啥好抱怨的？这就需要智慧：诚。

对于"人不知"，孔子前后呼应，在《论语》第一篇最后一章，提出了重要解决方案："不患人之不己知，患不知人也。"别担心领导不了解我，要担心的是：我是否了解领导？营销学的重要课题是"了解客户"，职场上怎么能不了解领导？因此，分析、研究领导非常重要，"知人"是解决问题的关键，而不是"愠"。这就需要智慧：恕。

我的能力很强，也符合平台要求，领导仍然不了解、不重用我，还"人不知"，很可能是因为我沟通不畅、表达能力不行。人生，需要全过程自我营销。产品质量好、客户很需要远远不够，还要构建产品和客户之间的桥梁。酒太多了！再香也怕巷子深，要捧着美酒走出深深的小巷。让世界了解我，我也能更好地贡献社会。愠，只会关上领导了解我的大门。如果是志不同、道不合，那就"挥挥手，不带走一丝云彩"。这就需要智慧：和。

"恭宽信敏惠"的"诚、恕、和"

下面用关系管理三要素分析"恭宽信敏惠"。

孔子点评过子张："师也过。"（《论语·先进》）子张性格过于张扬。子张问老师什么是仁？孔子说："能行五者于天下，为仁矣。"闯荡天下，若能做到五点，就可以称为仁。这五字箴言是："恭、宽、信、敏、惠。恭则不侮，宽则得众，信则人任焉，敏则有功，惠则足以使人。"（《论语·阳货》）"恭宽信敏惠"都是温文尔雅的平衡之道，做到了这五点，就能和周围的人和谐相处。孔子对这五个字的诠释，可以从多方面理解，我们从怎样处理好与上级、同级、下级关系的角度来解读。

"恭则不侮"。你对人恭敬，就不会受到侮辱。在职场上，对上级要恭敬，"恭"是"诚"的重要表现形式。如果一个人对上级恭敬都做不到，就很难做到忠诚。当然,对上级不恭,也很容易受到直接、当面的侮慢、羞辱。不仅要对上级恭敬,对下级也要尊重,态度诚恳甚至恭敬。层级越低的同仁,自尊心常越容易受伤,理解这点,就是"恕"。对下级不恭敬,虽然不会受到面对面的抵抗,但是背后会被人骂、被人侮。因此,我们对这句话的解读是:不仅对上级恭敬、诚恳,而且对下级也这样,这样做就既不会受到当面的侮慢,也不会受到背后的侮辱。

"宽则得众"。宽厚待人,就会得到大家拥护。有人不主张对下级宽厚,认为"慈不掌兵"。在战场、流水线、程式化岗位,确实需要严格要求。和平年代,日常工作的为人处事,如果太一板一眼,太过严苛,别人就会对你敬而远之。多一点宽容厚道,多一点换位思考,多一点慈悲心,你就会成为受欢迎的人,就会有很多追随者。在民主、普选社会,宽尤为重要,这样做更容易"得众"。在科技文化领域,只有提供宽松的环境,才能培育、释放人的创造力,实现"百花齐放、百家争鸣"。"宽"就是"恕"。

"信则人任焉"。诚信之人,会让人放心、被人信任。"信任"一词就源于此。这句话很有深意,包括两个知识点:第一,"人"不是指普通人、平级,更不是指下级,而是指有位之人,即领导。第二,"信"不仅是指诚信、言而有信、说话算数,还有一个重要含义:忠诚可靠,值得信任。老汤的理解是:在职场,不仅要诚信,而且要忠诚可靠,只有成为领导的亲信,才有可能被委以重任,进入领导的核心圈层。这就是"诚"。

"敏则有功"。敏,是指聪明加智慧。为何要"敏"才能建功立业?在竞争激烈的职场,仅仅吃苦耐劳、勤勤恳恳是不够的,必须善于思考;要出奇制胜,开拓蓝海,有创造性思维;还要有管理智慧,知道怎样隐忍、谦让。虽有能力,但不自以为是,取得成功,不自夸张扬。《道德经》说:"不自是,故彰;不自伐,故有功。"你越是谦虚,反而会得到大家认可,越不容易被埋没。你越不自夸,把功劳归给他人,别人越不好意思与你争功。这样,你就能与组织和谐相处,这就是"和"。

"惠则足以使人"。对人施惠,人受其惠,足以调动人的积极性。这句话还包含几层含义:首先,"惠"不仅是物质激励,而且是精神激励,威力更大的是利他思想和行为。其次,说到激励,有一个误区,我们常联想到上级对下级的行为。其实,领导也是人,也需要正反馈、正能量,需要激励。不仅要对领导忠诚、真诚,而且,当领导做了正确决策,有了合适行为,要恰到好处地夸他。最后,"足以"二字很重要、很生动!既要有利他之心,还要有利他的理论实践,并让人感受到这种正能量,这"足以"调动领导的积极性!领导都能调动,何况同仁?何况下属?这就是"和"。

只要掌握了孔子的五字箴言,悟出了其中的"诚、恕、和",你就能闯荡天下,通行无阻。

关系管理典范:郭子仪的"诚、恕、和"

与上级的关系处理

郭子仪与皇帝的关系处理,真正遵循了孔子的教导:"用之则行,舍之则藏"。需要时就出征,不需要了就回家。郭子仪即使受了委屈,也毫无怨言,用行动表忠心,用真诚打消皇帝的顾虑。

"安史之乱"爆发,长安、洛阳"两京"陷落。郭子仪母亲刚去世,他正在家守孝,接到皇帝平叛命令,他忍受内心的悲痛,果断回到战斗岗位。忠孝不能两全,他选择了忠诚。郭子仪带领军队连连获胜,收复"两京",在乘胜追击、平叛就要大功告成之时,奸臣进谗言:皇上,老郭这么能打,如果有异心怎么办?皇帝也担心郭子仪"一股独大",派宦官鱼朝恩担任监军。鱼朝恩不懂军事,还瞎指挥,导致失败,却把责任全部推给郭子仪。最后,郭子仪默默背锅,引咎辞职。

失去郭子仪的指挥,唐军节节败退,朝廷再陷危机,皇帝只好重新启用郭子仪。他不负众望,连连告捷,为平定安史之乱,做出了巨大贡献。

新皇帝被奸臣挑拨,怀疑郭子仪拥兵自重,他又一次被罢免军权。这时,吐蕃军队入侵,长安再度失守。许多将领心灰意冷,按兵不动。无奈之下,皇帝向郭子仪求援。此时老郭年近古稀,而且没有一兵一卒,他二话不说,带领几位家丁奔赴战场。他沿途招兵买马,聚集旧部,居然拥有了一支队伍。当郭子仪带领军队浩浩荡荡进入长安，吐蕃人傻了，郭子仪不是被罢免了吗？怎么又来了？于是，吐蕃人仓皇撤退，长安收复。后来，郭子仪又平定新的叛乱，屡立战功。但他又遭猜忌，又默默回家。

郭子仪三起三落，忠贞不渝。他辅佐了四朝皇帝——玄宗、肃宗、代宗、德宗，能处理好与他们的关系，是因为他遵循了孔子倡导的"诚"：对君王诚心诚意、忠心耿耿。他还运用了孔子倡导的"恕"：体谅。他理解皇帝们对将军们的不信任，因为当时好几位叛将，尤其是安禄山，都曾是皇上宠信的大将，所以皇帝对实力强大的将军产生忌惮实属正常。

与同僚的关系处理

因为皇帝对郭子仪有戒心，所以宦官鱼朝恩就有机可乘。他出了一个馊主意：皇上，我们不是担心郭子仪反叛吗？一个人会不会反，主要看他家祖坟埋得怎么样。如果祖坟没有帝王风水，就没问题。即使有帝王之气，我们把他家祖坟挖一挖、破一破，帝王之气就破了、消了，这不就没事了吗？中国传统中，刨人家祖坟是对这个人乃至整个家族极大的羞辱。皇帝觉得这事有点道理，但要下手很难。于是，他对此既不肯定也不否定，而是说：再议。当上级对某事不表态时，最考验下级的判断力了。结果，鱼朝恩认为领导默认，就带人把郭子仪家的祖坟刨了、破了。当郭子仪带领大军凯旋，朝廷内外，举国上下，一片寂静，人们认为：一场暴风雨就要到来。

皇帝用非常隆重的仪式迎接郭子仪归来。郭将军拜过皇帝，君臣礼毕，皇帝指着旁边的柱子说："郭爱卿，你看，那是什么？"郭子仪转头一看，柱子上绑着鱼朝恩，地上还有一把刀。皇帝说："就是这小子，把你家祖坟给刨了，现在交给你处置。"郭子仪一个箭步冲过去，一声大叫，手起刀落。不过，砍断的不是鱼朝恩的头，而是他身上的绳子。郭子仪把刀一扔，跪在皇帝面前嚎啕大哭："皇上，您饶了鱼大人吧！不是鱼大人要刨我家祖坟，而是老天让鱼大人来刨我家祖坟啊！"皇帝很诧异："爱卿何出此言啊？""皇上有所不知，我常年在外征战，士兵经常挖工事，不知挖了多少祖坟。于是，老天就派鱼大人来惩罚我。"鱼朝恩羞愧难当，从此成了郭子仪的铁杆粉丝。鱼朝恩是很有权势的奸臣，残害忠良，但后来对郭子仪还是网开一面。

郭子仪心如明镜：没有皇帝的默许，鱼朝恩一定不敢擅自挖我家祖坟。皇帝绑了老鱼，已经是给老郭很大的面子了。我要是杀鱼，出了恶气，也等于当众打了皇帝的脸。而且，化敌为友，才是高手。

郭子仪能处理好与同事的关系，就是运用了"恕"：宽容。

与下级的关系处理

一天，郭子仪在家，突然，门人来报：卢杞来访。郭子仪把家眷通通赶到后院，警告说："不准出来！谁出来我跟谁急！"他客客气气地把卢杞迎进客厅，聊了很久，又客客气气地把卢杞送出家门。卢杞一走，后院炸锅了。家人们大为不解："什么情况？卢杞只是一介书生，你为什么如此慎重啊？何况，我们什么大场面没看过？什么达官贵人没见过？每次他们来，你都让我们列队欢迎，一一介绍。这次，你不仅郑重其事，还不准我们出来，是何道理呀？"郭子仪解释道："你们有所不知，卢杞长相很怪，脸一边青一边白。"注意，长得怪和长得丑不是一回事，估计他脸上的是胎记。"你们看到会忍不住发笑，这一笑就麻烦了。卢杞心胸极为狭窄，你们笑只是出于好奇，但他一定会认为你们瞧不起他。这人非常聪明，万一日后得势，我们就会有灭顶之灾。"果不其然，那是一个动荡的年代，乱世出英雄，也出魔鬼。卢杞飞黄腾达，从一介书生直达宰相高位。他上位后，那些曾经欺负过他、瞧不起他的人，都遭到报复甚至丧命。而郭子仪全家毫发未损，因为卢杞觉得郭子仪对他有知遇之恩。记得卢杞还是一介书生时，郭子仪是怎么对他的吗？老郭情商高吧！

郭子仪能处理好与下级的关系，就是运用了"恕"：尊重。

和光同尘

和光同尘，是郭子仪处理复杂人际关系的又一成功法宝。他既得到领导信任，又与同事关系不错，还和群众打成一片，因为他运用了孔子倡导的"和"：融和、和谐。

郭子仪立下丰功伟绩，皇帝封他高官，他反复婉拒，赐他美女，他欣然接受，当时，他已70多岁。很多人看不懂，还以为他是腐败分子，穷奢极欲。人老了，通常对美女的兴趣会减弱。然而，对富贵的喜爱可持续终生。老郭为何反其道而行之，要美女不要高官？他是为了让皇帝安心。智慧啊！

《资治通鉴》评价郭子仪："功盖天下而主不疑，位极人臣而众不嫉，穷奢极欲而人不非之。"功高常常震主，老郭功盖天下，君主却不怀疑。一人之下、万人之上常被同僚妒忌，但是连奸臣都不嫉恨老郭。他大搞奢靡之风，但大家都觉得，郭将军对领导那么忠、对我们那么好，他多有几个老婆、多喝几杯酒有什么呢？如果连这个缺点都没有，他就是"完人"。完人，要么不存在，要么不真实，要么很危险。历史上有一个"完人"——西汉宰相王莽，朝服很旧补了又补，还说合身舒服；不坐专车上班走路，还说锻炼身体；亲近下属为民办事，还说应该如此；一天到晚勤勉工作，还说这是乐趣。这个有口皆碑的"完人"，最后篡夺了汉朝天下。因此，君王对能力很强、处处完美的大臣总有点害怕。

"五福临门"是指长寿、富裕、健康安宁、崇尚美德、无疾而终："一曰寿，二曰富，三曰康宁，四曰攸好德，五曰考终命。"(《书经·洪范》)"五福"不包括"贵"。郭子仪五福俱全：活到八五，全家富裕，健康安宁，德行圆满，子孙满堂、走得安详。然而，郭子仪"六福临门"，他还"贵"，地位崇高。

郭子仪是为人处世的典范，关系管理的高手，他的三大法宝就是"诚、恕、和"。

附录

今夜，大雨滂沱，爸爸，我想您！

亲爱的爸爸：

今天是您逝世十周年的忌日。十年来，我一直想写文章怀念您，但一直没有动笔，其实是不敢动笔，担心我笨拙的语言无法准确表达我真挚的感情。

处理完您的丧事，我回到上海，当领导问及您时，我一开口，眼泪禁不住夺眶而出，我清楚地记得老领导脸上掠过的那丝惊讶，还有尔后的那份慈祥。

很少有人能理解，一个女婿对岳父的感情会如此深……

第一次见到您，我才12岁。那天，我去一位长者家拜年，当时您也在，长者向我介绍："这是你同学罗彩兰的父亲。"您是我们那远近闻名的大官，我马上鞠躬："涛增叔好！久仰大名！"您哈哈大笑，连声说："好！好！好！这孩子，懂礼貌，有文采。"您知道吗？您留给我非常深刻的第一印象，就是那亲切的面容、爽朗的笑声。老者介绍我："这是刘耀桩老师的儿子。"您连忙回答："哈哈！我和刘老师一起搞过社教（20世纪60年代开展的社会主义教育运动）。"长者夸我作文写得好，我向您汇报学习情况，我们谈得很开心，您邀请我去您家吃饭，我居然不怯场，就跟着您去了。您当着孩子们的面夸我："要向汤超义取经，他学习成绩很好。"

我因父母下放，机缘巧合来到您的老家读书。您墓前的小路，就是我当年每天上学经过的地方。罗家，美丽的村庄，因为您，成了我魂牵梦萦的故乡。

我们两家颇有渊源，我母亲做过您的部下，我的三哥和大姐同班并且和二姐在同一个宣传队。我和您家小伙伴们挺熟的，还记得家门口那眼井吗？井水清澈甘甜，那是我和您家人结缘的地方，我经常到您家借桶打水，三姐只要在家就会帮我，调皮捣蛋的我不知打烂了您家里多少桶，五妹至今还在嚷嚷要我"赔偿"。那时六妹很羞涩，话不多。来到井边，偶尔有人喊我外号，稚声稚气，回头一看，是老七，等我追过去，她已跑进屋里。我还抱过出生不久的小弟，老八。

爸爸，您真是引"郎"入室啊！我经常在家门口打水，但因为您，我才第一次进了您家，第一次品尝到妈妈做的可口的饭菜。我虽然和老四同班，又曾同台领舞，但平时很少说话。但从那天起，我对老四有了朦胧的感觉。

和您一别就是11年，当再次出现在您面前时，我"蓄谋已久"，要把老四"带走"。消息一发布，不少杂音传到您的耳朵里："他小时候很抛（调皮），老四这么老实，嫁给他会受欺负。"您回答："小时候不逆，长大了不力（孩子逆反顽皮，长大了常有出息），人好就行！"有人说："他一点家务都不会做。"您回答："人好就行！"还有人说："他家里穷。"您和妈妈都回答："人好就行！"

爸爸，您坚定地支持我，"无原则"地挺我。您知道吗？为了您和妈妈那句"人好就行"，我一直在奔跑，不懈地努力，以践行二老的期许。

我没事就喜欢坐在您身边，吹吹牛，聊聊我的"远大理想"。爸爸，我为什么总在您面前报喜不报忧？因为每次我向您汇报成绩时，您的笑容都是那么灿烂，那么神采飞扬，看到您眼中兴奋的光芒，我的心就被融化了，我默默地说，我要不断进步，让您感到骄傲、自豪！

当然，生活不会只喜不忧。我离开市政府下海，创业初期，没有经验，狠狠呛水，还被匿名诬陷。那时交通不便，您得到消息就连夜赶来，几乎三天三夜没合眼。半夜，家门口只要响起脚步声，您就立即翻身起来开门,却一次次失望地关上了门。常言道:一郎当半子。亲爱的爸爸,从那一刻起,我就不只是半子了,而是您的亲儿子。

您还为我抵挡了一次灾难,让我免于陷入小混混的骚扰,致使您的右手严重受伤。我赶到医院时,家人都围在病床前。我想,这下完了,家人都把您视若珍宝,珍宝却因我损坏成这样。我低着头,等待暴风骤雨的到来。然而,出乎意料的是,大家不仅没有责骂我,连埋怨都没有。原来,您在我赶回之前就一一叮嘱:"千万别责怪小汤啊!他比谁都难过。"亲爱的爸爸,您太了解儿子了,我宁愿躺着的是我!当我和二姐吐露心声时,她动情地说:"爸爸宁愿自己受难,也不愿孩子有难,你要是有事,他会更痛苦。"爸爸,这是我经历的一次生命的洗礼,从此,我常常反思:人生最重要的是什么?宝贵的资源应该献往何处?

您给予孩子们无微不至的关怀。我创业时很辛苦,总是饱一顿、饥一顿,把胃搞坏了。我南下经商期间,您来帮我、陪我。您听说有个偏方,开水冲蛋可治胃病,于是每天早上冲蛋给我喝。几个月下来,我多年的胃病居然神奇地被您治好了。

您对我的喜爱和夸奖是那么发自内心,从不掩饰,丝毫不担心我会"骄傲自满"。我抛掉"金饭碗",下海经商,历经磨难。业务做得红红火火时,我毅然关掉公司,闯入陌生的上海。我是个不安分的人,让您心爱的女儿跟着我吃了不少苦,但您没有批评我,只是鼓励。我做了三年"沪漂",从走"近"上海,到走"进"上海,离开商界,来到学界,实现成功转型。家乡的一位朋友羡慕我,他对我说:"你来上海真是来对了。"客人走后,您撇撇嘴:"上海是想来就可以来的吗?"您的那份自豪让我非常感动,非常享受。

有一次,我和六妹怀念您,不约而同地谈到一个共识、一种感受:老爸是我们前进道路上非常强大的动力!

亲爱的爸爸,每当我脑海中浮现您舒心的笑容,一股暖流便涌上心头。即使遇到再大的困难,我都能克服!我如此努力,我希望成功,就是想让您高兴!

斯人已逝，纵有万般衷肠，更与谁说？

今晚，上海大雨滂沱，爸爸，我想您！非常非常思念您……

儿：超义叩首、泣上

2018 年 2 月 15 日

后记

该书缘起于2003年,王必成同学率队到我院培训,请我上课,我讲授的内容是"平衡之道——东西方文化与管理者智慧"。后来,我不断更新课程内容,聚焦"儒家文化与关系管理",并为上海财经大学MBA开课。我教了好多年,这门课程被同学们亲切地称为"秒抢课"。讲着讲着,课程聚焦到"孔子思想",《生活的平衡之道——孔子思想与关系管理》一书逐渐成形。

人生就是一场战役,因此,我们要研究竞争,《掌控人生主动权——孙子兵法与人生战略》主要探讨与对手的关系。生活中大部分时间处于非竞争状态,要和家人、社会和谐相处,本书主要探讨与非对手的关系。至此,我对人际关系的思考渐趋完善。

2012年是我的本命年。在回老家的途中,我亲爱的妈妈躺在我怀里,突然而又安详地离开。这年,我敬重的南怀瑾老师逝世,但很遗憾我没能赶上送别。我开始吃素以表怀念,直至今天。这年,我的行政职业生涯曲线登顶,开始转折。这年,我坚定了传播中华优秀传统文化的决心。55岁生日时,我提请辞去行政职务。朋友不解:奋斗到此不易,为何随便放弃?我不是一时冲动"挂冠而去",而是要全心全意地传播中华文化。2020年,我成为一名普通教师,人生又一次清零重启,又一次切换赛道。

七年前,我着手本书的写作,准备花十多年完成书稿。突如其来的各种事件,加速了本书的写作进程。2020年,疫情肆虐,我的生活节奏被打乱,很多教学安排和社交活动都取消了。这是上天给我时间,创造条件让我写书吗?我沉浸在本书的创作和修改中,两年多时间,夜以继日，八易其稿。2022年，魔都突然安静，在家近三个月，我没有感到苦闷彷徨，而是日夜兼程，一年多时间又改了五次，和小汤反复探讨。本想再改几轮，小汤建议：老爸，要让作品问世，听听读者意见，这样才能更好地改进。于是，我们忐忑地交上作业。

小汤创建的微信公众号"舶兰书院"有一个栏目叫作"爸，聊聊"，本书中的很多话题，都是我们父女俩东一句、西一句聊出来的。

感谢大哥汤超仁又为我们题写书名！感谢好友侯顺祥、彭刚、黄伟建、周斌、肖蕾等对我的认可和支持！感谢恩师夏大慰教授对我一如既往的关怀！感谢爱妻罗彩兰照料了我们一家四代！他们的为人之道，给本书提供了丰富的素材。感谢女婿晓光！2020年11月，外孙女源源出生。2023年8月，二宝也到来了，他还在妈妈肚子里时，姐姐就为他取了小名：如愿。孙辈带给我们无限喜悦和欢乐，也给了我持续奔跑的激情和动力！

汤超义
2024年6月

参考书目

1. 南怀瑾.论语别裁[M].上海:复旦大学出版社,2002.
2. 南怀瑾.原本大学微言[M].上海:复旦大学出版社,2003.
3. 钱穆.论语新解[M].北京:九州出版社,2011.
4. 杨伯峻.论语译注[M].北京:中华书局,2006.
5. 许仁图.子曰论语[M].高雄:河洛图书出版社,2011.
6. 辜鸿铭.辜鸿铭讲论语[M].北京:北京理工大学出版社,2013.
7. 司马迁.史记[M].北京:北京古籍出版社,2000.
8. 司马光.资治通鉴[M].北京:中华书局,2011.
9. 朱熹.四书集注[M].北京:北京古籍出版社,2006.
10. 施耐庵,等.中国古典四大名著:水浒传·西游记·红楼梦·三国演义[M].北京:北京燕山出版社,1998.
11. 程夔初.战国策集注[M].上海:上海古籍出版社,2013.
12. 赵蕤.长短经[M].学谦,注译.北京:团结出版社,2019.
13. 辜鸿铭.中国人的精神[M].李静,译.天津:天津人民出版社,2016.
14. 王国维.人间词话[M].上海:上海古籍出版社,2004.
15. 毛泽东.毛泽东选集[M].北京:人民出版社,1991.
16. 中共中央党史研究室.中国共产党的九十年[M].北京:中共党史出版社,2016.
17. 黄寿祺,张善文.周易译注[M].上海:上海古籍出版社,2007.
18. 陈鼓应.老子注译及评价(修订增补本)[M].北京:中华书局,1984.

19. 钱穆.庄子纂笺[M].北京:九州出版社,2011.

20. 钱穆.国史大纲[M].北京:九州出版社,2011.

21. 金庸.射雕英雄传[M].广州:广州出版社,2011.

22. 金庸.笑傲江湖[M].广州:广州出版社,2011.

23. 叶自成.老子政治哲学:天道、政道、德道、治道、术道、器道[M].上海:上海财经大学出版社,2017.

24. 汤超义.掌控人生主动权:孙子兵法与人生战略(增补本)[M].上海:上海财经大学出版社,2019.

25. 汤超义.闲暇创造价值:长三角高管人员闲暇消费研究[M].上海:上海财经大学出版社,2023.

26. 科特勒,凯勒,卢泰宏.营销管理[M].13版,中国版.卢泰宏,高辉,译.北京:中国人民大学出版社,2009.

27. Katz,R. L. Skills of an Effective Administrator. *Harvard Business Review*,January-February 1955,33(1):33—42.